The 리턴 : 예수께로 돌아가자

The 리턴:
예수께로 돌아가자

김여호수아

규장

예수님을 향해 돌아가는
설레는 여정을 시작하며

> 당신을 향해 우리 마음은 쉼 없이 방황하다가, 당신 안에서만 참된 안식
> 을 얻습니다.
> - 아우구스티누스, 《고백록》 중에서

오늘날 전 세계는 K-문화를 주목하고 있다. 영화 〈기생충〉은 아카
데미 시상식에서 작품상과 감독상 등 4관왕을 차지했고, 한 한국 배
우는 아카데미 여우조연상을 받았다. 드라마 〈오징어 게임〉은 넷플릭
스 역사상 가장 많은 시청자를 기록하며 새로운 문화현상이 되었다.
K-드라마, K-팝, K-푸드, K-뷰티는 세계 무대에서 거침없이 질주하고
있다.

그러나 한국이 세계의 동경과 주목을 받기 시작한 출발점은 문화산
업이 아니었다. 바로 '교회'였다. 6·25 전쟁 이후 한국은 세계에서 가장
가난한 나라 중 하나로 전락했다. 1953년, 1인당 GDP는 67달러에 불
과했으며, 이는 당시 아프리카의 가나보다 낮은 수치였다. 1960년대
초까지 국가 예산의 80퍼센트 이상을 외국 원조에 의존해야 했던 현실
속에서, 교회가 부흥하며 한국 사회에 빛과 희망이 되었다. 사람들은

알지 못했지만, 한국 교회야말로 한류의 원조였다.

하나님께서는 가난한 이 땅의 교회를 축복하셨다. 무속과 불교가 깊이 뿌리내린 땅 위에, 오직 하나님만이 시작하실 수 있는 부흥의 불길이 타올랐다. 1907년 평양 장대현교회의 회개 운동 이후, 일제 강점기와 전쟁이라는 혹독한 시기를 지나며 희미해졌던 불길은, 청년들과 대학생들의 심령 속에서 성령의 바람으로 되살아났다.

무엇보다도 기도의 부흥은 전 세계 교회들의 이목을 집중시켰다. 전국 곳곳의 기도원에는 늘 인파가 몰렸고, 수천수만 명이 모여 기도하고 금식하며 엎드리는 그 장면은 해외 교회들에게 깊은 감동을 주었다. 실제로 많은 외국 목회자가 새벽기도와 철야기도, 금식기도의 영성을 배우기 위해 한국을 찾았고 "주여" 삼창으로 대표되는 기도의 방식은 'Korean Style Prayer'(한국식 기도)로 불리며 세계로 전해졌다. 미국 목회자 콘퍼런스에서도 "오늘은 우리 모두 Korean Style로 기도합시다"라는 말이 나올 정도였다.

한국 성도들의 기도와 헌신, 열정은 오랫동안 세계 교회의 흠모의 대상이었다. 지금은 굴지의 글로벌 기업이 된 한국 기업 제품들이 외국에서 싸구려 제품 취급을 받을 때도 한국 교회는 가장 뜨겁고 살아 있는 교회의 모델이 되어 세계 교회에 큰 도전과 감동을 주었다. 모두가 기도하고 부흥하는 한국 교회를 본받고 싶어 했다.

그러나 지금, 한국 교회는 깊은 위기의 한복판에 있다. 극심한 침체의 시기를 지나고 있으며, 믿음과 다음 세대가 함께 흔들리고 있다. 2011년부터 2020년까지 대한예수교장로회 합동은 성도가 약 60만 명 감소했고, 통합 측은 46만 명, 감리교는 26만 명이 줄었다. 이는 교인 300명 규모의 교회 4,400곳 이상이 사라진 것과 같은 충격적인 수치다.

가장 큰 위기는 다음 세대에서 나타난다. 같은 기간 동안 통합 측 성인 성도 감소율은 9퍼센트였으나, 교회학교 학생은 무려 35퍼센트가 줄었다. 통합 측은 2030년까지 교회학교의 90퍼센트가 사라질 수 있다고 경고했다. 합동 측은 교회학교 조직이 없는 교회가 22.4퍼센트, 교회학교 학생이 10명 이하인 부서가 미취학 아동부 70퍼센트, 유초등부 53.1퍼센트, 청소년부 51퍼센트에 달한다고 발표했다. 이 숫자들은 단순한 통계가 아니다. 교회가 다음 세대를 잃고 있다는 절박한 경고음이다.

한 가지 일화가 떠오른다. 마이클 조던, NBA 역사상 가장 위대한 선수로 불리는 인물. 그는 시카고 불스를 여섯 차례 NBA 챔피언으로 이끌었고, 나이키는 그의 이름을 딴 운동화 '에어 조던'(Air Jordan)으로 세계적 상표로 도약하는 데 성공했다. 그의 이름은 단순히 한 운동선수를 넘어 문화적 아이콘이 되었다.

어느 날, 골프를 즐기던 그에게 한 기자가 농담처럼 물었다.

"농구를 그만두고 프로 골프 선수로 전향할 생각은 없습니까?"

조던은 잠시 생각한 뒤 대답했다.

"나는 골프를 사랑하지만, 프로 선수가 될 수는 없습니다. 슬럼프에 빠졌을 때 이겨낼 기본기가 있어야 프로가 될 수 있는데, 나는 그것이 없기 때문입니다. 골프는 그저 취미일 뿐입니다."

슬럼프를 벗어날 수 있는 기본기, 그것이 프로 선수에게는 필수란 것이다. 슬럼프를 이겨내는 힘은 기본기에서 비롯된다. 그렇다면 교회가 위기를 맞이했을 때, 돌아가야 할 기본기는 무엇인가?

화려한 시스템도, 유능한 목회자나 세련된 프로그램도 아니다. 교회의 본질, 교회의 심장, 교회의 근원은 오직 예수님이시다. 예수님의 피 묻은 복음. 그분 없이는 단 한 번도 참된 부흥이 일어난 적이 없었다. 예수님 빠진 부흥은 존재하지 않는다.

내게로 돌아오라 그리하면 나도 너희에게로 돌아가리라 말 3:7

느헤미야 이후 신앙이 무기력해진 이스라엘을 향해 하나님께서 하신 이 말씀은 오늘 우리에게도 동일하게 울린다. 하나님은 언제나 회복의 해답으로 '돌이킴'을 요구하신다. 예수께로 돌아가는 것 말고는 교회를 다시 살릴 길이 없다.

우리에게 너무 익숙해져 버린 이름, 너무 자주 들었다고 생각하는 복음. 그러나 정작 우리 삶의 중심에서는 멀어진 예수님. 이 책은 그 예수님을 향해 다시 걸어가고자 하는 간절함에서 시작되었다.

책을 쓰는 동안 나 자신의 부족함과 연약함을 깊이 마주했다. 더 많이 기도하지 못했고, 더 충분히 묵상하지 못했다는 자책도 있었다. 그런데도 이 책을 세상에 내놓는 이유는 단 하나다. 누군가 예수께로 돌아가는 길에 조용한 동행이 되고 싶기 때문이다.

이 책이 예수님의 기도, 힘, 긍휼, 말씀, 웃음, 식탁, 땀, 성육신, 십자가, 부활, 침묵의 길로 다시 돌아가는 여정의 작은 등불이 되기를 소망한다.

너무 빨리 읽지 않기를 바란다. 때로는 한 구절 말씀 앞에 오래 머무르고, 우리 안에 흔적처럼 남아 있는 울림 앞에 잠잠히 묵상하고, 그 감동을 따라 기도의 눈물을 흘리기도 하며, 말씀해 주시는 주님을 조용히 기다리는 마음으로 읽기를 바란다. 그 끝에 반드시 예수님이 기다리고 계신다는 것을 나는 안다. 생각만 해도 가슴 설레는 일이 아닌가! 주님이 우리를 기다리고 계신다.

나는 교포 출신 목회자다. 그래서 아이들이 고등학교를 마치고 대학 진학을 위해 다시 미국으로 떠났다. 고작 열여덟을 넘긴 아이들과 떨어져 살아야 했다. 그리움은 오래되고 깊어졌다. 아이들이 대학을 졸업하고 직장생활을 시작하자 함께할 기회는 더욱 희박해졌다. 그리움은 더욱 커졌고, 마음은 텅 빈 방처럼 쓸쓸해졌다.

그러던 중, 코로나 팬데믹이 찾아왔다. 그 시기, 딸들이 100퍼센트 재택근무를 하게 되면서 한국에 들어와 몇 달씩 머무를 수 있었다. 팬데믹 초기 미국에서는 수많은 사망자가 발생했고, 멀리 있는 자녀들을 생각하면 마음이 불안하고 안쓰럽기만 했다. 짧은 귀국이었지만 마음만은 오랜 기다림 끝의 축제 같았다.

수산시장에 가서 게를 사다가 간장게장을 담갔고, 전복장도 만들었다. 공항으로 마중 갈 때도 딸마다 맞이하는 준비가 달랐다. 큰아이를 위해서는 시원한 생수와 서울로 오는 길에 먹을 체리와 포도를 챙겼다. 둘째를 위해서는 좋아하는 탄산수와 포장 용기에 담은 한국 딸기를 작은 아이스박스에 차갑게 넣어두었다. 그 모습을 본 아내가 웃으며 말했다.

"겨우 1시간이야. 공항에서 집까지 1시간밖에 안 걸리잖아. 참 유별나다."

틀린 말은 아니었다. 하지만 내게 그런 준비는 그리움을 마중하는 시간이었다. 나는 그렇게 그리운 딸들을 맞고 싶었다.

이 장면을 떠올릴 때면 "예수께로 돌아가자!"라는 이 작은 외침 뒤편에서 우리를 맞이하시기 위해 모든 것을 준비하고 계신 주님의 모습을 떠올리게 된다. 아마도 주님은 나보다 훨씬 더 간절히, 더 따뜻하게 우리를 기다리고 계실 것이다.

"아버지, 여호수아가 돌아옵니다!"

이 글을 읽는 이들이여, 당신의 이름을 내 이름 대신 넣어보라. 예수님의 마음이 들려올 것이다.

우리가 주님께로 돌아가는 그 길,
주님은 달려오신다.
우리가 머뭇거리며 돌아가는 그 길,
주님은 눈물 어린 미소로 두 팔을 벌리고 달려오신다.
돌아가자.
그분의 품으로.
그 사랑의 품으로.

프롤로그

PART 1 주님의 발자취를 따라
       다시 시작하는 리턴

01 예수님의 기도로 돌아가자   19
02 예수님의 힘으로 돌아가자   71
03 예수님의 긍휼로 돌아가자   117

PART 2 주님의 말씀대로 살며
       진정한 기쁨으로 리턴

04 예수님의 말씀으로 돌아가자 I   163
05 예수님의 말씀으로 돌아가자 II   199
06 예수님의 웃음으로 돌아가자   233

PART 3 혼자만의 자리에서
주님과 함께하는 자리로 리턴

07 예수님의 식탁으로 돌아가자   267

08 예수님의 땀으로 돌아가자   302

09 예수님의 성육신으로 돌아가자   345

PART 4 내 삶의 유일한 주인 되신
예수께로 지금 리턴

10 예수님의 십자가로 돌아가자   385

11 예수님의 부활로 돌아가자   419

12 예수님의 침묵으로 돌아가자   456

에필로그
감사의 글
참고 문헌

THE RETURN

주님의 발자취를 따라
다시 시작하는 리턴

예수님의 기도로 돌아가자

chapter 01

예수께 돌아가는 첫걸음

복음서는 예수님을 미화하고 우상화하려고 기록된 책이 아니다. 복음서는 예수님의 모습을 가장 정직하게 보여준다. 신앙의 회복은 예수께로 돌아가는 것이다. 우리가 상상하고 미화한 예수님이 아니라 성경이 보여주는 예수께 돌이키는 것이 회복의 시작이다.

예수께로 돌아가는 첫 발걸음을 그분의 기도 안으로 내딛는 것은 매우 적절한 선택이다. 그분이 보여주신 삶을 회복하기를 원한다면, 그분의 기도에 관심을 두고 배워야 한다.

예수님을 신앙의 대상으로만 생각한다면 우리는 스스로 그분처럼 살 수 없다는 사실 때문에 쉽게 좌절하게 될 것이다. 예수님은 우리에게 신앙의 대상이 되실 뿐 아니라, 신앙의 본이 되신다. 예수님이 먼저 걸어가신 믿음의 길은 우리가 걸어야 하는 길이며, 그분이 보여주신 신앙의 모습은 우리가 끝까지 따라야 하는 표본이다.

예수님의 기도를 다시 배우면서 온 맘을 다해 예수께로 돌아가는 여정을 시작해 보려고 한다.

예수님이 하신 기도의 출발

쉐마

예수님의 기도를 언급하면서 그분이 유대인이셨다는 사실을 잊어서는 안 된다. 유대인들은 기도와 성경에 매우 익숙했다. 그들은 하루에 시간을 정해놓고 기도했다.

특별히 '쉐마'(히브리어로 '들으라'는 뜻으로, 하나님이 한 분이심을 고백하는 선언)는 하루를 시작하고 마감하는 신앙 고백이요, 기도였다. 그들은 쉐마를 통해 하나님만 온전히 사랑하고 순종하는 삶을 살겠다는 결단을 매일 확인할 수 있었다.

> 이스라엘아 들으라 우리 하나님 여호와는 오직 유일한 여호와이시니 너는 마음을 다하고 뜻을 다하고 힘을 다하여 네 하나님 여호와를 사랑하라 오늘 내가 네게 명하는 이 말씀을 너는 마음에 새기고 네 자녀에게 부지런히 가르치며 집에 앉았을 때에든지 길을 갈 때에든지 누워 있을 때에든지 일어날 때에든지 이 말씀을 강론할 것이며 너는 또 그것을 네 손목에 매어 기호를 삼으며 네 미간에 붙여 표로 삼고 또 네 집 문설주와 바깥 문에 기록할지니라 신 6:4-9

예수님도 유대인이셨으니까 당연히 매일 쉐마를 암송하며 신앙을 고백하고 기도하셨을 것이다. 율법사가 어떤 계명이 가장 중요한지 질문했을 때, 예수님은 유대인에게 가장 가까이 있는 기도와 신앙 고백인 쉐마를 통해 그 답을 찾으셨다(마 22:35-40). 예수님이 매일 반복하는 쉐마를 통해 어떻게 기도하셨는지 짐작할 수 있는 장면이다.

예루살렘 성지순례 여정 중에 '통곡의 벽'이라고 알려진 곳 앞에 가면 이마에 테필린(경문 띠)을 착용하고 몸을 앞뒤로 흔드는 동작인 '슈클링'(Shuckling)을 하면서 소리 내어 기도하는 사람들을 쉽게 만날 수 있다. 이는 기도하는 이의 몸과 영혼이 하나님께 온전히 붙들려 있음을 몸으로 표현하는 것이다. "인간의 영혼은 하나님의 촛대"라는 말처럼 흔들리는 초의 불꽃을 흉내 내며 하나님께 더욱 집중하려는 의도로 생긴 기도 방법이다.

예수님도 슈클링을 배우며 기도하셨을 수 있다. 그분의 기도는 오랜 시간 이어져 내려온 유대인의 신앙 전통과 깊은 연관이 있다.

아미다

유대인들은 2천 년이 넘는 시간 동안 '아미다'(히브리어로 '서다'를 뜻하며, 선 자세로 암송하는 데서 유래한 이름)라는 기도문을 통해 기도를 가르치고 배웠다. 예수님도 이 기도문을 배우고 외우셨을 것이다. 예수님이 어렸을 때, 아마도 마리아의 남편 요셉이 하루 세 번 유대 전통 기도문인 아미다로 기도하는 소리를 들으셨을 것이다.

아미다는 예수님 시대 약 50년 후 바울의 스승이었던 랍비 가마리엘의 손자가 정식 예배 전례로 채택했고, 그 후 2천 년 동안 큰 변화 없이 유지되었다. 1세기 유대인들은 아미다 기도 외에도 여러 기도문으로 기도했다. 유대 전통은 기도로 가득했다.

아래는 주후 70년에 공식화된 아미다 기도문의 일부다.

우리 조상의 하나님, 아브라함의 하나님, 이삭의 하나님, 야곱의 하나님, 오 우리 하나님 여호와를 송축할지어다. 위대하고 힘 있고 경이로운 하나님, 지고하신 하나님, 사랑과 인애를 베푸시는 당신은 만물의 창조자입니다. 우리 조상들의 사랑을 기억하시고, 당신의 이름을 위해 그 자녀의 자녀에게 사랑으로 구속자를 보내시리라. 오 왕이시여, 돕는 자, 구원자, 아브라함의 방패 되신 당신을 송축하나이다.

오 여호와여, 당신은 영원히 강대하시며 죽은 자를 살리시고 큰 구원을 베푸시는 분이십니다. 인애로 살아 있는 자를 지탱하시고 풍성한 자비로 죽은 자를 다시 살리시며 넘어지는 자를 떠받치시고 병든 자를 고치시고 포로를 자유하게 하시고 흙 속에서 자는 자들과 맺는 신실함을 지키시나이다. 권능을 행하시는 주와 같은 이가 누가 있을까요. 당신과 비할 자 누구입니까.
죽음을 보내시고 다시 소생시키시며 구원이 움트고 자라게 하시는 왕이시여, 우리는 당신이 죽은 자를 다시 살리시는 이심을 확실히 믿습니다. 오 여호와여, 죽은 자를 다시 살리시는 당신을 송축합니다.

아미다 기도문을 읽어보면 시편의 고백과 매우 유사하게 느껴진다. 유대인들은 시편과 같은 성경뿐 아니라 이런 역사 깊은 기도문을 통해 기도에 젖어 있었다. 물론 예수님도 마찬가지셨을 것이다.

카바나

유대인들의 전통을 따라 습관처럼 반복해서 쉐마나 아미다 같은 기도문을 통해 기도하는 것이 기계적으로 변질되지 않으려면, 기도하는 가운데 하나님을 의식하는 훈련이 너무나도 중요했다. 기도의 생명력은 하나님을 온전히 의식하고 주목하는 것에 달려 있다.

히브리어로 '카바나'(Kavanah)는 방향, 의도를 의미한다. 유대인들은 "기도 속에 카바나가 없는 것은 영혼이 없는 몸과 같다"라고 가르쳤다. 카바나가 마음을 하나님께 향하고 기도를 들으시는 하나님을 온전히 의식하는 것이기 때문이었다. 그들은 반복하는 기도문 속에 카바나가 있다면, 언제나 새로운 하나님의 임재 속에서 하나님께 새롭게 초점을 맞추고 새로운 열심으로 기도할 수 있다고 믿었다.

예수님이 기도하는 두 사람을 비교하신다. 한 사람은 유창하게 기도를 쏟아놓고, 한 사람은 고개도 들지 못하고 기도한다.

두 사람이 기도하러 성전에 올라가니 하나는 바리새인이요 하나는 세리라 바리새인은 서서 따로 기도하여 이르되 하나님이여 나는 다른 사람들 곧 토색, 불의, 간음을 하는 자들과 같지 아니하고 이 세리와도 같지 아니함을 감사하나이다 나는 이레에 두 번씩 금식하고 또 소득의 십일조를 드리나이다 하고 세리는 멀리 서서 감히 눈을 들어 하늘을 쳐다보지도 못하고 다만 가슴을 치며 이르되 하나님이여 불쌍히 여기소서 나는 죄인이로소이다 하였느니라 눅 18:10-13

바리새인은 하나님 앞에서도, 기도 속에서도 카바나를 붙들지 못한다. 자아가 충만하고, 자기 의가 강해서 하나님에 대해서는 관심조차 없다. 그의 기도는 비극적이고 슬프다. 하나님을 향해 자라지 못하고, 마음을 열지 못하는 기도는 비참한 기도일 뿐이다.

더 높은 카바나의 시작은 기도의 중요함, 소중함을 인식하고, 하나님 앞에서 큰 경외감에 사로잡히는 것이다. 세리의 기도에서 그런 카바나를 만난다. 자신의 죄인 됨을 괴로워하면서도 하나님께 나오려고 하고, 자기 기도를 하나님께 올려드리려는 간절한 마음이 그의 기도 속에 가득하다. 이것이 바로 카바나다.

예수님의 기도를 배우자

유대인들의 삶은 기도로 흠뻑 젖어 있었다. 예수님은 그런 문화 속에서 자라셨고, 그렇게 기도를 배우셨고, 그렇게 기도하셨다. 그러나 기도에 익숙한 제자들이 봤을 때, 예수님의 기도는 달랐다. 그래서 그들은 예수님에게 기도를 가르쳐 달라고 했다.

예수께서 한 곳에서 기도하시고 마치시매 제자 중 하나가 여짜오되 주여 요한이 자기 제자들에게 기도를 가르친 것과 같이 우리에게도 가르쳐 주옵소서 눅 11:1

우리도 제자들과 같은 마음으로 예수님의 기도를 배워보자.

예수님의 기도는 구별된 만남이다

> 새벽 아직도 밝기 전에 예수께서 일어나 나가 한적한 곳으로 가사 거기서 기도하시더니 막 1:35

예수께 기도는 아버지와의 만남이다. 그분의 사역은 분주함으로 가득했다. 귀신을 쫓아내고, 베드로의 장모의 열병을 고치고, 수많은 병자의 병을 고치셨다. 예수님에 대한 소문은 갈릴리 사방에 퍼져나갔다. 예수님을 만나러 온 사람들, 병 낫기를 원하는 사람들로 예수님이 계신 곳은 문전성시를 이루었다. 예수님과 제자들이 식사할 시간이 없을 정도로 몰려오는 무리를 대해야 했다.

그러나 예수님은 아버지와의 만남의 시간을 구별해서 지켜내셨다. 그 시간 안으로 누구도, 무엇도 들어갈 수 없었다. 기도 시간은 저절로 확보되지 않았다. 그것은 처절한 영적 전쟁이었지만, 예수님은 그 시간을 구별해서 지키셨다.

마케팅 전략으로 보면 사람들이 몰려올 때 그들을 피해 한적한 곳을 찾는 건 어리석은 선택일 것이다. "물이 들어왔을 때 노를 저어야 한다"라는 말처럼 사람들이 몰려오고 예수님을 찾을 때 예수님의 이미지를 대중에게 더욱 부각하셔야 하지 않았을까? 사람들을 구원하러 오신 분이시니 더 많은 군중에게 자신을 알리면 구원 사역이 더 활성화될 수 있지 않았을까?

그러나 예수님의 생각은 달랐다. 그분에게는 더 많이, 더 효율적으로 일하는 것보다 더 중요한 것이 있었다. 그것은 아버지와 함께하는 시간이었다. 예수님에게 한적한 곳은 사역을 점검하는 전략적 쉼터가 아니라, 아버지와 구별된 교제를 통해 친밀함을 누리는 자리였다. 주님께서 하나님과의 만남을 위해 한적한 곳을 찾으시던 바로 그 시간에도 세상은 여전히 분주했고, 사람들은 그분을 찾고 있었다.

시몬과 및 그와 함께 있는 자들이 예수의 뒤를 따라가 만나서 이르되 모든 사람이 주를 찾나이다 막 1:36,37

이른 시간, 시몬과 다른 제자들이 예수님을 찾아다녔다. 왜냐하면 더 많은 사람이 예수님을 찾고 있었기 때문이다. 예수님이 기도하시는 시간까지도 사역과 사람들로 채워갈 수 있는 여지가 있었음을 알 수 있다. 기도하지 않아도 사람들이 몰려오고, 기도하지 않아도 사람들의 환호 속에서 얼마든지 사역하실 수 있었다.

그러나 예수님은 사역을 위해 아버지와의 만남의 시간을 소홀히 하지 않으셨다. 아버지와 함께하시기 위해 끝내지 못한 일들을 마무리하지 않은 상태로 기꺼이 내버려두셨다.

얼마나 많은 사람이 기도하지 못하는 이유를 '분주함' 때문이라고 생각하는지 모른다. 바빠서 기도하지 못한다는 마음속에는 '내가 해야 하는 일을 절대 아무것도 놓치지 않겠다'라는 욕심과 자기애가 숨어 있다.

그러나 놓쳐야 할 것을 놓치게 하는 것이 기도의 힘이다. 한적한 곳에 있는 순간, 우리는 무엇을 잡고, 무엇을 놓아야 하는지를 배울 수 있다. 아버지와 얼굴을 맞대는 순간, 정말 중요한 것이 무엇인지 확인할 수 있기 때문이다.

사막의 교부들은 분주함을 '도덕적 게으름'이라고 불렀다. 분주함은 중독성이 있다. 한번 맛 들이면 빠져나오기가 힘들다. 분주함으로 우리의 자아는 부풀고, 스스로 중요하고 영향력이 있다는 생각이 깊어진다. 분주함을 유능함과 탁월함의 열매처럼 생각한다. 하지만 한적한 곳으로 나아갈 수 없게 하는 분주함은 우리의 영적인 삶을 갉아먹는다.

예수님도 바쁘셨다. 그런 일상에서는 하나님께 주목하고 그분을 만날 시간을 쉽게 확보하실 수 없었기에 시간을 구별해서 하나님과 만나셨다. 한적한 곳을 찾으신 이유는 사역의 영역을 넓히기 위함이거나 더 많은 능력을 베풀 힘이 필요했기 때문이 아니다. 오직 하나님 때문이었다.

예수님의 기도는 삶의 정황을 바꾸기 위함이 목적이 아니다. 구별된 만남으로서의 기도는 하나님이 목적과 동기가 되시는 자리다. 친밀한 사귐이요, 하나님을 향한 열심이다. 하나님을 향한 사랑으로 가득해지며 하나님의 숨결로 가득해지는 시간이다.

또한 구별된 만남으로서의 기도는 '돌이킴'이다. 아버지께로 돌이킴, 거룩한 하나님과의 대면으로 돌이킴, 사람들의 환호와 박수를 뒤로하고 하나님과 함께하는 고요함으로의 돌이킴이 예수님의 기도다.

예수의 소문이 더욱 퍼지매 수많은 무리가 말씀도 듣고 자기 병도 고침을 받고자 하여 모여 오되 예수는 물러가사 한적한 곳에서 기도하시니라

눅 5:15,16

예수님의 사역은 사람을 살리는 일이라, 예수님은 사람 가운데 계셔야 했다. 그러나 그 일을 제대로 하시기 위해 물러나셨다. 아버지 앞으로 돌아가셨다. 아버지 앞이 예수님의 소명이 더욱 선명해지는 자리이기 때문이었다. 예수님은 하나님께로 돌이키는 구별된 만남을 통해 목적이 이끄는 삶을 사셨다.

구별된 만남이 없고, 하나님께로 돌이킴이 없는 인생은 길을 잃고 만다. 욕심과 탐욕이 이끄는 대로 가며 '돈과 힘이 성공과 축복'이라고 착각하며 길을 잃는다. 높은 곳을 향해 달려가며 '더 빨리, 더 멀리, 더 높이'를 외치다 보면, 어느덧 지나버린 세월 속에 자신 옆에 아무도 남아 있지 않다는 외로움을 느끼며 돌아갈 길을 찾지 못한다.

비교와 질투의 쳇바퀴를 끊임없이 달리다 문득 자신을 보며 어디로 가야 할지 알 수 없게 된다. 인생에서 하나님께로 돌이킴이 없고, 그분과의 구별된 만남이 없다면, 출구를 알 수 없는 미로 속에서 헤매는 것과 같다.

이르시되 우리가 다른 가까운 마을들로 가자 거기서도 전도하리니 내가 이를 위하여 왔노라 하시고 이에 온 갈릴리에 다니시며 그들의 여러 회당에서 전도하시고 또 귀신들을 내쫓으시더라 막 1:38,39

하나님과의 구별된 만남과 돌이킴은 사람들의 요구, 혹은 필요에 따라 좌우되지 않고 오직 하나님의 목적에 따라 살아가는 능력을 더해준다. 상황의 급박함에 의한 충동을 따라가지 않고 거룩한 소명을 붙들 수 있는 지혜도 더해준다.

예수님의 기적에 흥분한 사람들은 예수님을 이른 아침부터 찾아다녔다. 그러나 한적한 곳에서 하나님과 특별한 만남을 가지신 예수님은 가버나움을 떠나 온 갈릴리를 다니시며 복음을 전하셨다. 한적한 곳에서의 시간이 사역을 제한한 게 아니라 오히려 사역의 장을 넓혀주었다. 아버지와의 구별된 만남이 하나님의 길을 열어주었다. 하나님께로의 돌이킴은 예수님이 붙들어야 할 것과 거부해야 할 것을 명쾌하게 보여주었다.

이처럼 중요한 하나님과의 구별된 만남을 위해서 우리는 시간을 확보해야 한다. 남는 시간에 기도하겠다고 생각하면, 평생 기도하지 않고 살게 될 것이다. 기도는 남는 시간에 하는 게 아니라 따로 시간을 구별해서 하는 것이다. 그 안으로 어떤 사람도, 어떤 일도, 어떤 다른 생각도 들어오지 못하도록 철저히 기도의 시간을 보호할 때, 예수님처럼 구별된 만남으로 기도의 자리를 지킬 수 있게 된다.

예수님의 기도는 친밀한 연합이다

아버지여, **아버지께서 내 안에, 내가 아버지 안에** 있는 것 같이 그들도 다 하나가 되어 우리 안에 있게 하사 세상으로 아버지께서 나를 보내신 것을 믿게 하옵소서 내게 주신 영광을 내가 그들에게 주었사오니 이는 **우리가 하나가 된 것 같이** 그들도 하나가 되게 하려 함이니이다 곧 내가 그들 안에 있고 **아버지께서 내 안에 계시어** 그들로 온전함을 이루어 하나가 되게 하려 함은 아버지께서 나를 보내신 것과 또 나를 사랑하심 같이 그들도 사랑하신 것을 세상으로 알게 하려 함이로소이다 아버지여 내게 주신 자도 나 있는 곳

에 나와 함께 있어 아버지께서 창세전부터 나를 사랑하시므로 내게 주신 나
의 영광을 그들로 보게 하시기를 원하옵나이다 의로우신 아버지여 세상이
아버지를 알지 못하여도 **나는 아버지를 알았사옵고** 그들도 아버지께서 나
를 보내신 줄 알았사옵나이다 요 17:21-25

연합이란 하나님과의 하나 됨이다. 이는 깊은 사귐, 끊어지지 않는
친밀한 교제를 의미한다.

"아버지께서 내 안에, 내가 아버지 안에"(21), "우리가 하나가 된 것
같이"(22), "아버지께서 내 안에 계시어"(23), "나는 아버지를 알았사
옵고"(25)는 친밀한 연합의 상태를 보여주는 표현이다. 특히 성경에서
"안다"라는 표현은 지식적인 정보가 아니라 체험적이고 경험적이다.
즉, 아는 것은 지식이 아니라 체험이다.

예수님에게 기도는 하나님을 온전히 알아가는 체험이었고, 그것을
통해 아버지와 온전한 연합과 친밀함을 누리실 수 있었다. 사실 기도
를 통해 하나님과 친밀함을 누린다는 건 유대인들에게는 낯선 개념이
다. 그들에게 하나님은 그렇게 대할 수 있는 분이 아니라고 여겨졌기
때문이다. 그들은 하나님을 경배하고 경외하며 그분께 기도하는 건
익숙했지만, 하나님을 친근한 대상으로 생각하지 않았다.

이르시되 아빠 아버지여 아버지께는 모든 것이 가능하오니 이 잔을 내게서
옮기시옵소서 그러나 나의 원대로 마시옵고 아버지의 원대로 하옵소서 하시
고 막 14:36

그러나 예수님은 가장 괴로운 순간에도 하나님 아버지를 '아빠'라는 다정하고, 부드럽고, 친근하고, 사랑스러운 언어로 부르셨다. 예수님에게 기도는 언제나 아버지와 사랑스러운 연합을 누리는 자리였다. 연합은 '함께함'이며, 사랑이다. 예수님에게 기도는 아버지를 향한 사랑이었다.

사랑하면 함께하는 것만으로도 기쁨을 느낀다. 때로는 대화가 함께함의 시간을 채워주지만, 침묵도 여백을 채우는 아름다움이 되기도 한다. 말하지 않아도 함께함으로 충분한 게 정말 깊고 친밀한 관계이기 때문이다. 사랑이 깊어지면 모든 시간을 말로 채워야 한다는 강박관념이 사라진다. 그러지 않아도 사랑을 확신할 수 있다.

기도가 아버지 하나님과의 친밀한 연합이라면, 매 순간을 우리의 언어로 채우지 않아도 된다. 그건 사랑이 아니다. 사랑하는 분, 사랑을 주시는 분 앞에서 말을 멈추고 침묵하는 것도 더 깊은 사랑을 느낄 수 있는 것임을 기억해야 한다.

우리의 말을 멈추고, 우리의 생각을 멈추고, 우리의 의도로 기도의 시간을 채우려는 애씀을 멈출 때, 우리와 함께하시기를 기뻐하시는 하나님과의 깊은 연합 안으로 설레는 발걸음을 옮길 수 있다. 그곳이 우리 영혼이 변화되는 용광로이며, 내면이 치유되는 병원이며, 영성이 회복되는 정원이 된다.

예수님의 기도는 믿음으로 충만한 기대다

구하라 그리하면 너희에게 주실 것이요 찾으라 그리하면 찾아낼 것이요 문

을 두드리라 그리하면 너희에게 열릴 것이니 구하는 이마다 받을 것이요 찾
는 이는 찾아낼 것이요 두드리는 이에게는 열릴 것이니라 마 7:7,8

이 말씀에서 예수님은 적극적이고 긍정적인 사고를 가르치고 계신
게 아니다. 기도하는 사람이 가져야 할 기본적인 마음을 가르쳐 주신
다. 기도는 하나님을 향한 기대감으로 충만해지는 것이다. 기도는 믿
음으로 충만해진 기대다. 구하는 자는 주실 것을, 찾는 자는 발견할
것을, 두드리는 자는 열릴 것을 기대할 수 있다. 그것이 기도 안에서
만나는 '믿음으로 충만한 기대감'이다.

예수님이 가르쳐 주시는 믿음으로 충만해진 기대감이 신선한 도전
이 되는 이유는, 기도하면서도 믿지 못하는 경우가 많기 때문이다. 사
도행전 12장은 투옥된 베드로를 위해 중보하는 교회의 모습을 보여준
다. 헤롯 아그립바 왕이 야고보를 칼로 죽이고 베드로까지 감옥에 넣
었다. 그런 베드로를 위해 교회는 열심히 기도했다. 주의 사자가 옥중
에 나타나서 그를 깨워 밖으로 안전하게 인도하셨다.

자유의 몸이 된 그는 제자들이 모여서 기도하고 있던 마가 요한의
어머니 마리아의 집에 가서 문을 두드린다. 로데라는 여종이 베드로의
목소리를 알아듣고 문을 열어주는 것도 잊은 채 안으로 달려가 밖에
베드로가 와 있다고 알려준다. 그때 기도하고 있던 사람들의 반응이
참 흥미롭다.

베드로의 음성인 줄 알고 기뻐하여 문을 미처 열지 못하고 달려 들어가 말하
되 베드로가 대문 밖에 섰더라 하니 그들이 말하되 네가 미쳤다 하나 여자

아이는 힘써 말하되 참말이라 하니 그들이 말하되 그러면 그의 천사라 하더라 베드로가 문 두드리기를 그치지 아니하니 그들이 문을 열어 베드로를 보고 놀라는지라 행 12:14-16

베드로를 위해 기도하고 있었으면서도 그가 풀려나서 지금 문밖에 있다고 하니 미쳤다고 말하는 그들의 모습에서 기도하면서도 기대하지 못할 수 있음을 본다. 예수님은 기도 속에서 회복해야 하는 믿음으로 가득한 기대감을 가르쳐 주신다.

주실 것을 기대하고 구하는 것이 예수님의 기도다.
찾아낼 것을 기대하고 구하는 것이 예수님의 기도다.
열릴 것을 기대하고 구하는 것이 예수님의 기도다.

서울드림교회가 한남동에서 방배동 상문고등학교로 예배 장소를 옮기는 결정을 했을 때였다. 학교를 빌려서 예배를 드리니 아무래도 아이들을 위한 예배 장소가 부족했다. 학교 식당 위 2층과 3층 공간을 증축해서 아이들의 예배 장소를 만들기로 했다. 그런데 교회에 그만한 재정이 없었다. 당장 작정헌금을 한다 해도 건물을 지으려면 어느 정도 목돈이 필요한데 여유가 없었다. 그동안 수많은 학교의 문을 두드려 왔고, 드디어 문이 열렸으니 분명 하나님께서 인도하시는 길임을 확신하고, 나는 뜨거운 마음으로 기도했다.
우선 공사비를 받지 않고 시작할 수 있는 건설사를 찾기 시작했다. 그런데 돈도 받지 않고 공사를 수주할 회사가 어디 있겠는가! 건설회

사 담당자를 만나서, 회사가 돈을 빌려서 건물을 지어주면 우리가 이자까지 다 갚겠다고 제안했다.

만나는 건설사마다 "목사님, 그렇게 일할 수는 없습니다. 아마 그렇게 하겠다는 회사는 없을 겁니다"라는 답변을 들었다. 당연한 말이었다. 그래도 하나님께서 여신 길이고 인도하시는 길이니, 반드시 준비된 사람이 있을 거라고 믿고 기도했다.

많은 건설사 담당자가 고개를 저으며 안 된다고 해도 내 안에는 여전히 하나님께서 준비하신 사람이 있을 거라는 믿음이 있었다. 여기저기 소개받은 사람들이 다 안 된다고 거절할 때, 전혀 관계가 없는 한 건설사 대표를 만나게 됐다.

처음에는 내 제안을 듣고 그가 웃었다. 그런데 내가 진지하게 설득하니까 "목사님, 너무 엉뚱한 제안인 건 아시죠?"라고 하면서 점잖게 테이블에서 물러앉았다. 나는 다시 한번 설득했다.

"이렇게 말도 안 되는 제안을 하는 저를 보면서 이 만남 속에 하나님의 인도하심이 있다는 생각은 안 해보셨습니까? 저는 이런 제안을 받아줄 회사를 위해 기도하고 있었습니다. 대표님의 회사가 우리 교회에 하나님의 응답이 될 수 있습니다."

그는 깊은 생각에 잠겨 있다가 고개를 끄떡이면서 기꺼이 공사를 맡겠다고 했다. 돈 한 푼 받지 않고 공사를 해서 건물을 지어주겠다는 약속을 받아낸 것이다. 지금 생각하면, 그때 어떻게 그렇게 무모할 수 있었는지 모르겠다. 그러나 교회에 돈이 없으니, 기도밖에 할 수 없었고, 그 기도는 무모할 수밖에 없었고, 하나님을 기대할 수밖에 없었다. 하나님을 기대하지 않으면 아무것도 할 수 없었기 때문이다.

예수님이 가르쳐 주시는 기도는 하나님을 향한 기대감으로 가득해지는 것이다. 많은 성도가 기도해도 소용없다고 생각한다. 아마도 응답되지 않는 기도들이 있기 때문일 것이다. 그러나 응답되지 않는 기도들은 (그것이 하나님의 뜻에 어긋나지 않는다면) 우리에게 하나님을 향한 기대를 키우라는 성령의 도전이 되어야 한다. 기도 응답이 더디다면 더욱 하나님을 향한 기대감으로 충만해져야 한다.

"구하라, 찾으라, 두드리라"의 헬라어 단어는 미완료 시제로, 반복해서 멈추지 말고 계속하라는 의미다. 어떻게 하나님을 향해 기대로 충만한 기도를 계속할 수 있는가? 멈추지 않고 끊임없이 기도하면 기대감을 잃지 않을 수 있다. 예수님은 그런 기대로 가득한 기도를 가르쳐 주신다.

예수님의 기도는 후츠파(Chutzpah)다

예수께서 일어나사 거기를 떠나 두로 지방으로 가서 한 집에 들어가 아무도 모르게 하시려 하나 숨길 수 없더라 이에 더러운 귀신 들린 어린 딸을 둔 한 여자가 예수의 소문을 듣고 곧 와서 그 발아래에 엎드리니 그 여자는 헬라인이요 수로보니게 족속이라 자기 딸에게서 귀신 쫓아내주시기를 간구하거늘 예수께서 이르시되 자녀로 먼저 배불리 먹게 할지니 자녀의 떡을 취하여 개들에게 던짐이 마땅치 아니하니라 여자가 대답하여 이르되 주여 옳소이다마는 상 아래 개들도 아이들이 먹던 부스러기를 먹나이다 예수께서 이르시되 이 말을 하였으니 돌아가라 귀신이 네 딸에게서 나갔느니라 하시매 여자가 집에 돌아가 본즉 아이가 침상에 누웠고 귀신이 나갔더라 막 7:24-30

예수님이 몰려오는 군중을 피해 한 집에 조용히 들어가셨다. 그런데 어떻게 알았는지 한 수로보니게 여인이 와서 소리 지르며 도움을 청했다(마 15:22). 어쩌면 문을 요란스럽게 두드리며 예수님을 불렀을지 모른다. 제자들은 여인을 돌려보내라고 예수께 요청드렸다. 하지만 여인의 의지를 꺾을 수 없었다. 그녀는 예수님의 발 앞에 엎드려 간절하게 도움을 청했다.

그런데 예수님의 말씀이 복음서 어디에서도 볼 수 없을 정도로 매정하게 거절하시는 것처럼 들린다. "자녀의 떡을 취하여 개들에게 던짐이 마땅하지 않다"라는 말씀은 아무리 돌려 들어도 그 여인을 개처럼 대하시는 것 같다. 그러나 그녀는 전혀 마음 상해하지 않는다. 오히려 주님께 "하찮은 개도 아이들이 먹던 부스러기를 먹습니다"라고 고백하며 자신과 딸이 유대 사람들의 눈에는 미천한 존재지만, 주님의 도움이 간절히 필요한 존재임을 고백한다.

어떤 순간에도 뒤로 물러서지 않는 이 끈질김, 배포와 배짱, 믿음으로 인한 뻔뻔함을 '후츠파'라고 한다. 이런 후츠파가 기도와 연관하여 예수님의 가르침 속에 등장하는 또 다른 구절이 있다.

> 또 이르시되 너희 중에 누가 벗이 있는데 밤중에 그에게 가서 말하기를 벗이여 떡 세 덩이를 내게 꾸어달라 내 벗이 여행 중에 내게 왔으나 내가 먹일 것이 없노라 하면 그가 안에서 대답하여 이르되 나를 괴롭게 하지 말라 문이 이미 닫혔고 아이들이 나와 함께 침실에 누웠으니 일어나 네게 줄 수가 없노라 하겠느냐 내가 너희에게 말하노니 비록 벗 됨으로 인하여서는 일어나서 주지 아니할지라도 그 간청함을 인하여 일어나 그 요구대로 주리라 눅 11:5-8

밤중에 찾아온 손님을 위해 떡 세 덩이를 빌리러 온 사람의 이야기 속에서 당황스러운 뻔뻔함과 당당함을 본다. 어떤 거절도 그를 물러서게 할 수 없을 것 같다. 예수님은 기도하는 자들에게 있어야 하는 이런 후츠파를 가르쳐 주신다.

예수님이 부끄러움이나 수치를 모르는, 얼굴이 두꺼운 뻔뻔함을 기도하는 자의 태도라고 말씀하신 게 아니다. 후츠파는 단순한 끈질김이 아니다. 후츠파의 근거는 관계의 신뢰다. 기도를 들으시는 분의 선하심에 대한 신뢰 말이다.

기도의 당당함은 기도를 들으시는 분을 향한 무한한 신뢰에 근거한다. 관계의 신뢰에 의심이 없다면, 기도를 들으시는 분의 선하심에 조금의 의심도 없다면 우리는 어떤 상황에서도 물러서지 않고, 거룩한 뻔뻔함으로 가득한 기도를 드릴 수 있다.

브래드 H. 영은 《유대 신학자 예수》에서 기도 속에 존재해야 하는 후츠파에 관해 설명한다.

우리가 담대한 결기로 기도하는 이유는 하나님이 선하시기 때문이다. 하나님은 이웃을 나 몰라라 하는 한심한 친구와 같지 않다. 하나님은 하나님도, 사람도 두려워하지 않고 불우한 과부를 나 몰라라 한 부패한 재판관과도 같지 않다. … 예수님은 역설과 해학을 사용하셔서 하나님의 성품을 생생하게 설명하신다. … 사람들은 마치 하나님이 무심한 친구나 공평치 못한 재판관인 양 기도하는 우를 범한다. 예수님은 제자들에게 하나님이 어떤 분인가를 가르치기 위해 하나님과 유사하지 않은 과장된 캐릭터가 등장하는 역할극을 보여주신다. 여러 면에서 이 다면적인 예화의 주제는 '하나님은 당신의 선한 벗이다' 이 한 줄로 요약된다. 하나님이 선하시므로 인내의 기도는 응답받는다. 하나님을 향한 믿음은 결국 담대한 인내와 같다.

예수님이 가르쳐 주시는 후츠파로 가득한 기도는 우리의 상황을 뛰어넘는 담대하고 당찬 기도로 우리를 인도한다. 눈에 보이지 않는 것, 손에 잡히지 않는 것, 마음으로 느껴지지 않는다는 사실은 우리의 기도를 저해하지 못한다. 오히려 후츠파로 가득해졌기에 한계를 뛰어넘고 하나님의 선하심을 전적으로 의지하고 기도를 멈추지 않을 수 있다. 후츠파로 가득한 기도는 당당한 기도다. 아버지를 전적으로 신뢰하는 자녀의 권세 있는 기도다.

예수님의 기도는 감사다

예수께서 떡을 가져 축사하신 후에 앉아 있는 자들에게 나눠주시고 물고기도 그렇게 그들의 원대로 주시니라 요 6:11

오병이어의 기적이 일어났던 현장은 감사와는 거리가 먼 곳이었다. 남자만 5천 명이 넘었고, 여자와 아이들까지 합친다면 그보다 몇 배의 사람이 모여 있었다. 제자들의 눈에 그들은 해결할 수 없는 문제였다. 빌립은 계산이 빠른 사람이어서 적어도 2백 데나리온이 있어야 조금이라도 먹을 것을 줄 수 있을 거라고 예리하게 판단했다. 다른 제자들도 빨리 사람들을 마을로 보내서 먹을 것을 구하게 해야 한다고 했다.

안드레가 작은 아이가 가지고 온 오병이어를 주님께 가지고 왔을 때, 다른 제자들이 무슨 생각을 했을지 상상하는 건 전혀 어렵지 않다.

'뭐야, 장난해? 지금 모인 사람들을 좀 보라고! 빌립이 하는 말 못 들었어? 적어도 2백 데나리온은 있어야 요기라도 할 음식을 구할 수 있는데, 지금, 이 떡과 물고기 갖고 와서 뭐 하자는 거야?'

아마도 온갖 거친 생각이 제자들의 머리를 채웠을지도 모른다. 기도하지 않는 제자들에게 수많은 사람이 배를 주리고 있는 들판은 궁핍과 결핍으로 가득한 곳이었다. 저녁이 되었는데도 돌아가지 않는 사람들을 향해 불만과 불평이 피어오르는 곳이었다. 그들에게 먹을 것을 주라는 주님을 향해 원망이 싹트는 곳이기도 했다.

그러나 예수님에게 군중이 모여 있는 들판은 풍요의 잔치가 준비된 곳이었다. 오병이어는 그 풍요의 잔치를 위한 준비물이었다. 예수님이 그것을 들고 감사기도를 드리신 후에 사람들에게 나눠주시자, 사람들이 배불리 먹고도 열두 광주리나 남는 엄청난 기적이 일어났다. 예수님은 오병이어를 들고 기도하시는 순간에 그 풍요를 보셨을 것이다. 감사기도는 예비된 은혜의 풍요로움을 미리 보게 해준다.

기도가 없을 때는 결핍과 궁핍만 보인다. 감사기도가 시작되면 풍요와 부요함이 보이기 시작한다. 예수님의 기도는 부요함으로 가득한 감사였다.

그때에 예수께서 대답하여 이르시되 천지의 주재이신 아버지여 이것을 지혜롭고 슬기 있는 자들에게는 숨기시고 어린아이들에게는 나타내심을 감사하나이다 마 11:25

이 말씀 속에 등장하는 감사기도는 예수님을 향한 세례 요한의 오해와 사람들의 거절이라는 상황 속에서 나오는 기도다. 감사의 상황이 아닌데도 의도적으로 감사의 이유를 찾아서 기도하시는 예수님의 모습을 볼 수 있다.

세례 요한은 죄인들과 세리들과 함께 어울리시는 예수님의 소문을 듣고, 그분이 진정한 하나님의 메시아인가에 대해 심각하게 고민하며 내적 갈등을 겪었다. 옥중에서 자기 제자들을 예수님에게 보내 그분이 바로 그 메시아인지, 아니면 다른 메시아를 기다려야 하는지 물어봤다. 예수님에게는 결코 유쾌한 질문이 아니었을 것이다.

예수님은 벳새다, 가버나움, 고라신 지역에서 많은 기적을 베풀어 주셨다. 맹인의 눈을 뜨게 하시고, 중풍 병자를 고치시고, 로마 백부장의 죽어가는 종을 낫게 하시고, 귀신 들린 자를 고쳐주시고, 사람들이 쉽게 잊을 수 없는 오병이어의 기적을 행하셨다. 그러나 그들은 예수님의 기적을 보고도 그분의 말씀을 받아들이지 않았다. 예수님은 그들의 완악함을 두로와 시돈, 소돔 같은 곳들과 비교하셨다. 그런 기적을 그곳에 살던 사람들이 보았더라면 재를 뒤집어쓰고 회개했을 거라고 안타까워하셨다.

상황적으로는 예수님에게는 감사의 조건이 없어 보인다. 그러나 그분은 자신을 둘러싼 의심과 거절, 불신과 불신앙의 한가운데서 감사기도를 드리셨다.

상황이 다 좋아서 감사기도를 하는 거라면 우리는 결코 예수님의 감사기도를 배울 수 없다. 그러나 감사의 조건이 눈에 안 보일 때, 감사의 이유를 찾는 게 믿음의 능력이다. 믿음의 눈으로 보면 새벽어둠이 깊음을 탄식하지 않고, 밝은 아침이 다가오고 있음을 알기에 감사 기도를 드릴 수 있다. 믿음의 눈으로 보면 거친 풍랑 속에서도 동행하시는 주님이 보이기에 풍랑에 빼앗기지 않는 샬롬(평강)으로 인해 감사할 수 있다. 예수님의 감사기도를 배우려면, 이미 받은 은혜를 기억하는 훈련이 필요하다.

> 한 마을에 들어가시니 나병 환자 열 명이 예수를 만나 멀리 서서 소리를 높여 이르되 예수 선생님이여 우리를 불쌍히 여기소서 하거늘 보시고 이르시되 가서 제사장들에게 너희 몸을 보이라 하셨더니 그들이 가다가 깨끗함을 받은지라 그중의 한 사람이 자기가 나은 것을 보고 큰 소리로 하나님께 영광을 돌리며 돌아와 예수의 발아래에 엎드리어 감사하니 그는 사마리아 사람이라 예수께서 대답하여 이르시되 열 사람이 다 깨끗함을 받지 아니하였느냐 그 아홉은 어디 있느냐 눅 17:12-17

예수님의 치유가 필요한 나병 환자들이 소리쳤다. 부정한 사람들이어서 예수님에게 가까이 오지 못하고 멀리서 소리만 쳤다. 예수님이 모두 고쳐주셨는데, 한 명만 가다가 나은 것을 보고 주님께 돌아와서 발아래 엎드려 감사를 드렸다. 나머지 아홉 명도 기뻐했을 것이다. 병이 나았다는 사실에 감격했을 것이다. 그러나 예수께 돌아와서 감사할 생각은 하지 못했다. 그들은 상상하지 못할 선물을 받았지만 감사하지 않았다.

감사로 가득한 기도는 좋은 것을 받았다고 저절로 되는 것이 아니다. 이는 은혜를 기억하는 자들만이 배울 수 있다. 감사기도는 은혜를 만끽하는 미각 같다. 어떤 음식을 한꺼번에 입속에 넣어도 그것이 단지, 짠지, 매운지 판별할 수 있다. 미각이 있기 때문이다. 인생의 어떤 상황 속에서도 '감사'라는 미각은 은혜를 기억하게 해준다. 이 감각이 살아나지 않으면 모든 것이 무효다. 모든 것이 불평과 불만의 기회다.

예수님의 기도는 낙심하지 않는 인내다

예수께서 그들에게 항상 기도하고 낙심하지 말아야 할 것을 비유로 말씀하여 눅 18:1

예수님이 기도를 가르쳐 주시면서 불의한 재판장에 대한 비유를 통해 말씀하셨다.

한 마을에 하나님을 두려워하지 않고 사람들을 함부로 대하며 무시하는 재판관이 있었다. 우리는 이 비유가 실제로 일어나지 않은 어떤 일을 예수님이 예를 들어서 말씀하신 것으로 생각할 수 있지만, 유대인들에게 이 불의한 재판관이란 인물은 현실과 동떨어진 가상 인물이 아니었다.

유대인들은 분쟁이 생기면 장로나 랍비를 찾아서 문제를 해결했다. 그러나 장로들이 해결할 수 없는 법적인 분쟁이 발생하면 로마 총독이 인정하고 지명한 재판관을 찾아서 해결해야 했다. 대부분 이런 재판관들은 하나님을 두려워하지 않는 이방인이었고, 뇌물에 눈이 어두워 부정 재판을 일삼았다. 평범한 사람들은 이런 불의한 재판관들로 인해 억울함을 많이 경험했다.

예수님은 기도에 대하여 말씀하시면서 이런 악한 사람을 등장시키셨다. 기도에서 빠져서는 안 되는 중요한 요소를 강조하시기 위함이었다. 이 불의한 재판관에게 가난한 과부가 찾아와서 도움을 청했다. 억울한 일을 당했기에 정의로운 판결을 요구했다. 그러나 불의한 재판관은 뇌물을 제공할 수 없는 과부에게 관심이 없었다. 이런 경우, 과부처럼 힘없는 사람들은 억울함을 안고 평생 살아가야 했다.

하지만 이 과부에게는 다른 사람들에게는 없는 게 있었다. 집요함과 끈질김이었다. 불의한 재판관의 무관심과 거절에도 흔들리지 않는 끈질김과 집요함이 있었기에 재판관은 자신을 계속 괴롭힐 과부에 대한 두려움 때문에 그녀의 간청을 들어주기로 했다.

사실 매우 이상한 비유처럼 보인다. 이 비유는 두 가지 오해를 불러일으킬 수 있다.

먼저, 하나님에 대한 오해다. 하나님이 마치 억울하고 힘없는 과부 같은 사람에게는 전혀 관심이 없는 분처럼 비칠 수 있다. 연약한 자를 돕기를 꺼리는 분으로 말이다.

또 하나는 기도의 본질에 대한 오해다. 기도가 마치 하나님께서는 들어주시기 싫은데, 우리가 하나님의 팔을 비틀며 떼를 쓰는 것이라고 말이다. 우리에게 관심이 없는 하나님이 우리에게 마음을 여실 때까지 조르는 것이라는 오해.

그런데도 예수님이 이 비유를 사용하신 이유는, 기도에 반드시 있어야 하는 한 가지 특징을 설명하시기 위해서였다. 기도에는 포기하지 않고 항상 지속하고 낙심하지 않는 끈질긴 인내의 믿음이 있어야 함을 가르치시기 위함이었다.

> 하물며 하나님께서 그 밤낮 부르짖는 택하신 자들의 원한을 풀어주지 아니
> 하시겠느냐 그들에게 오래 참으시겠느냐 내가 너희에게 이르노니 속히 그
> 원한을 풀어주시리라 그러나 인자가 올 때에 세상에서 믿음을 보겠느냐 하
> 시니라 눅 18:7,8

그러나 예수님의 포기하지 않는 기도는 불굴의 의지, 끈기 같은 것
으로부터 출발하는 게 아니다. 포기하지 않는 인내의 기도는 하나님
의 선하심과 신실하심으로부터 출발한다.

"하나님께서 그 밤낮 부르짖는 택하신 자들의 원한을 풀어주지 아
니하시겠느냐! 그들에게 오래 참으시겠느냐!"

이는 답이 정해져 있는 수사학적인 질문이다. 하나님께서는 불의한
재판장과 같지 않으시기 때문에 당연히 들어주실 거라는 사실을 강조
하기 위함이다.

기도하는 사람들이 만나는 낙심의 이유 중 하나는, 하나님의 침묵
이다. 시편 곳곳에서 하나님의 침묵 앞에 괴로워하는 고백을 접할 수
있다.

> 여호와여 어찌하여 멀리 서시며 어찌하여 환난 때에 숨으시나이까 시 10:1

> 여호와여 어느 때까지니이까 나를 영원히 잊으시나이까 주의 얼굴을 나에게
> 서 어느 때까지 숨기시겠나이까 나의 영혼이 번민하고 종일토록 마음에 근
> 심하기를 어느 때까지 하오며 내 원수가 나를 치며 자랑하기를 어느 때까지
> 하리이까 시 13:1,2

주여 깨소서 어찌하여 주무시나이까 일어나시고 우리를 영원히 버리지 마소서 어찌하여 주의 얼굴을 가리시고 우리의 고난과 압제를 잊으시나이까

시 44:23,24

하나님께서 멀리 계신 것처럼, 나를 잊으신 것처럼, 주무시는 것처럼 느끼는 성도의 안타까운 외침이 낯설지 않은 이유는, 우리도 그런 마음을 때때로 느끼기 때문일 것이다. 기도한다고 하면서도 하나님에 대한 실망과 불신, 때로는 배신감 같은 거친 마음을 느낄 때가 있기에, 그들의 고백과 외침에 격하게 공감하게 된다. 그런 공허한 외침으로 우리의 기도가 끝나지 않으려면, 하나님께서 침묵하시는 것 같은 상황에서 그분이 어떤 분이신지를 기억해야 한다.

내가 알거니와 여호와는 고난당하는 자를 변호해 주시며 궁핍한 자에게 정의를 베푸시리이다 시 140:12

기도 속에서 만나는 '낙심'이란 불청객 앞에서 우리는 하나님께서 어떤 분이신지에 대한 흔들리지 않는 신뢰를 확인해야 한다.

하나님은 우리의 기도 듣기를 기뻐하시며,
우리를 우리보다 더 사랑하시며,
우리가 구하고 상상하는 것보다 더 넘치도록
은총을 베풀어 주시기를 원하시며,
우리를 보고 기쁨을 이기지 못하시고

노래하기를 멈추지 않으시는 분이시다.

하나님은 우리를 향해 끈질긴 사랑과 헌신을 갖고 계신다.
우리의 죄인 됨과 어두움은 하나님의 마음을 실망하게 하지 못한다.
하나님 자신을 우리에게 주셨다. 아들을 주셨다.
그러면 다 주신 것이다.
그 무엇도 우리를 향해 아끼지 않으셨다.
하나님의 마음에는 우리로 가득하며,
하나님의 손바닥에는 우리의 이름이 새겨져 있다.

하나님은 주무시지도 않고 우리를 지켜보시며,
우리에게 너무 관심이 많으셔서
우리의 머리카락까지 세신 바 되셨다.
하나님은 언제나 우리 편이시며, 우리를 끝까지 응원하신다.
그분은 끝까지 선하시며, 끝까지 신실하시다.

하나님에 대해 이런 확신을 가질 수 있다면, 우리는 하나님의 침묵
처럼 느껴지는 순간에도, 하나님의 부재처럼 느껴지는 상황에도, 하나
님의 무응답처럼 느껴지는 환경 속에서도 기도의 외침을 이어갈 수 있
다. 포기하지 않는 인내의 기도는 믿음과 긴밀한 관계가 있다.

내가 너희에게 이르노니 속히 그 원한을 풀어주시리라 그러나 인자가 올 때
에 세상에서 믿음을 보겠느냐 하시니라 눅 18:8

낙심 때문에 무너지지 않는 인내의 기도는 예수님이 찾으시는 믿음 안에서 만들어진다. 예수님은 믿음을 찾으신다. 믿음을 보기를 원하신다. 이는 인자가 올 때 계속 기도하고 있는 믿음이다. 낙심하지 않고 기도를 멈추지 않는 믿음 말이다.

구약에 이런 기도의 본을 보여준 선지자가 있다. 바로 엘리야다. 그는 우리와 성정이 같은 사람이었는데 하나님께서는 그의 기도를 통해서 하늘을 닫기도 하셨고, 다시 열기도 하셨다. 하나님께서는 이스라엘의 영적 타락을 심판하시기 위해 큰 가뭄을 내리셨다. 그런데 다시 엘리야의 기도를 통해 비를 내려주셨다.

> 엘리야가 아합에게 이르되 올라가서 먹고 마시소서 큰비 소리가 있나이다 아합이 먹고 마시러 올라가니라 엘리야가 갈멜산 꼭대기로 올라가서 땅에 꿇어 엎드려 그의 얼굴을 무릎 사이에 넣고 그의 사환에게 이르되 올라가 바다 쪽을 바라보라 그가 올라가 바라보고 말하되 아무것도 없나이다 이르되 일곱 번까지 다시 가라 일곱 번째 이르러서는 그가 말하되 바다에서 사람의 손만 한 작은 구름이 일어나나이다 이르되 올라가 아합에게 말하기를 비에 막히지 아니하도록 마차를 갖추고 내려가소서 하라 하니라 **왕상 18:41-44**

엘리야는 바닥이 쩍쩍 갈라진 땅을 본다. 구름 한 점 없는 하늘을 본다. 하지만 거기서 큰비 소리를 듣는다. 아무도 들을 수 없는 소리를 들은 것이다. 그는 믿음과 기도를 통해서 큰비 소리를 들었다. 포기하지 않고 인내하고 기도하는 예수님의 기도의 능력이 바로 이것이다. 기도 속에서 하나님의 역사를 미리 보는 것이다.

1989년 11월 9일 베를린 장벽이 무너지기 전, 1982년부터 라이프치히 니콜라이교회에서 기도 모임이 시작됐다. 처음에는 소수가 모여 기도했다. 작은 무리의 기도가 어떤 역사를 만들어 낼 수 있을까 생각하는 사람도 많았을 것이다. 시간이 흘러가며 더 많은 기도의 사람들이 모여들었고, 나중에는 12만 명이 모여서 평화를 위해 기도하고 평화시위를 벌였다.

당시 베를린 장벽이 무너질 것이라고 생각한 사람은 없었다. 그러나 포기하지 않고, 낙심하지 않고 기도하는 사람들을 통해 하나님의 역사가 나타났다. 기도하는 사람들이 먼저 비의 소리를 듣는다.

엘리야는 얼굴을 무릎 사이에 넣고 기도했다. 열심히 기도하고 바다 쪽에 뭐가 보이는지 종을 통해 확인했다. 아무것도 없다는 말에 다시 기도했다. 이렇게 일곱 번 반복했다. 아무것도 보이지 않는다는 답변에도 그의 기대가 무너지지 않았기 때문이다. 예수님이 가르쳐 주시기를 원했던 '낙심하지 말고 인내하며 항상 기도하는 믿음'은 하나님을 향한 기대가 가득한 이런 믿음이다.

기도를 방해하는 자의 궁극적인 목표는 기도를 멈추게 하는 것이다. 낙심, 실망, 불신은 사단의 무기가 된다. C. S. 루이스의 《스크루테이프의 편지》는 선임 악마 스크루테이프가 조카 악마 웜우드에게 그리스도인들을 유혹하는 전술을 전수해 주는 내용이다.

스크루테이프는 기도하는 것을 막을 수 없다면, 기도하는 사람들에게 그들의 기도에 대해 좋은 느낌이 들게 해주라는 전략을 전수한다.

예를 들어, 자비를 구하면 정말 자비를 받은 것처럼 느끼게 해주고,

용기를 구하면 용기를 받았다고 느끼게 해주고, 용서를 구한다면 정말로 용서를 받은 것처럼 느끼게 해주라고 한다. 그러면 기도를 멈출 거라고 설명한다. 소름 끼치는 전략이다.

우리가 기도를 멈추는 이유는 선불리 기도가 응답되었다고 생각하기 때문이다. 그렇게 속지 않으려면 꾸준히 습관처럼 기도하는 훈련이 있어야 한다. 기도가 응답되었다는 느낌에 흔들리지 않는, 견고한 습관 같은 자리에 기도가 있어야 한다.

예수님은 멈추지 않는 인내의 기도, 포기하지 않고 기도하는 것을 가르쳐 주셨다. 낙심과 실망을 이기는 기도는 인내하고 멈추지 않고 드리는 기도다. 기도를 멈추지 않으면, 결국 우리가 이긴다.

예수님의 기도는 겸손이다

또 자기를 의롭다고 믿고 다른 사람을 멸시하는 자들에게 이 비유로 말씀하시되 두 사람이 기도하러 성전에 올라가니 하나는 바리새인이요 하나는 세리라 바리새인은 서서 따로 기도하여 이르되 하나님이여 나는 다른 사람들 곧 토색, 불의, 간음을 하는 자들과 같지 아니하고 이 세리와도 같지 아니함을 감사하나이다 나는 이레에 두 번씩 금식하고 또 소득의 십일조를 드리나이다 하고 세리는 멀리 서서 감히 눈을 들어 하늘을 쳐다보지도 못하고 다만 가슴을 치며 이르되 하나님이여 불쌍히 여기소서 나는 죄인이로소이다 하였느니라 내가 너희에게 이르노니 이에 저 바리새인이 아니고 이 사람이 의롭다 하심을 받고 그의 집으로 내려갔느니라 무릇 자기를 높이는 자는 낮아지고 자기를 낮추는 자는 높아지리라 하시니라 눅 18:9-14

바리새인은 청산유수처럼 기도를 쏟아냈다. 유창한 기도의 언어가 듣는 사람들을 주눅 들게 했다. 바리새파는 누구보다 율법을 철저히 지키기 위한 열심 때문에 시작되었다. 다른 사람들보다 율법을 더 사랑하고, 더 잘 지키기 위해 그들은 전통과 규례를 만들어서 자신의 삶을 통제했다. 다른 어떤 종교인과 비교해도 그들의 열심과 율법에 대한 헌신은 뒤지지 않았다.

첫 출발은 하나님을 더 많이 사랑하고 더 잘 믿어보려는 의도였을 것이다. 그런데 변질되기 시작했다. 하나님을 잃어버리고 형식과 의식만 남았다. 마음과 정신은 사라지고 행동의 규범만 남았다.

변질의 가장 슬픈 모습은 기도 속에 하나님이 없다는 것이다. 기도 속에서도 하나님을 의식하지 못했다. 오직 자신만 바라보았다. 자기 의로 가득해서 자신들이 얼마나 자주 금식하는지, 얼마나 많은 헌금을 하는지 자랑했다. 토색하고 불의하고 간음하는 자들과 얼마나 근본적으로 다른지를 과시했다. 자기 주변에서 머뭇거리는 세리를 보며, 매국노라 불리는 그들과 같지 않음을 자랑했다.

하지만 주님은 그 기도 속에 하나님이 계시지 않다고 진단하셨다. 그것은 기도가 아니라고 단호하게 말씀하셨다. 기도는 자신을 높이는 게 아니다. 하나님을 높이는 것이고, 높으신 하나님 앞에 우리의 낮음을 인정하는 것이다.

세리는 자랑할 것이 없다. 거짓으로 세금을 걷고 부정하게 착복하기도 했기에 하나님 앞에서 머리를 들 수조차 없다. 기도하려 하나님 앞에 나와보니 자신의 죄악 때문에 눈을 들어 하늘을 볼 수도 없다. 그래서 가슴을 치며 신음하듯 외친다.

"하나님이여, 불쌍히 여기소서. 나는 죄인이로소이다."

그는 하나님의 긍휼과 자비가 필요한 죄인이었다. 자신을 아름답게 보이기 위해서가 아니라 정말 그랬기에 하나님 앞에서 자비를 구한 것이었다. 그런데 예수님은 세리의 이 기도를 인정하셨다.

자신을 높이려는 기도, 자신을 마구 부풀리는 기도, 자아를 드러내는 기도, 하나님 앞에서도 자신을 자랑하려는 기도는 하나님께서 거절하신다. 예수님의 기도 속에서 우리는 하나님의 높음을 보고, 우리의 낮음을 본다. 하나님의 크심을 보고, 우리의 작음을 본다. 겸손은 나를 낮게 생각하는 게 아니라 나를 생각하지 않는 것이다. 하나님의 크심 앞에서, 하나님의 높으심 앞에서 나를 생각하지 않은 겸손으로 가득한 기도야말로 우리가 배워야 할 예수님의 기도다.

예수님의 기도는 무너짐이다

이르시되 아버지여 만일 아버지의 뜻이거든 이 잔을 내게서 옮기시옵소서 그러나 내 원대로 마시옵고 아버지의 원대로 되기를 원하나이다 하시니 천사가 하늘로부터 예수께 나타나 힘을 더하더라 예수께서 힘쓰고 애써 더욱 간절히 기도하시니 땀이 땅에 떨어지는 핏방울 같이 되더라 기도 후에 일어나 제자들에게 가서 슬픔으로 인하여 잠든 것을 보시고 눅 22:42-45

겟세마네에서 드리는 예수님의 기도는 처절했다. 십자가를 지기 위해 하늘을 버리고 이 땅에 오신 주님께서 십자가로 가시기 전 고난에 대한 두려움으로 갈등하셨다.

예수님은 기도 속에서 그 갈등을 표출하셨다.

"아버지여, 이 잔을 내게서 옮기시옵소서."

간절하고 애절한 기도였다. 예수님은 죽음과 십자가를 두려워하셨고, 아버지와의 단절을 괴로워하셨다. 십자가의 고통을 피하고 싶은 마음과 싸우셨다. 사단과의 엄청난 전쟁이 겟세마네의 그 기도 속에 있다.

> 그는 육체에 계실 때에 자기를 죽음에서 능히 구원하실 이에게 심한 통곡과 눈물로 간구와 소원을 올렸고 그의 경건하심으로 말미암아 들으심을 얻었느니라 히 5:7

히브리서의 기자는 예수님의 기도를 '심한 통곡과 눈물로 가득한 간구'라고 했다. 그렇다. 예수님의 겟세마네의 기도는 통곡과 눈물로 얼룩진 처절한 기도였다. 예수님은 끝까지 고개를 숙이지 않으려는 육신의 자아와 맞서 싸우셨다. 하지만 결국 아버지 앞에 무너져 내리셨다. 예수님에게 기도는 하나님 앞에서 무너져 내리는 것이다. 하나님과 부딪쳐서 육신의 욕구와 요구가 다 무너지는 것이 예수님의 기도였다.

우리가 육신의 필요를 위해서만 기도하고 있다면, 우리는 아직 하나님과 덜 부딪친 것이다. 기도 속에서 하나님은 우리와 부딪치신다. 우리를 죽이기 위해서가 아니라, 살리기 위해 그러시는 것이다. 그분은 선하시기에, 우리가 자신을 소중하게 사랑하는 것보다 더 사랑하시기에 우리와 충돌하신다. 그래서 기도의 시간은 하나님께 항복하는 여정이 되어야 한다. 우리를 버리고, 우리 뜻을 버리고, 우리 욕구를 버리는 온전한 무너짐은 오직 기도 안에서만 일어날 수 있다.

예수님에게 기도는 자신을 버리고 하나님 앞에 무너지는 여정이었다. 그분에게 기도는 얻음(gain)의 시간이 아니라 잃음(loss)의 시간이었다. 하나님 안에서 잃어버리는 순간, 다시 모든 걸 얻는 것이 은혜의 신비다.

항복의 기도는 수고롭다. 우리의 자아가 무너지기를 끝까지 거부하기 때문이다. 기도는 그것을 무너뜨리는 수고로운 영적인 싸움이며 힘든 노동이다. 그래서 무너짐의 기도는 우아하지 않다. 항복의 기도는 자아의 죽음을 기뻐한다. 자아를 향해 사형을 선고할 수 있는 믿음의 용기는 하나님을 향해 온전히 항복할 때 주어지는 진정한 자유 때문이다.

"나의 뜻대로 마옵시고 아버지의 뜻대로 하옵소서."

이 항복의 기도가 이루어질 때, 우리의 영혼은 육신의 탐욕과 욕구의 사슬을 끊어버릴 수 있다.

하나님께 온전히 항복하는 기도 속에서 우리는 하나님의 뜻을 만난다. 예수님의 "내 뜻대로 마옵시고 아버지의 뜻대로 하옵소서"라는 기도는 하나님께 온전히 항복한 인생, 하나님 앞에 완전히 무너진 인생만이 하나님의 뜻을 향해 정조준한 인생이 될 수 있다는 사실을 보여준다.

예수님의 기도는 용서다

이에 예수께서 이르시되 아버지 저들을 사하여 주옵소서 자기들이 하는 것을 알지 못함이니이다 하시더라 그들이 그의 옷을 나눠 제비 뽑을새 눅 23:34

십자가에 달리신 예수님은 자신을 십자가에 못 박으라 외쳤던 사람들, 자신을 십자가에 못 박은 사람들, 십자가에 달린 자신을 멸시하고 조롱하는 사람들을 용서하는 기도를 하셨다.

이 기도는 죄 가운데 거하는 모든 인간을 위한 기도이기도 하다. 예수님의 기도 속에서 그분의 죽음을 통해 우리에게 주어진 하나님의 소중한 '용서'라는 선물을 만난다.

예수님과 함께 십자가에 달렸던 두 흉악범이 있었다. 한 행악자는 끝까지 예수님을 비방하고 조롱했다. 하나님의 아들 앞에서 끝까지 강퍅한 마음이었다. 그러나 또 한 사람은 주님의 나라에 임하실 때 자신을 기억해 달라고 은혜를 구했다. 이들은 중범죄자였다. 십자가형은 경범죄를 저지른 사람에게 주어지는 형벌이 아니었다. 로마제국에 반역했거나 끔찍한 죄를 지은 자에게 주어졌다. 이들은 그런 죄를 지은 자였다. 그러나 주님은 그에게 "오늘 네가 나와 함께 낙원에 있으리라"라고 마지막 용서를 하시고 그의 영혼을 거두셨다.

예수님의 기도 속에서 모든 죄인을 향한 용서를 본다. '나'를 향한 용서를 만나고, 나를 통해 '흘러가야 하는' 용서를 만난다.

나는 가정에 대해 상처가 많은 사람이다. 어려서 부모님이 이혼하셔서 어린 시절을 행복하지 않게 보냈다. 이혼 가정에서 자라도 씩씩하고 행복한 사람이 많은데, 난 참 힘든 시간을 보냈다. 집이라는 곳이 행복하거나 따뜻하지 않았다.

그래서 목회자가 된 후에 가정 사역을 참 열심히 했다. 특히 아버지학교 사역을 통해 가정을 바로 세우는 일을 했다. 가정에서 많은 아픔을 경험했기에, 내가 간증하면 많은 아버지에게 은혜가 전해졌다.

한번은 미국 댈러스에서 아버지학교를 진행하는데 한 형제님이 옆으로 와서 "목사님, 가서 어머님을 좀 뵙고 오셔야 할 것 같습니다"라고 말했다. 그래서 "형제님, 지난여름에 어머님이 왔다 가셨어요"라고 했다. 그랬더니 그가 다시 말했다.

"아니요, 한국에 계신 어머님 말고 미국에 계신 어머님을 뵙고 오셔야 할 것 같아요. 하나님께서 그걸 원하시는 것 같습니다."

나는 할 말을 잃었다. 내 간증을 여러 차례 들었던 형제님(아버지학교에서는 모든 아버지를 '형제'라고 부르는데 그는 장로님이셨다)이 나를 위해 기도하다가 성령의 감동으로 말한 것이었다.

나는 미국의 친모를 열아홉 살 이후로 만난 적이 없었고, 앞으로도 만날 마음이 없었기에 마음에 갈등이 일었다. 어머니에게 받은 상처가 너무 깊어서 차라리 만나지 않고 사는 게 낫다고 판단하여 절연하고 살았기 때문이었다.

성령께서 시작하신 이 불편한 갈등 앞에서 결국 나는 하나님께 순종하기로 했다. 어머니가 사시는 도시의 공항에 도착해서 렌터카 안에 앉아 어머니를 만나지 말아야 하는 스무 가지 이유를 하나님께 조목조목 아뢰면서 기도했다. 하지만 하나님께서는 침묵하셨다.

'여기까지 오게 하셨다면 주님께서 예비하신 은혜가 있겠지…'라고 생각하며 어머니를 만날 장소로 갔다. 거의 20년 만의 어머니와의 대면…. 나는 두 가지 사실에 깜짝 놀랐다. 먼저 어머니가 많이 늙으셨다는 사실에 놀랐다. 십 대였던 내가 삼십 대 후반의 목사가 되었으니 당연한 일인데, 확연히 늙으신 모습을 보니 당황스러웠다.

또 다른 이유는 내 마음속에 어떤 감정도 생기지 않았기 때문이었다. 내가 기대했던 건 남북 이산가족이 만나는 듯 눈물과 감정이 복받치는 해후였다. 서로 통곡하며 용서하는 그런 만남. 그런데 어떤 감정도 없었다. 미움도, 분노도, 애틋함도 느껴지지 않았다. 길거리를 걷다가 우연히 마주친 사람을 대하듯 무감각한 나 자신의 모습에 당황했다.

어머니의 눈에 난 아직도 어린아이였다. 이혼하고 한국을 떠났을 때 눈에 선했던 어린아이가 목사가 되어 앞에 앉아 있었다. 어색한 대화가 가득한 식사를 끝내고 호텔로 돌아오는데 화가 나기 시작했다.

'하나님, 이게 뭡니까? 이러려고 저를 여기로 보내셨습니까? 미안하다, 얼마나 힘들었니, 이런 얘기는 기대도 안 했습니다. 그런데 이 공허한 마음은 뭡니까? 왜 여기 보내신 겁니까?'

하나님을 향한 분노가 쏟아져 나왔다. 2시간 정도 여기저기 운전하며 헤매고 다니다가 호텔로 돌아와서 침대 위에 엎드려 기도를 시작했다. 기도하다가 잠이 들었는데 꿈에 예수님이 나타나셨다.

예수님이 땀과 눈물을 흘리면서 기도하고 계셨다. 단번에 나를 위한 것임을 알았다. 예수님이 기도를 멈추시고 나를 바라보시며 "Joshua, do you love me?"라고 물어보셨다(그때는 미국에서 영어로 목회하던 때라 예수님도 영어로 말씀하셨다). 내 마음이 터져버릴 것 같았다.

'주님께서 내게 주님을 사랑하냐고 물어보시는구나. 그러면 당당하게 목숨을 다해 사랑합니다 하고 외쳐야지.'

그런데 입이 붙어서 답할 수가 없었다. 주님을 사랑한다고 말하고 싶어도 하지 못했다. 예수님이 너무 슬픈 얼굴로 다시 기도하기 시작하셨다.

얼마 후 두 번째로 같은 질문을 하셨다. 그런데 이번에도 내 입이 붙어서 답할 수가 없었다. 예수님은 눈물을 흘리시며 다시 나를 위해 기도하셨다.

세 번째로 질문하실 때, 나는 가슴을 치고 있었다. 주님을 향해 사랑을 고백하고 싶은데 입이 열리지 않아서 가슴을 치며 안간힘을 다해 입을 열어보려고 했다.

답하지 못하는 내게 주님께서 말씀하셨다.

"눈에 보이는 사람을 사랑하지 못하면, 눈에 보이지 않는 나를 사랑할 수 없다."

그 말씀 앞에 나는 절규하듯 외쳤다.

"하나님, 저는 잘못한 것이 없습니다. 엄마가 필요할 때, 한 번도 엄마는 없었습니다. 저는 잘못한 것이 없다고요."

예수님이 눈물을 흘리며 나를 바라보셨다.

잠에서 깨어보니 내 얼굴이 눈물범벅이었다. 예수님은 그날 내게 용서를 가르쳐 주셨다. 내가 주님을 진정으로 사랑할 수 있는 길은 미워하고 원망하던 어머니를 용서하는 것이었다.

예수님은 용서하는 기도를 보여주셨다. 우리 힘으로 할 수 있는 기도가 아니다. 오직 은혜로만 가능한 기도다. 예수님의 용서의 기도를 배워야 하는 이유는, 용서가 사랑의 길을 열어주기 때문이다. 예수님의 용서의 기도를 배우지 못한다면, 우리의 삶에는 망가진 관계가 넘칠 것이고, 치유되지 못한 상한 마음이 가득할 것이다.

미움과 원망이 가득한 마음으로는 주님을 온전히 사랑하지 못한다. 예수님의 용서의 기도는 우리를 살리는 기도다. 우리의 관계를 살리는 기도고, 다른 사람이 남겨놓은 상처를 치유하는 기도다.

예수님이 가르쳐 주신 기도로 돌아가자

그러므로 그들을 본받지 말라 구하기 전에 너희에게 있어야 할 것을 하나님 너희 아버지께서 아시느니라 그러므로 너희는 이렇게 기도하라 하늘에 계신 우리 아버지여 이름이 거룩히 여김을 받으시오며 나라가 임하시오며 뜻이 하늘에서 이루어진 것 같이 땅에서도 이루어지이다 오늘 우리에게 일용할 양식을 주시옵고 우리가 우리에게 죄지은 자를 사하여 준 것 같이 우리 죄를 사하여 주시옵고 우리를 시험에 들게 하지 마시옵고 다만 악에서 구하시옵소서 (나라와 권세와 영광이 아버지께 영원히 있사옵나이다 아멘) 마 6:8-13

많은 사람이 기도에 대해 고민할 때 기도가 너무 짧아서 민망하다고 말한다. 기도가 무조건 길어야 한다면, 예수님은 기도를 가르치시면서 좀 긴 기도를 가르쳐 주실 수도 있었을 것이다. 그러나 아무리 천천히 외워도 1분이면 마칠 수 있는 짧은 기도를 기도의 본으로, 예수님의 기도로 주셨다. 이 기도에 우리가 찾아야 할 기도의 길이 있다.

예수님이 가르쳐 주신 기도는 엉터리 기도에 빠지지 않게 하는 그분의 선물이었다. 예수님은 그 기도를 가르쳐 주시기 전에 사람들이 너무 쉽게 빠져드는 엉터리 기도에 대해 말씀하셨다.

또 너희는 기도할 때에 외식하는 자와 같이 하지 말라 그들은 사람에게 보이
려고 회당과 큰 거리 어귀에 서서 기도하기를 좋아하느니라 내가 진실로 너
희에게 이르노니 그들은 자기 상을 이미 받았느니라 마 6:5

또 기도할 때에 이방인과 같이 중언부언하지 말라 그들은 말을 많이 하여야
들으실 줄 생각하느니라 마 6:7

예수님의 기도에서 벗어나는 샛길이 있다. 사람에게 보이려고 기도
하는 것이다. 예수님은 그것을 '위선'이라고 하셨다. 당시 사람들에게
보이기 위해 회당이나 길모퉁이에 서서 기도하는 종교 지도자가 많았
다. 기도는 하나님 앞에 서는 것인데, 기도한다고 하면서 하나님은 의
식하지 않고 사람들만 의식하는 위선자들, 외식하는 자들의 기도가
엉터리 기도다.

중언부언하는 기도, 의미 없는 주문 같은 기도를 남발하는 것도 마
찬가지다. 이는 같은 말을 반복하는 걸 말씀하신 게 아니다. 기도하
면서 얼마든지 그럴 수 있다. 실제로 우리 신앙의 선배들은 "하나님의
아들 예수여, 나를 불쌍히 여겨주소서…"와 같은 기도문을 오랜 기간
반복하는 훈련을 통해 기도의 길을 걸어왔다.

예수님이 '엉터리 기도'라고 말씀하시는 중언부언 기도는 하나님을
향한 진실하고 진정한 마음과 사랑 없이, 하나님을 향해 생각과 마음
을 집중하지 않은 채로, 하나님과 가까워지고자 하는 마음의 열망도

없이 그저 종교적이고 의식적인 행위로서 주문을 외우듯 반복하는 의미 없는 기도를 말한다.

신앙생활을 하다보면 기도가 사람들의 눈에 보이기 위한 것이 되거나, 하나님과는 상관없고 마음의 중심이 없는 무의미한 언어의 반복이 될 수 있다. 예수님이 가르쳐 주신 기도는 그런 엉터리 기도로 빠질 수 있는 샛길로부터 우리를 지켜준다.

그러면 예수님의 기도에서 우리는 무엇을 배워야 할까?

이 기도가 철저하게 관계적이라는 것을 배운다

예수님의 기도는 "하늘에 계신 우리 아버지여"라는 외침으로 시작된다. 기도는 생각과 언어를 다 포함한다. 마음이 언어를 통해 흘러나오는 것이 기도이고, 흘러나오는 언어가 또 다른 생각으로 마음에 담기는 게 기도다. 예수님은 하나님을 '아버지'라고 부르라고 하셨다. 이 언어는 철저히 관계적이다. 아버지는 생명을 주는 존재이고, 사랑의 근원이 되며, 자녀의 생존과 성장에 없어서는 안 되는 존재다.

유대 종교 지도자들이 예수님에 대해 가장 분노했던 이유 중 하나는, 예수님이 하나님을 거침없이 '아버지'라고 부르셨기 때문이었다. 그렇게 부르는 순간, 하나님이 예수님과 하나가 됨을 알았기에 싫어했다. 하나님을 '아버지'라고 부르는 순간, 우리는 그분의 자녀라는 고백을 하게 된다. 아버지와 자녀는 사랑하고 사랑받는 사이다. 인정받으려고 노력해야 하는 사이가 아니다. 아무 노력이 없어도 이미 충분히 인정하고 받아들이는 관계다.

많은 사람이 기도 앞에서 범하는 실수는, 기도를 많이 하고 잘해서 하나님께 인정받고 사랑받고 싶어 하는 것이다. 하나님은 이미 우리를 인정하셨고, 사랑하셨다. 우리가 자격이 있어서가 아니라 그분이 우리의 아버지가 되셨기 때문이다.

하나님을 아버지라고 부르는 순간, 우리는 자녀가 누리는 관계의 권세를 선포하는 것이다. 우리는 아버지께 기도한다. 그 기도는 철저하게 관계적이다. 그래서 언어와 생각과 마음이 관계적이 되어야 한다. 기도가 관계적이라는 의미는 기도를 통해 관계가 깊어져야 한다는 것이다.

기도는 그저 내가 원하는 것을 얻어내는 수단이 아닌 아버지이신 하나님을 깊이 사랑하며 관계를 맺는 통로가 되어야 한다. 예수님은 '나의 아버지'가 아니라 '우리 아버지'라고 기도하라고 하셨다. 의도적인 단어 선택이다.

기도는 철저히 관계적이어야 한다. 이는 하나님과의 관계뿐 아니라 사람들과의 관계도 포함한다. 우리는 예수님의 기도를 통해 이기적이고 고립된 삶이 아닌 신앙 공동체에 속한 영적인 존재임을 고백하게 된다. 예수님의 기도 속에서 나의 기도가 아닌 우리의 기도가 소중함을 배운다.

나의 기도에는 형제와의 관계가 존재하지 않는다.
나의 기도에서 형제는 경쟁과 질투와 시기의 대상이 될 수 있다.
나의 기도에서는 형제의 가치는 보이지 않는다.
나의 기도에서는 형제는 나보다 소중해지지 않는다.

예수님이 가르쳐 주신 기도에서 나는 작아지기 시작한다.

예수님이 가르쳐 주신 기도에서 나는 우리가 되기 시작한다.

예수님이 가르쳐 주신 기도가

나를 예수님의 '우리'로 만들어 준다.

예수님이 가르쳐 주신 기도가 우리 속에서

기쁘게 존재하는 새로운 나를 만들어 준다.

예수님이 가르쳐 주신 기도가 고립의 담을 부수고,

'우리'라는 공동체를 향해 달려가게 한다.

예수님이 가르쳐 주신 기도가 없다면 나는 끝까지 나의 기도만으로 만족할 것이다. 그러나 예수님이 가르쳐 주신 기도가 있기에 우리의 기도(나를 넘어서 신앙 공동체와 함께하는 기도)를 소중하게 마음에 담을 수 있다.

기도의 주어를 바꿔야 한다는 것을 배운다

그러므로 너희는 이렇게 기도하라 하늘에 계신 우리 아버지여 이름이 거룩히 여김을 받으시오며 나라가 임하시오며 뜻이 하늘에서 이루어진 것 같이 땅에서도 이루어지이다 마 6:9,10

아버지의 이름이 거룩히 여김을 받으소서.

아버지의 나라가 이루어지게 하소서.

아버지의 뜻이 하늘에서 이루어진 것처럼

이 땅에서도 이루어지게 하소서.

하나님은 이미 거룩한 분이시다. 우리의 기도가 그분을 더 거룩하게 하는 건 아니다. 그분의 나라는 우리의 기도와 상관없이 서 있고, 이 땅에서도 이루어지고 있다. 하나님의 뜻은 우리의 기도, 우리의 허락으로 이 땅에 이루어지는 게 아니다.

물론 이 기도 속에는 '예수 그리스도를 믿는 우리가 하나님의 거룩하심을 훼손하지 않는 믿음의 사람이 되기 위해 하나님께 헌신하고, 하나님의 다스리심, 통치하심을 기쁘게 받아들이고, 예수님의 나라가 이 땅에 믿음의 사람들을 통해 세워져 가는 것을 위해 헌신하며, 우리의 뜻이 아니라 하나님의 뜻을 기쁘게 따라가는 사람들이 되기를 소망합니다'라는 의지가 담겨 있다.

그러나 기도를 가르쳐 주시는 것이 예수님의 의도임을 생각할 때, 주어는 'I'(나)가 아니다. 내가 아니라 하나님이 주어가 되신다.

기도 속에서 우리는 하나님 앞에 선다. 기도를 통해 우리의 세계가 아닌 하나님 은혜의 세계로 발걸음을 옮긴다. 그런데 여전히 주어가 'I'로 남아 있는 경우가 너무도 많다. 하나님 앞에서, 하나님 은혜의 세계 속으로 들어서면서도 여전히 내가 원하는 것, 내가 필요하다고 생각하는 것, 내가 집착하고 있는 것, 내게 중요한 것, 내 삶과 생각과 관심 범주를 벗어나지 못한다. 하나님 앞에서도 끝까지 "나, 나, 나…"만 외친다. 많은 기도가 이 범주를 벗어나지 못해서 샛길로 빠진다.

그러나 예수님이 가르쳐 주신 기도 속에서 우리는 새로운 주어를 만난다. 바로 '하나님'이시다. 기도 속에서 우리는 내가 중요하지 않고 하나님이 중요하시다는 걸 배워야 한다. 기도 속에서 내가 무너지고, 하나님이 세워져야 한다. 기도 속에 끝까지 내가 주어로 남아 있는 건 비극이다. 기도 안에 하나님의 거룩하심이 드러나며, 하나님나라가 이루어지며, 하나님의 뜻이 이루어지기를 소망하는 걸 붙들 수 있어야 한다.

"나라와 권세와 영광이 기도하는 '나에게' 영원히 있을지어다"가 아니고 "나라와 권세와 영광이 '아버지께' 영원히 있사옵니다"라는 기도는 주어가 바뀌어야 가능하다. '아버지'라는 단어 속에서 우리는 조건 없는 사랑을 보고, 아빠를 향한 친밀과 기쁨을 기대할 수 있다. 그리고 기도의 주어가 내가 아닌 하나님이 될 때, 아빠이신 하나님을 향한 진정한 경외와 존경과 경이를 보이며, "나라와 권세와 영광이 아버지께 있사옵니다"라고 고백하게 된다.

세상에서 당연하게 여기는 욕심, 모든 사람이 괜찮다고 말하는 과하게 원하는 마음을 거부하는 영적인 용기를 배운다

"일용할 양식을 주시옵고…"는 오늘 하루에 족한 양식을 달라는 기도다. 우리는 이런 기도가 마음에 영 들지 않는다. 이런 기도를 해본 적이 없기 때문이다. 우리는 오늘 하루를 위한 기도가 아니라 오랫동안 쌓아놓을 것을 위해 기도하는 것에 익숙해서 이런 기도에 감동하지 못한다. 오늘 하루의 일용할 양식만 주어지는 삶은 비참하다고 느낄지 모른다. "그것이 은혜라면 나는 그런 은혜는 원하지 않는다"라고 말할지도 모른다.

그런데 예수님의 말씀을 듣고 있던 사람들에게 가장 자연스럽게 연상되어 떠올랐던 이미지는 뭐였을까? 바로 '만나'였을 것이다.

이스라엘 백성들이 홍해를 건너 약속의 땅을 향해 가는 중 식량이 떨어졌다. 출애굽기 16장을 보면 이집트를 떠난 지 2개월 15일이 지난 후였다고 했다. 만나는 하나님께서 매일 새벽에 내려주시는 하늘의 양식이었다. 일주일에 5일은 매일 먹을 수 있는 양만 거두어야 했다. 너무 많이 거둬서 남겨두면 상해서 먹을 수가 없었다. 누구라도 남기는 것 없이 먹을 만큼만 거두어서 먹고, 다음 날 새벽에 또 나가서 그날 먹을 것을 거두어야 했다. 안식일 전에만 2일 치를 거둘 수 있었다.

하나님께서 이스라엘 사람들을 고생시키려고 작정하신 것도 아니고, 왜 이렇게 매일 거두게 하셨을까? 1개월 치를 한꺼번에 거두게 하실 수도 있고, 일주일 치를 거두게 하실 수도 있으셨을 텐데 말이다. 그러면 서로 편하고 좋은 게 아닌가? 왜 꼭 1일 치만 거두게 하셨을까? 왜 매일 새벽에 이슬 맺힌 광야에 나가게 하셨을까? 하나님께서 무엇을 의도하신 것일까? 그들은 매일 만나를 거두면서 무엇을 배워야 했을까?

이는 그들을 '먹이시는 하나님'이심을 배우는 것이 필요했기 때문이다. 그 하나님을 매일매일 신뢰하는 것을 배워야 했다. 그들은 이집트가 더 좋았다고, 고기를 먹고 싶다고 불평했지만, 매일 먹으면서 그들의 하나님이 바로 여호와 하나님이심을 확인하게 하는 것이 만나였다.

그런데 왜 '일용할' 양식을 구하라고 하셨을까? 왜 풍성하게 풍요롭게 구하라고 하지 않으셨을까? 너만 먹는 것이 아니라 너도 먹고 이웃에게도 나누어 줄 수 있는, 먹지 못하는 자들에게도 나누어 줄 수 있는 것을 구하라고 왜 가르쳐 주지 않으셨을까?

그 이유를 두 가지로 묵상해 보았다. 우리 안의 '욕심과 탐욕'이라는 괴물이 무너질 수 있는 유일한 자리가 기도 안이기 때문이고, '감사'라는 하나님을 향한 아름다운 고백이 솟아오를 수 있는 자리도 오직 기도 안이기 때문이다.

"인간의 욕심을 만족시킬 만한 하나님의 선물은 존재하지 않는다"라는 말이 있다. 욕심은 조금 더 원하는 마음이다. 탐심은 내가 갖지 않은 것을 끊임없이 원하는 마음이다. 욕심과 탐심은 만족을 모른다. "이제 충분하다"라고 말할 수 없는 마음이다.

우리에게 욕심과 탐심이 들어오면 만나는 만족스럽지 않다. 오늘 거두는 만나는 불안하다. 내일 또 분명 만나가 내릴 것인데, 그 사실이 절대 만족을 느끼게 해주지 못한다.

욕심과 탐심은 구멍 난 마음이다. 아무리 부어도, 아무리 가져도, 아무리 쌓아도 충분하지 않다. 그래서 끝없이 원하기만 한다. 욕심은 영혼을 망가뜨리는 괴물이다. 신앙을 파괴하는 바이러스다. 문제는 우리가 욕심을 별로 해롭게 생각하지 않는다는 데 있다.

기도를 우리의 욕심을 채우기 위해 도구화하는 것도 매우 심각한 영적 오류다. 기도하면서도 욕심과 탐욕의 굴레를 벗어버리지 못하는 일이 얼마나 많은가. 하나님께 우리의 욕심을 채워달라고 간절히 구하는 일이 얼마나 많은가.

그런데 그 욕심을 무너뜨리는 기도가 있다. 바로 예수님이 가르쳐 주신 기도다.

"오늘 우리에게 일용할 양식을 주시옵고…."

욕심이 들어오지 못할 기도의 성소가 만들어지고, 우리는 매일 만나를 주시는 하나님을 바라보며 감사의 고백을 배운다. 예수님이 가르쳐 주신 기도는 욕심과 탐욕의 거침없는 침범을 향해 "이제 안 돼!"라는 단호한 담을 세우게 한다. 그리고 날마다 새로운 만나를 내려주시는 하나님, 우리를 절대 잊지 않으시고 돌보시는 그분께 감사의 찬양을 올려드릴 수 있게 한다.

이 예수님의 기도가 없다면, 우리의 욕심과 탐욕은 고삐 풀린 망아지처럼 날뛰며 우리의 영혼과 우리의 기도를 망가뜨리고 말 것이다. 예수님이 가르쳐 주신 기도 속에서 우리가 받는 것이 하나님의 만나라는 사실을 깨닫는다.

복음을 만난 사람이 어떻게 살아야 하는지를 배운다

예수님의 기도는 우리가 너무 쉽게 무시하고 간과하는 무너진 삶을 향한 관심을 회복시켜 준다.

"우리가 우리에게 죄지은 자를 사하여 준 것 같이 우리 죄를 사하여 주시옵고…."

이 말씀을 보면 예수님이 조건부 용서를 말씀하시는 것처럼 들린다.

예수님의 비유 가운데 일만 달란트 빚진 자의 비유가 있다. 한 달란트는 성인이 30여 년을 일해야 모을 수 있다. 일만 달란트는 30만 년이나 일해야 얻을 수 있는 금액이다. 천문학적인 빚을 왕이 탕감해 준다. 빚진 자는 갚을 능력이 없기에 오직 은혜로 탕감을 받은 것이다.

이 비유가 보여주는 것은 하나님 앞에서 도저히 갚을 수 없는 엄청난 우리의 죄(일만 달란트의 빚)가 탕감되었다는 것이다. 그런데 이 사람이 자신에게 백 데나리온(일 데나리온이 하루 품삯) 빚진 사람이 돈을 갚지 않는다고 그를 감옥에 넣었다. 그 사실을 알게 된 왕이 분노하여 이 사람을 감옥에 넣는다. 왜 감옥에 넣었을까? 자신이 입은 은혜에 맞게 살지 않았기 때문이다.

살다보면 원하지 않지만 흔들리고 망가지는 관계를 만난다. 어떤 관계는 상처와 원한과 분노만이 남기도 한다. 보통 사람들은 그런 관계를 무시한다. 등을 돌려버리고, 없었던 일로 생각하면서 살아간다. 그러나 여전히 상처, 분노, 한으로 쌓여 있다. 그것이 어디로인가 흘러간다. 그런 무너진 관계의 흔적은 악취를 풍기면서 흘러나오게 되어 있다. 보통 그 피해를 보는 것은 그 일과 아무 상관 없는 가장 가까운 사람들이다.

그렇게 아픔을 주고 무너진 관계를 잊고 살아도 되는가? 된다. 그러나 주님은 원하지 않으신다. 그래서 "우리가 우리에게 죄지은 자를 용서해 준 것 같이 우리 죄를 사하여 주옵소서"라는 기도를 가르쳐 주신 것이다.

믿음의 승리를 사모하는 믿음을 배운다

"우리를 시험에 들게 하지 마시옵고 다만 악에서 구하시옵소서."

여기서 말하는 시험은 유혹이다. 하나님께서 축복을 부어주시기 위해 하시는 테스트인 연단이 아니라, 사단이 우리를 실족하게 하려고 던지는 '유혹' 말이다.

예수님은 "유혹에 넘어가지 않게 하시고 악에서 구하옵소서"라고 기도하라고 하셨다. 믿음의 인생은 끊임없는 영적 전쟁의 인생이기에, 오직 믿음으로 승리하는 삶을 향한 기도를 가르쳐 주신 것이다.

예수님을 믿고 기도하면서도 날마다 세상과, 마귀와 맞서 싸워 승리하는 삶을 사는 게 불가능하다고 생각하는 사람들이 있다. 자신들은 그런 삶을 살기에 너무 연약하다고 생각한다. 그들은 영적 싸움에서 늘 지는 것에 익숙하다. 복음의 능력을 믿지만, 그것은 자신을 위한 능력은 아니라고 여긴다.

> 무릇 하나님께로부터 난 자마다 세상을 이기느니라 세상을 이기는 승리는 이것이니 우리의 믿음이니라 예수께서 하나님의 아들이심을 믿는 자가 아니면 세상을 이기는 자가 누구냐 요일 5:4,5

하나님께로부터 난 자는 세상을 이긴다고 했다. 바로 우리에게 있는 믿음 때문이다. 하나님의 자녀라면 누구든지 세상을 이길 힘, 믿음의 능력을 갖추고 있다.

예수님이 공사역을 시작하시기 전에 광야에서 40일 동안 금식하며 기도하실 때, 유혹하는 자가 찾아왔다. 거기에 상징적인 의미가 있다. 예수님을 따르는 삶은 끊임없이 유혹하는 자의 심방을 받는 삶이다. 주님은 그 유혹을 말씀의 능력으로 물리치셨다. 그런 승리를 구하는 기도가 예수님의 기도 속에 있다.

유혹하는 자를 파하며 악한 삶 속에, 악을 따르는 삶 속에 빠지지 않게 해달라고 하는 기도가 예수님의 기도다. 악한 자의 궤계를 파하며 거룩한 예수님의 신부로 살아가기를 소망하는 기도가 그분이 가르쳐 주신 기도 속에 있다.

　예수님이 하셨던 기도, 예수님이 가르쳐 주신 기도는 우리의 기도에 새로운 방향이 되어준다. 예수께로 온 맘을 다해 돌아가기를 원한다면 먼저 주님의 기도로 돌이켜야 한다.

예수님의 힘으로 돌아가자

chapter 02

거부하고 저항하는 삶

예수님의 삶을 조명해 보면 강함과 부드러움, 단호함과 유연함의 조화가 아름답게 존재함을 볼 수 있다. 예수님은 따뜻하고 온유하셔서 어린아이들도 무서워하지 않고 그분께 나왔다. 여자들도 거리낌 없이 나올 수 있었다. 그러나 예수님의 삶은 전혀 유약하지 않았다. 그분의 삶에는 힘이 넘쳤다. 그 힘의 근원은 심오한 종교성에 근거하지 않았다. 예수님의 삶의 힘은 하나님을 사랑함으로 거부할 것을 거부하는 데서 왔다.

예수님 당시의 종교인들은 율법과 전통을 지킨다는 이유로 내면보다는 형식을 대단히 중요하게 여겼다. 내면 세계가 어떻든, 사람들에게 보이는 경건의 모습에 더 관심을 가졌다. 그러나 예수님은 내적인 정결함이 먼저임을 가르쳐 주셨다(마 15:11).

바리새인들은 외적으로 볼 때 부족함이 없는 완벽에 가까운 종교성을 갖고 있었다. 그러나 그들에게 부족한 것은 내적인 경건함과 순결함이었다. 내면 세계를 하나님께 드리지 못한 인생은 사단의 권세에 굴복하고 만다. 굴복한 인생에는 힘이 없다.

예수님의 삶에는 굴복이 없었다. 예수님에게도 죄악의 유혹은 있었지만, 그 유혹을 대적함으로 순결함을 유지하셨고, 타협을 거부함으로 그분의 삶은 하나님의 힘으로 가득했다. 예수님이 보여주신 내적인 힘은 우리를 다른 종류의 삶으로 초청한다.

예수님은 거룩한 삶의 모델을 보여주신다. 죄를 거부하고 미워하는 삶의 멋진 열매를 보여주시며, 그런 삶으로 우리를 부르신다. 하나님께서 미워하시는 것을 거부하고 저항하는 강력한 힘으로 가득하신 예수께로 온 맘을 다해 돌아가자.

전쟁을 준비해 주신 아버지

예수께서 세례를 받으시고 곧 물에서 올라오실새 하늘이 열리고 하나님의 성령이 비둘기 같이 내려 자기 위에 임하심을 보시더니 하늘로부터 소리가 있어 말씀하시되 이는 내 사랑하는 아들이요 내 기뻐하는 자라 하시니라

마 3:16,17

예수님의 공사역의 시작을 알리는 신호탄은 요단강에서 세례 요한에게 세례를 받으시는 사건이었다. 예수님이 세례를 받으시고 물 밖으로 나오시자, 하늘에서 하나님의 소리가 들려왔다.

"이는 내 사랑하는 아들이요, 내 기뻐하는 자라."

공사역을 시작하는 예수님에게 하나님 아버지께서는 당신의 사랑과 신뢰의 고백을 들려주셨다. 성령이 예수님에게 비둘기처럼 내려오시고

아버지의 사랑 가득한 음성을 들을 수 있었으니, 예수님의 공사역은 황홀하도록 아름답게 시작되었다고 생각할 수도 있다. 그러나 성경의 다음 장면은 전혀 예상치 않은 황폐한 광야로 바뀐다.

그때에 예수께서 성령에게 이끌리어 마귀에게 시험을 받으러 광야로 가사

마 4:1

예수님이 성령에게 이끌려서 광야로 가신다. 광야에서 기다리는 것은 그분의 가르침을 듣고자 하는 갈급한 무리가 아니었다. 그분의 치유의 손길을 기다리는 병자도 없었다. 그분을 기다린 것은 말로 설명할 수 없을 정도로 하나님과 친밀감을 누리는 자리였다. 분명 예수님은 40일간 금식하면서 하나님과 친밀한 시간을 보내셨을 것이다. 우리는 그 시간이 어떤 시간이었는지 알 수 없다. 감히 그 시간에 관해 설명할 수 있는 사람은 없다.

그러나 하나님과의 신비로운 친밀의 시간과 함께 그분을 기다리고 있는 것은 사단의 교활하고 집요한 시험이었다. 성령께서 인도하신 광야에는 하나님도 계셨지만, 사단도 있었다. 하나님께서는 사단이 예수님에게 다가오는 것을 막아주지 않으셨다. 성령께서 인도하신 광야에는 은혜와 시험이 함께 있었다.

그렇다면 세례 사건 때 들려왔던 하나님 아버지의 음성과 예수님이 외롭게 만나야 했던 사단의 유혹 사이에는 매우 중요한 관계가 있음을 짐작할 수 있다.

하나님께서는 세례 현장에서 아들을 향한 그분의 사랑을 선포하셨

다. 예수님은 아직 어떤 공사역도 시작하지 않으셨다. 기적을 베풀지도, 설교를 하지도, 복음을 전하는 일을 시작하지도 않으셨다. 그러나 아버지는 아들을 기뻐하시고 사랑하셨다. 이 사실을 말씀으로 확인시켜 주셨다. 이것은 다가오는 사단의 유혹 앞에서 반드시 기억해야 하는 중요한 말씀이었다. 사단이 유혹한 내용을 보라.

> 시험하는 자가 예수께 나아와서 이르되 네가 만일 하나님의 아들이어든 명하여 이 돌들로 떡 덩이가 되게 하라 마 4:3

> 이르되 네가 만일 하나님의 아들이어든 뛰어내리라 기록되었으되 그가 너를 위하여 그의 사자들을 명하시리니 그들이 손으로 너를 받들어 발이 돌에 부딪치지 않게 하리로다 하였느니라 마 4:6

가장 근본적인 공격은 하나님의 선포를 통해 주어졌던 예수님의 정체성을 의심하게 하는 것이었다. "네가 만일 하나님의 아들이라면…" 하고 유혹하는 자의 말에 귀를 기울이면, 무엇인가 대단한 것을 행함으로 자신이 하나님의 아들임을 증명해야 할 것 같다는 마음으로 가득할 수 있다. 그러나 하나님은 어떤 공적인 사역을 시작하기 전 예수님을 향해 이미 "너는 내 사랑하는 아들이요, 기뻐하는 자"라는 사실을 선언하셨다. 예수님의 정체성은 어떤 행동을 통해 증명하는 것에서 오지 않는다. 아버지의 선포에서 온다.

사단은 그것을 의심하고 흔들어 버리려고 했다. 예수님은 사단과 맞서기 위해 아버지의 선언을 기억하기만 하면 되었다.

한 원로목사님의 간증을 들었다. 새벽에 하루를 시작하며 자신을 향해 "너는 내가 기뻐하는 아들이요, 사랑하는 자녀라"라는 하나님의 말씀을 선포했다고 한다. 그리고 하루를 마무리하며 "주님, 저도 주님을 사랑합니다"라고 고백하며 잠자리에 들었다고 한다. 그 분의 하루는 두 고백 사이에서 일어나는 일이었다.

어떤 어려움도 하나님께서 기뻐하시는 아들, 사랑하는 자가 감당할 수 있는 일이었다. 하나님의 사랑이 감당하지 못할 목회의 정황은 존재하지 않았다. 그 분의 모든 목회적 헌신과 수고는 결국 주님을 사랑한다는 고백이었다.

그 분은 목회 가운데 참 힘든 상황을 많이 겪으셨다. 외부에 비친 상황만 보면 '왜 그런 고생을 하면서 목회의 자리에 연연하는가?' 하고 의아한 마음을 가질 수 있다.

그러나 그 분의 고백을 듣고보니 다 이해가 되었다. 하나님의 사랑 고백을 듣고 하루를 시작하고, 하나님께 사랑을 고백하고 하루를 마치는 인생에 감당하지 못할 버거운 무게는 없었다.

우리는 하나님의 사랑을 받는 존귀한 자녀들이다. 인생에 다가오는 시험과 유혹 앞에서, 역경과 고난 앞에서 우리는 그 사실을 망각한다. 믿음의 행동을 보임으로, 더 많은 헌신의 땀을 흘림으로, 좀 더 수고함으로 하나님의 자녀 됨을 증명하려고 애쓴다. 그러나 예수님이 공사역을 시작하기 전에 하나님께서 그 사랑을 선언하고 보여주셨듯이 우리를 향해서도 동일하게 행하신다.

우리는 하나님께서 사랑하시는 자녀들이며 기뻐하시는 자들이다.

이는 우리가 끝까지 놓치지 말아야 할 우리의 영적인 정체성이다. 그것을 의심케 하는 사단의 속삭임에 속지 말아야 한다.

예수님의 대응에는 조금의 망설임도 없다. 자신이 하나님의 아들인 것을 증명할 필요가 없음을 아시는 예수님은 사단의 유혹을 거부하신다. 배가 고프지만, 돌로 떡을 만들어 하나님의 아들임을 증명할 필요가 없다. 왜냐하면 사람이 떡으로만 사는 것이 아니요, 하나님의 입으로부터 나오는 말씀으로 사는 것을 굳게 믿으셨기 때문이다.

예수님은 거룩한 성에서 뛰어내려 자신의 아들 됨을 증명할 필요가 없다는 걸 아신다. 왜냐하면 아들은 아버지를 시험할 필요가 없고, 아버지를 철저하게 신뢰하기 때문이다. 예수님은 천하만국의 영광을 탐할 필요가 없다. 아들은 아버지만 경배하고 섬기는 것으로 만족하기 때문이다. 예수님은 온 힘을 다해 사단을 거부하고 저항하신다. "사단아, 물러가라!"라는 아버지를 향한 사랑과 신뢰로 가득한 예수님의 외침 앞에서 결국 시험하는 자는 떠나간다.

예수님의 저항은 싸움으로 시작되는 것이 아니었다. 아버지를 향한 신뢰, 아버지의 사랑으로 가득한 선언에 대한 철저한 신뢰로 시작했다. 예수님은 전쟁을 준비해 주신 아버지의 훈련을 아신다. 그것은 군사 훈련이 아니었다. 아버지의 사랑 안에 온전히 거하고 신뢰하는 훈련이었다.

아들은 아버지의 사랑을 받는다. 아들은 그 사랑을 확인한다. 사단은 그 사랑을 의심하게 하고, 그 사랑을 받을 만한 자격이 있음을 증명해 보라고 유혹한다. 그러나 예수님은 아버지의 사랑을 충만하게 받으심으로, 아버지의 사랑을 끝까지 신뢰하심으로 유혹을 미워하고 저항하며 대적하신다. 예수님은 자신의 의를 위해서 사단에게 저항하신 게 아니라, 아버지의 사랑을 받고, 아버지를 온전히 사랑하시기에 죄를 용납하지 않으신다. 예수님의 공사역은 사단의 견고한 진을 정면으로 부수는 격렬한 영적 싸움의 현장이다. 악의 세력을 멸하고 은혜가 거침없이 행진하게 하는 것이다.

> 주의 성령이 내게 임하셨으니 이는 가난한 자에게 복음을 전하게 하시려고 내게 기름을 부으시고 나를 보내사 포로 된 자에게 자유를, 눈먼 자에게 다시 보게 함을 전파하며 눌린 자를 자유롭게 하고 주의 은혜의 해를 전파하게 하려 하심이라 하였더라 눅 4:18,19

예수님의 사역은 적극적으로 사단의 영역을 침범해 들어간다. 가난한 자들에게 복음이 전해지고, 포로 된 자들에게 자유가 주어진다. 눈먼 자들은 다시 보고, 눌린 자들은 자유롭게 된다. 모든 자에게 자유가 임하는 희년의 은혜가 전파된다. 예수님은 사단의 견고한 진을 무너뜨리는 능력의 역사를 시작하셨고, 그 능력의 현장으로 우리를 부르신다.

예수님의 저항하고 거부하는 순결한 힘으로 돌아가자

하나님은 죄에 대해 관심이 많으시다. 정결함과 순결함에도 관심이 많으시다. 그래서 '율법'이라는 언약의 선물이 하나님의 백성들에게 주어졌다. 그들은 율법을 통해 세상과 구별된 성결한 백성의 삶을 추구할 수 있었다. 예수님은 율법을 폐하러 오신 분이 아니라 율법을 완성하기 위해 오신 분이다.

예수님 당시의 종교인들은 죄와 타협했다. 그들의 삶은 순결하지 않았다. 경건의 모양은 있었지만, 경건의 능력은 없었다. 교리와 전통은 있었지만, 거룩은 없었다. 그들의 삶은 죄를 벗어나지 못했다. 그들에게는 죄를 미워하고 거부하고 저항하는 믿음과 영성이 없었기 때문이다.

예수님에게는 죄를 미워하는 전투적 영성이 있다. 죄에 맞서 저항하고 거부하는 영성이 우리가 배워야 하는 예수님의 힘이다.

예수님은 타락한 영성을 거부하신다

예수께서 성전에 들어가사 성전 안에서 매매하는 모든 사람들을 내쫓으시며 돈 바꾸는 사람들의 상과 비둘기 파는 사람들의 의자를 둘러엎으시고 그들에게 이르시되 기록된 바 내 집은 기도하는 집이라 일컬음을 받으리라 하였거늘 너희는 강도의 소굴을 만드는도다 하시니라 마 21:12,13

성전은 하나님의 백성인 이스라엘 민족의 예배와 믿음의 중심에 있었다. 성전에서 제물을 드리는 예배를 위해 흠 없고 온전한 제사 동물을 성전에 가지고 오는 것은 그들의 마음과 영혼을 준비하는 소중한 시간이었다. 성전으로 나아오는 길에도 그들은 깨끗한 제사 동물을 보존함으로 여호와 하나님과 그분을 향한 예배에 대해 묵상할 수 있었다. 그러나 제사 동물이 긴 여행 동안 아프거나 흠이 생기는 일이 허다했다. 수고스럽게 가지고 온 제사 동물이 쓸모없게 되었을 때는 성전에서 준비한 깨끗한 제물을 사서 예배를 드릴 수 있었다. 그것은 하나님을 향해 예배를 드리기 위해 나아오는 사람들에 대한 배려의 준비였다.

하지만 타락한 제사장들은 부를 축적하기 위해 자신들이 준비한 제사 동물을 팔기 시작했다. 그것도 시장보다 훨씬 비싼 가격을 책정해서 폭리를 취했다. 백성들이 깨끗한 동물을 가지고 와도 부정하다고 판정을 내려 자신들의 비싼 제물을 사도록 만들었다. 주후 66년경 유월절에 희생제물로 드려진 양이 255,600마리였다는 유대인 역사가 요세푸스의 기록을 보더라도 성전에서 매매되는 짐승의 규모가 어땠을지 쉽게 상상이 간다.

당시 성전에는 장사하는 사람들이 가득했다. 또한 성전세를 내려면 성전에서만 쓰는 돈(두로의 은화)으로 환전해야 했는데 거기에서도 폭리를 취하면서 그야말로 하나님을 예배하는 성전은 종교 지도자들의 주머니를 불려주는 장터가 되어버렸다.

예수님은 성전에 들어가서 그런 무리를 보시고 내쫓으시고, 돈 바꾸는 상을 뒤엎으셨다. 그분은 타락한 예배를 용납하지 않으셨다. 기도하는 하나님의 집을 돈을 벌어들이는 수단으로 삼아 강도의 소굴로 만들어 버린 행위를 용서하지 않으셨다.

예수님은 예배가 무너지는 것을 보고 슬퍼하시고 분노하신다. 타락한 영성을 이해해 주지 않으신다. 변질되고 타락한 믿음에 예수님은 분노하신다.

어떻게 타락한 영성을 거부할 수 있는가? 믿음의 본질로 돌아가 첫사랑을 회복해야 한다. 예수님에게 편지를 받았던 에베소 교회는 소아시아 일곱 교회 중 가장 번성했다. 에베소라는 도시의 유적은 아직도 잘 보존되어 있어서 초대 교회 당시의 화려했던 명성을 엿볼 수 있다. 에베소 교회는 예수님을 향한 믿음의 행위와 수고, 인내로 주님으로부터 칭찬을 들었다. 또한 자칭 '사도'라고 하며 교회를 혼란케 하는 악한 자들을 용납하지 않는 분별력이 있었다. 주님의 이름을 위해 견디고 게으르지 아니한 열심이 있었다. 얼마나 아름다운 교회의 모습인가!

그러나 그들에게 책망할 것이 있었다. 바로 첫사랑을 버린 일이었다. 주님을 향한 첫사랑, 첫 마음, 첫 믿음의 뜨거움을 잊어버렸다. 주님은 그 문제를 바로잡을 수 있는 영적 탈출구를 가르쳐 주셨다.

그러나 너를 책망할 것이 있나니 너의 처음 사랑을 버렸느니라 그러므로 어디서 떨어졌는지를 생각하고 회개하여 처음 행위를 가지라 만일 그리하지 아니하고 회개하지 아니하면 내가 네게 가서 네 촛대를 그 자리에서 옮기리라 계 2:4,5

첫사랑, 첫 믿음의 영성을 회복하는 길은 회개하는 것이다. 회개란 주님께로 마음을 돌이키는 것이다. 자신이 가는 길이 하나님께서 기뻐하시지 않는 길임을 마음으로 인정하고, 그것이 잘못되었음을 고백하고, 마음을 치고 애통해하며 다시 주님의 길로 돌이키겠다고 결단하는 것이다. 회개란 그저 괴로워하며 눈물을 흘리는 것으로 완성되지 않는다. 다른 길로 가겠다는 마음의 결단과 순종으로 이어져야 회개는 열매가 된다. 에베소 교회가 첫사랑을 잃어버린 것을 인정하고 온전히 회개함으로 첫 행위를 회복하고 주님께로 돌아올 때만 회복될 수 있었던 것처럼, 타락한 영성에 떨어진 사람에게는 가슴을 치고 회개하고 돌아오는 것만이 영적 회복의 길이다.

지켜야 하는 믿음의 본질이 있다. 지켜야 하는 사랑이 있다. 그것을 지켜내지 못하면 믿음은 타락하고 변질된다.

서울드림교회를 개척하고 첫 5년 동안 가장 많이 들었던 말이 "목사님, 첫 마음 잃지 마세요"였다. 우리 교회의 첫 주보의 표지는 작은 풀이 심긴 흙을 두 손에 가득 담은 사진이었다. 그 사진 옆에는 '첫 마음'이란 우리의 고백이 적혀 있었다. 작은 풀처럼 시작하는 서울드림교회를 위한 첫 마음, 그것은 오직 예수님을 의지하고 신뢰하는 마음이었다. 우리 교회는 아무 준비 없이 시작했기에 오직 주님만 신뢰함으로 한 주 한 주를 준비해야 했다. 교회가 조금씩 부흥하면서 성도들이 조심스러운 마음으로 내게 '첫 마음'을 잃지 말아달라고 부탁했다.

그들의 이야기는 여전히 내 마음속에 있다. 나의 기도이기도 하다. 주님 앞에서 가졌던 그 첫 마음을 놓친다면 주님만 슬퍼하시는 것이 아니라 우리를 믿어주었던 많은 성도에게도 큰 실망을 줄 것이기 때문이다.

교회에 나의 신앙 멘토가 되어주시는 장로님들이 계신다. 한 장로님은 온누리교회에서 부목사로 사역할 때 만난 분이다. 처음 그 분을 뵈었을 때, 크게 감동했다. 내가 갖지 못한 아름다운 신앙의 모습을 가진 분이라서 마음이 끌렸다. 그래서 내 신앙의 멘토가 되어달라고 부탁드렸다. 장로님은 자신의 부족함을 고백하면서 "목사님, 저도 목사님을 신앙의 멘토로 생각하며 함께 섬기기를 원합니다"라고 기쁘게 내 마음을 받아주셨다.

20여 년 함께 신앙생활을 해오면서 가끔 만나 교제를 나눌 때면 떨리는 마음으로 장로님에게 물을 때가 있다.

"장로님, 혹시 제게 해주실 말씀은 없는지요? 제가 첫 마음 잘 지키면서 가고 있나요?"

교회를 시작한 지 17년째, 여전히 함께 첫 마음을 지킬 수 있는 분들과 목회할 수 있다는 게 참으로 큰 축복이다.

믿음의 본질에서 벗어나는 이유는, 하나님을 바라보고 자신을 돌아보아야 하는 눈이 남을 향하기 때문이다. 하나님을 바라볼 때, 우리는 받은 은혜를 기억할 수 있다. 자신을 바라볼 때 구해야 하는 은혜를 붙들 수 있다. 그러나 남을 바라보는 순간, 교만과 자만의 영에 사로잡힌다. 나보다 못한 사람들을 보면서 우쭐거리며 거만해진다. 나보다 훌륭한 사람들을 보며 시기와 질투의 영의 노예가 되어 그들을 험담하고 판단하는 우를 범한다.

예수님은 그런 자들을 향해 '자기 눈에 있는 들보는 보지 못하고 남의 눈에 있는 티만 보는 사람'이라고 하셨다.

율법학자가 예수님에게 다가와서 어떤 계명이 가장 중요한지를 물었다.

그중의 한 율법사가 예수를 시험하여 묻되 선생님 율법 중에서 어느 계명이

크니이까 예수께서 이르시되 네 마음을 다하고 목숨을 다하고 뜻을 다하여 주 너의 하나님을 사랑하라 하셨으니 이것이 크고 첫째 되는 계명이요 둘째도 그와 같으니 네 이웃을 네 자신 같이 사랑하라 하셨으니 이 두 계명이 온 율법과 선지자의 강령이니라 마 22:35-40

예수님은 새로운 말씀으로 그에게 답하지 않으셨다. 그들이 매일매일 기억하며 암송하는 말씀에서 답을 찾으셨다. 하나님을 마음을 다해, 목숨을 다해, 뜻을 다해 사랑하는 것이 가장 중요한 계명이라는 사실을 가르쳐 주셨다. 그것을 '쉐마'라고 부른다. 유대인이라면 이 말씀을 모를 리가 없다. 그러나 그 말씀이 지식과 전통으로만 남아 있었다. 예수님은 그것을 그들의 가슴에 심어주신다.

마음으로 품지 못한 말씀은 살아 있는 말씀이 아니라, 죽은 말씀이기 때문이다. 믿음의 본질은 멀리 있지 않다. 늘 듣는 말씀 속에 믿음의 본질이 있다. 머리에만 머문다면 우리도 바리새인들과 같이 타락한 영성에 빠질 것이다. 변하지 않는 믿음의 진리가 우리의 마음을 뜨겁게 채울 때, 본질에서 벗어나지 않을 수 있다. 하나님을 온전히 사랑하는 믿음의 본질을 지켜낼 수 있으면 이웃을 우리 자신과 같이 사랑하는 믿음의 본질도 지켜낼 수 있다.

예수님은 외식과 위선을 거부하신다

화 있을진저 외식하는 서기관들과 바리새인들이여 너희가 박하와 회향과 근채의 십일조는 드리되 율법의 더 중한 바 정의와 긍휼과 믿음은 버렸도다 그러나 이것도 행하고 저것도 버리지 말아야 할지니라 맹인 된 인도자여 하루 살이는 걸러내고 낙타는 삼키는도다 화 있을진저 외식하는 서기관들과 바리새인들이여 잔과 대접의 겉은 깨끗이 하되 그 안에는 탐욕과 방탕으로 가득하게 하는도다 마 23:23-25

예수님이 가장 견디기 힘드셨던 부류는 세리나 죄인들이 아니었다. 예수님은 그들에게 기꺼이 친구가 되어주셨다. 예수님을 분노하게 했던 사람은 종교인들이었다. 바리새인, 율법학자와 같이 성경을 가르친다고 하면서 전혀 말씀과는 상관없는 삶을 살고 있는 사람들이었다.

율법의 중심은 하나님을 온전히 사랑하는 것이었다. 그러나 그들에게는 하나님을 사랑하는 마음 없이 율법을 지키는 행위만 남아 있었다. 모든 종교적 행위는 자신의 공로와 의를 쌓아가는 통로가 되었다. 예수님은 그런 믿음을 향해 '회칠한 무덤'이라고 하셨다.

원래 외식(外飾)은 '무대 위에서 가면을 쓰고 연기를 하는 행동'을 표현하는 단어였다. 바리새인들의 믿음은 가면을 쓰고 연기를 하는 것과 같았다. 외식과 위선은 하나님 앞에서도 정직하지 못한 마음이다.

그러므로 무엇이든지 그들이 말하는 바는 행하고 지키되 그들이 하는 행위는 본받지 말라 그들은 말만 하고 행하지 아니하며 또 무거운 짐을 묶어 사람의 어깨에 지우되 자기는 이것을 한 손가락으로도 움직이려 하지 아니하며 마 23:3,4

외식과 위선으로 가득한 마음은 진리를 가르치지만, 그 진리와는 전혀 상관없는 삶을 살아간다. 다른 사람들에게는 말씀으로 무거운 짐을 씌우면서도 자신을 향한 말씀으로는 받지 않는다.

> 집 하인이 두 주인을 섬길 수 없나니 혹 이를 미워하고 저를 사랑하거나 혹 이를 중히 여기고 저를 경히 여길 것임이라 너희는 하나님과 재물을 겸하여 섬길 수 없느니라 바리새인들은 돈을 좋아하는 자들이라 이 모든 것을 듣고 비웃거늘 눅 16:13,14

외식과 위선은 마음을 빼앗긴 결과다. 예수님은 마음에 주인이 있다고 가르쳐 주셨다. 그래서 한 마음이 두 주인을 섬길 수 없다고 하신 것이다. 재물이 주인 된 마음에 하나님은 주인이 되실 수 없다. 그러나 바리새인들은 돈을 사랑하는 자들이어서 그런 가르침을 듣고 비웃었다. 마음의 주인 자리를 돈에 내어주었기에 하나님을 주인으로 삼아야 한다는 말씀 앞에서 자신을 돌아보지 못하고 더욱 강퍅해졌다.

> 비판을 받지 아니하려거든 비판하지 말라 너희가 비판하는 그 비판으로 너희가 비판을 받을 것이요 너희가 헤아리는 그 헤아림으로 너희가 헤아림을 받을 것이니라 어찌하여 형제의 눈 속에 있는 티는 보고 네 눈 속에 있는 들보는 깨닫지 못하느냐 보라 네 눈 속에 들보가 있는데 어찌하여 형제에게 말하기를 나로 네 눈 속에 있는 티를 빼게 하라 하겠느냐 외식하는 자여 먼저 네 눈 속에서 들보를 빼어라 그 후에야 밝히 보고 형제의 눈 속에서 티를 빼리라 마 7:1-5

외식과 위선에 사로잡힌 마음은 자신의 허물을 향해서는 눈을 감고 남의 허물을 향해서만 눈을 크게 뜨게 만든다. 자신의 허물이 훨씬 더 심각한데도 남의 작은 티끌 같은 실수를 향해서만 흥분하며 의로운 척한다. 교회 생활을 하다보면 늘 남을 판단하고 비판하는 사람들을 만날 때가 있다. 스스로 자신은 틀린 말을 하지 않는다고 자신한다.

그들의 말은 틀린 말은 아닐지 모르지만 그들의 믿음에는 외식과 위선의 영이 스며들어 있다. 믿음은 남을 감시하는 것이 아니라, 자신을 돌아보는 것에 있음을 잊어서는 안 된다.

사람에게 보이려고 그들 앞에서 너희 의를 행하지 않도록 주의하라 그리하지 아니하면 하늘에 계신 너희 아버지께 상을 받지 못하느니라 그러므로 구제할 때에 외식하는 자가 사람에게서 영광을 받으려고 회당과 거리에서 하는 것 같이 너희 앞에 나팔을 불지 말라 진실로 너희에게 이르노니 그들은 자기 상을 이미 받았느니라 마 6:1,2

또 너희는 기도할 때에 외식하는 자와 같이 하지 말라 그들은 사람에게 보이려고 회당과 큰 거리 어귀에 서서 기도하기를 좋아하느니라 내가 진실로 너희에게 이르노니 그들은 자기 상을 이미 받았느니라 마 6:5

금식할 때에 너희는 외식하는 자들과 같이 슬픈 기색을 보이지 말라 그들은 금식하는 것을 사람에게 보이려고 얼굴을 흉하게 하느니라 내가 진실로 너희에게 이르노니 그들은 자기 상을 이미 받았느니라 마 6:16

예수님이 미워하시는 외식의 중심에는 사람들에게 보이려고 하는 과시성 믿음이 있다. 구제할 때도 사람들에게 보여주기식으로 한다. 기도할 때도 사람에게 보이기 위해 한다. 금식할 때도 마찬가지다. 믿음은 언제나 하나님을 향한 것인데 하나님을 의식하지 않고 사람만을 의식한다. 당연히 가면을 쓴 보여주기 인생으로 전락한다.

> 거기에서 떠나 그들의 회당에 들어가시니 한쪽 손 마른 사람이 있는지라 사람들이 예수를 고발하려 하여 물어 이르되 안식일에 병 고치는 것이 옳으니이까 예수께서 이르시되 너희 중에 어떤 사람이 양 한 마리가 있어 안식일에 구덩이에 빠졌으면 끌어내지 않겠느냐 사람이 양보다 얼마나 더 귀하냐 그러므로 안식일에 선을 행하는 것이 옳으니라 하시고 이에 그 사람에게 이르시되 손을 내밀라 하시니 그가 내밀매 다른 손과 같이 회복되어 성하더라

마 12:9-13

바리새인들은 예수님이 안식일에 손 마른 사람을 고쳐주신다면, 안식일을 범하는 결과가 되기에 고발의 기회로 삼으려고 했다. 성경에서는 안식일을 거룩하게 지키라고 하셨다. 장로들과 바리새인들은 어떻게 안식일을 지켜야 하는지 전통과 조항을 자세하게 만들었다.

얼마만큼의 무게를 들어도 되는지도 정했다. 말린 무화과나무 열매 하나가 안식일에 들 수 있는 무게였다. 아이 엄마가 아이를 안아주는 것은 안식일을 범하는 것이 아니지만 아이의 손에 무엇인가 들려 있으면 안식일을 범하는 결과가 되었다. 침을 땅에 뱉어도 안식일을 범하는 것이 되었다. 다른 사람이 그것을 밟고 지나가는 것이 땅을 기경하

는 결과가 되기 때문이었다.

하나님께서 과연 이렇게 안식일을 지키는 것을 기대하셨을까. 하나님과는 상관없이 자신들의 전통과 규례를 지키기 위해서 하나님의 마음도 헤아리지 못하고, 자비와 긍휼을 베푸는 것도 간과했다. 이것이 외식과 위선에 갇혀 있는 마음이다.

믿음이 외식으로 변질되면 내용보다는 형식이 중요해진다. 눈에 보이는 것이 실제 내가 어떤 존재가 되는가보다 훨씬 중요해진다. 행동보다 말이 번지르르해진다. 주님께 순종하는 삶보다 사람들에게 과시하는 삶, 보여주는 삶이 중요해진다. 자신들이 만들어 놓은 전통이 믿음보다 더 소중해진다. 이 땅의 삶이 천국보다 더 중요해진다.

어떻게 하면 이런 외식과 위선의 마음을 거부할 수 있을까?

종교개혁을 이루어 냈던 신앙의 선배들이 그 답을 던져준다. '코람데오', 즉 '하나님 앞에서'라는 뜻이다. 외식은 우리가 하나님 앞에 있다고 생각하는 철저한 신전 의식으로 무너뜨릴 수 있다. 한 분의 청중을 위한 인생이 되겠다고 결단하는 것이다. 사람을 의식하지 않고 오직 하나님을 의식하고, 하나님의 임재 앞에 있다는 생각으로 살아가는 것이 코람데오의 신앙이다.

목회하다 보니 늘 '성도가 어떻게 생각할까'에 마음이 많이 쓰인다. 젊었을 때는 그런 생각 때문에 더 많이 고민했다. 성도의 말 한마디에 잠을 못 이루기도 하고, 어떤 말은 한 달 이상 나를 괴롭히기도 했다. 그런데 나이가 들어가면서 작은 변화가 생겼다. 나의 부족함에 대한 말을 들으면 괴로워하거나 속상해하는 대신, 하나님께 그 마음을 아뢰었다.

'아버지, 이 말이 맞는 말이네요. 저는 목회자로 살아가기에 너무도 부족한 사람입니다. 그런데 이런 사람을 하나님께서 부르셨으니 잘 고쳐서 써주십시오. 제가 하나님 앞에서 어떤 사람으로 성장하고 있습니까? 하나님 보시기에 저는 어떤 사람입니까?'

성도의 말을 통해 하나님 앞에서 나를 돌아보는 것을 배우게 되었다. 우리가 모두 마지막으로 만나게 될 판단은 하나님 앞에서 이루어진다. 사람이 아무리 칭찬해도 하나님께서 칭찬할 것을 찾지 못하신다면 얼마나 슬픈 인생인가!

사람의 눈을 두려워하면 하나님의 눈을 두려워하지 못한다. 하나님의 눈을 두려워하면 사람의 눈이 두렵지 않다. 외식과 위선을 거부하는 믿음은 오직 하나님만 의식한다. 이런 선택이 다른 사람들의 눈에 독불장군처럼 보이고, 타인의 말에는 전혀 귀를 기울이지 않고 자신의 길만 고집하는 코뿔소 같은 인생으로 비치면 어떻게 할까 걱정할 필요는 없다. 코람데오라는 신전 의식이 우리를 가장 예수님의 마음으로 가득한 사람으로 빚어줄 것이기 때문이다. '하나님 앞에서'라는 생각은 우리를 가장 온유하고, 가장 따뜻하고, 사랑이 가득한 사람으로 만들어 줄 것이다.

하나님의 임재를 바라보자. 우리가 주님 앞에 있다는 사실을 잊지 말자. 그분께서 우리를 사랑의 눈으로 바라보고 계시고 우리의 모든 생각과 감정과 행동이 그분을 향한 노래가 될 수 있음을 기억하자. 그분을 향한 사랑의 노래를 멈추지 않을 수 있다면 우리는 외식과 위선의 예봉(銳鋒)을 꺾고 예수님을 언제나 중심에 모신 코람데오의 신앙을 가질 수 있다.

예수님은 죄악을 감추려는 추악함을 거부하신다

요한복음 8장은 간음하다 현장에서 잡힌 여인의 사건을 소개한다. 당시 간음하다 붙잡히면 돌에 맞아 죽는 형벌을 피할 수가 없었다. 이 여인도 몰랐을 리 없다. 함께 간음을 범한 남자도 마찬가지다. 이런 부정행위의 결과가 죽음이라면 극비리에 두 사람의 밀회가 이루어졌을 터인데 어떻게 발각이 된 것일까? 왜 그런 것이 궁금하냐고 반문하는 사람이 있을지도 모르겠다.

너무 이상한 사건이라서 어떤 성경학자들은 예수님을 함정에 빠뜨리기 위해 철저하게 준비된 사건이라고 생각하기도 한다. 남자는 그 자리에 없었다는 사실, 여자만 잡혀 왔다는 사실이 이를 증거한다.

그러나 개인적으로 그런 추측에 쉽게 동의할 수 없다. 자기와 별 상관 없는 예수님을 잡으려고 목숨을 걸 사람이 과연 얼마나 될까. 이 사건은 조작된 사건이 아니라 인간 사회에서 음란과 정욕이라는 죄악이 얼마나 뿌리가 깊고 강력한지를 보여주는 사건이라고 할 수 있다.

현장에서 잡혀 왔으니, 옷도 제대로 추스르지 못하고 끌려왔을 것이다. 반라의 여인을 향해 군중은 거친 숨을 내쉬며 분노하고 있다. 그들의 손에는 한 방에 그녀의 머리를 깨뜨리고 그녀의 숨을 끊어놓을 것 같은 무시무시한 돌들이 들려 있다.

서기관들과 바리새인들이 음행 중에 잡힌 여자를 끌고 와서 가운데 세우고 예수께 말하되 선생이여 이 여자가 간음하다가 현장에서 잡혔나이다 모세는

율법에 이러한 여자를 돌로 치라 명하였거니와 선생은 어떻게 말하겠나이까
요 8:3-5

왜 이들은 이토록 흥분하고 분노하는 것일까? 하나님 백성의 공동
체에 있을 수 없는 부정하고 더러운 사건이 생겼기에 화를 내며 그 죄
를 끊어버리려고 하는 것일까? 그들은 과연 그렇게 의롭고 경건한 사
람들일까?

예수님의 다음 말씀 속에서 군중의 내면을 보게 된다.

그들이 이렇게 말함은 고발할 조건을 얻고자 하여 예수를 시험함이러라 예
수께서 몸을 굽히사 손가락으로 땅에 쓰시니 그들이 묻기를 마지아니하는
지라 이에 일어나 이르시되 너희 중에 죄 없는 자가 먼저 돌로 치라 하시고
다시 몸을 굽혀 손가락으로 땅에 쓰시니 그들이 이 말씀을 듣고 양심에 가
책을 느껴 어른으로 시작하여 젊은이까지 하나씩 하나씩 나가고 오직 예수
와 그 가운데 섰는 여자만 남았더라 요 8:6-9

예수님은 "죄 없는 자가 먼저 돌로 치라"라고 하셨다. 예수님은 그
녀가 죄가 없다고 하지 않으셨다. 그녀의 죄악이 율법이 정한 대로 마
땅히 죽음의 벌을 받아야 하는 악한 죄라는 사실도 부정하지 않으셨
다. 그런 죄에 대해 믿음의 공동체라면 단호한 판단을 해야 한다는 사
실도 부인하지 않으셨다. 다만 예수님은 그들이 보기를 거부하는 것
을 보게 해주셨다.

"너희 중에 죄 없는 자가 먼저 돌로 치라."

여기서 "죄 없는 자"는 '죄를 향한 욕망이 없는 자'라는 번역도 가능하다. 그들이 간음하다 현장에서 잡혀 온 여인에게 분노했던 이유는 사회정의와 믿음의 공동체를 향한 거룩한 분노 때문이 아니었다. 그들도 죄악을 향한 욕망이 가득했고, 그들의 삶도 음란과 정욕의 유혹 앞에 자유하지 못했지만, 잡혀 온 여인의 죄를 정죄하는 순간만큼은 자신들이 매우 의롭다고 생각할 수 있어서 흥분하며 돌을 들었던 것이다. 예수님은 여인의 죄만 바라보고 있는 군중에게 그들의 죄도 보게 하셨다.

교회 안에서 우리가 범할 수 있는 큰 실수는 우리가 범하지 않는 죄를 공격하면서 스스로 의롭다는 착각에 빠져드는 것이다. 남의 죄를 폭로하면서 자신의 숨겨진 죄에 대해서는 눈을 가린다.

언젠가 한 목사님이 주일에 동성애에 대해 설교했다고 하면서 힘든 설교였다고 고백했다. 하지만 동성애가 왜 하나님 앞에서 죄인지 명확하게 짚었다고 했다. 성도들이 설교를 듣고 감사하다고 인사했다고 한다. 나는 목사님에게 물었다.

"목사님, 혹시 우리 사회에 만연한 성적 방종에 대해서도 설교하셨습니까? 결혼한 남자들이 유흥업소에 출입하고, 결혼하지 않은 청년들이 마음껏 성적 자유를 누리고, 인터넷에서 음란한 영상을 자주 접하는 파괴적인 습관에 대해서도 언급하셨나요?"

목사님은 그런 것에 대해서는 다루지 않았다고 했다. 관계가 깊은 목사님이었기에 왜 동성애만 다루는 설교가 성도에게 오해를 불러올 수 있는지 대화를 나누었다. 동성애를 나쁘다고 생각하면서 '나는 그런 죄를 범하지 않고 있으니 괜찮다'라는 착각을 불러올 수 있기에, 어떤 특정 죄악을 콕 짚어서 공격하는 걸 조심해야 한다.

정부가 3년마다 실시하는 성매매 실태조사에서 2019년 한국 남성의 42.1퍼센트가 성을 구매한 경험이 있다고 밝혔다고 한다. 한 인터넷 업체는 한국의 성매매 시장 규모가 2015년 기준 120억 달러(14조 8천억 원)로 세계 6위 규모라고 보고하기도 했다. 같은 해 한국 형사정책연구원은 한국 성매매 사업의 규모를 30-37조로 추정하기도 했다.

이게 얼마나 어마어마한 규모인가 이해하기 위해 비교치를 생각해 보자. 세계 3위 수준의 국내 커피 시장의 규모가 2018년 기준 6조 8천억 원이었다. 비교조차 되지 않는 어마어마한 성매매 시장이 성매매가 불법인 대한민국에서 성장하는 것이다.

미국의 시사주간지 《뉴스위크》 2011년 2월 7일 자에 1인당 포르노 산업 매출 세계 1위 국가가 한국이라는 보도가 실렸다. 2006년 기준으로 한국인이 포르노를 보는 데 1인당 526.76달러를 썼다고 했다. 2위는 일본이었는데 1인당 156.75달러였다. 이 통계는 세인트존피셔대학의 마크 라이스 교수의 연구자료에서 따온 것이다.

톱10리뷰닷컴(toptenreviews.com)의 같은 해 통계를 보면, 불법이라는 한국 포르노 업계의 매출은 257억 3천만 달러(30조 원 규모)로 일본 (3위), 미국(4위)을 앞질렀다. 중국의 규모가 274억 달러였으니, 인구 대비로 보면 1인당 매출 규모로는 압도적 1위가 한국이었다. 인구 대비로 보면 미국보다 거의 12배나 높은 수준이었다.

"결혼한 남자도, 여자도 애인 하나쯤은 다 두고 살아간다"라는 괴상한 말이 동네 커피숍에서 들려오는 이야기가 되어버렸다. 요즘 비뇨기과에는 고등학생 아들을 데리고 정관수술을 하러 오는 엄마들이 있다는 이야기를 의사에게 전해 듣고 기가 막혔다. 어른들이 만들어 놓은 세상을 보라. 목회자들이, 성도가 자신들이 범하지 않는 죄를 향해 핏대를 올리고 정죄하는 동안 변해버린 세상의 모습을 보라. 우리 아이들과 청년들이 이런 사회를 물려받고 있다.

우리 앞에 펼쳐진 세상은 한없이 어둡다. 그러나 실망하거나 좌절하지 말자. 예수님이 우리에게 소망을 주신다. 암울하고 어두운 죄악으로 얼룩진 세상을 향해 빛을 던져주신다.

> 그들이 이 말씀을 듣고 양심에 가책을 느껴 어른으로 시작하여 젊은이까지 하나씩 하나씩 나가고 오직 예수와 그 가운데 섰는 여자만 남았더라 예수께서 일어나사 여자 외에 아무도 없는 것을 보시고 이르시되 여자여 너를 고발하던 그들이 어디 있느냐 너를 정죄한 자가 없느냐 대답하되 주여 없나이다 예수께서 이르시되 나도 너를 정죄하지 아니하노니 가서 다시는 죄를 범하지 말라 하시니라 요 8:9-11

죄 없는 자가 먼저 돌로 치라는 말씀 앞에 돌을 투척할 수 있는 사람은 한 사람도 없었다. 예수님의 말씀 앞에 그 여인의 죄가 아닌 자신들의 죄가 보이기 시작했다.

홀로 남은 여인에게 예수님은 과연 무슨 말씀을 하실까? "이제 잡혀 오지 마, 들키지 말자" 이런 말씀이 아니었다. "나도 너를 정죄하지 아니한다"라고 하셨다. 많은 사람이 자신들의 죄와 실수 앞에서 잘못을 인정하지 않는 뻔뻔함과 파렴치함을 변호하기 위해 예수님의 이 말씀을 인용한다. 그러나 예수님이 이렇게 말씀하신 이유는 여인의 죄가 가볍기 때문이 아니었다. 여인의 죄는 가볍지 않았다. 그것은 하나님을 향한 불순종이고 반역이었으며 남편과 가족을 향한 배신과 악함이었다. 그런데도 왜 예수님은 그녀를 정죄하지 않는다고 하신 것일까?

바로 예수님이 모든 죄의 저주를 받고 죽으실 분이시기 때문이다. 사람들이 던지는 돌을 여인은 피했지만, 예수님은 피하지 않으실 것이기 때문이다. 여인을 향해 쏟아져야 하는 채찍을 여인은 면했지만, 예수님은 그것을 피하지 않고 그대로 받으실 것이다. 여인은 심판의 정죄를 면했지만, 예수님은 심판받고 정죄받아 갈보리 높이 십자가에 못 박혀 달리실 것이기 때문이다. 예수께서 모든 죄악의 결과를 그 어깨에 짊어지시기 때문에 이 여인을 향해서 "나도 너를 정죄하지 않는다"라고 하신 것이다.

그녀의 죄가 가벼워서가 아니라, 그녀의 죄가 너무 무거워서 죄의 결과가 참담하기에 하나님의 아들 예수님이 대가를 치르고 직접 죄의 저주를 감당하셔야 했기에 여인을 향해서 용서를 선포하실 수 있었다. 그녀의 죗값을 예수님이 직접 담당하셔야 했기에 용서를 선포해 주셨다.

바울은 이 은혜를 이렇게 설명한다.

> 그러므로 이제 그리스도 예수 안에 있는 자에게는 결코 정죄함이 없나니 이는 그리스도 예수 안에 있는 생명의 성령의 법이 죄와 사망의 법에서 너를 해방하였음이라 **롬 8:1,2**

여인의 이야기는 용서받았다는 사실로만 끝나지 않는다. 많은 사람이 이 사건을 들먹이면서 "죄 없는 자가 먼저 돌로 치라, 나도 너를 정죄하지 않는다"라는 말씀만 기억하려고 한다. 무책임한 선택적 기억이다. 예수님의 마지막 말씀은 "가서 다시는 죄를 범하지 말라"였다. 여인은 이제 돌아가야 한다. 아무도 자신이 어떤 죄를 범했는지 모르는 곳으로 도망가는 것은 그녀의 새출발이 아니었다. 그녀는 자신을 아는 모든 사람에게 돌아가야 했다. 남편에게로, 가족에게로. 여인의 사건은 사람들의 입을 타고 이미 퍼질 대로 퍼졌을 것이다. 그날 모든 사람이 기억하는 엄청난 사건이 되었을 것이다.

그러나 여인은 그 부끄러움의 자리로 돌아가야 했다. 예수님이 여인을 정죄하지 않고 용서해 주시는 이유는, 마음껏 죄를 지을 자유를 주시기 위함이 아니었다. 죄를 버리는, 죄를 떠나는 자유를 주시기 위함이었다. 여인은 돌아가서 자신에게 주어진 엄청난 은혜의 증인이 되어야 한다. 부끄러움과 수치를 견뎌야 한다. 수군거림과 손가락질도 버텨내야 한다. 남편에게 이혼당할 수도 있다. 자녀가 있다면 그 아이들을 다시 대해야 한다. 그 수치는 평생 짊어져야 하는 무거운 짐이 될 것이다. 그래도 그녀를 주님은 돌려보내신다.

죄가 싹트고, 죄악의 열매가 무섭게 열렸던 그녀의 삶의 자리에서 다시는 같은 죄를 짓지 않는, 은혜를 입은 사람임을 드러내야 한다. 하나님 앞에서 용서받은 사람으로 살아가야 한다. 죄악으로 무너졌던 사람이 어떻게 하나님의 용서와 은혜로 새로워질 수 있는지 경험해야 한다. 그것이 예수님이 그녀를 다시 돌려보내 주신 이유다.

이 여인에 대해 묵상하면 《주홍 글씨》의 여주인공 헤스터가 생각난다. 그녀는 간통죄를 범한 결과로 평생 가슴에 간통(Adultery)이라는 영어 단어의 첫 글자 A를 새기고 살아가야 했다. 얼마나 수치스러운 일인가! 예수님에게 용서받은 여인도 평생 그 사건의 무게를 짊어지고 살아가야 했을 것이다.

헤스터의 가슴에 새겨진 A는 시간이 흐르면서 사람들에게 다른 단어를 떠올리게 했다. 사람들은 숭고한 삶을 살아가는 그녀를 보면서, A 자가 능력을 의미하는 'Able' 혹은 천사를 의미하는 'Angel'의 첫 글자라고 생각했다. 헤스터는 항상 가슴에 새겨놓고 수치스럽게 살아야 하는 그 표시의 의미를 다르게 바꿔놓았다.

간음하다가 잡힌 여인 앞에도 그런 수치와 부끄러움을 이기는 길이 있었다. 바로 죄의 삶을 떠나는 것이다. 그녀를 죽게 만들 수 있었던 흉악한 죄가 더 이상 보이지 않는 순결한 삶을 살아가는 것이다. 사람들이 그녀를 보고 더 이상 '저 여자, 간음하다 현장에서 잡혀갔던 그 여자잖아…'라고 기억하지 못하도록 완전히 다른 인생을 살아가는 것이다.

이 여인은 집으로 돌아갔을까? 그녀에 대한 뒷이야기가 전해지지 않는 것이 너무 아쉽다. 하지만 이 여인은 초대 교회에서 그리고 현대를 살아가는 우리에게 주님의 사랑과 자비를 보여주는 믿음의 인생이 되었다고 믿는다. 그녀는 자신의 치욕을 짊어지시고 갈보리 십자가까지 지신 주님을 끝까지 따르는 믿음의 여인이 되었을 것이다. 자신의 수치스러운 과거를 사랑으로 용서하신 주님을 향해 새로운 헌신과 사랑을 드리는 성도의 이야기는 교회 역사 속에 넘치기에 그녀도 그런 삶을 살았을 거라고 믿는다.

이 아름다운 은혜의 이야기 속에서 우리는 자신의 죄악 보기를 거부하고 남의 죄악을 향해 정죄와 판단을 서슴지 않는 추악함을 만난다.

예수님은 그것을 거부하신다. 어떻게 자신의 죄악은 보지 못하고 남의 추악함만 들춰내는 죄악을 거부할 수 있는가?

참 은혜를 만나야 한다. 참된 은혜는 남을 보는 능력이 생기는 것이 아니라, 나를 보는 능력이 생기는 것이다. 아무에게도 보이고 싶지 않은 나의 깊은 곳을 보는 것이 참 은혜이다.

시몬 베드로가 예수님의 부르심을 받은 사건을 기억하는가? 베드로는 밤새워 그물질했다. 그러나 아무것도 잡지 못했다. 빈 그물을 씻으며 정리하고 있던 그에게 예수님이 깊은 곳으로 가서 그물을 내려 고기를 잡으라고 하셨다. 베드로는 갈릴리에서 잔뼈가 굵은 어부였다. 예수님은 목수 출신이시므로 고기 잡는 일만은 그가 더 전문가였다. 그런데도 예수님의 말씀을 따라 깊은 곳에 그물을 내리자, 그물이 찢어질 것 같이 많은 고기가 잡혀서 배가 가라앉을 지경이 되었다.

베드로는 그 순간 무엇을 보았을까? 대박 날 사업 기회를 보았는가? '이 사람만 잘 따르면 고기를 많이 잡아 부자가 되겠구나'라고 생각했다고 성경은 증거하지 않는다.

> 시몬 베드로가 이를 보고 예수의 무릎 아래에 엎드려 이르되 주여 나를 떠나소서 나는 죄인이로소이다 하니 눅 5:8

베드로는 주님의 크심을 보고 자신의 죄인 됨을 본다. 하나님의 크심 앞에서 부패한 자신을 보며 괴로워하고 예수님에게 자신을 떠나달라고 한다. 은혜는 자신이 보지 않으려고 했던 깊은 곳을 보게 되는 것이다.

이사야 선지자도 성전을 가득 채운 하나님의 영광을 보았다. 하늘을 날며 하나님의 거룩하심과 영광을 선포하는 천사들의 찬양에 성전의 터가 흔들리는 것을 보았다. 그때 이사야의 반응은 어땠는가?

그때에 내가 말하되 화로다 나여 망하게 되었도다 나는 입술이 부정한 사람이요 나는 입술이 부정한 백성 중에 거주하면서 만군의 여호와이신 왕을 뵈었음이로다 하였더라 사 6:5

자신의 죄인 됨을 고백한다. 자신이 얼마나 입술이 부정한 사람인지 고백한다. 은혜는 나의 진짜 모습을 보는 것이다. 자신의 어둠을 볼 수 있어야 주님의 용서의 큰 기쁨을 만나게 되기 때문이다.

예수님은 사람들의 인정과 인기를 거부하신다

예수님이 행하신 기적 가운데 사람들을 가장 흥분시켰던 기적 중 하나는 단연코 오병이어의 기적이었다. 작은 아이가 갖고 온 떡 다섯 덩어리와 작은 물고기 두 마리로 성인 남자만 5천 명이나 배불리 먹고 열두 광주리가 남았던 사건이다. 여자들과 아이들의 수를 더하면 아마도 그 수의 몇 배는 됐을 것이다. 이 기적을 맛본 군중의 반응은 대단했다.

그 사람들이 예수께서 행하신 이 표적을 보고 말하되 이는 참으로 세상에 오실 그 선지자라 하더라 그러므로 예수께서 그들이 와서 자기를 억지로 붙들어 임금으로 삼으려는 줄 아시고 다시 혼자 산으로 떠나가시느니라 요 6:14,15

예수님을 향해 얼마나 열광했던지 예수님을 억지로 왕으로 세우려고 했을 정도였다. 예수님은 말씀을 가르치시고 하나님의 나라에 대해 가르치셨던 분이니 더 많은 사람이 예수님을 향해 마음을 열고 좋아하면 더 기뻐해야 할 일이 아닌가!

그런데 예수님은 환호하는 군중을 뒤로하고 혼자서 산으로 오르셨다. 기도하기 위함이었다. 왜 자신을 추앙하는 군중을 피하셨을까? 왜 인기몰이에 관심이 없으셨을까? 그분은 사람의 인정과 박수 소리에 관심이 없으셨다. 오히려 사람들이 보내주는 인정과 인기가 얼마나 위험한 것인지 경고하셨다.

> 모든 사람이 너희를 칭찬하면 화가 있도다 그들의 조상들이 거짓 선지자들에게 이와 같이 하였느니라 눅 6:26

많은 사람이 칭찬하고 손뼉 쳐줄 때가 더 위험하다고 하셨다. 사람들의 인정과 인기를 구했다면 예수님은 종교 지도자들과 더 많은 시간을 보내고, 그들과 좋은 관계를 유지하려고 애쓰셨을 것이다. 그러나 죄인과 세리들의 친구가 되어주셨다. 그것은 종교 지도자들의 심기를 불편하게 하는 선택이었다.

> 세례 요한이 와서 떡도 먹지 아니하며 포도주도 마시지 아니하매 너희 말이 귀신이 들렸다 하더니 인자는 와서 먹고 마시매 너희 말이 보라 먹기를 탐하고 포도주를 즐기는 사람이요 세리와 죄인의 친구로다 하니 눅 7:33,34

얼마나 세리와 죄인들과 함께 보내는 시간이 많았으면 '세리와 죄인의 친구'라는 별명이 붙었겠는가. 예수님이 사람들의 인정과 칭찬에 목말라했다면 절대 그들의 친구가 되려고 하시지 않았을 것이다. 예수님이 사람들의 인정을 거부하실 수 있었던 이유는, 하나님의 칭찬을 기대하셨기 때문이다.

마태복음 25장에는 잘 알려진 세 비유가 나온다. 열 처녀의 비유, 달란트 비유, 의로운 종들의 비유이다. 이 비유들이 등장하는 배경은 제자들의 한 질문이었다.

예수께서 감람산 위에 앉으셨을 때에 제자들이 조용히 와서 이르되 우리에게 이르소서 어느 때에 이런 일이 있겠사오며 또 주의 임하심과 세상 끝에는 무슨 징조가 있사오리이까 마 24:3

제자들은 마지막 때에 어떤 징조가 있을지 알고 싶어 했다. 예수님은 24장에 마지막 때에 어떤 일이 있을 것인지 자세하게 말씀하셨다. 그리고 25장은 "마지막 때가 다가오고 있으니 이렇게 살아야 한다"라는 말씀이다.

특별히 달란트 비유를 보면 주님께서 다섯 달란트와 두 달란트를 받아 열심히 장사하며 충성했던 종들을 칭찬하는 말씀이 흥미롭다.

그 주인이 이르되 잘하였도다 착하고 충성된 종아 네가 적은 일에 충성하였으매 내가 많은 것을 네게 맡기리니 네 주인의 즐거움에 참여할지어다 하고 마 25:21

주인의 칭찬은 적은 일에 충성한 결과에 대한 칭찬이었다. 다섯 달란트(약 150년 치 임금), 두 달란트(약 60년 치 임금)를 맡은 자들은 주인의 눈에 적은 것을 맡은 자들이었다. 그런데 그들의 충성의 대가는 주인의 기쁨에 참여하는 것이었다. 사람들의 인정과 박수 소리 앞에 대범할 수 있는 길은 주인의 기쁨을 기대하는 마음을 가꾸는 것이다.

목회하다 보면 사람들의 인정과 박수에 너무 민감해질 때가 있다. 그러나 목회의 목적이 사람들의 인정과 인기가 될 때, 나는 착하고 충성된 종의 모습으로부터 멀어질 것이다. 주인의 즐거움에 참여할 기회로부터 멀어질 것이다.

사람들의 인정을 거부하는 믿음과 영성은 끝을 생각하는 것에서 자란다. 어린양의 거룩한 잔치가 다가오고 있다. 우리는 주님의 거룩한 신부이고, 신랑은 예수님이시다. 거룩한 세마포를 입고 그분을 만나 주인의 즐거움에 참여하라는 마음 설레는 초청을 듣게 될 그 끝을 생각하면, 오늘 들려오지 않는 사람들의 인정과 박수 소리에 속상하지 않을 수 있다. 아니 속상하지 않아야 한다.

예수님은 돈과 비뚤어진 안락함을 거부하신다

예수께서 무리가 자기를 에워싸는 것을 보시고 건너편으로 가기를 명하시니라 한 서기관이 나아와 예수께 아뢰되 선생님이여 어디로 가시든지 저는 따르리이다 예수께서 이르시되 여우도 굴이 있고 공중의 새도 거처가 있으되 인자는 머리 둘 곳이 없다 하시더라 마 8:18-20

예수님은 하늘의 영광을 다 가지신 분이다. 우주 만물의 주인이시다. 그런데 예수님은 가난하셨다. 우리를 부요하게 하시기 위해 기꺼이 가난한 자리를 선택하셨다. 여우도 굴이 있고, 새들도 그들만의 둥지가 있는데 예수님은 머리 둘 곳이 없으셨다. 왜 하나님의 아들이신 예수님이 비참한 삶으로 떨어지셔야 했는가?

> 우리 주 예수 그리스도의 은혜를 너희가 알거니와 부요하신 이로서 너희를 위하여 가난하게 되심은 그의 가난함으로 말미암아 너희를 부요하게 하려 하심이라 고후 8:9

우리를 참으로 부요하게 해주시기 위함이었다. 예수님은 하나님의 부요하심을 우리에게 가르쳐 주기 위해 세상의 가난함 속으로 들어오기를 주저하지 않으셨다. 기도할 때 "오늘 우리에게 일용할 양식을 주시옵고"라고 하라고 가르쳐 주셨다. 일용할 양식이란 하루에 필요한 양식이다. 누가 그것으로 만족하겠는가. 모든 사람의 염려와 근심이 더 많이 쌓아두지 못해서가 아닌가. 오늘 필요한 것으로 충분하고 감사하다고 고백하는 인생이 얼마나 될까. 대부분 사람은 넘치는 것이 은혜요, 축복이라고 생각한다.

그러나 예수님은 세상적인 부요함을 거절하셨다. 세상의 안락함을 포기하셨다. 그분은 하나님의 부요함 속에 거하기를 원하셨고, 그것을 가르쳐 주셨다. 재물의 영향력은 무시무시하다. "돈은 사랑과 함께 인간에게 가장 큰 기쁨의 근원이 되며, 죽음과 함께 가장 큰 두려움과 근심의 근원이 된다"라고 지적한 한 경제학자의 말이 정곡을 찌른다.

예수님은 돈에 대해 침묵하지 않으셨다. 예수님의 부요함의 신학을 함께 배워보자.

1) 돈에 주인 자리를 내어주지 말라

집 하인이 두 주인을 섬길 수 없나니 혹 이를 미워하고 저를 사랑하거나 혹 이를 중히 여기고 저를 경히 여길 것임이니라 너희는 하나님과 재물을 겸하여 섬길 수 없느니라 눅 16:13

돈에 주인의 자리를 내어주지 말라는 것이 주님의 가르침이다. 예수님이 돈이 삶의 주인, 마음의 주인이 될 수 있다고 말씀하셨다는 사실은 충격적이다. 대부분 사람은 자신이 돈을 소유하고 있고, 다스릴 수 있다고 생각한다. 그러나 예수님의 말씀은 정반대의 모습을 폭로한다. 돈이 우리를 소유하는 주인이 될 수 있다는 것이다.

한 부자 관원이 예수님을 찾아와서 진지한 질문을 던졌다. 영생에 관한 질문이었다. 부자이고 관원인 그는 요즘 세상의 눈으로 보면 모든 걸 다 가진 사람이었다. 그런데 그는 영생에 대해서 고민하고 있었다. 영성과 믿음까지 겸비한 부자라니, 주님께 칭찬 들을 만한 충분한 자격을 갖춘 사람처럼 보인다. 무엇을 해야 영생을 얻을 수 있느냐는 질문에 예수님은 십계명의 말씀을 가르쳐 주셨다. 그러자 부자 관원은 어려서부터 그것을 다 지키고 있다고 말한다. 신앙적 경건함까지 갖춘 사람처럼 보이지 않는가? 그런데 마가복음의 말씀에는 예상치 못한 대화의 반전이 나온다.

예수께서 그를 보시고 사랑하사 이르시되 네게 아직도 한 가지 부족한 것이 있으니 가서 네게 있는 것을 다 팔아 가난한 자들에게 주라 그리하면 하늘에서 보화가 네게 있으리라 그리고 와서 나를 따르라 하시니 막 10:21

예수님이 그를 사랑하셨다. 그래서 주님을 따르라고 하셨다. 그러나 먼저 가진 것을 팔아 가난한 사람에게 나눠주라고 하셨다. 이런 불공평한 요구가 어디 있는가. 예수님의 어떤 제자들이 이런 요구를 들었던가. 자신들의 배를 버려두고 예수님을 따른 제자들이 있지만, 아마도 그 배는 여전히 가족들의 생계를 이어주는 자산으로 남아 있었을 것이다.

삭개오가 예수님을 만났을 때도 재산의 반을 팔아서 가난한 사람들에게 나눠주고, 혹시 속여서 빼앗은 것이 있다면 네 배를 갚겠다고 했다. 주님은 그런 삭개오에게 구원이 임했다고 하시지 않았던가. 마태는 세리였으니 부유한 사람이었을 것이다. 그러나 마태가 재산을 다 팔고 나서 주님을 따랐다는 말은 나오지 않는다. 그런데 왜 이 부자 관원에게만 이토록 무리한 요구를 하셨던 걸까?

그 사람은 재물이 많은 고로 이 말씀으로 인하여 슬픈 기색을 띠고 근심하며 가니라 막 10:22

돈이 그의 주인이 되어 그의 인생을 소유하고 있었기 때문이다. 그가 돈을 소유한 것이 아니라 돈이 그의 인생을 소유하고 있었다. 예수님은 주인을 바꾸라고 도전하고 초청하신 것이다. 주인이 둘이면 한 주인은 사랑하고 다른 한 주인은 미워하게 된다. 한편에 충성하고 한 편은 무시하게 된다. 얼마나 예리하고 통찰력 있는 말씀인가!

돈이 주인이 되면 예수님으로부터 멀어질 수밖에 없다. 예수님이 돈을 구하는 수단이 되면 경박한 믿음으로 전락한다. 예수님이 주인이 되실 때만 우리는 돈을 다스리고 소유하는 믿음을 배울 수 있다.

2) 돈을 쌓아둘 곳을 제대로 정하라

> 너희를 위하여 보물을 땅에 쌓아두지 말라 거기는 좀과 동록이 해하며 도둑이 구멍을 뚫고 도둑질하느니라 오직 너희를 위하여 보물을 하늘에 쌓아두라 거기는 좀이나 동록이 해하지 못하며 도둑이 구멍을 뚫지도 못하고 도둑질도 못하느니라 네 보물 있는 그곳에는 네 마음도 있느니라 마 6:19-21

은행 통장에 돈이 쌓이면 행복하고 안전하다고 느낀다. 금고에 돈이 쌓여가는데 싫어할 사람은 없다. 그런데 성경은 그런 곳들이 안전하지 않다고 경고한다. 이 땅에 쌓아두는 것은 안전하지 않다. 그러나 안전한 곳이 있다. 하늘이다. 주님이 계신 곳에 쌓아두는 것이 가장 안전하다.

"네 보물이 있는 곳에 네 마음도 있다"라는 말씀은 정말 무서운 말씀이다. "네 보물을 하늘에 쌓아두라"라는 말씀은 '마음을 하늘에 두라'라는 말씀이다. 이 땅의 삶은 언젠가는 끝난다. 그러나 하늘의 삶은 영원하다. 예수님은 그 영원한 삶을 위해 거기에 마음을 두라고 말씀하시는 것이다.

장례식에 가본 경험이 다 있을 것이다. 사망한 후 뒤에 이삿짐센터 트럭을 달고 무덤으로 향하는 사람은 없다. 아무리 재산이 많아도 1만 원짜리 한 장 손에 못 들고 돌아간다. 천국은 그리 멀리 있지 않다. 죽음이 모든 사람에게 다가오는 현실이듯 천국도 우리에게는 다가오는 현실이다. 그런데 마음을 이 땅에만 두고 살아간다.

천국을 오늘 놓치지 않는 길은 우리의 마음을 담은 보물을 제대로 하늘에 쌓아두는 것이다.

3) 돈이 하나님보다 큰 기쁨의 이유가 되지 못하게 하라

또 비유로 그들에게 말하여 이르시되 한 부자가 그 밭에 소출이 풍성하매 심중에 생각하여 이르되 내가 곡식 쌓아둘 곳이 없으니 어찌할까 하고 또 이르되 내가 이렇게 하리라 내 곳간을 헐고 더 크게 짓고 내 모든 곡식과 물건을 거기 쌓아두리라 또 내가 내 영혼에게 이르되 영혼아 여러 해 쓸 물건을 많이 쌓아두었으니 평안히 쉬고 먹고 마시고 즐거워하자 하리라 하되 하나님은 이르시되 어리석은 자여 오늘 밤에 네 영혼을 도로 찾으리니 그러면 네 준비한 것이 누구의 것이 되겠느냐 하셨으니 자기를 위하여 재물을 쌓아두고 하나님께 대하여 부요하지 못한 자가 이와 같으니라 눅 12:16-21

한 부자가 밭에서 풍성한 소출을 얻었다. 쌓아둘 곳이 없을 정도로 많은 소출을 얻어 곳간을 더 크게 짓고 엄청난 재산을 쌓아둘 계획을 세웠다. 전혀 이상한 계획이 아니다. 큰 소출을 잘 경영하는 것도 필요한 삶의 지혜인 것은 분명하다. 그러나 하나님께서는 그를 향해 '어리석은 자'라고 하셨다. 영어 성경에는 어리석은 자를 'Fool'(바보)이라는 단어로 번역했다. 하나님께서는 그렇게 혼자 좋아하는 부자를 '바보' 라고 하셨다. 왜 그가 바보인가?

먼저 소유권에 대한 오해 때문이다. 자신이 가진 모든 것이 자기 소 유라는 것이 바보의 생각이다. 참된 신앙은 내가 가진 모든 건 하나님 의 것이며, 잠시 내게 맡기신 거라는 청지기 신앙을 포함한다. 그는 하 나님께서 주신 것, 하나님께서 맡겨주신 것임을 잊고 자신의 소유로 생각하기에 바보다.

또한 넘치는 소출, 넉넉한 소유가 즐거움과 기쁨의 근원이라고 생 각하기에 바보다. '여러 해 동안 쓸 물건을 많이 쌓아두었으니 평안히 쉬고 먹고 마시고 즐거워하자'라는 마음에서 하나님의 은혜는 찾아볼 수 없다. 재물이 기쁨의 이유요, 미래의 안전함과 평안함의 근거라고 기뻐하는 모습이 하나님 보시기에 바보인 것이다. 재물 자체가 악한 것이 아니라, 그것으로 인해 안심하고 기뻐하는 마음이 하나님 보시기 에 어리석은 것이다.

하나님께서 부어주신 큰 소출의 은혜가 자신만 기뻐하고 즐거워하 며 먹고 마시는 것으로 끝나는 게 하나님 앞에 어리석은 것이다. 풍요 로운 소출 앞에서 하나님을 기억하지 못하고 자기 삶의 유한함을 기 억하지 못하기에 그는 바보다.

4) 결핍과 궁핍의 세계관을 벗어버리고 풍요와 부요의 신학을 붙들라

오병이어 기적은 사복음서 모두에 나오는 사건이다. 누가복음에는 다른 복음서에는 없는 짧막한 예수님의 말씀이 나온다.

예수께서 이르시되 너희가 먹을 것을 주라 하시니 여짜오되 우리에게 떡 다 섯 개와 물고기 두 마리밖에 없으니 이 모든 사람을 위하여 먹을 것을 사지 아니하고서는 할 수 없사옵나이다 하니 눅 9:13

예수님은 제자들에게 "너희가 먹을 것을 주라"라고 하셨다. 처음부 터 예수님에게 군중이 모여 있는 곳은 결핍과 궁핍이 다스리는 세계가 아니라, 하나님의 은혜의 풍요와 부요함이 다스리는 곳이었다. 예수님 의 손에 들려진 것은 어린아이의 적은 오병이어에 불과했다. 제자들의 눈에는 어떻게 비쳤을지 상상해 보는 것은 어렵지 않다. 그런 상황에 서 우리가 느낄 마음과 별로 다르지 않기 때문이다. 예수님은 그것을 들고 축사하시고 제자들의 손을 통해 나눠주기 시작하셨다. 그러자 모든 사람이 배불리 먹고 열두 바구니나 남았다.

오병이어의 기적은 우리의 인생을 결핍과 궁핍의 세계관이 아닌 풍 요와 부요함의 시선을 통해 보는 것이 가능함을 가르쳐 준다. 예수님 이 그들에게 먹여주신 것은 한우 투플러스 스테이크와 말랑말랑한 빵 이 아니었다. 가난한 사람들이 먹는 거친 보리떡과 절인 피라미였다. 오병이어 기적은 결핍의 세계관에 묶여 있는 사람들에게 풍요의 은혜 를 보여주시기 위한 하나님의 거룩한 은혜의 침범이었다. 언제나 부족 하기에 조금만 더 주어지면 그때 하나님의 부요하심을 믿겠다고 하는 고장 난 생각을 향한 하나님의 선전포고와도 같다.

제자들의 결핍의 세계관 속에서 자신들의 공동체는 결핍의 문제를 해결하기에 한없이 무력했다. 그래서 군중을 농가나 마을로 보내 각 자 스스로 먹을 것을 찾게 하자고 했다.

그러나 주님 눈에는 그들이 가진 오병이어가 있었다. 예수님의 눈에는 어린아이의 오병이어가 결핍의 문제를 해결할 풍요와 부요의 씨앗이었다.

크리스천의 삶에서 돈을 대하는 가장 기본적인 태도는 돈이 많고 적음과 상관이 없다. 그것을 관리하는 지혜보다 더 중요한 것은 자신의 삶을 어떻게 볼 것인가 결정하는 것이다. 예수님에게 배우는 지혜는 하나님의 은혜가 우리를 풍요와 부요함의 세계로 인도해 준다는 것이다. 은혜의 풍요로움을 붙들지 못하면 오병이어도 결국 결핍의 또 다른 모습일 뿐이다.

이철환 작가의 《연탄길》에 〈축의금 만 삼천 원〉이란 짧은 글이 실려 있다. 뇌성마비를 앓고 있는 친구 형주는 자신의 아내를 대신 친구 결혼식에 보내며 종일 겨울 추위 속에서 사과를 팔아 번 돈 만 삼천 원을 축의금으로 전한다. 결혼식에 직접 참석하지 않으면 사과를 팔 수 있어 자신의 어린 아기의 분유 값을 마련할 수 있다는 계산에서 비롯된 안타까운 결단이었다. 친구는 편지를 통해 아내의 눈동자 속에 자신의 마음을 담아 보낸다고 전한다. 그리고 그 사랑의 선물을 받은 신랑은 예식장 로비 한가운데서 끝내 울음을 터뜨렸다는 이야기다.

예수님이 가르쳐 주시는 풍요와 부요의 신학을 배우지 못하면 친구가 보낸 축의금 만 삼천 원은 소중하지 않다. 염치없고 보잘것없는 선물이 된다. 그러나 풍요의 세계관에서 그 돈은 사랑이고 우정이며 눈물이고 감사가 된다.

어떻게 예수님처럼 돈을 사랑하지 않고 가난함과 부족함의 불편함을 당당하게 대할 수 있을까? 예수님처럼 돈에, 돈이 주는 안락함에 마음을 빼앗기지 않으려면 어떻게 해야 하는가?

5) 돈을 사랑하지 않으려면 돈을 예배의 통로로 삼아야 한다

교회에서 헌금에 대해 설교하는 사람도 부담스러워하고 듣는 사람도 불편해하는 시대가 되었다. 왜 사람들이 불편해할까? 그것이 우리 마음에 관한 이야기이기 때문이다. 십일조는 우리가 가진 모든 것의 주권이 하나님께 있다는 믿음의 고백이다.

세상을 살다보면 모든 것이 내 것처럼 느껴진다. 내 삶, 내 젊음, 내 건강, 내 소유, 내 은사, 내 성공과 명예. 전부 내가 이룬 것 같고 내가 주인인 것처럼 느껴질 때가 많다. 예배는 주인이 하나님이신 것을 선포하는 자리이다. 내 인생의 주인이 예수님이라는 사실을 시간, 마음, 열정과 은사, 재정을 드려 선포하는 것이 예배다. 그런 예배의 자리가 없다면 또 내가 주인인 것처럼 착각하게 된다.

아이들이 청소년기를 지날 때 용돈을 주고 십일조를 먼저 해야 한다고 가르쳤다. 그랬더니 "벌써 아빠가 십일조를 한 데에서 용돈을 받는 것인데 왜 이중과세 하나?"라고 항의가 이만저만이 아니었다. 아이들에게도 십일조는 쉬운 일이 아니었다. 대학을 졸업하고 직장생활 하게 된 아이들에게 헌금하는 기쁨을 어떻게 가르칠까 고민하다가 내 삶을 간증했다.

결혼할 때 내가 얼마나 가난했는지, 그러나 우리 가족은 어떻게 하나님께 먼저 예배하는 삶을 살았는지, 하나님께서는 우리 가족을 어떻게 돌보시고 인도해 오셨는지 기회가 있을 때마다 간증을 나눴다.

때로는 눈물을 흘리면서, 때로는 손뼉 치고 웃으면서 진솔하게 은혜를 나눴다.

창고를 정리하다가 아이들이 어렸을 때 미국에서 쓰던 수표책 묶음을 찾았다. 아내가 한참 뒤적이다 무심코 한마디를 했다.

"월말 잔고가 200불이 넘은 적이 없네…."

아내와 맞벌이했지만, 박봉의 이민 교회 목회자의 저금 통장에는 잔고가 20만 원 넘는 달이 별로 없었다. 그래도 우리 부부는 기쁜 마음으로 주님의 주권을 선포하고 기쁘게 재정을 예배의 도구로 삼았다. 하나님은 언제나 신실하셨다. 딸아이들이 산 증인이다. 아이들에게 하나님은 부요하신 아버지이시다.

목회자 가족으로서의 간증 또한 부요함의 삶이다. 세상적인 삶의 부요함이 아니다. 은혜의 부요함이요, 사랑의 부요함이요, 교제와 나눔의 부요함이다. 그들도 언젠가 자신들의 자녀들에게 내가 가르친 하나님의 부요함을 가르칠 거라고 기대한다.

십일조를 생각하는 두 가지 태도가 있다. 하나는 내가 가진 것의 10퍼센트를 하나님께 드린다는 생각이고, 또 하나는 하나님께서 주신 것의 90퍼센트나 내게 쓰라고 하신다는 생각이다. 이는 완전히 다른 태도가 아닌가. 수입이 늘어날 때 전자의 태도를 지닌 사람은 주님이 떼어가시는 것이 많아진다고 생각하겠지만, 후자의 태도를 지닌 사람은 내가 쓸 것이 늘어가니 감사함도 늘어날 것이다.

다음은 경제잡지 《포브스》(Forbes)에 실린 십일조에 관한 내용이다.

"참 이상하다. 당신이 십일조를 내면 돈이 줄어들어야 한다. 그것은 당연한 수학적인 이치이다. 그런데 비즈니스 세계에서 십일조를 하는 사람들을 보면, 오히려 그들의 삶은 그 십일조 행위로 인해 더욱 풍성해지는 것을 본다."

재물이 축적의 도구나 탐욕의 도구가 아니라 예배의 도구가 될 때만, 우리는 돈을 신뢰하는 대신 예수님을 신뢰하고 하나님을 향해 부요해지는 걸 배운다.

6) 돈이 누구의 도구가 될 수 있는지 기억하라

돈을 향해 마음을 빼앗기지 않을 또 하나의 방법은, 돈이 누구의 도구가 될 수 있는지 기억하는 것이다.

> 마귀가 또 예수를 이끌고 올라가서 순식간에 천하만국을 보이며 이르되 이 모든 권위와 그 영광을 내가 네게 주리라 이것은 내게 넘겨준 것이므로 내가 원하는 자에게 주노라 그러므로 네가 만일 내게 절하면 다 네 것이 되리라
>
> 눅 4:5-7

예수님을 유혹하는 데 천하만국의 영광이 동원됐다. 세상의 부요함은 하나님의 축복이 되기도 하지만, 마귀의 도구가 되기도 함을 기억해야 한다. 돈을 쓰는 것에도 믿음이 필요하지만, 돈을 버는 것도 믿음의 방법대로 해야 한다. 우리 시대 사람들이 잘 속는 것은 '결과가 좋으면 과정이 좀 부정해도 괜찮다'라고 생각하는 것이다. 그렇지 않다. 결과가 하나님의 은혜를 증거하려면 과정도 하나님의 은혜를 증거해야 한다. 돈은 언제나 옳고 그름의 경계를 모호하게 흐리는 특징을 갖고 있다. 그래서 믿음이 필요하다.

7) 돈이 사람을 살리고 축복하는 통로가 되게 하라

그러면 돈을 사랑하는 마음을 거부할 수 있다. 혼자 사는 고등학생을 돌보는 목사님이 있다. 그 학생은 어머니를 여의고 아버지와 사는데, 아버지가 지방 근무를 해서 주로 혼자 생활해야 했다. 그러다 보니 집이 쓰레기 더미처럼 될 때가 많았다. 그 목사님은 쉬는 날이면 다른 분과 함께 학생의 집을 청소해 주고 쓰레기를 버려주었다. 필요한 음식과 물품을 가져다주고, 쾌적한 환경에서 공부할 수 있도록 도와주었다. 겨울이 되면 따뜻하게 생활할 수 있게, 여름이 되면 시원하게 생활할 수 있게 도움을 주었다.

예수님 같지 않은가? 목사의 살림이 넉넉하면 얼마나 넉넉하겠는가? 남는 것을 흘려보낼 수 있다면, 그것도 귀한 일이다. 그러나 자신이 쓸 것을 포기하고 흘려보내는 건 참으로 귀한 일이다.

내 장인은 6·25 전쟁 후 피난 시절 미국에 있는 한 성도의 헌금으로 학업을 이어갈 수 있었다. 신학교까지 그의 후원으로 공부했다. 캘리포니아의 야자수를 배경으로 찍은 컬러 사진을 받아본 장인은 그가 엄청난 재력을 가진 독지가일 거라고 생각했다고 한다. 하지만 실제로 그의 집을 방문했을 때 깜짝 놀랐다고 한다. 그 집은 너무 허름하고 초라했고, 그는 큰 사업을 하는 사람이 아니라 수도를 고치는 일을 하는 수리공이었다고 한다.

자신이 버는 돈으로 선교지에 있는 아이들을 후원하느라 정작 자기 자녀들은 대학에 보내지도 못했다고 한다. 멀리 한국에서 자신이 후원했던 아이가 목사가 되어 방문했다고 아들들의 가족을 다 불러 모았는데, 아들들도 선교지에 있는 아이들을 돌보고 후원하는 일을 하고 있었고, 아버지처럼 수도를 고치는 수리공이었다고 한다. 얼마나 아름다운 삶인가! 사람을 살리는 나눔이 있다. 예수님의 사랑을 전해주는 나눔이 있다.

예수님은 불순종과 자아를 끝까지 거부하신다

예수님이 예루살렘에서 고난과 죽임을 당할 거라는 말씀을 듣고 베드로는 깊은 갈등에 빠졌다. 그런 선택을 하겠다는 예수님을 이해할수가 없었다.

> 베드로가 예수를 붙들고 항변하여 이르되 주여 그리 마옵소서 이 일이 결코 주께 미치지 아니하리이다 예수께서 돌이키시며 베드로에게 이르시되 사단아 내 뒤로 물러가라 너는 나를 넘어지게 하는 자로다 네가 하나님의 일을 생각하지 아니하고 도리어 사람의 일을 생각하는도다 하시고 마 16:22,23

예수님을 붙들고 항변했다는 표현은 쉽게 말하면 야단쳤다는 것과 같다. 베드로가 십자가를 져야 한다는 예수님을 야단쳤다. 그렇게 하지 말라고. 그런 베드로를 향해 예수님은 "사단아, 내 뒤로 물러가라"라고 단호하게 거부하셨다. 베드로의 인간적인 호소 속에서 예수님은 사단의 작전을 보셨다. 십자가를 못 지시게 하려는 계획을 보시고 그것을 거부하셨다.

예수님이 겟세마네에서 하셨던 기도는 처절한 영적 전쟁이었다.

이르시되 아버지여 만일 아버지의 뜻이거든 이 잔을 내게서 옮기시옵소서 그
러나 내 원대로 마시옵고 아버지의 원대로 되기를 원하나이다 하시니 천사
가 하늘로부터 예수께 나타나 힘을 더하더라 예수께서 힘쓰고 애써 더욱 간
절히 기도하시니 땀이 땅에 떨어지는 핏방울 같이 되더라 눅 22:42-44

예수님은 십자가 고난의 잔을 옮겨달라고 구하셨다. 그것이 육신을
가진 예수님 자아의 외침이었다. 그러나 기도는 그렇게 끝나지 않았
다. "내 원대로 마시옵고 아버지의 원대로 되기를 원합니다"라는 순종
의 기도로 이어졌다. 그 기도는 천사가 돕는 기도였고, 땀이 핏방울처
럼 떨어지는 전쟁 같은 기도였다. 십자가 앞에서 예수님은 끝까지 자
아의 요구, 즉 하나님께 불순종하라는 요구를 거부하셨다.

기도는 불순종의 유혹과 자아의 거친 저항을 잠재우는 가장 좋은
무기가 된다. 하나님은 그런 기도를 도우신다.

예수님의 힘은 이렇게 거부할 것을 거부하는 것으로부터 솟아난다.
예수께로 돌아가는 신앙은 예수님의 힘으로 돌아가는 여정이 되어야
한다. 거부할 것을 거부하고 저항할 것과 맞서 싸우는 예수님의 힘이
우리 안에 회복되어야 한다.

사랑을 회복하면 거부하고 저항하는 예수님의 힘을 회복할 수 있
다. 하나님을 향한 사랑으로 우리는 세상을 향한 사랑을 거부할 수
있다. 나를 향한 참된 사랑으로 우리는 죄를 향한 집착에 저항할 수
있다. 이웃을 향한 사랑으로 자기중심적인 삶의 파괴적인 결과를 거
부할 수 있다.

예수님의 긍휼로 돌아가자

chapter 03

긍휼의 시작

초등학교 6학년 때 같은 반에 한 여자아이가 있었다. 별로 친구가 없는 아이였다. 깨끗하지 못한 모습, 허름한 옷차림, 겨울이면 거칠게 터 있던 손등. 누구도 그 아이에게 관심을 주지 않았다.

우리 반은 가끔 체육 시간에 풍금을 운동장으로 옮겨놓고 포크댄스를 췄다. 음악이 시작되면 남학생들이 같이 춤추기를 원하는 파트너 여학생의 이름을 크게 부르고, 그 앞에 가서 정중히 인사를 하고 선다. 모든 사람이 그렇게 짝을 찾으면 즐거운 댄스가 시작되었다.

어느 날 방과 후, 담임선생님이 나를 호출했다. 선생님은 다음 날 체육 시간에 아무도 관심을 기울이지 않는 바로 그 여자아이와 파트너를 해줄 수 있냐고 물었다. 늘 마지막에 선택받는 아이가 마음에 걸렸던 것이다. 그 아이를 선택하는 학생이 없었다.

나는 그날 밤, 잠도 설쳤던 것 같다. 내가 갈등했던 이유는 그 아이를 선택하면 친구들에게 놀림을 받을 걸 알았기 때문이다. 더 큰 이유는 내가 좋아하는 여학생의 파트너가 되고 싶어서였다. 그러나 선생님을 실망하게 하고 싶지 않은 마음도 있었다.

다음 날 체육 시간, 난 선생님 눈치를 보면서도 내가 좋아하는 여학생의 이름을 부르고 그 앞에 당당하게 서서 인사했다. 선생님 쪽으로 눈길을 돌릴 수가 없었다. 그런데 내 다음 순서였던 친구가 그 아이의 이름을 크게 부르고 당당히 다가가서 그 아이의 손을 잡았다. 쉽지 않은 선택이라 선생님이 몇몇 남학생에게 부탁한 것이었다. 선생님의 지혜로운 계획이었다.

예수님을 믿게 된 후 그 선생님을 생각할 때면 예수님의 마음이 생각났다. 아무도 관심을 두지 않는 사람들에게 따뜻한 관심을 주시는 주님의 마음이.

'사랑, 긍휼, 자비'라는 단어를 언급하지 않고 예수님을 설명하는 건 불가능하다. 긍휼을 그저 어떤 대상을 향한 측은지심 정도로 생각하는 건 큰 착각이다. 예수님의 긍휼의 시작은 연민의 감정보다 훨씬 크고 깊다.

그것을 헨리 나우웬은 이렇게 설명했다.

긍휼은 우리에게 상처가 있는 곳으로 가라고, 고통이 있는 장소로 들어가라고, 깨어진 아픔과 두려움, 혼돈과 고뇌를 함께 나누라고 촉구한다. 긍휼은 우리에게 비참한 상태에 있는 사람들과 함께 울부짖고, 외로운 사람들과 함께 슬퍼하며, 눈물 흘리는 자들과 함께 울라고 도전한다. 긍휼은 우리에게 연약한 사람들과 함께 연약해지고, 상처 입기 쉬운 자들과 함께 상처 입기 쉬운 자가 되며, 힘없는 자들과 함께 힘없는 자가 될 것을 요구한다.

긍휼이란 인간 됨이라는 상황 속으로 푹 잠기는 것을 의미한다. 이런 의미에서 긍휼을 바라보노라면, 긍휼에는 평범한 친절이나 부드러운 마음씨 이상의 것이 관련되어 있음을 분명히 알게 된다.

– 헨리 나우웬, 《긍휼》, 18,19쪽

긍휼로 가득하신 예수님의 모습을 살펴보면서 우리가 회복해야 하는 예수님의 긍휼은 어떤 것인지 묵상해 보자.

예수님에게 긍휼은 함께하는 것이다

보라 처녀가 잉태하여 아들을 낳을 것이요 그의 이름은 임마누엘이라 하리라 하셨으니 이를 번역한즉 하나님이 우리와 함께 계시다 함이라 마 1:23

예수님이 육신을 입고 이 땅에 오실 것이라는 이사야의 예언에서, 그분의 이름을 '임마누엘'이라 밝힌다. 하나님이 우리와 함께 계신다는 뜻이다. 긍휼에 대한 가장 큰 오해는, 그것이 매우 고귀한 선행이라고 생각하는 것이다. 또는 우리보다 못한 대상에게 연민을 느끼며 친절하게 대해주는 것으로 생각한다.

그러나 예수님은 우리에게 완전히 다른 긍휼을 가르쳐 주신다. 그분의 긍휼은 잠시 돕는 것이 아니라, 떠나지 않고 함께하는 것으로 시작한다.

말씀이 육신이 되어 우리 가운데 거하시매 우리가 그의 영광을 보니 아버지의 독생자의 영광이요 은혜와 진리가 충만하더라 요 1:14

치열한 경쟁으로 가득한 우리 삶 속에서 예수님의 긍휼은 매우 낯설게 다가온다. 경쟁의 근본에는 '우위 확보'라는 동기가 있다. 남들보다 더 멀리, 더 빨리, 더 높이 달려가는 게 목표가 되면 긍휼은 언제나 우선순위에서 밀려난다. 타인의 고통과 함께하는 게 자신의 우위 확보나 유능함을 과시하는 데 도움이 안 되기 때문이다. 경쟁에서의 승리가 목표가 되면 긍휼은 쓸데없는 감정 낭비, 에너지 낭비, 시간 낭비가 되어버린다.

예수님의 긍휼은 육신을 입으시고 이 땅에 오신 성육신 사건으로 시작한다. 하나님이 사람의 몸을 입고 오셨다. 이것은 어떤 의미일까?

- 영원하신 하나님이 시간의 틀 속으로 스스로 들어오셨다.
- 하나님은 영이신데 육체의 한계 속으로 들어오셨다.
- 하나님은 초월적 존재이신데 인간의 3차원 한계 속으로 들어오셨다.
- 하나님은 만유보다 크신데 여자의 태 속으로 들어오셨다.
- 하나님은 천지를 지으신 창조주이신데 어린아이의 몸을 입으셨다.
- 하나님은 우주를 다스리는 분이신데 사람의 다스림을 받는 평범한 사람으로 오셨다.
- 하나님은 생명을 만드신 분이신데 죽음에 붙잡힌 육신을 입으셨다.

예수님의 긍휼은 그야말로 파격이다. 필립 얀시는 이런 하나님의 파격을 설명하기 위해, 《내가 알지 못했던 예수》에서 J. B. 필립스의 글을 인용한다. 우주를 돌아보던 천사들의 대화 내용이다.

그들 둘은 우리가 태양이라 부르는 별과 그 별 주위를 도는 위성들 가까이 접근해 갔다. 큰 천사가 자체 축을 중심으로 몹시 느리게 돌고 있는 그다지 중요해 보이지 않는 한 작은 천구를 가리켰다. 늘 영광스럽고 빛나는 큰 별들만 보아왔던 어린 천사의 눈에 큰 천사가 가리킨 그 작은 천구는 마치 더러운 테니스공처럼 하찮고 활기 없는 것으로 보였다.

"잘 봐, 저 작은 별은 특별한 데가 있어."

큰 천사가 제 손가락을 들어 그 별을 가리키며 말했다.

"그래요? 작고 더럽다는 것 외에는 별다르게 보이지 않는데요. 뭐가 특별하다는 거죠?"

작은 천사가 말했다.

"우리의 영광스럽고 위대하신 왕께서 다섯 번째로 작은 저 행성에 몸소 내려가셨다는 얘깁니까? 그분이 무엇 때문에 그런 일을 하셨죠?"

작은 천사는 불쾌한 표정이 역력했다.

"정말 그분이 저기 떠 있는 천구의 하찮은 존재들처럼 슬금슬금 기어다니는 피조물이 되셨다는 말입니까?"

"그렇다네. 그리고 그분 같으면 자네처럼 그렇게 경멸스러운 어조로, 저기 사는 사람들을 일컬어 '슬금슬금 기어다니는 하찮은 피조물'이라고 하지 않으셨을 걸세. 왜냐하면 우리한테는 좀 이상하게 보일지 몰라도 그분은 저 행성의 사람들을 사랑하시기 때문이라네. 그분은 저 별의 사람들이 그분 자신과 같아지기까지 저들을 높여주기 위해 내려가셨다네."

작은 천사는 멍한 표정이었다. 자신으로서는 도저히 이해할 수 없는 얘기였던 것이다.

— 필립 얀시, 《내가 알지 못했던 예수》, 67,68쪽

그렇다. 도저히 이해할 수 없는 일이 벌어졌다. 하나님께서 사람이 되셨다. 그리고 우리와 함께 거하셨다. 그분은 우리와 함께하기 위해 오신 임마누엘의 하나님이시다. 예수님의 긍휼은 그렇게 함께하는 것이다.

캄보디아의 한 마을에 집회를 가게 되었다. 캄보디아계 미국인 선교사와 여러 지역을 다니며 집회했는데, 가는 곳마다 큰 감동과 은혜를 경험했다. 마을에 도착해서 우리를 마중 나온 목사님과 장로들을 보고 당황했다. 그들은 나병 환자였고, 공동체를 이루고 있었다.

함께 예배를 드리는데 박수 소리가 달랐다. '짝짝' 소리가 아니라 주먹이 부딪히는 투박한 소리였다. 설교하러 올라갔는데 눈앞에 앉아 있는 성도들의 얼굴이 성한 곳이 없었다(그때까지 나병 환자를 직접 본 적이 없었다).

설교를 마치니 담임목사님이 설교가 짧다며 하나 더 하라고 하셨다. 통역을 통해 40-50분은 족히 한 것 같은데, 너무 짧아서 아쉽다고 설교를 더 하라는 것이었다(이곳이야말로 목사들의 꿈의 교회가 아닌가!). 그래서 설교를 더 했다. 끝나고 나니, 이번에는 성도들이 하나 더 하라고 했다. 그렇게 3시간 넘게 말씀을 전했다.

선풍기도 없는 교회에서 긴 시간 설교를 마치고 나니, 온몸이 땀으로 젖었다. 예배를 마친 후, 성도들이 밥을 먹고 가라고 우리를 초청했다. 선교사님이 내 귀에 대고 "목사님, 괜찮겠어요?"라고 물었다. 나병 환자들이 해주는 밥을 먹을 수 있냐고 물어보는 것이었다. 나는 너무 무지했기에 "먹어도 되는 겁니까?" 하고 물어보았다.

선교사님은 "목사님이 이들과 함께 식탁에 앉아서 함께 밥을 먹고 교제한다면, 이들에게는 평생 잊지 못할 소중한 기억이 될 겁니다"라며 걱정하지 말고 식사하고 가자고 했다.

함께 밥을 먹겠다고 하자, 여성도들이 소리를 지르며 좋아했다. 그리고 어디서 잡았는지 두 손에 개구리 여러 마리를 들고 와서 보여주며 맛있게 요리를 해준다고 했다.

그날 정체를 알 수 없는 여러 가지 요리를 먹었다. 밥에 비벼서 열심히 주는 대로 다 먹었다. 밥을 먹으며 눈물이 자꾸 흘렀다.

'나는 이들에게 이런 사랑과 섬김을 받을 자격이 없는데… 내가 뭐라고 이들은 함께 식탁에 앉은 한 외국인 목사 때문에 이렇게 기뻐하는가?'

그들에게 사랑은 함께하는 것이었다. 낯선 외국인 목사를 그들의 교회로, 식탁으로 초대하고 환대함으로 사랑과 섬김을 보여주었다. 잊지 못할 식탁교제였다.

예수님은 거하시기 합당하지 않은 누추한 곳으로 임하셨다. 그런데 기뻐하셨다. 그분은 영광을 벗으시고 초라함을 입으셨다. 그래도 기뻐하셨다. 주님은 보좌에서 내려와서 흙 묻은 말구유로 임하셨다. 그래도 기뻐하셨다. 그분이 임마누엘이시기 때문이다.

그분의 긍휼과 사랑은 함께하는 것이기에, 주님의 오심을 감당하지 못할 우리와 기쁘게 거하신다.

예수님에게 긍휼은 작은 자가 되는 것이다

예수께서 불러다가 이르시되 이방인의 집권자들이 그들을 임의로 주관하고 그 고관들이 그들에게 권세를 부리는 줄을 너희가 알거니와 너희 중에는 그렇지 않을지니 너희 중에 누구든지 크고자 하는 자는 너희를 섬기는 자가 되고 너희 중에 누구든지 으뜸이 되고자 하는 자는 모든 사람의 종이 되어야 하리라 인자가 온 것은 섬김을 받으려 함이 아니라 도리어 섬기려 하고 자기 목숨을 많은 사람의 대속물로 주려 함이니라 막 10:42-45

예수님이 십자가 고난을 예고하셨다. 제자들에게는 충격의 메시지였을 것이다. 그러나 세베대의 두 아들, 야고보와 요한은 주님의 오른쪽과 왼쪽에 앉게 해달라고 요구했다. 예수님과 친인척 관계였던 그들은, 어머니까지 동원해 인사 청탁을 불사했다. 예수님은 고난과 죽음을 말씀하셨다. 그런데 그들은 영화로운 자리를 탐했다. 이런 야고보와 요한을 보고, 다른 제자들이 화를 냈다고 성경은 말한다.

과연 그 분노는 예수님을 위한 분노였을까. 예수님의 죽음을 너무 슬퍼한 나머지 그것을 이해하지 못한 야고보와 요한을 향한 질책의 분노였을까. 아니었던 것 같다. 그들은 이미 서로 누가 큰 자인지를 두고 다툰 적이 있었고, 그들의 분노는 자신들보다 발 빠르게 움직인 두 형제를 향한 시기의 분노였다. 그런 제자들에게 예수님은 새로운 진리, 즉 그분의 마음을 가르쳐 주셨다.

이방인 권세자들은 힘을 함부로 쓰고, 자기 마음대로 행했다. 그들에게는 그것이 힘이고 권세였다.

예수님은 제자들에게 다른 삶을 보여주셨다. 으뜸이 되고자 한다면 종이 되어야 하고, 섬김을 받는 대신 섬기는 자가 되어야 한다고 가르치셨다. 그것이 예수님의 마음이요, 삶이기 때문이었다.

예수님은 제자들과 마지막 유월절 만찬을 하던 자리에서 일어나 그들의 발을 닦아주셨다. 당시 선생이 제자들의 발을 닦아주는 일은 상상도 할 수 없었다. 그러나 그렇게 하심으로 예수님이 섬기는 자로 그들 가운데 있음을 보여주셨다. 이는 주님의 가장 파격적인 모습이 아니라, 가장 주님다운 모습이었다.

바울은 이것을 너무나 잘 이해했기에 예수님의 아름다움을 이렇게 표현했다.

> 너희 안에 이 마음을 품으라 곧 그리스도 예수의 마음이니 그는 근본 **하나님의 본체시나 하나님과 동등됨을 취할 것으로 여기지 아니하시고 오히려 자기를 비워 종의 형체를 가지사 사람들과 같이 되셨고** 사람의 모양으로 나타나사 자기를 낮추시고 죽기까지 복종하셨으니 곧 십자가에 죽으심이라 이러므로 하나님이 그를 지극히 높여 모든 이름 위에 뛰어난 이름을 주사 하늘에 있는 자들과 땅에 있는 자들과 땅 아래에 있는 자들로 모든 무릎을 예수의 이름에 꿇게 하시고 모든 입으로 예수 그리스도를 주라 시인하여 하나님 아버지께 영광을 돌리게 하셨느니라 빌 2:5-11

예수님은 하나님의 본체시나 하나님과 동등됨을 취할 것으로 여기지 않으시고, 자신을 비워 종의 형체를 가져 사람들과 똑같이 되셨다고 했다. 《WBC 빌립보서 주석》을 쓴 호손 교수는 6,7절을 주석하면서 문법적 요소를 강조한다. 여기서 "하나님의 본체시나"의 헬라어는 분사적 표현이다. 그 단어 자체에 의미가 있는 게 아니라, 문장의 앞뒤를 고려해서 해석해야 한다는 뜻이다.

쉽게 설명해서, 대부분의 성경 번역이 이런 번역을 선택했다.

예수님은 하나님의 본체이다. 그럼에도 불구하고 하나님과 동등됨을 취할 것으로 여기지 않으시고 종의 형체를 입으셨다.

"그럼에도 불구하고"의 의미가 분사적 표현을 통해 드러난다고 선택했는데, 호손 교수는 다른 번역을 제안한다. 진정으로 바울이 이야기하고자 하는 것은 무엇인가? 그것은 예수님이 하늘의 영광을 다 버리고 종의 형체를 입으신 하나님이란 사실이다. 그래서 이런 번역이 가능하다고 말한다.

예수님은 하나님의 본체이시다. 그렇기 **때문에**(Because) 하나님과 동등됨을 취할 것으로 여기지 않으시고 종의 형체를 입으셨다.

예수님이 "인자가 섬김을 받으러 온 것이 아니라, 섬기러 왔다"라고 말씀하셨던 건, 파격적인 생각을 피력하시려는 이유가 아니었다. 예수님이 제자들의 발을 닦아주신 일도 그들에게 뭔가 획기적인 기억을 심어주시기 위함이 아니었다. 높은 자가 되려면 낮은 자가 되어야 한다고 하신 말씀은 말장난이 아니었다. 이 모든 말씀과 행동은 예수님이 어떤 분이신지, 가장 '예수님다움'을 드러내는 것이다.

이런 예수님에 대해 헨리 나우웬은 이렇게 설명했다.

하나님의 자기 비움과 겸손은 그분의 진정한 본성에서 잠시 벗어나는 행위가 아니다. 하나님이 우리 인간처럼 되시고 십자가에서 죽으신 것은 그분의 신적인 존재 방식에서 일시적으로 이탈하신 것이 아니다. 오히려 자기를 비우고 겸손해진 그리스도 안에서 우리는 하나님과 조우하고 하나님이 진정 어떤 분이신지를 보며, 하나님의 진정한 신성을 알게 된다. 바로 하나님이 하나님이시기 때문에, 종의 형태로 자신의 신성을 계시하실 수 있다. … 하나님의 종 되심은 하나님을 훼손하지 않는다. … 오히려 하나님이 자신을 하나님으로 계시하시는 방법으로 선택하신 것이 바로 종 됨이다. 그러므로 예수 그리스도 안에서 보게 되는 하향성의 삶은 하나님에게서 벗어난 움직임이 아니라, 오히려 진정한 하나님을 향해 가는 움직임이라고 말할 수 있다.

– 헨리 나우웬, 《긍휼》, 52쪽

예수님은 하나님과 본질적으로 같은 분이시다. 그래서 그분은 종이 되셨다. 그것이 하나님의 모습이기 때문이다. 그렇게 하는 것은 파격적이 아니라 당연했다. 하나님이 그런 분이시기 때문이다.

예수님의 섬김과 낮아짐은 그분의 하나님 되심을 훼손하지 않는다. 오히려 그분의 하나님 되심을 강력하게 드러낸다. 다시 한번 예수님의 선택을 돌아보라. 그분은 하늘의 영광을 버리고 이 땅으로 오신다. 마리아의 태중에 임하신다. 누추한 베들레헴의 마구간으로 오신다. 가난한 목수의 집에서 자라신다. 갈보리 십자가로 가신다. 하지만 어느 것 하나 예수님의 하나님 되심을 훼손하지 못한다. 모두가 그분이 진정으로 하나님의 본체시라는 걸 증거한다.

예수님의 긍휼은 그분이 진정으로 하나님이시기에 드러나는 그분의 마음이다. 예수님에게 긍휼은 '작은 자가 되는 것'이다. 주인이 아니라 종이 되는 것, 으뜸이 아니라 종이 되는 것이다. 이것이 예수님의 긍휼이 우리에게 도전하는 믿음의 역설(Paradox)이다.

큰 자가 되려면 어린아이처럼 작은 자가 되어야 한다.
높은 자가 되려면 낮은 자가 되는 것을 배워야 한다.
강한 자가 되려면 약한 자의 자리에 서야 한다.
승리자가 되려면 패배자가 돼야 한다.
기쁨을 누리려면 슬픔과 애통함을 배워야 한다.
섬김을 받는 대신 섬기는 자가 돼야 한다.
그렇게 예수님의 삶을 배우는 것이다.
거꾸로 사는 믿음의 역설을 통해, 우리는 예수님의 긍휼을 배운다.

예수님에게 긍휼은 눈물이다

예수께서 그가 우는 것과 또 함께 온 유대인들이 우는 것을 보시고 심령에 비통히 여기시고 불쌍히 여기사 이르시되 그를 어디 두었느냐 이르되 주여 와서 보옵소서 하니 예수께서 눈물을 흘리시더라 이에 유대인들이 말하되 보라 그를 얼마나 사랑하셨는가 하며 그중 어떤 이는 말하되 맹인의 눈을 뜨게 한 이 사람이 그 사람은 죽지 않게 할 수 없었더냐 하더라 요 11:33-37

'베다니'라는 마을에는 예수님과 각별한 우정을 나누던 나사로, 마르다, 마리아라는 남매가 살고 있었다. 베다니는 예루살렘과 가까운 곳에 있었기에 예루살렘을 방문하실 때는 자주 그들의 집에 머무셨던 것 같다.

누가복음에는 그들의 집을 방문하신 예수님을 위해 마르다가 열심히 식사를 준비하는 장면이 나온다. 그러나 마리아는 언니를 도울 생각을 하지 않고 예수님 발 앞에 앉아서 말씀을 듣고 있었다. 그것을 못마땅하게 여긴 마르다가 예수님에게 투정을 한다.

"주님, 내 동생이 나 혼자 일하게 두는 것을 생각하지 아니하시나이까? 그를 명하사 나를 도와주라 하소서"(눅 10:40).

이런 투정을 할 수 있는 정도라면 예수님과 친분이 각별했다는 것을 쉽게 추측할 수 있다. 나사로가 병이 들자, 누이들이 예수님에게 전갈을 보내는데, 그 내용을 통해서도 그들이 누리던 예수님과의 친밀함을 확인할 수 있다.

이에 그 누이들이 예수께 사람을 보내어 이르되 주여 보시옵소서 사랑하시는 자가 병들었나이다 하니 요 11:3

마르다와 마리아는 예수님이 얼마나 나사로와 자신들을 사랑하시는지 잘 알고 있었고, 사랑하는 자가 병이 들었다는 소식을 들으시고 예수님이 단번에 달려오셔서 고쳐주실 것을 믿었다. 그런데 예수님은 그 소식을 들으셨지만, 그들의 생각대로 신속히 움직이지 않으셨다.

예수께서 본래 마르다와 그 동생과 나사로를 사랑하시더니 나사로가 병들
었다 함을 들으시고 그 계시던 곳에 이틀을 더 유하시고 요 11:5,6

예수님이 그들을 깊이 사랑하셨다는 것과 나사로가 병들었다는 소
식을 들으시고도 이틀이나 시간을 지체하신 것, 이 두 사실을 연결하
는 게 성경 번역자들에게는 큰 숙제였던 것 같다. 하지만 ESV 영어 번
역에서는 과감하게 5절과 6절을 "So"(그래서)라는 단어로 연결시켰다.
예수님이 이틀을 더 기다리신 이유는 그들을 사랑하셨기 때문임을 강
조하고 있다. 앞으로 펼쳐질 모든 사건은 예수님이 그들을 특별하게
사랑하셨기 때문에 일어나는 사건이라는 뜻이다.

예수님이 베다니에 도착하신 때는 나사로가 이미 죽어서 무덤에 들
어간 지 나흘이나 지난 후였다. 예수님이 베다니에 오신 이유는 병든
나사로를 고치시기 위함이 아니라 죽은 나사로를 살리시기 위함이었
다. 그가 죽을 때까지 기다리셨던 이유는, 제자들에게 믿음을 주시기
위함이었다(요 11:15). 예수님은 이미 나사로가 죽었음을 아셨고, 이제
죽은 나사로를 살려내는 엄청난 기적을 베푸실 것이다.

그런데 왜 예수님은 나사로의 무덤 앞에서 눈물을 흘리셨을까? 오
라비의 죽음 앞에서 마르다와 마리아가 슬퍼하는 건 당연하다. 죽은
자를 살리러 오셨다면 그들에게 "울지 마라, 내가 여기 이렇게 왔잖
아. 내가 살려내려고 온 거야. 울지 마라"라고 말씀하시는 게 더 자연
스럽지 않았을까.

나사로를 살리시는 기적은 예수님의 하나님다움과 인간다움을 함
께 드러낸다. 죽음에서 나사로를 다시 살리실 것이기에 하나님다움(신

성)이, 사랑하는 사람의 죽음 앞에서 슬퍼하는 예수님의 눈물 속에서 예수님의 인간다움(인성)이 그대로 드러난다.

예수님은 나사로를 살려내실 것이다. 그러나 나사로는 또 죽음을 피하지 못하고 다시 무덤에 들어가야 한다. 그것이 죄의 결과이기 때문이다. 그런 인간의 비참함을 향해 눈물을 흘리신 것이다. 죽음에서 나사로를 살리실 수 있는 능력을 갖추신 분이 왜 눈물을 흘리셨을까? 사랑하면 눈물이 나기 때문이다. 예수님에게 긍휼은 사랑하기에 흘리는 눈물이었다.

나사로를 살리는 사건은 해피엔딩으로 끝나지 않는다. 나사로를 무덤에서 살렸다는 소문은 예수님을 노리던 종교 지도자들의 귀에 들어간다. 더 많은 사람이 예수님을 믿고 따르게 되자, 그들은 예수님을 죽일 계획을 세운다. 나사로를 무덤에서 꺼내신 사건은 예수님이 얼마 후에 온몸이 찢기신 처참한 모습으로 무덤에 들어가실 것이기에 가능했다.

사람들은 죽은 자가 무덤에서 걸어 나왔다는 사실을 보고 놀란다. 그러나 더 놀라운 건 그것을 위해 하나님께서 무덤으로 걸어 들어가셨다는 사실이다. 예수님의 눈물은 기꺼이 무덤을 향해 걸어 들어가게 하는 긍휼이다.

예수님에게 긍휼은 터치다

한 나병 환자가 예수께 와서 꿇어 엎드려 간구하여 이르되 원하시면 저를 깨끗하게 하실 수 있나이다 예수께서 불쌍히 여기사 손을 내밀어 그에게 대시며 이르시되 내가 원하노니 깨끗함을 받으라 하시니 곧 나병이 그 사람에게서 떠나가고 깨끗하여진지라 막 1:40-42

예수님 당시 나병은 단절의 병이었다. 나병이 있다고 제사장 앞에서 판결이 나면, 그 순간부터 부정한 사람이 되어 사회로부터 격리되어야 하는 것이 나병 환자의 운명이었다. 나병은 단순한 육신의 질병이 아니었다. 시간이 지나면서 손발이 문드러지고 코가 썩어 들어가고 얼굴이 흉측하게 변해가는 고통스러운 질병이었지만 육신의 고통보다 더 큰 고통이 있었다. 이 병이 하나님의 진노요, 저주라는 당시 사람들의 인식이었다. 하나님에게 저주받았기에 걸리는 병. 그래서 버림받은 인생으로 살아갈 수밖에 없었다.

나병 환자들은 가족과 사랑하는 사람들을 떠나 철저히 단절된 인생으로 외로움이란 감옥에 갇혀 거절감이란 날카로운 화살을 매일 맞으면서 지내야 했다.

그런데 한 나병 환자가 예수님 앞에 나왔다. 율법적으로 매우 위험한 행동이었다. 나병 환자들이 사람들에게 나오려면 일정 거리를 유지하고, 다른 사람들이 안전거리를 확보할 수 있도록 "부정하다"라는 말을 크게 외쳐야 했다. 그런데 그가 예수님 앞에 와서 엎드렸다. 모든 율법적 규례를 무시하고 돌 맞을 각오로 필사적으로 나왔다.

그는 예수님을 어떻게 알고 나왔을까? 사람들 사이에 가까이 갈 수 없는 그가 예수님의 능력을 어떻게 알았을까? 마태복음의 기록을 보면, 이 사건이 예수님의 산상수훈 설교 다음에 나온다. 말씀을 듣고 예수께로 나왔다고 생각하게 만드는 장면이다. 그는 숨어서 예수님의 설교를 들었을까? 그에게 예수님을 향한 믿음이 생겼고, 이제 예수님 앞에 나와 엎드려 도움을 청했다.

이런 무모하고 위험한 시도를 하는 나병 환자를 주님은 불쌍히 보셨다. 예수님의 마음이 긍휼로 가득해졌다.

긍휼은 신비로운 단어다. '라카밈'이라는 히브리어는 '여호와의 자궁'을 뜻한다. 하나님에게 긍휼은 얼마나 강력하고 깊은 것인지 하나님의 자궁이 움직인다는 식으로밖에는 표현할 수 없었던 것이다.

– 헨리 나우웬, 《긍휼》, 35쪽

예수님의 가장 깊은 곳이 움직였다. 성한 곳이 없는 나병 환자를 보시고 그분의 사랑과 자비가 그를 향해 쏟아졌다. 예수님의 긍휼은 인도주의, 박애주의와 차원이 다르다. 인도주의자, 박애주의자는 그에게 새로운 옷과 음식과 돈을 줄 수는 있지만 그의 영혼 깊은 곳까지 어루만질 수는 없다. 예수님은 그를 불쌍히 여기셨을 뿐 아니라, 그를 향해 손을 뻗으셔서 만지셨다. 랍비로서는 매우 부적절한 행동이었다. 그를 만지는 순간, 율법상 부정하게 되기 때문이었다.

예수님이 말씀만 하셔도 그가 나을 수 있다는 사실을 우리는 안다. 병을 치유하는 것은 말씀만 하셔도 충분히 가능하다. 다른 치유 사건들을 통해 확인할 수 있다. 그렇다면 예수님이 나병 환자를 만지신 이유는 나병을 고치기 위해서가 아니다. 그 영혼의 깊은 고통과 외로움, 거절감과 서러움의 상처까지 고치기를 원하셨기에 만져주셨다. 그분의 말씀으로는 그의 육신이 치유받았지만, 그분의 터치로는 그의 외로움과 온갖 상처가 치유함을 받았다.

예수님의 긍휼의 터치로 분노와 좌절로 가득했던 삶이 다시 하나님의 사랑으로 채워지기 시작했다. 만질 수 없는 사람을 만져주시는 따뜻한 예수님의 터치는 그분의 긍휼의 또 다른 얼굴이다.

태국에 우리 교회가 협력하는 보육원이 있다. HIV 보균 아이들을 돌보는 보육원이다. 봉사자와 직원 대부분도 HIV 보균자다. 남편에게 몹쓸 병을 옮아 버림을 받은 여인들이나 험하고 거친 인생을 살다가 병에 걸린 것을 알고 갈 곳이 없어 들어온 사람들도 있다. 또 보균자 부모들 때문에 태어나 버림을 받은 아이들도 많다(예전에는 보통 HIV에 감염되면 금방 에이즈로 진행되어 죽었는데, 이제는 약만 복용을 잘하면 건강하게 생활할 수 있다).

이곳을 처음 방문하는 성도들은 아이들을 안아주고 놀아주는 걸 조금 주저한다. 그 병에 대해 잘 모르기 때문이다. 나도 처음 방문 때는 그랬다. 이 보육원의 뒤쪽에는 호스피스 병동이 있다. 에이즈로 죽어가는 사람들을 돌봐주는 곳이다. 보육원을 섬기는 호주 선교사님이 혹시 병자들을 위해 기도해 줄 수 있는지를 물었다. 나는 기쁘게 가서 기도하겠다고 말하고, 호스피스 병동 안으로 들어갔다.

그런데 내 눈앞에 누워 있는 처참한 모습의 환자들을 보는 건 정말 고통이었다. 많은 환자를 위해 기도했지만, 그렇게 흉측한 모습으로 삶의 마지막 순간을 맞는 이들을 만나보지 못했다.

선교사님이 외국 목사가 와서 기도해 준다고 말하니, 환자 한 명이 힘없이 웃으면서 손을 내밀었다. 선뜻 그 손을 잡지 못하고 머뭇거리는 나를 향해 호주 선교사님이 조용히 말해주었다.

"Pastor, it's O.K."(목사님, 괜찮습니다.)

나는 한 손으로는 환자의 손을 잡고 다른 한 손은 머리에 얹고 안수하며 기도했다. 환자는 천천히 통역해 주는 말을 들으면서 내 손을 붙잡고 "아멘"으로 모든 기도를 받아들였다. 호스피스 병동을 나서는데 선교사님이 말했다.

"목사님, 이들에게는 손 한번 잡아주는 게 정말 큰 위로입니다. 자신들이 에이즈에 걸렸다는 걸 밝히는 순간, 누구도 손을 잡아주지 않기 때문이지요. 가족들까지도요."

예수님의 긍휼이 터치로 이어지는 건 가장 인간다운 하나님의 모습이다. 시기와 질투의 덫에 걸려 모든 걸 경쟁으로 해석하고 극단적인 이기주의라는 옷을 입고 살아가는 걸 아무렇지도 않게 생각하는 우리에게 그 터치는 불필요하게 느껴질 수 있다. 성적인 타락과 문란함으로 가득한 세상에서 이런 터치는 매우 조심스럽게 여겨질 수 있다.

그러나 예수님은 만질 수 없는 사람을 만지신다. 안아주지 말아야 할 사람을 안아주신다. 우리가 배워야 하는 예수님의 긍휼이다.

예수님에게 긍휼은 참 만족을 주는 것이다

20세기 최고의 기독교 지성이요, 복음주의 설교자이며 영향력 있는 신학자였던 존 스토트 목사가 《나는 왜 그리스도인인가》에서 자신이 그리스도인이 된 이유가 예수님이 천국의 사냥개처럼 자신을 쫓아오셨기 때문이라고 설명했다. 어떤 사람들은 하나님을 천국의 사냥개로 비유하는 것 자체가 매우 불경스럽다고 생각할지 모른다. 그러나 성경은 하나님을 '잃은 자를 쫓아오시는 모습'으로 보여준다. 한 마리 잃은 양을 찾기 위해 아흔아홉 마리 양을 놔두고 찾아 나서는 목자의 모습도 그런 하나님의 대표적인 모습이다.

> 내 평생에 선하심과 인자하심이 반드시 나를 따르리니 내가 여호와의 집에 영원히 살리로다 시 23:6

여기서 "따르리니"라는 표현이 너무 약한 번역이라는 지적이 있다. 이 말씀을 진정 바르게 표현하려면 선하심과 인자하심이 내가 사는 날 동안 나를 추적하고 붙어 다니며 내 걸음 하나하나를 미행할 것이라는 강한 의미가 포함돼야 한다고 주장하는 학자들이 있다.

"따른다"로 번역된 원어가 '자애롭지만 목적이 분명하고 끈질기고 집요한 추적'을 의미하기 때문이다.

요한복음 4장에는 자애롭지만 목적이 분명하고 끈질기고 집요한 예수님의 추적 이야기가 나온다. 존 스토트 목사의 표현처럼 천국의 사냥개가 되어 스스로 주님을 찾지 못하는 자를 끈질기게 추적하시는 주님의 이야기가 펼쳐진다.

예수님과 제자들이 사마리아 땅을 통과하는 것으로 이야기가 시작된다. 당시 유대 지역에서 갈릴리로 가는 가장 가까운 직선거리는 중간의 사마리아를 통과하는 것이었다. 그러나 유대인들은 절대 그 경로를 택하지 않았다. 대신 요단강 동편으로 이동해서 강을 따라 북쪽으로 우회경로를 택했다. 왜냐하면 그들은 사마리아인과 상종하지 않았기 때문이다.

그런데 예수님은 사마리아 땅으로 들어가셨다. 한 여인을 추적하시기 위함이었다. 어쩌다 사마리아 여인을 만나고, 만난 김에 생명을 전한 게 아니었다. 처음부터 여인을 만나기 위한 예수님의 의도와 계획이 있었다. 왜 예수님은 끈질기게 추적하고 계시는가? 그녀는 스스로 예수님 앞에 나올 수 없기 때문이다.

유대인과 사마리아인 사이에는 인종적 장벽과 편견이 있었다. 앗수르는 북 왕국 이스라엘을 무너뜨리고 이스라엘 남자들을 잡아가고, 남아 있는 이스라엘 여인들을 이주해 온 이방인들과 결혼시켜 혼혈족을 만들었다. 그래서 유대인들은 사마리아 사람들을 부정한 족속으로 취급했다. 짐승보다 못한 사람들로 보았다.

이방인 아이들에게는 젖을 먹일 수 있지만, 사마리아 아이에게는 젖을 물릴 수 없다는 규칙이 있을 정도였다. 유대인들에게 사마리아는 저주받은 땅이었다.

"사마리아의 우물물은 돼지들보다 더럽고, 사마리아 사람의 빵을 먹는 사람은 돼지고기를 먹는 것과 같다"라는 말이 있을 정도였다.

그들 사이에는 종교적 장벽도 있었다. 사마리아인들은 모세 오경만 믿고 따랐고, 그리심산에서 성전을 짓고 제사를 드렸다. 그들의 종교는 이방 종교 취급을 당했다. 500년 넘게 이어진 정치적 갈등과 편견도 존재했다. 이런 장애물을 뛰어넘은 예수님의 추적이 이어진다.

예수님이 우물가에서 만난 여인은 남편이 5명이나 있었고, 함께 살고 있는 남자는 남편이 아니었다. 정숙(貞淑)과는 거리가 먼 여인이었다. 그렇지만 이 여인의 상황을 너무 현대적인 눈으로 해석하려는 실수를 범해서는 안 된다. 당시 여인들에게는 이혼할 권한이 없었다. 이혼은 남성들에게만 주어진 권리였다. 예수님 당시에도 이혼증서의 남발이 사회적 문제였기에 예수님이 이혼에 대해 가르쳐 주셨다.

주후 6년 8월 1일, 마사다에서 '낙산의 아들 요셉'이라는 사람이 쓴 이혼장이 발견되었는데 내용은 이렇다.

> 마사다에 사는 낙산의 아들 요셉은 내 맘대로 오늘 요나단의 딸이며 그 동안 아내였던 미라임을 소박하고 이혼한다. 이제부터 당신은 마음대로 가서 당신이 바라는 유다인 가운데 어느 남자의 아내가 되어도 무방하다. … 나는 지참금을 돌려준다.
>
> – 낙산의 아들 요셉 (서명), 증인 (서명)

"내 맘대로", 이것이 남성들의 권리였고 많은 여인이 그런 무책임함에 무력하게 노출되었다. 당시 여인들의 삶은 철저하게 남편의 경제권에 의존할 수밖에 없었기에 부당하게 이혼당한 여인들은 극빈자로 전락할 수밖에 없었다. 재혼할 길은 열려 있었지만 두 번 이상 결혼하는 건 금기시했으므로, 이 여인이 다섯 번이나 결혼했었다는 사실은 그녀의 인생에 대해 많은 것을 시사한다.

정숙하지 못한 여인이었든지, 기구한 운명을 가진 여인이었든지 그녀는 아무도 우물가를 찾지 않는 정오에 물을 길으러 나올 만큼 다른 사람들을 향해 마음의 문을 꽁꽁 닫은 채 거칠고 굳은 마음으로 살고 있었다.

거기 또 야곱의 우물이 있더라 예수께서 길 가시다가 피곤하여 우물 곁에 그 대로 앉으시니 때가 여섯 시쯤 되었더라 사마리아 여자 한 사람이 물을 길으 러 왔으매 예수께서 물을 좀 달라 하시니 이는 제자들이 먹을 것을 사러 그 동네에 들어갔음이러라 사마리아 여자가 이르되 당신은 유대인으로서 어찌 하여 사마리아 여자인 나에게 물을 달라 하나이까 하니 이는 유대인이 사마 리아인과 상종하지 아니함이러라 요 4:6-9

당시 우물은 수원(水源)을 보호하기 위해서 큰 돌로 입구를 막아놓 고 가죽 두레박을 내릴 구멍을 뚫어놓은 형태였다고 한다. 그러니까 여인이 자신의 두레박을 내려 물을 길어주지 않으면 예수님은 물을 구 할 수가 없으셨다. 예수님은 매우 지치고 피곤한 상태셨다.

스리랑카의 신학자 대니얼 나일스 목사는 물을 좀 달라는 예수님의 요구를 이렇게 해석했다.

"그분은 참된 종이셨다. 그분은 당신이 섬기러 오신 사람들의 처분 에 당신을 맡기셨다. 그분의 제자인 우리도 예수님의 이런 약함을 나 누어 가져야 한다. 힘 있는 자리에 앉아 섬기는 것은 참된 섬김이 아니 라 자선이다. … 두 사람 혹은 두 집단이 서로 사랑하게 만드는 유일 한 길은 서로 긴밀하게 관계를 맺게 하여 둘 다 상대방을 필요로 하는 사람으로 만드는 것이다."

예수님은 여인을 돕기 위해 먼저 여인의 도움을 청하신다. 하나님의 아들께서 사마리아 여인에게 자신의 지친 몸을 의탁하며 도움을 구하 시는 이유는, 그녀가 한 번도 경험한 적 없는 참된 만족을 주시기 위함 이다. 그것을 위해 여인의 비참함 속으로 임하신다.

세상의 눈으로, 율법의 눈으로 보면 여인은 부정하다. 사마리아인이고, 정숙하지 못하며, 남편 아닌 남자와 동거하는 자이므로, 하나님의 말씀을 가르치는 사람이라면 이런 여인과 대화해서는 안 된다.

부정한 사마리아 여인의 부정한 두레박으로 길은 물을 마신다는 건 불결해지는 것이므로 이런 요청은 적절하지 않다. 그러나 예수님의 능력은 이 여인과 만나는 순간, 예수님이 부정하게 되는 게 아니라, 여인이 정결하게 되는 데 있다. 그래서 예수님은 이 여인을 끈질기고 집요하게 추적해 오신 것이다. 예수님의 능력은 여인의 어둠을 빛으로 바꿔버리고, 여인의 사망을 생명으로 바꿔버리며, 여인의 죄를 구원으로 바꿔놓을 수 있기 때문이다.

여인의 배타적인 태도에서 예수님은 깊은 목마름과 공허함을 보셨다. 5명의 남편도, 지금 살고 있는 남자도 해결해 줄 수 없는 목마름이었다.

> 예수께서 대답하여 이르시되 이 물을 마시는 자마다 다시 목마르려니와 내가 주는 물을 마시는 자는 영원히 목마르지 아니하리니 내가 주는 물은 그 속에서 영생하도록 솟아나는 샘물이 되리라 요 4:13,14

마셔도 마셔도 갈증이 해소되지 않는 물이 있다. 그러나 예수님이 주시는 물을 마시는 자는 영원히 목마르지 않게 된다. 참 만족이 있다는 말씀이다. 여인이 지금까지 들어보지 못한 약속이었다. 누구도 그녀에게 참 만족을 줄 수 없었다. 그런데 예수님이 그것을 약속해 주셨다. 예수님이 천국의 사냥개처럼 여인을 찾아 끈질기게 추적해 오신 이유였다. 예수님의 긍휼은 참 만족을 주시는 것에 있다.

보리스 베커라는 세계적인 독일 출신 프로 테니스 선수의 진솔한 고백을 들어보라.

"나는 윔블던 대회에서 두 차례 우승했고, 그중 한 번은 최연소 선수로 우승했다. 나는 부자가 되었다. 재물이라면 쓸 만큼 있었다. 그런데 자살하는 영화배우나 팝 스타에게 종종 있는 일이 내게도 일어났다. 그들은 많이 가졌지만, 항상 매우 불행하다. 나도 내면에 평화가 없었다."

남들이 부러워하는 돈과 명예와 인기를 가졌지만, 영혼에는 만족이 없었다는 고백이다. 얼마나 많은 사람이 쾌락의 우물에서 만족을 구하는가! 성공의 우물에서 만족이 있다고 믿기도 한다. 사람들의 인정과 박수를 구하며 자신의 공허함을 제거할 무엇을 찾을 거라고 기대한다. 그러나 결국 그런 물은 마실수록 또다시 목마르다.

C. S. 루이스가 《순전한 기독교》에서 너무 멋진 말을 해주었다.

"만일 내 안에 이 세상의 어떤 경험도 결코 만족시켜 줄 수 없는 갈망이 있다면 그것은 내가 다른 세상을 위해서 지음을 받았다고 하는 사실에 대한 가장 적절한 설명일 것이다."

우리는 다른 세상을 위해 지음을 받았기에 세상의 것으로 절대 만족할 수 없다. 만족은 오직 예수 안에서 찾아야 한다. 여인을 긍휼히 여기신 주님께서 그녀에게 참된 만족을 주셨다.

나는 선한 목자라 선한 목자는 양들을 위하여 목숨을 버리거니와 삯꾼은 목자가 아니요 양도 제 양이 아니라 이리가 오는 것을 보면 양을 버리고 달아

나나니 이리가 양을 물어 가고 또 헤치느니라 요 10:11,12

목숨을 기꺼이 버리는 선한 목자의 긍휼이 우리에게 참 만족을 준다. 참 만족을 주시는 예수님의 긍휼을 보여주는 또 다른 말씀이 있다.

예수께서 이르시되 나는 생명의 떡이니 내게 오는 자는 결코 주리지 아니할 터이요 나를 믿는 자는 영원히 목마르지 아니하리라 요 6:35

자신을 "생명의 떡"이라고 부르셨다. 이 말씀을 들은 사람들은 무엇을 떠올렸을까? '만나'였을 것이다. 그들의 조상들이 광야에서 먹었던 만나는 하나님께서 주시는 선물이었다. 그들이 일하지 않고 준비하지 않아도 매일 하늘에서 만나가 내렸다. 그들에게는 부족함이 없었다. 그분이 생명의 만나가 되신다.

예수님을 먹고 마시는 인생은 결코 다시는 주리지 않고, 목마르지 않다. 헛된 것을 구하는 것을 멈추고 예수님을 구하는 순간, 우리에게는 참 만족이 임한다.

예수님에게 긍휼은 우정이다

그 후에 예수께서 각 성과 마을에 두루 다니시며 하나님의 나라를 선포하시며 그 복음을 전하실새 열두 제자가 함께하였고 또한 악귀를 쫓아내심과 병 고침을 받은 어떤 여자들 곧 일곱 귀신이 나간 자 막달라인이라 하는 마리아와 헤롯의 청지기 구사의 아내 요안나와 수산나와 다른 여러 여자가 함께

하여 자기들의 소유로 그들을 섬기더라 눅 8:1-3

당시 여인들의 사회적인 위치는 매우 낮았다. 랍비의 친구가 될 수 없었다. 그러나 예수님은 여인들의 친구가 되어주셨다. 그들을 사랑하셨고, 그들의 사랑과 섬김을 기쁘게 받으셨다. 여인들을 친구로 여기지 않으셨다면, 그들의 사랑과 섬김을 절대 받아들이지 않으셨을 것이다.

긍휼을 베푸는 만큼 긍휼히 여김을 받는 것도 고귀하다. 예수님은 "여우도 굴이 있고 공중의 새도 거처가 있는데 인자는 머리 둘 곳이 없다"라고 하셨다. 그렇게 가난하셨다. 나사렛에서도, 공사역 동안에도 부한 적이 없으셨다. 그래서 다른 이들의 도움을 받으셨다. 만유의 주님께서 여인들의 섬김과 도움을 받으셔야 했다. 그들이 예수님을 사랑하고 긍휼히 여기며 도움을 드렸다.

예수님은 그들을 긍휼히 여기며, 그들의 친구가 되셨기에 친구들의 도움과 사랑을 기뻐하셨다. 예수님에게 긍휼은 '우정'이었다.

종교 지도자들이 예수님에게 붙인 별명이 있었다. 바로 '세리와 죄인의 친구'라는 타이틀이었다. 예수님 주변에 그런 사람들이 넘쳐났다. 몇 번 그들을 만났다고 그런 말을 들었을 리가 없다. 예수님의 삶에는 세리와 죄인이 넘쳐났고, 그것을 불결하게 여긴 종교인들이 예수님을 비난했다. 실제로 예수님은 그들의 친구셨다.

레위가 예수를 위하여 자기 집에서 큰 잔치를 하니 세리와 다른 사람이 많이 함께 앉아 있는지라 바리새인과 그들의 서기관들이 그 제자들을 비방하여

이르되 너희가 어찌하여 세리와 죄인과 함께 먹고 마시느냐 예수께서 대답
하여 이르시되 건강한 자에게는 의사가 쓸데 없고 병든 자에게라야 쓸데 있
나니 내가 의인을 부르러 온 것이 아니요 죄인을 불러 회개시키러 왔노라

눅 5:29-32

세리였던 레위(마태)가 예수님에게 부르심을 받았다. 그는 모든 걸
버리고 주님을 따랐다. 그런 감격스러운 회심의 기록 뒤에 레위의 집에
서 열리는 잔치가 등장한다. 예수님을 만나기 전에야 이런 죄인과 세
리들이 모이는 잔치를 즐길 수 있겠지만 예수님을 만난 후에는 이런
부류의 잔치는 끊어야 하는 게 아닌가! 그런데 더 충격적인 사실은 예
수님을 위해서 준비된 잔치였다는 것이다. 초대된 손님들은 모두 세리
와 죄인들이었다.

종교 지도자들은 세리와 죄인들의 친구로 지내는 예수님을 이해할
수가 없었다. 랍비라면 절대 그런 사람들과 어울려서는 안 되었다. 그
러나 예수께서 그들의 친구가 되셨다. 왜냐하면 그들은 의사가 필요
한 병든 자들이기 때문이었다. 예수님은 그분의 긍휼로 병들고 아픈
자들의 친구이자 의사가 되어주셨다.

레위의 잔치 장면을 상상해 보라. 세리와 죄인들이 시끌벅적 떠들고
잔치를 즐기고 있다. 예수님은 어디 계시는가? 그런 사람들을 불쾌하
게 여기시며 꿔다놓은 보릿자루처럼 구석에서 팔짱을 끼고 무표정하
게 시간이 흘러가기만을 기다리고 계셨을까? 그렇지 않았을 것이다.
그들과 함께 웃으시고, 함께 손뼉 치시고, 그들에게 말씀하셨을 것이
다. 거기 모인 사람들은 예수님을 통해 하나님나라에 대해 들었을 것

이다. 예수님은 세리와 죄인의 친구가 되어주셨다. 그것이 예수님의 긍휼이었다.

우리 교회에서는 선교지에서 훈련받은 현지 젊은이들을 한국에 데려와서 훈련한다. 어학당에서 한국어를 2년 정도 공부하고 대학 과정과 신학대학원 과정을 마치면 다시 그들의 나라나 제3국을 위한 선교사로 파송하려는 의도로 시작한 사역이다. 인도, 캄보디아, 태국, 르완다에서 학생들이 들어왔고, 이제 그 지경을 더 넓혀보려고 기도하고 있다.

이 사역을 시작하면서 내가 가장 걱정했던 건 이들이 한국에 와서 경험하게 될 인종차별이었다. 나는 이민자로 오랜 시간 미국에서 살아보았기에 그것이 어떤 것인지 뼈저리게 느껴보았다. 결코 유쾌한 경험이 아니었다. 혹시라도 우리가 훈련하려고 하는 이들이 그런 차별을 경험하게 될까 마음이 많이 쓰였다.

그러나 너무 감사하게도 성도들이 그들의 친구가 되어주었다. 그들은 교회 커피숍에서 아르바이트를 하고, 교회학교 아이들을 돌보는 일도 돕는다. 청년들의 모임에 들어가서 소그룹 교제도 한다. 아직 말이 서툴러 나눔에 한계가 있고, 서로 불편하지만, 성도들이 친구가 되어주고 사랑해 주어 잘 적응해 가고 있는 것이 너무 감사하다.

긍휼과 사랑은 언제나 우정으로 이어진다. 예수님은 제자들을 향해 '종'이라고 하지 않으시고 '친구'라고 하셨다. 예수님의 긍휼은 친구가 되어주는 것이다.

예수님에게 긍휼은 파격과 불편이다

'선한 사마리아인의 비유'라는 말씀이 있다(눅 10:30-35). 여리고로 내려가는 길에 강도 만난 사람이 있었다. 강도들은 모든 것을 빼앗고 때린 후 그를 길거리에 버려두고 갔다. 마침 제사장이 나타났다. 죽은 것처럼 쓰러져 있는 사람을 보았으나 아무것도 하지 않았다. 레위 사람도 그냥 지나갔다.

그 길을 지나던 사마리아 사람이 강도 맞은 사람을 보고 기름과 포도주를 상처에 붓고 주막으로 데리고 가서 돌봐준다. 그리고 다음 날, 주막 주인에게 돈까지 주며 그를 돌봐달라고 부탁한다. 이 사마리아인이 바로 예수님의 모습이다. 강도당한 사람을 향해 쏟은 긍휼이 바로 예수님의 긍휼이다.

제사장과 레위인이 쓰러진 사람을 돕지 않은 이유에는 관심을 가질 필요가 없다. 왜냐하면 어떤 이유로도 정당화할 수 없기 때문이다. 대신 사마리아인이 보여주는 긍휼한 행동의 성격에 관심을 가져야 한다. 예수님의 모습이기 때문이다.

이 사마리아인의 행동이 얼마나 파격적인지를 생각해 보자. 이는 마치 미국 서부 시대에 카우보이들과 인디언들이 끊임없이 분쟁하는데, 한 인디언이 등에 인디언의 화살을 맞은 카우보이를 자기 말에 태우고 백인들의 마을 여관에 데리고 가는 상황과 같다. 이처럼 목숨을 건 무모한 행동이다. 누구라도 "이 더러운 사마리아 사람이 우리 동족에게 무슨 짓을 한 거야!"라고 화를 내고 원수를 갚겠다고 달려들면 큰일이 생길 수 있다. 그래서 긍휼은 파격이고 불편이다.

1) '파격과 불편'이라는 예수님의 긍휼을 배우려면 누가 우리 이웃인지 스스로 정할 수 없음을 인정해야 한다

예수님의 비유 속에서 강도당한 사람은 유대인이었을까, 사마리아인이었을까? 만약 사마리아인이었다면 아무것도 하지 않고 지나간 제사장과 레위인의 행동은 정당화된다. 유대인 형제였다면 당연히 우리도 도왔을 거라고 평계할 수 있다. 그가 사마리아인이었다면 친절과 긍휼을 보여준 사마리아인의 행동은 형제를 향한 것이니까 당연한 것으로 끝날 수 있다.

그러나 강도당한 사람이 유대인인지 사마리아인인지는 중요하지 않다. 우리의 긍휼이 필요한 대상을 내가 정하는 순간, 철저하게 이기적으로 바뀌기 때문이다.

더 쉽게 설명을 해보겠다. 서울드림교회를 개척한 직후, 주중 오전에 몇몇 여성 성도가 모여 중보기도 모임을 하고 있었다. 많은 사람은 아니지만 교회를 위해 열심히 중보해 주는 성도들이 있음에 감사했다.

점심 모임에 가기 위해 차를 타려고 하는데 옆 차가 내 운전석 쪽에 너무 가깝게 주차되어서 문을 열 수가 없었다. 차를 보니 기도하러 온 성도의 차였다. 속으로 생각했다.

'차를 이렇게 대고 올라간 걸 보니 마음이 급했나 보네. 교회를 위해 조금이라도 더 많이 기도하고 싶었나 보다.'

그래서 조수석을 통해 들어가려는데 그 옆 차도 너무 가깝게 주차되어서 문을 열 수가 없었다. 역시 기도 모임에 나온 성도의 차였다.

'이분도 늦게 오셨나 보구나. 그런데 어떻게 문을 열고 나오셨지? 날씬하기도 하시네. 고마운 분들이네. 교회를 위해 이렇게 기도해 주

시는 분들이 있구나.'

다행히 내 차량이 SUV라서 뒤 트렁크를 열고 기어 들어갔다. 나는 기분이 별로 상하지 않았다. 그러나 이런 일이 만약 마트에 가서 있었다면 어떻게 반응했을까? 이렇게 점잖게 행동하지 않았을 것이다.

이웃을 우리 스스로 정하는 순간, 우리는 지극히 이기적인 편견 속에 빠져들게 된다. 이웃의 범위를 정하는 건 우리가 아니다. 우리가 할 수 있는 일은 우리 앞에 나타난 이웃을 그저 이웃으로 받아들이는 것이다.

2) 예수님의 긍휼에는 '희생'이라는 대가 지불이 따른다

선한 사마리아인의 돌봄에는 자기희생이 있다. 자신의 편함을 포기하고, 힘을 쓰고, 돈까지 지급했다. 언제나 긍휼은 희생을 요한다.

얼마 전, 다른 교회 목사님들과 모임을 하던 중에 교회를 시작할 때 예배드릴 수 있는 공간을 찾지 못해 애먹었던 간증을 나눴다. 강남의 한 나이트클럽에서는 빌려줄 수 있다고 했는데, 막상 교회들을 찾아가서 예배당을 빌려줄 수 있냐고 물어보니 불쾌해하며 당황하는 모습을 보였다는 이야기를 나누었다.

그때 한 목사님이 말했다.

"미국에서는 한인들이 미국 교회를 빌려 교회를 시작하는 경우가 많아서 여호수아 목사님이 교회를 찾아가서 빌리려고 하셨나 보네요. 그런데 한국 교회들은 열심이 특별해서 예배가 끝나면 성경 공부도 해야 하고, 훈련도 받아야 하고, 교제도 해야 하고, 성가대 연습도 해야 하고, 오후가 되면 찬양 예배까지 드려야 해서 빌려주기가 어려웠을 겁니다."

이 말이 이해는 된다. 한국 교회가 얼마나 열심이 특별한가. 그러나 오후 예배 한 번 드리지 않고 예배드릴 곳이 없는 교회를 돕는 게 그렇게 어려운 것인가. 교회가 쓸 것 다 쓰고 여유가 생기면 다른 교회도 돕고 선교지도 돕는다면, 과연 예수님의 긍휼을 제대로 배울 수가 있을까.

예수님의 긍휼로 돌아가려면 사랑이라는 명사가 동사로 바뀌는 획기적인 전환이 필요하다. 섬김이라는 명사가 동사로 변하는 반전이 필요하다.

영성학자 유진 피터슨 목사의 말에 귀 기울여 보자.

명사로서의 사랑은 거대하고 복잡한 주제다. 철학자들과 신학자들은 그것의 문화적인 표현, 감정적인 복잡 미묘함, 심리적인 뉘앙스 등을 탐구하느라 수천수만 쪽에 달하는 내용을 기록했다.

그런데 성경에서는 그런 식의 탐구가 놀랍도록 적다. 사랑은 우리의 예언자와 제사장들, 사도와 목사들, 기도하는 시인과 지혜로운 현인들이 토론해야 하는 주제가 아니다. 이 단어는 명사로 자주 사용되지만, 성경에서 그 단어는 무엇보다도 살아서 움직이는 동사이다. … 사랑이라는 명사가 동사가 되는 순간, 그것은 더 이상 토론하거나 이해하거나 탐구해야 할 주제가 아니다. 그것은 우리의 삶으로 들어온다. 그리고 그 동사가 명령형으로 전해지면 그것은 순종의 행위를 통해 살아난다. 행동으로 옮겨지고 이야기 속에 심기고, 그 이야기 속에서 자신의 참 성질을 드러낸다. 이야기 속에서 사랑이 동사로 사용되면 그 고귀하고 영광이 울려 퍼지는 단어가 우리의 영혼을 고귀하게 하고 영화롭게 하려고 사용되고 있는지, 아니면 이웃이 사라져 버린 이 세상에서 사람을 조작하는 욕심과 냉소적인 권력 혹은 비인격적인 탐욕을 감추기 위해서 사용되고 있는지가 곧 분명해진다.

– 유진 피터슨, 《비유로 말하라》, 77,78쪽

손해 보지 않고 희생하지 않는 긍휼은 죽은 명사에 불과하다.

선한 사마리아인을 주제로 그린 그림이 많다. 반 고흐가 강렬하고 힘찬 터치로 그려낸 그림도 인상적이다. 그 그림에서는 머리를 싸맨 강도당한 사람을 힘차게 말 위에 앉히는 사마리아인이 늠름하다. 아마도 많은 사람이 상상하는 선한 사마리아인의 모습일 것이다.

그런데 에메 모로(Aimé Morot)라는 작가의 1880년 작품은 그런 고정 관념을 완전히 무너뜨린다.

이 그림에 나온 선한 사마리아인은 젊지도, 강하지도, 부유해 보이지도 않는다. 신발도 제대로 신지 못한, 초라하고 연약한 노인이 힘겹게 강도당한 자를 돕고 있다. 예수님이시다. 예수님의 긍휼은 언제나 파격이고 불편이다.

내 아내는 임신 내내 입덧을 했다. 얼마나 힘들고 고통스러웠을지 상상조차 되지 않는다. 그래서 아내에게는 임신한 여인들을 향한 궁휼한 마음이 있다.

한번은 조금 일찍 들어와서 도와달라는 아내의 메시지를 받았다. 집에 도착해 보니, 아내가 맛있게 요리한 음식을 정성스럽게 담고 있었다. 맛을 보려고 하니까, 갖다줄 곳이 있다며 손대지 말라고 했다. 누구에게 가져다줄 거냐고 물으니, 함께 소그룹을 하는 외국인 자매가 임신했는데 입덧이 너무 심해서 집에서 요리를 하지 못해서 아이들이 고생한다는 말을 듣고 음식을 준비했다고 대답했다.

한국인 남편을 만나 결혼한 외국인 자매가 고향 음식을 그리워한다는 말을 듣고 아내가 준비한 선물이었다. 내게 운전을 해달라고 일찍 들어오게 한 것이었다.

나는 기쁘게 운전하여 그 집 앞에 도착했고, 아내는 얼른 다녀오겠다고 했다. 그런데 금방 오겠다던 아내가 꽤 시간이 지났는데도 오지 않았다. 전화해도 안 받고, 차를 다른 곳으로 옮기라는 재촉이 있어 마음이 좀 불편해졌다. 아내는 한참 있다 돌아와서는 그 남편도 집에 있어서 아이들과 식사할 수 있게 상을 차려주고 왔다고 말했다.

그 순간, 나는 하지 말아야 할 말을 해버렸다.

"뭐라고? 남편이 집에 있었어? 그러면 우리 집에 와서 가지고 가라고 하지 그랬어. 내가 바쁜데 음식 배달까지 해야겠어?"

그러자 아내가 불편한 마음을 감추지 않고 정색하며 말했다.

"김여호수아 목사님(아내는 평상시에는 내 영어 이름만 부른다) 당신이 그렇게 중요한 사람인가요? 어린애들 밥해주고 싶은데 입덧 때문에 할 수 없는 엄마와 가족을 위해 저녁 배달을 해주는 게 뭐 그리 큰일이라고…, 목사님, 왜 이러세요!"

왜 아내에게는 기쁨인데 내게는 불평이었을까? 긍휼이 있고 없고의 차이가 아닐까. 긍휼은 기쁘게 불편과 파격을 감수한다.

예수님에게 긍휼은 기도이다

가까이 오사 성을 보시고 우시며 이르시되 너도 오늘 평화에 관한 일을 알았더라면 좋을 뻔하였거니와 지금 네 눈에 숨겨졌도다 눅 19:41,42

예수님은 예루살렘을 보시고 눈물을 흘리셨다. 그 패역함을 보시고 우셨던 것이다. 그분은 하나님의 아들을 믿길 거부하는 그들에게 닥칠 엄청난 고난과 고통을 아셨다. 돌 위에 돌 하나 남지 않는 날이 올 것을 아셨다. 그러나 예수님의 눈물은 한숨으로 끝나지 않고, 기도로 이어졌다. 예수님에게 긍휼은 기도로 이어졌다.

부목사 시절, 온누리교회에서 중보기도 사역을 하면서 서울의 유명한 윤락가로 땅 밟기 기도 아웃리치(외부 사역)를 간 적이 있다. 성도들에게 기도 안내서를 만들어서 나눠주고 조용히 중보기도 하게 했다. 자신들이 맡은 지역을 일곱 번 돌면서 중보기도 하라는 게 임무였다. 반나절을 그렇게 기도하고 돌아온 성도들의 간증은 비슷했다.

처음에는 전투적인 대적기도를 했다고 한다. 정욕의 영, 음란의 영의 견고한 진이 깨어지고 무너지길 선포하는 담대한 기도로 땅 밟기를 시작했다고 한다. 그런데 한 바퀴, 두 바퀴를 돌면서 무표정하게 앉아 손님을 기다리는 여인들의 얼굴이 보이면서 마음에 뜨거운 긍휼이 채워지고, 그들을 향한 기도가 터져 나오는 걸 경험했다고 한다.

'그들도 누군가의 딸일 텐데….'

어미의 마음으로 그들을 위해 중보하게 되었고, 하나님의 긍휼을 경험했다는 간증이 이어졌다. 긍휼은 언제나 기도로 이어진다. 긍휼이 없다면 그런 여인들을 정죄하고, 판단하며, 불결하다고 생각하는 것으로 끝날 수 있었을 것이다. 그러나 주님의 긍휼이 임하는 순간, 우리 안에서 그들을 향한 기도가 시작되었다.

한국에 온 첫 장로교 선교사인 언더우드의 기도라고 알려진 기도문이 있다.

오, 주여! 지금은 아무것도 보이지 않습니다.
주님, 메마르고 가난한 땅,
나무 한 그루 시원하게 자라오르지 못하고 있는 땅에
저희를 옮겨와 앉히셨습니다.
그 넓고 넓은 태평양을 어떻게 건너왔는지
그 사실이 기적입니다.

주께서 붙잡아 뚝 떨어뜨려 놓으신 듯한 이곳,
지금은 아무것도 뵈지 않습니다.
보이는 것은 고집스럽게 얼룩진 어둠뿐입니다.

그들은 묶여 있는지도 고통이라는 것도 모르고 있습니다.
고통이 고통인 줄 모르는 자에게
고통을 벗겨주겠다고 하면 의심부터 하고 화부터 냅니다.

조선 남자들의 속셈이 보이질 않습니다.
이 나라 조정의 내심도 보이지 않습니다.
가마를 타고 다니는 여자들을
영영 볼 기회가 없으면 어찌하나 합니다.

조선의 마음이 보이질 않습니다.
그리고 저희가 해야 할 일이 보이지 않습니다.
그러나 주님, 순종하겠습니다.
겸손하게 순종할 때 주께서 일을 시작하시고
그 하시는 일을 우리들의 영적인 눈이
볼 수 있는 날이 있을 줄 믿나이다.
"믿음은 바라는 것들의 실상이요
보이지 않는 것들의 증거니"라고 하신 말씀을 따라
조선의 믿음의 앞날을 볼 수 있게 될 것을 믿습니다.
지금은 우리가 황무지 위에 맨손으로 서 있는 것 같사오나
지금은 우리가 서양귀신, 양귀자라고 손가락질받고 있사오나
저희가 우리 영혼과 하나인 것을 깨닫고
하늘나라의 한 백성, 한 자녀임을 알고
눈물로 기뻐할 날이 있음을 믿나이다.

지금은 예배드릴 예배당도 없고 학교도 없고

그저 경계와 의심과 멸시와 천대함이 가득한 곳이지만

이곳이 머잖아 은총의 땅이 되리라는 것을 믿습니다.

주여! 오직 제 믿음을 붙잡아 주소서!

실제 언더우드 선교사의 기도문이었을까? UCLA 한국기독교학 옥성득 교수는 이것이 정연희 작가의 소설《양화진》235쪽에 나오는 기도문으로, 작가의 상상으로 만들어진 것이라고 했다. 옥 교수는 창작된 기도문이 마치 진짜 선교사의 기도문인 것처럼 사람들에게 퍼진 것에 마음이 불편했던 것 같다.

창작된 기도문임을 전제로 다시 읽어보라. 언더우드 선교사가 조선에 들어가는 조건은 "복음을 전하지 않고 조심한다"였다고 한다. 당시 조선은 마음대로 복음을 전할 상황이 아니었기 때문이다. 20대 청년이 삶을 드려 찾은 선교지에서 몸을 사리며 조심스레 선교사 역할을 감당해야 할 때 그 마음이 어땠을까!

나는 '조선'이라는 미전도 종족을 향해 자신의 삶을 주님께 드린 선교사가 가진 긍휼의 마음이 이 기도문에서 느껴진다. 선교사라면 당연히 그런 마음이 아니었을까.

긍휼은 언제나 기도라는 열매로 맺힌다. 조선을 찾았던 선교사들 가운데 이런 마음이 아니었던 사람이 있었을까. 그들은 조선을 사랑했기에 이 땅을 밟기 전에 눈물로 기도할 수 있었을 것이다.

예수님의 긍휼은 세상을 바꾸는 조용한 혁명이다

마태복음 25장에는 세 가지 비유가 연달아 나온다. 지혜로운 처녀와 어리석은 처녀의 비유, 달란트 비유, 의로운 종들과 악한 종들의 비유다. 이 비유들은 24장에 등장하는 제자들의 질문에 대한 답으로 주어진 것이다.

> 예수께서 성전에서 나와서 가실 때에 제자들이 성전 건물들을 가리켜 보이려고 나아오니 대답하여 이르시되 너희가 이 모든 것을 보지 못하느냐 내가 진실로 너희에게 이르노니 돌 하나도 돌 위에 남지 않고 다 무너뜨려지리라 예수께서 감람산 위에 앉으셨을 때에 제자들이 조용히 와서 이르되 우리에게 이르소서 어느 때에 이런 일이 있겠사오며 또 주의 임하심과 세상 끝에는 무슨 징조가 있사오리이까 마 24:1-3

제자들은 돌 하나도 돌 위에 남지 않을, 그런 세상의 끝에 어떤 징조가 있을지를 묻는다. 예수님은 마지막 때 어떤 징조가 있을지 자세히 설명해 주신다. 이어지는 25장은 마지막 때가 오고 있고, 징조가 나타날 때, 어떻게 살아야 하는지를 보여주는 가르침이다. 특별히 세 번째 비유에 초점을 맞춰보려고 한다.

> 모든 민족을 그 앞에 모으고 각각 구분하기를 목자가 양과 염소를 구분하는 것 같이 하여 양은 그 오른편에 염소는 왼편에 두리라 그때에 임금이 그 오른편에 있는 자들에게 이르시되 내 아버지께 복받을 자들이여 나아와 창

세로부터 너희를 위하여 예비된 나라를 상속받으라 내가 주릴 때에 너희가 먹을 것을 주었고 목마를 때에 마시게 하였고 나그네 되었을 때에 영접하였고 헐벗었을 때에 옷을 입혔고 병들었을 때에 돌보았고 옥에 갇혔을 때에 와서 보았느니라 이에 의인들이 대답하여 이르되 주여 우리가 어느 때에 주께서 주리신 것을 보고 음식을 대접하였으며 목마르신 것을 보고 마시게 하였나이까 어느 때에 나그네 되신 것을 보고 영접하였으며 헐벗으신 것을 보고 옷 입혔나이까 어느 때에 병드신 것이나 옥에 갇히신 것을 보고 가서 뵈었나이까 하리니 임금이 대답하여 이르시되 내가 진실로 너희에게 이르노니 너희가 여기 내 형제 중에 지극히 작은 자 하나에게 한 것이 곧 내게 한 것이니라 하시고 마 25:32-40

마지막 때를 준비하는 삶은 어떤 것인가? 주님이 배고프실 때 먹을 것을 드리고, 목마르실 때 마실 것을 드리고, 나그네가 되셨을 때 초대하며, 헐벗으셨을 때 옷을 입혀드리고, 아프실 때 돌아보며, 감옥에 계실 때 찾아가는 것이다.

충격적이게도 형제 중에 가장 보잘것없는 사람에게 한 일이 곧 주님을 향한 것이라고 말씀하셨다. 대단한 사람들을 섬기는 건 쉽다. 보상을 기대할 수 있기 때문이다. 그러나 가장 보잘것없는 사람들은 보상할 것이 없다. 바로 그들을 위한 사랑이 주님을 향한 사랑이라고 예수님은 말씀하셨다. 이 말씀은 예수님을 믿는 믿음이 어떻게 세상을 바꾸는지를 보여준다.

기독교가 칼의 힘으로 세상을 바꿨는가? 물론 힘을 앞세워서 기독교를 전파하려고 했던 시기도 있었다. 그러나 대부분의 선교와 전도의 역사는 그렇지 않았다. 설명하기 힘든 사랑과 긍휼의 행진이 복음의 행진이었다. 기독교는 사람이 이해하기 힘든 긍휼로 세상을 바꿨다.

존 오트버그 목사는 초기 기독교 예수 운동의 확산 이유가 긍휼에 근거한다는 사회학자 로드니 스타크의 지적에 주목했다. 그가 보여주는 초대 기독교의 긍휼의 모습이다.

마르쿠스 아우렐리우스 재위 중인 A. D. 165년경에 천연두로 보이는 전염병이 돌아 마르쿠스 아우렐리우스 자신을 포함해 인구의 3분의 1 내지 4분의 1 정도가 목숨을 잃었다. 그로부터 1세기가 조금 못 되어 다시 돌림병이 발생했다. 병이 한창일 때는 로마시에서만 사망자가 하루에 5천 명에 달했다.

사람들은 공포에 시달렸다. 호머의 저작에는 아무 지침이 없었고, 제우스 신도 자신의 목숨을 위태롭게 하면서까지 생면부지의 죽어가는 사람들을 돌봐야 한다고 명한 적이 없었다. 헬라의 역사가 투키디데스의 글을 보면, 아테네 사람들이 첫 재앙 때 어떻게 반응했는지가 나온다.

"사람들은 아무도 돌보아 주는 이 없이 죽어갔다. 돌보려는 사람이 없어 온 식구가 죽은 집도 많았다. 죽어가는 자들이 그냥 무더기로 쌓여 있었다. … 신을 향한 신앙이나 인간의 어떤 법도 이것을 막지 못했다."

로마의 사정도 그리스와 다를 바 없었다.

"병이 돌기 시작하자 그들은 감염자를 밀쳐냈고, 사랑하는 가족마저 피했다. 죽기도 전에 그들은 길에 내버려졌고, 묻히지 못한 시체들이 쓰레기처럼 취급되었다. 죽을병이 확산되는 것과 전염을 피하려 한 것이다."

그런데 그 세계에 예수를 따르는 사람들의 공동체가 있었다. 그들의 기억 속에 예수는, 부정한 나환자에게 스스로 손을 대고, 제자들에게 병든 자를 고쳐주라고 명하고, 저녁 식사 자리에서 논쟁을 일으켜 좌중을 당혹감에 빠뜨린 사람이었다. 3세기에 알렉산드리아의 주교 디오니시우스는 그들이 재앙 중에 보인 행동을 이렇게 기록했다.

"그들은 위험에도 아랑곳없이 병자들을 맡아 정성껏 간호하며 그리스도 안에서 섬겼다. 그러다 자신들도 감염되어 평온하고 행복하게 이생을 마감했다. 그들은 이웃의 병이 자기에게 옮는데도 즐거이 고통을 감내했다."
– 존 오트버그, 《존 오트버그의 예수는 누구인가?》, 64,65쪽

세계를 호령하던 로마제국에 예수님의 복음이 불처럼 퍼져갈 수 있었던 이유는, 사랑과 긍휼 때문이었다. 힘을 숭배하는 로마인들의 가슴에 그 사랑과 긍휼의 파도가 밀려들어 왔고, 그들은 그 앞에 무릎을 꿇었다. 예수님의 긍휼은 세상을 바꾸는 조용한 혁명이었다.

THE RETURN

주님의 말씀대로 살며
진정한 기쁨으로 리턴

예수님의 말씀으로 돌아가자 I

chapter 04

인생의 전환점이 되는 만남

지혜로운 스승과의 만남은 인생의 큰 전환점이 된다. 내게는 네 분의 큰 스승과의 만남이 삶에서 어마어마한 터닝포인트가 되었다.

첫 번째는 초등학교 6학년 담임선생님과의 만남이다. 지난 장에서 언급한 그 선생님이시다. 난 그 분을 만날 때까지 숙제하거나 시험공부했던 기억이 없다. 운동을 좋아해서 야구부에서 열심히 운동한 게 학교생활의 전부였다. 체육 시간이면 앞에서 체조를 인도하곤 했는데, 하루는 선생님이 교실로 돌아가면서 내게 말씀하셨다.

"넌 공부를 해도 잘하겠구나!"

그때까지 한 번도 들어보지 못한 말이었다. 숙제도 시험공부도 해본 기억이 없는 아이에게 누가 그런 말을 해주었겠는가! 그때 나는 생각했다.

'그래, 나도 그 공부라는 걸 한번 해보자.'

그렇게 시작한 공부는 어렵지 않고 할 만했다. 남들에게 자랑할 만큼은 아닐지 모르나 나 나름은 열심히 공부하는 학생이 되었다. 지금까지도 공부하는 시간이 가장 행복한 시간 중 하나이니, 그 선생님의 한마디가 내 인생을 바꿔놓았다고 할 수 있다. 감사한 만남이다.

두 번째는 신학대학교 조직신학 교수님과의 만남이다. 그 분은 러시아 이민자의 아들이었고, 우리 학교에서 학문과 신앙을 갖춘 존경받는 교수님이셨다. 그 분의 학기말 시험에는 언제나 지정된 책을 다 읽었는지에 'Yes' 아니면 'No'로 답하는 부분이 있었다. 독서량을 다 채우지 못한 사람은 절대 A학점을 받을 수 없었다. 그런데 A학점을 받고 싶어 계속 거짓말로 'Yes'에 표시를 했다. 그러던 중 조직신학 학기말 시험을 치르면서 예전과 똑같이 거짓말로 체크를 한 후, 성령의 찌르심으로 교수님께 가서 거짓을 고백했다(나의 이전 책인 《The 멈춤》에서 간증했었다).

그런데 교수님은 나의 거짓을 나무라는 대신, 내가 목사가 되기 위해 얼마나 많은 훈련과 다루심을 거쳐야 하는지를 가르쳐 주셨다. 그리고 한 달에 몇 번씩 만나 나의 신앙의 순전함(Integrity)을 세워가는 걸 도와주겠다고 하셨다. 교수님과 나눈 대화와 기도 가운데 많은 눈물을 흘렸다. 또한 거짓의 추악함에 치를 떨게 해주셨던 그 분의 영적인 능력은 내 인생에 큰 전환점이 되었다.

세 번째는 미국 훼드럴웨이선교교회의 송천호 담임목사님과의 만남이다. 송 목사님은 1960년대 미국에서 반전 운동이 심해지고 히피 문화가 기승을 부리며 젊은이들이 마약에 빠져들기 시작하자, 미국 선교사들에게 받았던 복음의 빚을 갚기 위해 미국에 청소년을 위한 선교사로 들어오셨다. 목사님은 미국 23개 주를 다니며 300만 명이 넘는 청소년에게 복음을 전하셨다.

내가 목사님 교회에 청소년 사역자로 가기 위해 면접하는 날이었다.

깔끔하게 양복을 입고 갔다. 목사님은 내게 이런저런 질문을 하시더니 "복음이 뭔지 아느냐"라는 질문을 시작으로 거의 2시간 동안 열정적으로 복음에 대해 말씀하셨다. 나는 그 분이 전해주신 복음의 능력에 매료됐다.

목사님은 내가 무엇을 할 수 있는지, 어떤 경험이 있는지에는 관심이 없으셨다. 복음을 알고 있는지, 그 복음의 능력을 믿고 있는지, 그 복음만을 온전히 전하기를 소망하는지에만 관심이 있으셨다.

그때 나는 이미 집 근처 대형 이민 교회에서 청빙을 받은 상황이었다. 면접을 봤던 교육부장 장로님은 교회 아이들이 속만 썩이지 않고 대학에 잘 갈 수 있도록 도와주면 된다고 했다. 사례도 당시 파트 전도사가 받을 수 있는 최고 수준이었다. 그런데 난 복음을 외치는 송 목사님의 열정에 반해 그 교회에 가기로 결정했다.

그 교회는 60킬로미터를 운전해서 가야 했다(비교하자면 한남동에서 평택역까지의 거리였다). 그러나 거리는 중요하지 않았다. 목사님의 열정과 복음을 배우고 싶었다. 첫 목회지에서 송 목사님과의 감사한 만남을 통해 복음의 능력을 배웠다. 목사님은 훗날 장인이 되셨으니, 정말 인생의 전환점이 된 만남이란 이런 만남이 아닌가 싶다.

네 번째는 온누리교회 하용조 목사님과의 만남이다. 아무리 강조해도 넘치지 않을 만큼 그 분과의 만남은 나의 목회의 모든 것을 바꿔놓았다. 나는 1.5세 교포 출신이기에 어르신 목사님들을 어려워하거나 무서워하지 않는 편이고, 질문이 있으면 참지 않고 물어봐야 직성이 풀리는 성격이었다.

하 목사님을 가까이에서 섬기는 역할이 내게 주어진 건 정말 은혜였다. 마치 개인 목회 과외 선생님을 만난 것 같았다. 목사님은 내가 하는 어떤 질문도 무시하거나 귀찮아하지 않으셨다. 설교, 리더십, 목회, 관계, 신앙, 부부와 가정생활에 대해 무슨 질문을 하든지 진지하게 그리고 친절하고 정성스럽게 멘토링을 해주셨다.

설교를 하면서 목사님께 혼도 많이 났다. 특히 새벽기도를 한 후에 그랬다. 대형 교회의 바쁜 부목사 시절, 새벽기도 설교 준비가 소홀해질 수 있는 건 어쩔 수 없는 일이었는지도 모른다. 그러나 설교를 은혜롭게 한 날은 "여호수아 목사, 보석 같은 설교를 했어. 내가 은혜를 받았어"라고 칭찬하셨다.

난 부족함과 약점이 너무 많은 목사였다. 그러나 하 목사님 옆에서 주님의 능력으로 뭐든 다 할 수 있다고 믿는 목사로 성장했다. 비록 온누리교회를 떠나 서울드림교회를 개척했지만 하 목사님이 여전히 그립다. 내게는 큰 스승이요, 영적 아버지요, 따르고 싶은 영적 모델이었다. 그 분과의 만남 때문에 나는 꿈꾸는 사람이 되었다. 정말 내 인생을 바꿔놓은 만남이며, 하 목사님은 하나님께서 내게 보내주신 최고의 멘토셨다고 생각한다.

가장 지혜로운 스승이신 예수님의 말씀

지혜로운 스승과의 만남은 축복 중의 축복이다. 《탈무드》에 이런 이야기가 나온다.

한 남자가 새 옷을 샀다. 집에 와서 옷을 다시 입어보다가 주머니에서 보석을 발견했다. 남자는 이 보석을 주인에게 돌려주어야 할지 아니면 본인이 그냥 가질 것인지 고민하기 시작했다. 며칠을 고민하던 남자는 한 지혜로운 랍비를 찾아갔다. 보석을 갖고 싶은 마음이 컸기에 그런 판결을 해주기를 기대하는 마음으로 가르침을 구했다. 남자의 이야기를 들은 랍비는 이런 질문을 던졌다.

"당신에게 아들이 있습니까?"

질문의 의도를 모르는 남자가 대답했다.

"예, 아들이 있습니다."

랍비가 조용히 말했다.

"그렇다면 그 보석을 다시 주인에게 돌려주십시오. 그리고 주인에게 갈 때 꼭 아들을 데리고 가십시오. 당신은 보석보다 더 귀한 것을 얻게 될 것입니다."

참으로 지혜로운 가르침이 아닌가! 원래 '랍비'는 '위대한 자, 큰 자'라는 뜻이다. 유대인에게 랍비는 단순히 말씀을 가르쳐 주는 선생이 아니었다. 《탈무드》에서는 만약 아버지와 랍비가 함께 잡혀갔다면 그 제자는 아버지보다 랍비를 먼저 구해야 한다고 가르쳤다. 아버지와 랍비가 무거운 짐을 가지고 갈 때 제자는 먼저 랍비의 짐을 들어드려야 했다.

이런 랍비에 대한 각별한 존경은 일방적이지 않았다. 랍비들에게도 제자를 향해 동일한 특별한 사랑과 헌신을 주도록 요구했다. 그들은 제자가 포로로 잡혀가면 랍비도 같이 가야 한다고 믿었다. 제자들은 랍비의 신발 끈을 푸는 것을 제외하고는 당시 노예가 주인을 위해 해야 하는 모든 일을 랍비를 위해 해야 했다. 유대교 랍비들은 어떤 율법의 내용은 신학적으로, 해석학적으로 연구하고 공부하는 것보다 랍비들을 실제로 섬기면서 더 잘 배울 수 있다고 믿고 가르쳤다.

예수님이 섬김에 대해 가르치시며 "내가 너희의 랍비가 되어 너희의 발을 씻겼으니 너희도 서로 발을 씻어주는 것이 옳다"라고 하신 이유가 그 때문이다.

예수님은 가장 탁월한 랍비셨다. 어려운 이야기도 그분의 입을 통하면 어린아이들과 여인들도 쉽게 이해할 수 있는 명쾌하고 단순한 진리가 되었다. 예수님의 가르침이 쉬웠다는 사실을 그 내용이 얕거나 불충실했다고 오해해서는 안 된다. 그분의 가르침이 있는 곳에는 거룩한 충격과 감동이 이어졌다. 하나님께 관심이 없던 죄인들이 마음을 하나님께로 돌렸다. 스스로를 부정하다고 생각했던 사람들도 하나님의 은혜를 사모하며 나오게 만들었다.

하지만 어떤 사람들은 예수님의 가르침을 듣고 견딜 수 없어 분노하며 대적하기도 했다. 심지어 예수님을 죽이려는 계획을 집요하게 세웠다. 그러나 온 맘을 다해 예수님의 말씀을 마음에 받아들인 사람에게는 하나님나라가 임하며 믿음의 소망으로 가득해졌다.

태초에 말씀이 계시니라 이 말씀이 하나님과 함께 계셨으니 이 말씀은 곧 하나님이시니라 요 1:1

예수님은 태초부터 계신 말씀이셨다. 그분은 말씀으로 흘러넘치신다. 그분의 말씀은 생수의 강이 사막을 적시며 힘차게 흘러가듯 척박한 인생의 사막을 적시며 흘러넘친다. 예수님의 공사역의 가장 중요한 부분은 '말씀 선포'였다. 우리가 오직 예수를 외치며 예수께로 돌아가는 길은, 그 말씀을 만나는 길임을 잊지 말아야 한다. 우리가 다시 회복해야 하는 주님의 말씀은 무엇인지 만나보자.

회개하라는 말씀

이때부터 예수께서 비로소 전파하여 이르시되 회개하라 천국이 가까이 왔느니라 하시더라 마 4:17

예수님의 첫 말씀 선포는 회개에 대한 것이었다. 왜 회개의 메시지를 가장 먼저 선포하셨을까? 죄의 문제를 해결하지 않고서는 말씀의 능력을 체험할 수 없기 때문이다.

회개란 단순히 자신의 죄악에 대하여 괴로워하는 것보다 훨씬 더 깊다. 진정한 회개란 하나님을 향한 죄로 인해 애통해하고, 가슴을 찢는 마음으로 통회하고, 그 죄가 초래할 결과의 심각성을 두려워하되, 그 죄의 무게보다 더 큰 하나님의 자비와 은혜를 의지하고 나와 온전히 돌이킴으로 용서함을 누리며 이전의 길이 아닌 새로운 길로 가는 것이다.

이스라엘은 죄 때문에 무너진 나라였다. 그들의 조상이 하나님께 불순종함으로 이방인에게 나라를 빼앗기고 포로로 잡혀갔다. 예수님 당시에도 그들은 이방인의 칼 앞에 굴복하는 운명에 처해 있었다.

그런데도 여전히 죄에서 돌이키지 않았다. 회개하지 않았다. 영적 허세와 외식의 노예가 되어서 경건의 모습은 있으나 경건의 능력은 상실한 껍데기 종교인이 되어 있었다. 그렇기에 회개를 촉구하는 예수님의 말씀은 황량한 사막에 생명이 살아나게 하는 물길이 되어주었다.

"회개하라. 천국이 가까이 왔느니라."

우리는 '회개'라는 단어를 무겁고 부담스럽게 여긴다. 이 단어가 종교적인 편협함과 정죄함을 포함하고 있다고 생각한다. 하지만 회개는 가까이 와 있는 천국을 열어주는 열쇠다. 회개는 주님을 떠난 죄인을 소생시키는 하나님의 은혜다. 회개 없이 주님을 만날 수 있는 사람은 없다.

그러나 우리에게는 스스로 죄에서 돌이켜 회개할 능력이 없다. 예수님의 말씀이 임해야 한다. 예수님의 말씀은 우리를 죄의 문제 때문에 낙심하거나 좌절하게 만들지 않는다. 죄의 문제를 해결할 수 있다는 소망을 예수님의 말씀 안에서 만나기 때문이다. 그분이 외치신 회개로의 초대는 강렬하다. 그 초청의 문은 매우 좁지만, 그 문에 들어서면 황홀한 말씀의 풍성함이 우리를 기다린다.

예수님의 말씀 안에서 우리는 죄에 대한 근본적인 인식의 변화를 경험한다. 말씀 속에서 경험하는 하나님의 임재를 통해 죄에 대한 거룩한 반감과 미움이 자란다. 진정한 회개를 경험한 결과는 죄를 증오하게 되는 것이다. 용서의 기쁨은 편하게 죄를 지을 수 있는 허가증이 아니다. 회개를 통해 경험하는 하나님의 용서는 우리에게 죄를 경멸하며 멀리하고 싶은 강력한 열망을 심어준다.

회개 없이 회심할 수 없고, 진정한 예수님의 제자가 될 수 없으며,

가까이 다가온 천국의 기쁨을 누릴 수도 없다. 또한 회개를 통과하지 못하면 하나님께서 주시는 사명 또한 감당할 수 없다.

복(Blessing)에 관한 가르침

도둑이 오는 것은 도둑질하고 죽이고 멸망시키려는 것뿐이요 내가 온 것은 양으로 생명을 얻게 하고 더 풍성히 얻게 하려는 것이라 요 10:10

심령이 가난한 자는 복이 있나니 천국이 그들의 것임이요 애통하는 자는 복이 있나니 그들이 위로를 받을 것임이요 온유한 자는 복이 있나니 그들이 땅을 기업으로 받을 것임이요 의에 주리고 목마른 자는 복이 있나니 그들이 배부를 것임이요 긍휼히 여기는 자는 복이 있나니 그들이 긍휼히 여김을 받을 것임이요 마음이 청결한 자는 복이 있나니 그들이 하나님을 볼 것임이요 화평하게 하는 자는 복이 있나니 그들이 하나님의 아들이라 일컬음을 받을 것임이요 의를 위하여 박해를 받은 자는 복이 있나니 천국이 그들의 것임이라 나로 말미암아 너희를 욕하고 박해하고 거짓으로 너희를 거슬러 모든 악한 말을 할 때에는 너희에게 복이 있나니 기뻐하고 즐거워하라 하늘에서 너희의 상이 큼이라 너희 전에 있던 선지자들도 이같이 박해하였느니라 마 5:3-12

예수님은 자신이 온 목적이 생명을 얻게 하고 더 풍성히 얻게 하려는 데 있다고 하신다. "더 풍성히"라는 의미는 무엇일까? 이는 단순히 양적인 풍성함이나 물질적인 풍요로움을 의미하는 건 아닐 것이다. 만약 예수님이 그런 풍요로움을 약속하신 거라면 신실하게 주를 신뢰하는 사람들이 만나는 가난과 결핍의 현실은 예수님에 대한 신뢰를 처참하게 무너뜨릴 수 있다. 물리적인 풍성함보다 더 큰 풍성함, 하나님의 복(Blessing)이 예수님의 말씀 속에 감춰져 있다.

예수님의 말씀이 선포됐던 곳에서는 회복이 일어났다. 어둠의 권세가 저항하지 못하고 물러났다. 죄와 불순종으로 허물어졌던 모든 것에 회복의 역사가 일어났다.

유명한 산상설교의 첫 부분이 복에 대한 것임에 관심을 가져야 한다. 예수님의 말씀은 참된 복을 열어주시는 말씀이다. 그분의 말씀을 통해 우리는 하늘의 복, 참된 행복을 만난다. 예수님의 가르침은 정보 전달에 목적이 있지 않다. 우리를 살리기 위한 말씀이다.

말씀이 임하는 곳에서 하나님의 복을 만날 수 있다. 그러나 그러기 위해서는 인간의 상식과 진부한 종교의 굴레를 벗어버려야 한다. 말씀 속에서 만나는 복에는 '패러독스'(Paradox, 논리적인 모순을 일으키는 역설)가 존재하기 때문이다. 그것은 종교, 전통, 상식이나 논리로 설명할 수 없다. 오직 '믿음'으로 말씀을 대할 때 이해할 수 있다. 즉, 믿음으로 말씀을 받을 때만 하나님의 복의 문이 열린다. 예수님의 말씀은 우리를 그 열린 문으로 인도하신다.

사람들이 원하고 기대하는 복은 예나 지금이나 기본적인 틀을 가지고 있다. 철저하게 개인적이며, 성취 지향적이며, 이 땅에서의 안락한 삶과 깊은 관계가 있다. 그러나 이상하게도 스스로 기대했던 것을 얻었다고, 원하는 것을 가졌다고 행복해하는 사람들을 만나기는 매우 어렵다. "원하던 공부를 할 수 있어서 더 이상 바랄 것이 없다", "돈을 많이 벌 수 있어서 더 이상 원할 것이 없다", "자식들이 행복하게 되어서 더 이상 원하는 것이 없어졌다"라고 고백하는 사람을 만난 적이 없다.

모든 사람이 자신이 복을 받았다(행복하다)고 고백하기 위해서 여러 가지 조건이 필요하다고 생각하지만, 그 조건이 충족되어도 자신을 복을 누리는 사람으로 고백하는 게 쉽지 않다.

이스라엘은 나라를 다시 회복하고 싶어 했다. 그들이 메시아를 간절히 기대했던 이유도 국가가 회복될 수 있다고 믿었기 때문이다. 그러나 그들은 나라가 있을 때도 별로 행복하지 않았다. 그들은 하나님께 만족하지 못하고, 우상 섬기기를 탐했고, 우상 숭배의 음란함 속에 빠져들었다.

그러면 복은 인간의 삶 속에 어떻게 이루어지는 것일까? 말씀의 길을 따라갈 때, 하나님의 복을 만난다. 말씀이 없다면 땅의 복, 인간의 복은 누릴 수 있지만 하늘의 복으로부터는 멀어질 수밖에 없다. 산상수훈, 예수님의 팔복 설교 속에 드러난 패러독스를 생각해 보자.

가난하면 복된 것이다.
애통하면 복된 것이다.
온유하면 복된 것이다.
주리고 목마르면 복된 것이다.
긍휼히 여길 수 있다면 복된 것이다.
마음이 청결하면 복된 것이다.
화평케 하면 복이 있는 것이다.
박해를 받으면 복이 있는 것이다.

우리 시대에 누가 이런 것을 복이라고 부르겠는가? 세상은 그런 것을 복이라고 부르지 않는다. 세상의 복은 이런 것이다.

많이 가져야 복된 것이다.
즐겁고 쾌락을 누리는 것이 복된 것이다.
강한 자가 복된 것이다.
배부르면 복된 것이다.
냉철하면 복된 것이다.
높이 올라가면 복된 것이다.
정복하면 복된 것이다.
힘을 가지면 복된 것이다.

예수님이 말씀하시는 복과 세상이 말하는 복에 너무 큰 차이가 있어 산상수훈을 해석하면서, 그것은 천국 백성이 될 때 누리는 성품이라고 말하는 이들이 있다. 실천하기가 힘들기에 이 땅에서는 불가능하고 천국에서만 필요한 성품이라고 한다면, 우리의 믿음과 영성은 철저하게 비겁한 편리함에 오염되어 오늘의 믿음과 미래의 천국을 구별하는 이원론에 덜미를 잡힐 것이다.

예수님의 말씀은 강력하게 우리의 영혼을 향해 밀려들어 온다. 하나님의 복을 원하는가? 하나님의 행복으로 가득한 삶, 풍성한 삶을 원하는가? 그렇다면 세상의 길이 아닌 말씀의 길을 걸어야 한다. 예수님의 말씀의 지도를 따라 걷지 못한다면 하나님의 복과 멀어질 수밖에 없다.

양화진에는 한국을 섬기다 순교한 선교사들의 무덤이 있다. 그곳을 찾을 때마다 오랫동안 발걸음을 멈추게 하는 묘비가 있다. 투박한 글씨로 "If I had a thousand lives to give, Korea should have them all"이라고 쓰여 있는 루비 켄드릭 선교사의 묘비다. "내게 줄 수 있는 천 개의 목숨이 있다면 한국에게 다 주겠다"라는 25세 젊은 선교사의 눈물 어린 고백이 옷깃을 여미게 한다. 복음과 복음을 전하고자 하는 헌신과 우리 민족을 사랑했던 젊은 선교사의 사랑을 생각해 보았다.

루비 켄드릭 선교사가 부모님에게 보냈던 마지막 편지에서도 한국을 사랑했던 그 마음을 그대로 읽을 수 있다.

이곳 조선 땅에 오기 전 집 뜰에 심었던 꽃들이 활짝 피어났다는 소식을 들었을 때, 종일 집 생각만 했습니다. 욕심쟁이 수지가 그 씨앗을 받아 동네 사람에게 나누어 주다니, 너무나 대견스럽군요. 아마 내년 봄이 되면 온통 우리 동네는 내가 심은 노란 꽃으로 덮여 있겠네요.

아버지, 어머니! 이곳 조선 땅은 참으로 아름다운 곳입니다. 모두 하나님을 닮은 사람들 같아요. 선한 마음과 복음에 대한 열정으로 보아 아마 몇십 년이 지나면 이곳은 예수님의 사랑이 넘치는 곳이 될 것 같습니다. 저는 복음을 듣기 위해 20킬로미터를 맨발로 걸어오는 어린아이들을 보았을 때, 그들 안에 있는 하나님의 사랑 때문에 오히려 위로를 받았습니다.

그러나 한편에서는 탄압이 점점 심해지고 있습니다. 그저께는 예수님을 영접한 지 일주일도 안 된 서너 명이 끌려가 순교했고, 토마스 선교사와 제임스 선교사도 순교했습니다.

선교 본부에서는 철수하라는 지시가 있었지만, 대부분의 선교사는 그들이 전도한 조선인들과 아직도 숨어서 예배를 드리고 있습니다. 그들은 모두가 순교할 작정인가 봅니다. 오늘 밤은 유난히도 고향으로 돌아가고 싶습니다.

외국인을 죽이고 기독교를 증오한다는 소문 때문에 부두에서 저를 끝까지 말리셨던 어머니의 얼굴이 자꾸 제 눈앞에 어른거립니다. 아버지, 어머니! 어쩌면 이 편지가 마지막일 수도 있습니다.

제가 이곳에 오기 전 뒤뜰에 심었던 한 알의 씨앗이 자라, 이제 내년이면 온 동네가 꽃으로 가득하겠죠! 그리고 또 다른 씨앗을 만들어 내겠죠! 저는 이곳에 작은 씨앗이 되기로 결심했습니다. 제가 씨앗이 되어 이 땅에 묻히게 되었을 때 아마 하나님의 시간이 되면 조선 땅에는 많은 꽃이 피고 그들도 여러 나라에서 씨앗이 될 것입니다.

저는 이 땅에 제 심장을 묻겠습니다. 바로 이것은 제가 조선을 향해 가지는 열정이 아니라, 하나님께서 조선을 향해 가지신 열정이라는 것을 알게 되었습니다.

어머니, 아버지, 사랑합니다.

부모님을 그리워하면서도 자기 심장을 조선에 묻겠다고 결단하는 선교사의 마음에서 참 복이 무엇인지 본다. 세상에서는 그런 삶의 선택을 어리석다고 할 것이다. 그러나 예수님의 말씀을 만난 사람이라면 이 마지막 고백이야말로 참된 복을 만난 사람의 고백임을 알 것이다.

예수님의 말씀은 세상이 이해할 수도 없고, 세상이 좋아할 수도 없는 예수님의 복으로 가득한 삶으로 우리를 인도한다.

자유롭게 하시는 예수님의 말씀

그러므로 예수께서 자기를 믿은 유대인들에게 이르시되 너희가 내 말에 거하면 참으로 내 제자가 되고 진리를 알지니 진리가 너희를 자유롭게 하리라 그들이 대답하되 우리가 아브라함의 자손이라 남의 종이 된 적이 없거늘 어찌하여 우리가 자유롭게 되리라 하느냐 예수께서 대답하시되 진실로 진실로 너희에게 이르노니 죄를 범하는 자마다 죄의 종이라 종은 영원히 집에 거하지 못하되 아들은 영원히 거하나니 그러므로 아들이 너희를 자유롭게 하면 너희가 참으로 자유로우리라 요 8:31-36

청소년 사역을 하던 시절, 미국 필라델피아의 한 교회로부터 집회 초청을 받았다. 전 교인 수련회 중 청소년 집회 설교를 부탁받았다. 공항에 도착해서 마중 나온 목사님을 만나서 인사하는데, 그의 당황하는 표정이 보였다. 그때 나는 수염(goatee)을 기르고 있었다. 한국 교회 목회자 가운데 수염을 기른 사람을 찾기 어려운 때였다.

그가 어색하게 인사하고는 내 얼굴과 짐을 번갈아 보며 물었다.

"목사님, 집회 전에 면도는 하실 거죠? 양복은 가지고 오셨죠?"

그때까지 상황 판단을 제대로 하지 못한 내가 말했다.

"아니요, 목사님, 수염을 이만큼 기르려고 몇 달을 고생했는데요…. 앞으로 몇 년은 더 기를 겁니다. 수련회장에 오는데 양복은 왜 가지고 오나요? 양복 없어도 됩니다."

공항에서 수련회장으로 이동하는 차 안에서는 어색한 침묵이 이어졌다. 수련회장에 도착하니 교육부 담당 장로님이 마중을 나와주었다. 공항에서 보았던 어색한 인사가 이어졌다. 나와는 눈도 마주치지 못하며 교육 담당 목사님에게 이상한(?) 눈짓을 했다. 아무리 눈치가 없어도 이들이 내 수염을 몹시 맘에 들어 하지 않는다는 것쯤은 알아차릴 수 있었다. 공항에서 들었던 질문이 이어졌다.

"목사님, 집회 전에 면도는 하실 거죠?"

나는 고장 난 녹음기처럼 동일한 답을 반복했다.

"장로님, 얼마나 어렵게 기른 건데요. 몇 년은 길러보려고 시작한 겁니다."

담임목사님과 전체 성도에게 인사를 할 때도 마찬가지였다. 내가 청소년 여름 수련회에 양복을 입지 않고 청바지나 반바지를 입고 설교하니 그들에게는 탐탁지 않았을 것이다.

1950-1960년대에 목회하시던 어르신들의 이야기를 들은 적이 있다. 당시 파마가 유행하기 시작했다고 한다. 파마를 좋아하지 않던 나이 많은 목회자들이 이런 설교를 빈번하게 했다고 한다.

"성경을 보면, 새는 주로 마귀를 지칭하는 경우가 많은데 요즘은 마귀가 여자들 머리에 둥지를 틀겠군요."

너무 이상하기도 하고 재미있기도 한 과거의 일이다. 목사들이 못마땅해한다고 복음적이지 않은 건 아니다.

언젠가 예배 후, 한 집사님이 딸을 데리고 기도를 받으러 사무실로 찾아왔다. 무슨 기도를 받기 원하는지를 묻자, 딸이 문신을 하기 원하는데 하지 못하게 기도를 해달라는 것이었다. 그래서 왜 반대하는지 묻자, 요한계시록에 나오는 짐승의 표가 그런 문신이기 때문에 반대한다고 했다. 딸에게 왜 문신을 원하는지 물어보자 "멋있잖아요, 목사님" 하며 웃었다.

나도 고등학교 시절, 문신하면 지옥 간다는 설교를 들었다. 정말 그런 줄 알았다. 그래서 어머니의 마음을 이해하지만, 딸의 마음도 이해가 되었다. 딸을 말려달라는 어머니에게 말했다.

"집사님, 내가 우리 딸이 문신하는 것도 못 말렸어요. 큰애도, 둘째도 예수님 많이 사랑하는데 문신이 있어요. 이 아이들의 문화가 다른 거예요. 너무 영적으로 보려고 하지 마세요. 엄마의 마음으로 아이들을 보면 마음에 안 드는 게 너무 많을 겁니다. 그들에게는 그들의 시대와 문화가 있는 거예요."

딸에게도 말했다.

"신중하게 생각해라. 나중에 지우려면 고생한다. 20대는 잠깐이면 끝난다. 평생 가지고 갈 게 아니면 말이야."

내 큰사위도 몸에 문신이 많다. 팔뚝에는 십자가에 달리신 예수님의 모습 문신과 물레 위에 흙을 빚으시는 토기장이 되신 주님의 손을 보여주는 문신이 있다. 한국에 방문해서 교회에 올 때면 나를 배려한다고 긴 소매를 입는다. 성도에게 충격을 줄까봐 조심한다. 나는 사위에게 그럴 필요 없다고 말했다. 내 시대의 문화와 그들 시대의 문화는 다르니까 나 때문에 조심할 필요 없다고.

크리스천들이 하나님의 시선을 의식하기보다 사람들의 시선을 의식할 때 생기는 부작용은 외식과 형식주의다. '외식'이란 속과 겉이 다른 것이다. 예수님 시대에 가장 영적인 사람들은 바리새인들이었다. 그들의 전통 자체가 율법을 더 철저하게 지키기 위해서 생겨난 것이니 당연했다. 그러나 그들은 자신의 전통에 도취되어 하나님으로부터 멀어졌다. 그들은 하나님을 의식하지 못하고 사람들이 자신들을 어떻게 봐주고 대할지에 관심이 더 많았다. 자기의 종교성을 과시하는 데 더 신경을 썼다.

그런 바리새인과 율법학자들에게 예수님의 행보는 파격적이었다. 예수님은 그들의 전통과 의식, 관습에 묶이지 않으셨다. 예수님은 아버지 하나님을 온전히 사랑하신다. 사람을 의식하지 않으시고 아버지만 의식하시기에 그분은 자유로우시다. 그래서 예수님의 말씀이 흘러넘치는 곳에는 자유함이 임한다. 종에게는 없는, 친구만이 누릴 수 있는 자유함이다. 원수에게는 없으나 자녀에게는 자유함이 있다.

"진리가 너희를 자유롭게 할 것이다"라는 예수님의 말씀에 유대인들은 자신들이 아브라함의 자녀이기에 아무에게도 종이 되어본 적이 없다고 주장했다. 얼마나 어리석은가! 북이스라엘이 망하자 앗수르의 종이, 남유다가 망하자 바벨론의 종이 되었다. 그리고 여전히 로마제국의 통치를 받는 식민지 백성이었다. 물론 예수님은 그들에게 주권적인 자유를 말씀하신 게 아니었다. 그들을 옭아매고 있는 죄와 그 권세로부터의 자유를 말씀하셨다.

로마제국의 속박은 로마보다 더 강한 군대를 가진다면 벗어버릴 수 있다. 그러나 죄의 속박은 어떻게 벗어버릴 수 있는가? 아들이 자유롭게 해주셔야 참 자유를 누릴 수 있다.

예수님은 그 자유함을 주기 위해서 복음을 전하셨고, 복음이 되셨다. 예수님의 말씀이 임하는 곳에는 죄의 사슬이 끊어지는 자유함이 임한다. 하나님을 떠난 자들은 죄의 무거운 멍에를 지고 살아가야 한다. 묶임은 율법이나 종교로 풀어지지 않고, 십자가의 능력과 부활의 능력으로만 풀어진다. 예수님의 말씀으로 죄의 굴레가 벗겨진다. 주님의 말씀 앞에서 죄의 권세는 힘을 잃는다.

그래서 말씀의 능력을 경험한 성도라면 죄로 얼룩진 과거로부터의 자유, 죄가 가져다주는 수치감으로부터의 자유, 죄의 결과 때문에 주어진 고통으로부터의 자유를 만난다. 말씀으로 주어지는 예수님의 자유는 겸손하고 온유하며, 가볍고 쉽다.

오래된 말씀에 새로운 빛을 던지시는 예수님의 말씀

내가 율법이나 선지자를 폐하러 온 줄로 생각하지 말라 폐하러 온 것이 아니요 완전하게 하려 함이라 마 5:17

유대인들에게는 이미 주어진 하나님의 말씀이 있었다. 그러나 그들에게 말씀은 새로운 생명력으로 충만한 게 아니었다. 그들은 말씀을 안다고 자부했고, 전통과 규례를 따른다고 자신만만해했다. 그러나 그들에게는 죽어 있는 말씀이었다. 머리에는 담을 수 있지만 가슴으로, 삶으로 담아내지 못하는 죽은 말씀이었다. 예수님은 그 오래된 말씀을 향해 새로운 빛을 던지셨다. 본래 말씀이 의도했던 생명력을 왕성하게 회복시켜 주셨다.

옛 사람에게 말한 바 살인하지 말라 누구든지 살인하면 심판을 받게 되리라 하였다는 것을 너희가 들었으나 나는 너희에게 이르노니 형제에게 노하는 자마다 심판을 받게 되고 형제를 대하여 라가라 하는 자는 공회에 잡혀가게 되고 미련한 놈이라 하는 자는 지옥 불에 들어가게 되리라 그러므로 예물을 제단에 드리려다가 거기서 네 형제에게 원망 들을 만한 일이 있는 것이 생각나거든 예물을 제단 앞에 두고 먼저 가서 형제와 화목하고 그 후에 와서 예물을 드리라 마 5:21-24

구약의 율법에서 살인하지 말라는 말씀이 여섯 번째 계명으로 주어졌다. 살인이란 누군가의 생명을 앗아가는 폭력이다. 이 계명을 지켜야 함을 모르는 유대인은 없었다. 그런데 예수님은 "너희가 들었으나 나는 너희에게 이르노니"라는 새로운 반전의 말씀을 주신다. 예수님의 말씀은 그전에 주어졌던 말씀을 무효화하는 것이 아니라 그 말씀에 새로운 빛을 던져주는 말씀이요, 완성되는 말씀이다.

"누군가의 생명을 해하지 않는 것으로 충분하지 않다. 살인하지 말라는 율법의 중심에는 형제를 향한 사랑과 그를 소중하게 여기는 마음이 있다. 그러므로 형제를 향해 과한 분노를 보이는 것도 그 말씀을 범하는 것이고, 형제를 향해 라가(미련한 사람, 어리석은 사람을 지칭하는 속어)라는 거친 말로 그를 상하게 하는 것도 말씀을 범하는 것이다"라고 말씀하신 것이다. 예수님의 말씀은 한 발짝 더 나간다.

예물을 드리다가 형제에게 원망 들을 만한 일이 생각나거든 하나님께 제물을 드리기 전에 형제와 먼저 화목하고 돌아와서 예배드리라고 하신다. 이 말씀에 순종한다면, 매주 예배드리러 못 나오는 사람이 꽤 있을 것 같다.

예수님은 오래전에 주어졌던 말씀에 새로운 빛을 비추신다. 그 말씀이 생명력으로 충만해져서 역동하는 것이 느껴진다.

또 간음하지 말라 하였다는 것을 너희가 들었으나 나는 너희에게 이르노니 음욕을 품고 여자를 보는 자마다 마음에 이미 간음하였느니라 만일 네 오른 눈이 너로 실족하게 하거든 빼어 내버리라 네 백체 중 하나가 없어지고 온몸이 지옥에 던져지지 않는 것이 유익하며 또한 만일 네 오른손이 너로 실족하게 하거든 찍어 내버리라 네 백체 중 하나가 없어지고 온몸이 지옥에 던져지지 않는 것이 유익하니라 마 5:27-30

간음하지 말라는 말씀은 일곱 번째 계명이었다. 간음이란 결혼이라는 울타리를 넘어서는 성적 방종의 행위다. 유대 사회에서는 간음죄를 범한 자들을 돌로 쳐서 응징함으로 사람들에게 그 악함의 위중함을 각인시켰다. 그런데 예수님은 이 오래된 말씀을 향해 새로운 빛을 던지셨다. 여인을 보고 음욕을 품는 자들마다 이미 마음에 간음한 거라고 하셨다. 그 누구도 이런 해석을 한 적이 없었다. 이 말씀 앞에서 자신만만할 사람이 누가 있겠는가! 예수님이 죄의 심각성에 대해 말씀하시는 것을 보면 섬뜩하기까지 하다.

눈을 빼어버리고, 손을 찍어버리라는 말씀은 물론 문자적으로 받아들일 수 없다. 만약 이 말씀대로 산다면 교회에는 전부 눈도 없고, 혀도 없고, 손도 없고, 발도 없는 사람만 있을 것이다. 이는 죄의 심각성에 대한 경각심을 일깨워 주는 말씀이라고 생각해야 한다. 죄에 대한 태도는 단호하고 강경해야 한다는 의미다.

예수님의 말씀은 이미 익숙하게 알고 있는 말씀에 새로운 빛을 비춰 준다. 예수님의 가르침 속에서 그 말씀은 새로운 생명력으로 충만하게 되어, 때로는 날카로운 검이 되어 우리의 심령을 쪼개고, 망치가 되어 우리를 때리고, 불이 되어 우리를 태운다.

사랑하라는 말씀

서기관 중 한 사람이 그들이 변론하는 것을 듣고 예수께서 잘 대답하신 줄을 알고 나아와 묻되 모든 계명 중에 첫째가 무엇이니이까 예수께서 대답하시되 첫째는 이것이니 이스라엘아 들으라 주 곧 우리 하나님은 유일한 주시라 네 마음을 다하고 목숨을 다하고 뜻을 다하고 힘을 다하여 주 너의 하나님을 사랑하라 하신 것이요 둘째는 이것이니 네 이웃을 네 자신과 같이 사랑하라 하신 것이라 이보다 더 큰 계명이 없느니라 **막 12:28-31**

구약에는 613개의 계명이 있었다. 그리고 각 계명을 어떻게 잘 지킬 수 있는지에 대한 전통과 규례도 많았다. 다 알기도 힘들지만 하루를 살아가면서 '혹시 내가 계명과 규례를 어기고 있는 것은 아닌가' 하는 불안한 마음을 떨쳐버릴 수 없었을 것 같다. 때마침 예수님에게 가장 중요한 계명이 무엇이냐는 질문이 주어졌다. 비록 질문은 서기관이 했지만 평범한 군중은 모두 예수님의 입을 주목했을 것이다. 그들도 너무 알고 싶었을 테니까.

'가장 큰 계명? 그래, 과연 가장 크고 중요한 계명이 무엇일까? 만약 알 수만 있다면 적어도 그것이라도 제대로 지키며 살아갈 텐데….'

예수님은 마음을 다하고 목숨을 다하고 뜻을 다하고 힘을 다하여 주 너의 하나님을 사랑하는 것이 가장 첫째 되는 계명이며, 네 이웃을 자신 같이 사랑하는 것이 그 다음으로 중요한 계명이라고 말씀해 주셨다. 예수님의 답이 무척이나 평범하게 들린다. 뭔가 획기적인 답변을 기대했던 유대인들에게 매우 평이하게 들렸을 것이다. 사실 이 말씀은 그들이 매일 암송하던 쉐마의 말씀(신 6:4,5)과 레위기 19장 18절을 합쳐놓은 것이었다.

1) 전부를 드려 하나님을 사랑하라

마가는 예수님의 이 가르침을 기록하면서 마음을 다하고, 목숨을 다하고, 뜻을 다해 하나님을 사랑하는 사람들의 이야기를 예수님의 마지막 일주일 사건 속에서 소개해 주었다.

예수께서 헌금함을 대하여 앉으사 무리가 어떻게 헌금함에 돈 넣는가를 보실새 여러 부자는 많이 넣는데 한 가난한 과부는 와서 두 렙돈 곧 한 고드란트를 넣는지라 예수께서 제자들을 불러다가 이르시되 내가 진실로 너희에게 이르노니 이 가난한 과부는 헌금함에 넣는 모든 사람보다 많이 넣었도다 그들은 다 그 풍족한 중에서 넣었거니와 이 과부는 그 가난한 중에서 자기의 모든 소유 곧 생활비 전부를 넣었느니라 하시니라 막 12:41-44

이 사건이 벌어지고 있는 곳은 이방인의 뜰을 지나 여인들의 뜰로 들어가면 있는 미문 앞이다. 거기에 13개의 헌금함이 있었다. 입구가 나팔 모양이었다. 동전을 사용하던 시대였으니 헌금을 넣으면 돈 떨어지는 소리가 요란스럽게 들렸을 것이다. 예수님이 헌금하는 사람들의 모습을 "보실새"라는 표현은 대강 보셨다는 뜻이 아니라 계속 보고 계셨다는 의미다.

부자들이 와서 헌금을 쏟아부었다. 많은 동전이 요란한 소리를 내며 떨어졌다. 여러 명의 부자가 그렇게 헌금했다. 그러나 그들의 헌금을 보면서 주님의 마음은 움직이지 않았다. 그때 한 가난한 과부가 한 고드란트를 드렸다. 마가복음은 로마 사람들을 위해서 기록된 복음서이므로 "고드란트"라는 로마 화폐단위도 기록해서 이해를 도왔다. 유대인들의 화폐가치로는 두 렙돈이었다. "렙돈"은 '얇다'라는 뜻인데 가장 작은 화폐단위다. 한 데나리온은 성인 남자의 하루 품삯이었는데 렙돈은 1/64 데나리온이었다. 가장 가난한 사람들이 거친 음식으로 겨우 한 끼를 때울 수 있는 돈이 한 렙돈이었다고 한다.

부자들이야 많은 동전을 넣으니까 당당하게 헌금함에 쏟아부었지만, 과부는 적은 금액을 부끄럽게 드리고 조용히 자리를 떴을 것이다. 예수님은 그 여인의 헌금을 보시고 감동하셨다. 그것이 그녀의 전부였기 때문이다. 마음을 다해, 목숨을 다해, 뜻을 다해, 힘을 다해 하나님을 사랑하는 모습이었다. 이 여인은 누구보다 더 뜨거운 마음으로 하나님을 사랑하고 예배했다. 그녀는 전부를 주저함 없이 하나님께 드렸다.

전부를 주는 것만이 참사랑이다. 예수님이 우리를 어떻게 사랑하셨는가? 자신의 전부를 주셨다. 하나님 아버지는 독생자를 주심으로 우리에게 전부를 주셨다. 무엇도 아끼지 않으셨다. 주저하지 않고 기꺼이 모든 것을 내어주셨고, 예수님은 물과 피를 십자가에서 쏟으시며 그 사랑을 입증하셨다.

과부의 두 렙돈 이야기는 늘 헌금을 격려하는 가르침으로 이어진다. 그러나 돈에 대한 것이 아니라 마음과 사랑에 대한 것이다. 한 농부의 집에 송아지 두 마리가 태어났다. 농부는 기뻐하며 아내와 함께 의논해서 한 마리를 하나님께 드리자고 결정했다. 그런데 한 송아지가 시름시름 앓더니 죽어버렸다. 농부가 눈물을 흘리면서 목사님에게 "하나님께 드리려고 했던 송아지가 죽어버렸습니다. 너무 아쉽습니다"라고 했다. 참 웃기고도 슬픈 이야기다.

사람들이 돈 이야기에 불편한 마음을 갖고 시험에 드는 이유는, 돈에 우리 마음이 담겨 있기 때문이다. 사랑이 담겨 있기 때문이다. 사랑이 부족하니 하나님께 드리는 것을 주저하게 된다. 마음이 뜨겁지 않으니 자꾸 저울질하며 계산하게 된다.

가난한 과부는 온 맘으로 하나님을 사랑하고 의지한다. 자신의 가난은 하나님을 사랑하는 데 장애가 되지 않는다. 그러니 전부를 내어 드릴 수 있다. 자신의 전부를 받으시기에 합당하신 하나님을 사랑하며 자신의 전부를 책임지실 그분을 신뢰한다. 그렇기에 주저함도, 갈등도 없다.

예수님의 발에 비싼 향유를 쏟아부으면서 예배했던 여인의 이야기가 복음서에 나온다. 삼백 데나리온의 가치면 성인 남자의 연봉에 해당했다. 그러나 여인은 미련 없이 예수님에게 쏟아부었다. 그것을 보던 구경꾼들이 화를 냈다. 왜 그것을 팔아서 가난한 사람에게 주지 않느냐며. 자신의 소유도 아닌데 그것을 팔아야 한다고 참견하는 것도 우스꽝스럽지만, 여인의 경배하는 모습 앞에서 드러난 자기 탐욕의 정체조차 파악하지 못하는 게 안타깝고 슬프다.

여인은 주님을 사랑한다. 삼백 데나리온의 향유는 분명 비싸고 귀한 것이다. 그러나 주님의 가치는 그와 비교될 수가 없다. 그래서 주저함 없이 예수님의 발에 그 향유를 쏟아부을 수 있다. 사랑하면 과감해진다. 하지만 사랑할 줄 모르는 사람 눈에는 어리석어 보인다. 이해할수가 없다. 사랑하지 못하면 모든 것이 아깝지만, 사랑하면 어떤 것도 아깝지 않다. 두 렙돈을 드린 과부는 사랑하기에 아깝지 않았다. 하나님은 그렇게 전부를 드려서 사랑해야 하는 분이다.

전주에 가면 예수병원이 있다. 좌측 사진은 전주 예수병원의 시작을 보여준다. 우리나라 최초의 민간 선교병원이라고 알려진 곳이다.

마티 잉골드 선교사가 1897년에 전라도 도청 소재지였던 전주성에 도착하면서 시작된 병원이다. 그녀는 볼티모어 여자 의과대학을 수석으로 졸업한 재원이었다.

의과대학을 수석으로 졸업한 재원의 위상과 어울리지 않는 병원이라는 생각이 들지 않는가! 이런 병원을 보여주며 하나님께서 나를 이런 곳으로 부르셨다고 말한다면, 누가 그녀를 향해 박수를 쳐줄까!

그러나 마티 잉골드 선교사는 자신의 파송 예배에서 "내가 전주로 가는 것은 하나님의 뜻에 의한 것이고, 하나님의 뜻은 언제나 옳고 선한 것임을 믿기에 두렵지 않다"라고 말하며 기도했다고 한다.

많은 사람이 그녀를 설득하며 미국에서 편하고 안락한 삶을 살라고 권했을 것이다. 그러나 그녀에게 하나님은 전부를 드릴 수 있는 하나님이셨다. 그녀에게 소명이란 자신의 잉여 시간이 아니라 최고와 최선의 시간을 드리는 것이었다. 전부를 주신 예수님만이 우리의 전부를 받기에 합당한 분이시기에, 그녀는 무엇도 아까워하지 않고 당당하게 전주에서 예수병원을 시작했다.

2) 자신을 사랑하는 것처럼 이웃을 사랑하라

예수님의 사랑에 대한 가르침은 하나님을 향한 것으로만 끝나지 않았다. 자신을 사랑하는 것처럼 이웃을 사랑해야 한다는 말씀으로 이어졌다. 하나님의 사랑을 온전히 누리며 하나님을 전심으로 사랑하는 것을 배운 사람은, 이웃을 사랑하는 삶을 살게 된다. 흥미로운 것은 이웃을 사랑하는 방법이다. 이웃을 이웃처럼 사랑하는 게 아니라 자신을 사랑하는 것처럼, 자기 몸을 사랑하는 것처럼 사랑해야 한다는 것이다. 즉, 자신을 온전히 사랑하는 것을 배우지 못하면 이웃 사랑도 배우지 못한다는 뜻이다.

어떤 사람들은 자신을 사랑하는 삶이 이기적인 것이라고 생각할지 모른다. 디모데후서에는 마지막 때의 징조가 사람들이 자기를 사랑하는 것이라고 했다(딤후 3:2). 그러니까 스스로를 사랑하는 것은 믿음을 가진 사람이라면 당연히 경계해야 하는 것으로 생각할 수도 있다.

그러나 하나님을 사랑하는 마음으로 하는 이웃 사랑은 하나님께서 독생자를 주시고 선택하신 자신의 소중함을 아는 것에서 시작된다.

하나님의 아들이 목숨을 버리고 구원하신 존재가 자신이라는 것을 확신한다면 어떻게 자신을 소중하게 여기지 않겠는가! 그런 깨달음은 자아 추구, 자아 팽창이 아닌 자기 부인이라는 사랑으로 이어지게 될 것이다.

그러나 하나님의 사랑에 근거하지 않은 자아 사랑은 극단적인 자기애와 이기주의, 자아 몰두와 자아 추구, 파괴적인 나르시시즘으로 변질할 가능성이 크다. 이웃이 소중해지려면 나를 소중하게 사랑하는 믿음을 배워야 한다. 하나님 아버지의 마음으로 나를 바라보는 훈련이 필요하다. 이웃 사랑이 시작되려면 우리의 영적 정체성이 확실하게 서야 하고, 사랑받는 자라는 영적 자존감이 온전히 회복되어야 한다.

우리 시대에는 진정한 이웃이 필요하다. 사람들은 SNS의 홍수 속에 살고 있다. 수많은 네트워크가 거미줄처럼 연결되어 있다. 그러나 우리의 관계는 더욱 파편적으로 변해가고 많은 사람이 외로움의 그림자를 떨쳐버리지 못하고 살아간다.

《시카고 트리뷴》(Chicago Tribune)의 칼럼니스트인 말라 폴(Marla Paul)은 자신의 칼럼에서 외로움에 대해 이렇게 썼다.

"나는 외로움 때문에 슬프다. 마흔둘이 되도록 변변한 친구 하나 없다는 게 말이나 되는가! 나는 숨 가쁘게 돌아가는 세상에서 혹시 친구란 존재하지 않는 것은 아닌가 생각이 들기도 했다. … 아예 세상에는 외로움이라는 걸 모르는 여자들뿐인 건 아닌가 하는 생각이 들기도 했다. 일로 하루를 때우기는 쉽다. 하지만 그것으로 충분하지 않았다."

그녀의 칼럼은 이렇게 끝난다.

"최근에 딸아이에게 안데르센의《미운 오리 새끼》를 읽어주었다. 그러다가 문득 같은 존재를 찾기 위해 여기저기 헤매는 미운 오리가 나와 똑같은 처지라는 생각이 들었다. 이 새는 결국 동족을 찾는다. 나도 그랬으면…."

이 칼럼이 나간 다음에 그녀가 가장 많이 들었던 말은 "당신도 그랬나요? 나만 그런 줄 알았어요"였다고 한다. 많은 사람이 좋은 친구를 얻는다는 게 너무 어렵다고 고백했다고 한다. 미국의 한 설문조사에 90퍼센트의 미국 남성이 진정한 친구가 없어서 아쉽다고 답했다고 한다. 다만 그런 내색을 안 하고 살아가고 있을 뿐이다.

정신의학자 재클린 올즈(하버드 의대 교수이며 외로움과 고립에 관한 전문적인 치료자.《외로운 미국인들》이란 책으로 유명하다)는 현대인들이 자신이 외롭다는 사실을 인정하지 않는 이유는, 자신이 실패자와 같다는 뜻으로 받아들이기 때문이라고 말했다. 사람들은 외롭지만 그것을 어떻게 해결해야 할지 답을 알지 못한다.

우리 안에는 하나님만이 채울 수 있는 거룩한 빈자리가 있다. 그것이 하나님의 창조 원리, 창조 디자인이다. 오직 하나님을 알고 사랑할 때만 채워질 수 있다. 동일하게 우리 안에 오직 사람만이 채울 수 있는 빈자리도 있다. 이것도 하나님의 창조 원리다. 참된 이웃 되기를 배우는 것은 창조 섭리로 돌아가는 것을 포함한다. 이웃을 사랑한다는 말이 매우 추상적이고 공허하며 상투적인 표현으로 들리는 것이 안타깝다. 이웃 사랑은 실제적이기 때문이다.

서울드림교회를 개척하고 7년이 지난 후, 나는 6개월 안식의 시간을 보냈다. 미국에서 태어나 자란 아내에게 미국에서 보낸 그 시간은 회복과 안식의 시간이었다.

그때 초등학교 3학년이던 늦둥이 막내가 미국에서 새로운 학교에 들어갔다. 막내의 반에는 유난히 말수가 적고 조용한 학생이 있었다. 종일 인상을 찌푸리고 있는 아이였다. 말을 시켜도 대꾸하지 않고 혼자 구석에 앉아서 시간을 보냈다. 나중에 아이들을 픽업하러 온 엄마들끼리 얘기를 나누다가 아내가 그 아이에 대해 알게 되었다.

핀란드에서 이민 온 가정이었는데, 부모는 영어에 능숙하지만 아이는 영어를 한마디도 못한다고 했다. 그래서 다시 핀란드로 가고 싶다고 매일 집에서 떼쓴다고 했다. 학교도 가기 싫고, 미국도 싫고, 다시 예전 학교로 보내달라며. 참 힘든 시간을 아이가 보내고 있었다.

막내가 그 사실을 들었다. 막내는 주말 내내 노트북 컴퓨터를 켜놓고 방에서 나오지 않고 뭔가 열심히 준비했다. 방에 들어가려고 하면 방해하지 말라며 문을 닫았다. 나중에 알고 보니, 인터넷 검색 사이트를 이용해 핀란드어를 찾아보고 있던 것이었다. 간단한 인사말은 물론, '우노'라는 카드 게임을 할 때 쓸 수 있는 색깔명도 종이에 기록해놓았다. "같이 놀자", "놀이터 가자", "같이 밥 먹자", "잘했어", "우리 친구 하자", "미안해", "내가 도와줄 것은 없어?", "뭐든 도움이 필요하면 얘기해" 같은 말을 발음기호와 함께 가득 써놓았다.

월요일이 되자, 그 종이를 갖고 학교에 가서 종일 인상을 쓰고 있는 이민자 아이에게 핀란드어로 말을 걸었다. 발음은 형편없었을 것이고, 겨우 말을 전했을 것이다. 그런 노력 때문에 핀란드 아이는 새로운 친구를 얻었고 웃음을 되찾았다. 아이가 집에 돌아가 핀란드 말로 자신에게 말해주려고 노력하는 막내 이야기를 많이 한다며 그 엄마가 아내에게 고맙다고 인사했다고 한다.

막내를 칭찬하면서 내가 미국 고등학교에 등교한 첫날을 말해주었다. 영어를 듣지도, 말하지도 못하는 이방인 학생에게 미국 학교는 너무 두려운 곳이었다. 수업시간에는 견딜 만했다. 점심시간이 되었고, 학교 식당에서는 수백 명이 시끄럽게 떠들면서 삼삼오오 모여 점심을 먹기 시작했다. 그러나 나는 투명 인간이 되었다. 아무도 말을 걸어주지 않는 투명 인간.

이웃을 사랑한다는 건 그들의 친구가 되어주는 것이다. 예수님은 죄인들, 세리들, 여인들의 친구셨다. 자신을 사랑하듯 이웃을 사랑하는 길은 친구가 필요한 이들에게 다가가는 것이다. 우리 사회에서 크리스천이 누군가의 친구가 되어주기를 기뻐할 수 있다면, 이웃을 사랑하는 예수님의 삶을 배울 것이다.

용서하라는 말씀

찰스 디킨스의 소설 중에 《위대한 유산》(Great Expectations)이라는 작품이 있다. 미움으로 가득 찬 여인의 이야기가 나온다. 결혼식 날이었다. 얼마나 행복으로 가득한 날인가! 9시에 결혼식을 올리게 되어 있었다. 아름다운 웨딩드레스를 입은 여인은 결혼 행진곡이 나오기를 기다렸다. 사람들은 그녀가 얼마나 아름다운지 입을 모아 칭찬할 것이었다. 그러나 9시 20분 전, 신부에게 소식이 전해졌다. 신랑이 오지 않을 거라는. 그리고 여인의 집 모든 시계는 8시 40분에 멈춰버렸다.

그 여인은 웨딩드레스를 벗지 못했고, 누렇게 빛바랠 때까지 입고 분노와 미움에 사로잡혀 살아갔다. 그녀가 살던 맨션은 쥐가 우글거리는 흉가로 변해버렸다. 그리고 그녀는 자신의 아픔에 대해 "저 쥐들의 날카로운 이빨보다 더 날카로운 것이 나의 가슴을 갉아먹고 있습니다"라고 고백했다. 쥐의 이빨보다 더 날카로운 것이 무엇인가? 바로 '미움'이었다. 자신을 버린 남자를 향한 미움.

실제로 미움에 사로잡힌 사람의 마음에는 파괴적인 에너지가 넘친다고 한다. 미워할 때는 사랑할 때와는 반대 현상이 나타난다. 혈관이 수축되면서 혈압이 상승하고, 엔도르핀 분비는 감소한다. 뇌의 활동이 증가함에 따라 산소 요구량이 늘어나면서 폐와 심장은 이를 감당하기 위해 더 많은 부담을 받는다. 이로 인해 신체는 피로를 느끼고 의욕이 저하된다. 그 증거로 아무리 쉬운 일도 미워하는 사람이 부탁하면 절대 하고 싶지 않으며, 할 수 없이 해야 하면 매우 큰 힘이 든다.

누군가를 미워해 보지 않은 사람이 있을까! 우리는 미움에 익숙하다. 미움을 품고 살면 가장 피해를 보는 당사자는 자신이다. 미워하는 순간, 마음이 피폐해진다. 잡초가 무성한 정원처럼 망가져 간다. 미움은 다른 관계도 파괴하는 힘을 가졌다. 적대적인 감정은 제어되지 않는 불과 같아서 좋았던 다른 관계에도 부정적 영향을 미친다. 미움은 기쁨을 마비시키는 마취제와 같다. 미움이 들어오는 순간, 기쁨을 느끼는 기능을 마비시켜 버린다.

그러면 미움을 이기는 길은 무엇일까? 예수님은 미움을 이기는 길이 '용서'라고 가르쳐 주셨다.

그때에 베드로가 나아와 이르되 주여 형제가 내게 죄를 범하면 몇 번이나 용서하여 주리이까 일곱 번까지 하오리이까 예수께서 이르시되 네게 이르노니 일곱 번뿐 아니라 일곱 번을 일흔 번까지라도 할지니라 마 18:21,22

"몇 번이나 용서하여 주리이까"라는 베드로의 질문 속에서 평범한 사람들이 가진 용서에 대한 기본적인 태도를 볼 수 있다. 당시 유대인들의 관습상 동일한 실수를 범하는 사람은 세 번까지 용서해 주어야 했다. 세 번을 넘기면 뉘우칠 의도가 없다고 생각하고 벌할 수 있었다. 베드로도 그것을 알고 있기에 "일곱 번 정도라면 대단한 것이 아닙니까"라는 의도로 질문했던 것이다.

베드로의 질문에는 용서의 수혜자에 대한 오해가 있다. 용서라는 선물의 최대 수혜자는 용서받는 사람이 아니다. 용서의 진실은 용서를 베풀어 주는 사람이 최고의 은혜를 누린다는 데 있다. 용서란 하나님의 마음을, 하나님의 긍휼을 경험하는 통로이기에 용서를 베푸는 사람에게 더 큰 은혜가 있는 것이다. 용서는 가장 확실한 치유의 길이기에 용서해야 하는 사람에게 더 중요하고 의미가 있다.

일곱 번이면 충분하지 않냐는 베드로의 질문에 사람들의 상식을 초월하는 예수님의 답변이 주어졌다. 일흔 번씩 일곱 번을 용서하라는 말씀이었다. 이는 사백구십 번 용서해야 한다는 의미가 아니라 횟수에 상관없이 용서해야 한다는 말씀이다. 예수님의 이 용서에 대한 가르침에서 정말 인정하고 싶지 않은 몇 가지 사실을 만난다.

첫째는 우리에게 사백구십 번 혹은 그 이상 더 많은 용서가 필요할 만큼 사람들과의 관계에서 힘든 일이 생길 수 있다는 사실이다. 용서가 필요한 대상이 우리 삶 안에 끊임없이 들어올 수 있다.

둘째로 예수님을 믿고 복음을 받아들이는 순간, 우리는 일흔 번씩 일곱 번을 용서할 수 있는 내적 능력을 갖추게 된다는 사실이다. 예수님은 우리에게 결코 불가능한 것을 요구하지 않으신다. 은혜가 우리로 하여금 그런 용서를 흘려보낼 수 있는 사람이 되게 한다.

너희가 각각 마음으로부터 형제를 용서하지 아니하면 나의 하늘 아버지께서도 너희에게 이와 같이 하시리라 마 18:35

예수님의 말씀은 마치 하나님의 용서가 우리에게 조건부로 주어지는 것처럼 들린다. 형제를 용서하지 않으면 하나님의 용서도 임하지 않을 거란 말씀처럼 무섭게 들린다. 비슷한 말씀이 주기도문에도 등장한다.

우리가 우리에게 죄지은 자를 사하여 준 것 같이 우리 죄를 사하여 주시옵고 마 6:12

우리가 죄지은 자를 용서할 때, 우리가 죄 사함을 받는다는 것처럼 들릴 수 있다. 그러나 우리는 예수 그리스도를 통해서 우리에게 주어진 하나님의 용서가 조건부로 주어진 게 아니라 저항할 수 없는 은혜의 침범으로 이루어졌음을 알고 있다. 십자가의 침범은 용서를 스스로 구할 수도 없는 죄악 속에 빠진 죄인을 향한 하나님의 자비와 용서의 파상공세다. 하나님께서는 독생자를 십자가에서 죽게 하심으로 용서라는 자비를 우리에게 조건 없이 베풀어 주셨다.

그런 은혜를 입은 자는 은혜에 맞는 삶을 살아갈 수 있는 힘을 얻는다. 용서받은 자는 용서할 수 있는 힘을 얻는다. 용서할 힘도 주어졌고, 은혜를 따라 살아갈 힘도 주어졌기에 그렇게 하지 않겠다는 선택은 하나님 앞에서 무도(無道)한 것이다.

2007년은 내가 온누리교회에서 부목사 생활을 하던 시절이었다. 그해, 평양 장대현교회에서 일어난 부흥운동의 100주년 기념행사로 각 교단과 많은 교회가 특별 집회나 행사를 준비했다. 온누리교회에서도 그런 집회를 준비 중이었다.

나는 하용조 목사님께 행사를 한국에서 하지 말고 복음의 부흥이 어려운 일본 교회를 돕는 집회를 준비하면 어떻겠냐고 제안을 드렸다. 목사님은 그 아이디어를 한류 문화전도 집회로 발전시켜 '러브 소나타'라는 문화전도 집회를 시작하셨다.

각 도시를 방문해서 일본 교회와 목사님들에게 동기 부여를 하고, 교회 지도자들을 훈련시키고, 사역 세미나를 개최하고, 각계각층의 크리스천 지도자들을 초청해서 리더십 세미나를 열었다. 저녁에는 대형 공연장에서 문화전도 집회가 열렸다.

하 목사님은 투석을 받으시면서도 집회에서 예수 그리스도의 복음을 전하셨다. 대만에서도 러브 소나타를 개최하고 싶다는 대만 목사님들의 요구가 있어서 그들을 일본 러브 소나타에 초청했다. 그들은 모든 모임에 참석하고 나서 하 목사님께 질문을 던졌다.

"당신은 한국 사람인데 어떻게 일본 사람을 위해 이런 섬김을 할 수 있습니까? 우리는 일본 사람이 한국 사람에게 어떤 일을 했는지 알고 있습니다. 일본과의 과거사 때문에 우리 대만 사람들도 일본 사람을 용서하기가 힘듭니다. 그런데 어떻게 한국 성도들이 이렇게 뜨거운 마음으로 일본을 사랑할 수 있습니까? 그들이 밉지 않습니까?"

그들이 보았던 가장 강력한 힘은 온누리교회의 저력이 아니었다. 하 목사님이 투석을 받으시면서도 집회를 인도하시던 열정과 헌신이 아니었다. 하 목사님과 한국 교회 성도들이 보여준 용서와 사랑이었다. 용서할 수 없는 대상을 용서하고, 그들을 복음으로 사랑하는 모습에 감동받아 마음을 활짝 열었다.

용서는 하나님의 자비하심을 경험한 사람들이 세상에 줄 수 있는 치유의 선물이다. 싸움은 가르쳐 주지 않아도 잘 배운다. 분열은 코치해 주지 않아도 스스로 터득한다. 미움과 원망은 선생님 없이도 능숙하게 연마한다.

그러나 용서는 은혜를 입지 않으면 절대 깨우칠 수 없다. 자비와 긍휼을 맛보지 않으면, 용서는 가장 어리석고 연약한 선택이 될 것이다. 그러나 하나님의 용서를 만난 사람은, 용서가 은혜를 아는 자만이 할 수 있는 최고의 선택임을 확신하기에 용서할 수 없는 사람들을 향해 하나님의 자비하심을 흘려보낼 수 있다.

예수님의 말씀으로 돌아가자 Ⅱ

chapter 05

우리의 성장을 꿈꾸며 하신 말씀

예수께서 비유로 여러 가지를 그들에게 말씀하여 이르시되 씨를 뿌리는 자
가 뿌리러 나가서 뿌릴새 더러는 길가에 떨어지매 새들이 와서 먹어버렸고
더러는 흙이 얕은 돌밭에 떨어지매 흙이 깊지 아니하므로 곧 싹이 나오나 해
가 돋은 후에 타서 뿌리가 없으므로 말랐고 더러는 가시떨기 위에 떨어지매
가시가 자라서 기운을 막았고 더러는 좋은 땅에 떨어지매 어떤 것은 백 배,
어떤 것은 육십 배, 어떤 것은 삼십 배의 결실을 하였느니라 마 13:3-8

예수님의 '씨 뿌리는 자'의 비유는 하나님의 꿈 이야기다. 농부는 어
떤 마음으로 씨를 뿌릴까? 당연히 풍요로운 소출을 기대하며 뿌린다.
이 비유에서 농부는 하나님이시다. 씨는 하나님의 말씀이다. 농부는
쩨쩨하게 씨를 뿌리지 않는다. 관대하고 후하게 뿌린다. 농부가 뿌리
는 모든 씨앗에는 왕성한 생명력이 있다. 그렇기에 농부는 씨를 뿌리
면서 꿈을 꿀 수 있다.

그러나 어떤 땅은 싹이 트지도 못한다. 어떤 땅은 싹은 나오지만
뿌리를 깊게 내리지 못한다. 어떤 땅은 싹도 트고 뿌리도 내리는데 열

매를 맺을 수가 없다. 그러나 어떤 땅은 삼십 배, 육십 배, 백 배 결실을 얻는다. 이 비유에 등장하는 땅은 말씀을 받는 사람의 마음이다. 어떤 사람의 마음에는 하나님께서 아무리 씨를 뿌려도 아무 열매가 없고, 어떤 사람의 마음에는 삼십 배, 육십 배, 백 배의 열매가 있다는 것이다. 이렇게 성장하는 마음은 어떤 마음일까?

심령이 가난한 자는 복이 있나니 천국이 그들의 것임이요 마 5:3

가난한 마음이, 성장하여 풍성하게 결실하는 마음이다. 영적으로 파산당한 자의 마음을 통해 그런 풍요로운 열매가 맺힌다. '가난한 마음'이라는 표현이 상당히 추상적으로 들리고, 관념적으로 다가오기도 한다. 그러나 복음서에서 만나는 가난한 마음은 절대 그렇지 않다. 마가복음 5장에는 가난한 마음을 가진 두 사람의 모습이 영화의 한 장면처럼 오버랩이 되어 등장한다. 한 사람이 은혜를 입으려면 한 사람은 고통을 피할 수 없는 구도에 이들이 있는 것처럼 그려진다.

예수님이 거라사의 군대 귀신 들린 자를 고치신 후 배를 타고 호수를 건너시자 큰 무리가 예수님 앞에 나왔다. 그때 야이로라고 하는 회당장이 예수님의 발 앞에 엎드려 죽어가는 그의 딸을 고쳐달라고 애원했다. 예수님이 야이로를 따라 그의 집으로 향하는데, 사람이 너무 많이 몰려서 쉽게 갈 수 없는 지경이었다. 야이로의 마음이 얼마나 급해졌을지 상상이 된다. 몰려오는 사람들, 예수님 주변을 맴도는 사람들이 몹시 미웠을 것이다.

예수님의 발걸음을 재촉하는데 또 한 사람이 무리 속에서 예수님을 향해 나왔다. 이 여인은 12년 동안 혈루증을 앓고 있는 부정한 여인이었다. 많은 의사에게 도움을 청했지만 아무도 그녀의 병을 고칠 수가 없었고, 오히려 병이 더 중해졌다. 12년 동안 병치레를 했으니 돈도 많이 잃었을 것이다. 당시 율법을 해석해 놓은 전통 문헌을 보면 말도 안되는 민간요법들이 등장한다.

흰 나귀의 배설물 속에서 소화되지 않은 보리 낟알 하나를 발견해서 몸에 지니고 있으면 혈루증이 낫는다는 기록도 있다. 무엇을 안 해봤겠는가! 할 수 있는 것은 다 해봤을 것이다. 그러나 무엇도 여인을 고치지 못했다. 남편도 부정한 여인을 떠났을 것이고 그녀가 만지는 모든 것은 다 부정해지는 저주받은 인생이 되어 하루하루를 좌절 속에서 살아가고 있었을 것이다.

그런데 왜 이 여인이 예수님을 향해 나왔던 것일까? 이 여인은 랍비인 예수님을 만지면 안 되었다. 그녀가 만지는 모든 것은 부정해지기 때문이었다. 그것을 누구보다 잘 알고 있는데도 이 여인은 예수님의 소문을 듣고 무리에 섞여 예수님의 옷을 만지기 위해 안간힘을 다해 손을 뻗었다. 그 옷만 손에 대어도 치유함을 받을 수 있다고 믿었기 때문이다.

여인은 예수님의 옷을 만지는 순간, 병이 나았다는 사실을 알게 된다. 예수님은 자신에게서 능력이 나간 사실을 아시고 누가 옷을 만졌냐고 물어보신다. 상황을 보면 이 질문이 참 당황스럽다. 예수님 앞에 사람이 너무 많이 모여서 이리 밀치고 저리 밀치고 있는데 갑자기 예수님이 발걸음을 멈추시고 물어보시니 제자들이 당황할 만하다.

지금 예수님은 야이로의 집에 빨리 가서야 한다. 그의 어린 딸이 죽어가고 있기 때문이다. 자신의 옷을 만진 사람이 누군지 찾으실 때가 아니다. 이미 여인은 고침을 받지 않았는가. 그렇다면 빨리 야이로의 집을 향해 뛰어가셔야 한다. 그런데 여인을 찾기 위해서 꽤 시간이 지체되었던 것 같다. 그러는 동안 야이로의 집에서 전갈이 온다. 청천벽력 같은 소리다.

아직 예수께서 말씀하실 때에 회당장의 집에서 사람들이 와서 회당장에게 이르되 당신의 딸이 죽었나이다 어찌하여 선생을 더 괴롭게 하나이까 막 5:35

야이로의 마음을 상상해 보라. 그가 여인을 바라보는 눈빛을 상상해 보라.

'당신, 바로 당신 때문에 내 사랑하는 딸이 예수님을 만나보지도 못하고 죽었어. 당신이 예수님의 발걸음을 이렇게 지체시키지만 않았어도 내 딸에게 예수님이 안수하시고 고쳐주실 수 있었어. 당신은 12년 동안 아팠지만 죽지 않았잖아. 지금 당장 당신이 낫지 않아도 죽지 않을 거잖아. 그렇지만 내 어린 딸은 지금 당장 예수님이 오시지 않으면 죽을 수밖에 없는 상황이었어. 그런데 죽지 않을 당신 병을 고치려고 죽어가는 내 딸을 살릴 수 있는 시간을 놓쳤어. 다 당신 때문이야!'

이런 마음의 소리가 들리지 않는가! 예수님을 향한 마음과 시선도 곱지 않았을 것 같다.

'예수님, 지금 이 여인의 병은 죽을병이 아니잖아요. 제가 말씀드렸잖아요. 제 어린 딸이 죽어가고 있다고요. 시급하다고요. 지금 당장 가서 기도해 주시면 나을 수 있다고요. 그런데 12년 동안 아팠던 사람하고 말씀하시느라 딸을 고치실 수 있는 골든타임을 허비하셨네요. 예수님이 멈추지만 않으셨다면, 누가 내 옷을 만졌냐는 쓸데없는 질문만 하지 않으시고 빨리 가셨다면 제 딸은 죽지 않았을 겁니다.'

야이로의 마음이 무너졌을 것이다.

예수님이 12년 동안 혈루증을 앓았던 여인에게 하셨던 말씀과 딸의 죽음 소식을 접한 야이로에게 하신 말씀에 공통점이 있다.

예수께서 이르시되 딸아 네 **믿음이 너를 구원하였으니** 평안히 가라 네 병에서 놓여 건강할지어다 막 5:34

예수께서 그 하는 말을 곁에서 들으시고 회당장에게 이르시되 두려워하지 말고 **믿기만 하라** 하시고 막 5:36

예수님은 두 사람 모두에게 '믿음'에 대해 말씀하셨다. 그들이 예수님에게 나왔던 이유가 바로 이 믿음 때문이었다.

여인에게는 이런 믿음이 있었다. 첫째, 자신이 만지는 모든 것은 부정해지지만 예수님을 만지는 순간 부정함이 끊어질 것을 믿었다. 둘째, 다른 랍비들은 그녀를 거절했지만 예수님은 거절하지 않으시고 고쳐주실 것을 믿었다. 마지막으로, 예수께로 가서 그분의 옷깃이라도 만지면 고침을 받을 수 있음을 믿었다. 그래서 안간힘을 다해 예수님의 옷깃을 향해 손을 뻗은 여인의 간절함, 그것이 가난한 마음이다. 예수님은 그 가난한 마음을 믿음이라고 하셨다.

야이로가 예수께 나온 이유는 죽어가는 딸을 고치기 위함이었다. 죽어가는 딸을 보며 그가 할 수 있는 것은 아무것도 없었다. 그는 존경받는 회당장이었다. 그러나 딸을 살릴 수 있는 능력이 없었다. 그래서 예수님을 찾았다. 예수님은 고치실 수 있다고 믿었기에 빨리 와달라고 그분 앞에 엎드렸다. 그런데 딸의 사망 소식을 들었다. 이제 그에게 필요한 것은 예수님을 향한 믿음이었다. 딸을 살릴 수 있다고 믿었던 그 믿음이 다시 필요했다. 죽어가는 딸도, 죽어 있는 딸도 예수님은 살릴 수 있다는 믿음이 야이로에게 있어야 했다.

"주님, 제가 할 수 있는 것은 아무것도 없습니다. 제가 의지할 분은 오직 당신입니다. 죽어가는 딸을 고치실 분은 주님이셨고, 죽어 있는 딸을 다시 살리실 분도 주님이십니다. 제발 도와주십시오."

이렇게 외칠 믿음이 야이로에게 필요했다. 그 믿음이 바로 가난한 마음이다. 말씀의 씨앗이 삼십 배, 육십 배, 백 배의 결실로 이어지는 성장은 이런 가난한 마음에 임하는 축복이다.

제자도에 관한 가르침

예수님이 가시는 곳마다 군중이 몰려들었다. 병자를 고치고, 기적을 베풀고, 귀신을 쫓아내시는 예수님 주변에는 언제나 사람이 몰렸다. 그러나 예수님은 몰려드는 군중을 달갑게 여기지 않으셨다.

오병이어 사건 후, 군중은 예수님을 왕으로 만들려고 할 만큼 그분을 향해 환호했지만, 예수님은 그들이 잘 알아들을 수 없는 '생명의 떡' 설교를 하시면서 그들을 흩어버리셨다. 사람이 많이 오면 좋아하셔야 하는데, 군중을 모으는 데 관심이 없으셨다. 예수님이 원하신 것은 그분을 좋아하는 팬(군중)이 아니라, 제자였다.

- 군중은 예수님을 향해 몰려들지만 십자가 앞에서는 흩어진다.
- 군중은 예수님을 향해 박수를 치지만 고난 앞에서는 그분을 원망한다.
- 군중은 예수님을 쫓아다니지만 예수님을 사랑하지는 못한다.
- 군중은 예수님의 말씀 듣기를 좋아하지만
  예수님의 말씀대로 사는 것에는 관심이 없다.
- 군중은 예수님의 능력을 보지만 예수님의 능력을 구하지는 못한다.
- 군중은 예수님의 기도를 보지만 예수님처럼 기도하려 하지 않는다.
- 군중은 세리와 죄인의 친구 되신 예수님을 보면서도
  세리와 죄인들을 배척한다.
- 군중은 한순간 호산나를 외칠 수 있지만 언제든지 그 외침은
  십자가에 못 박으라는 외침으로 바뀔 수 있다.
- 군중은 어떤 희생을 하지 않아도 된다.
- 군중은 어떤 결단을 하지 않아도 된다.
- 군중은 어떤 자기 부인을 하지 않아도 된다.
- 군중은 그저 언저리에 머무는 팬이기 때문이다.

예수님이 군중이 아닌 제자를 원하시는 이유는 군중을 통해서는 어떤 믿음의 사건도 일어날 수 없기 때문이다. 예수님은 제자를 부르신다. 제자는 우연한 기회를 통해 만들어지는 게 아니다. 저절로 시간이 되면 군중이 제자로 변하는 것도 아니다. 제자는 만들어져 가는 것이

다. 제자의 길 걷기를 망설이지 않는 자들이 제자가 되는 축복을 누린다. 예수님은 제자가 되는 길을 이렇게 보여주셨다.

1) 사랑의 우선순위를 회복하는 것

수많은 무리가 함께 갈새 예수께서 돌이키사 이르시되 무릇 내게 오는 자가 자기 부모와 처자와 형제와 자매와 더욱이 자기 목숨까지 미워하지 아니하면 능히 내 제자가 되지 못하고 눅 14:25,26

예수님의 말씀이 상당히 세다. 부모와 처자와 형제와 자매와 자신의 목숨까지 미워하지 않으면 제자가 될 수 없다고 하셨다. 구약에 나오는 "네 부모를 공경하라"라는 말씀, "이웃을 네 몸처럼 사랑하라"라는 말씀을 정면으로 거역하는 것처럼 들린다. 원수까지 사랑하라고 하셨는데, 제자도를 가르치시면서 미워해야 한다고 말씀하시는 이유가 무엇일까?

예수님이 사용하신 '미워하라'라는 표현은 유대식 과장법이다. 우리나라에도 이런 표현법이 있다. "더워 죽겠다", "배고파 죽겠다"라는 표현은 정말 죽겠다는 게 아니라 그만큼 심하게 덥거나 배가 고프다는 걸 강조하기 위해 쓰인다. 그렇듯이 부모와 처자, 형제와 자매까지 미워해야 한다는 말씀은 그들보다 더 뜨겁게 사랑해야 하는 대상이 있음을 강조하기 위한 표현법이다. 바로 예수님을 더 뜨겁게 사랑해야 한다는 말씀을 강조하신 것이다.

대부분 크리스천의 마음속에서는 100미터 경주가 진행되고 있다.

출발선에 여러 주자가 서 있다. 예수님, 배우자나 애인, 경력, 친구, 자녀, 부모, 꿈, 돈, 미래 계획, 취미 등 여러 주자가 우리의 관심과 사랑의 최고 자리에 오르기 위해 경주를 준비하고 있다. 출발음이 울리고 모든 주자가 마음속에서 경주를 시작한다. 그리고 아슬아슬하게 예수님이 1등을 하신다.

'역시, 내게 믿음이 가장 중요하니까 예수님이 1등을 하시네….'

자신을 스스로 대견해하는 마음이 생긴다. 그러나 우리는 이런 생각을 온 맘으로 거부해야 한다. 예수님의 제자가 되는 길은 예수님이 다른 것들과 경쟁해서 아슬아슬하게 이기시는 여정이 아니기 때문이다. 예수님에게 다른 경쟁 상대가 있어서는 안 된다. 다른 어떤 것도 우리 마음의 주인이 되게 해서는 안 된다. 다른 무엇도 우리 사랑의 주인이 되어서는 안 된다. 예수님만이 그 경주의 유일한 주자이시며, 유일한 승자가 되셔야 한다.

한 청년이 사랑하는 애인에게 프러포즈를 한다.

"나는 평생 당신을 사랑하겠습니다. 결혼해 주십시오."

한쪽 무릎을 꿇고 반지 케이스를 열어 보여준다. 그리고 이어서 또 고백한다.

"그런데 1년에 딱 하루만 다른 여인을 사랑하는 걸 허락해 주길 바랍니다. 364일은 당신만을 사랑할 것입니다. 그러나 딱 하루, 다른 여인을 사랑하게 해주길 부탁합니다. 당신을 정말 사랑합니다."

이런 프러포즈를 상상할 수 있는가!

제자의 사랑에는 다른 어떤 사랑의 대상도 들어올 수 없다. 누구도 예수님의 경쟁 상대가 되어서는 안 된다. 제자도의 첫 발걸음은 사랑의 중심, 사랑의 우선순위를 예수님으로 고정하는 것이다. 예수님을 맹목적으로 따르는 군중, 예수님을 향해 호의를 가지고 있는 군중이 아닌, 그분을 가장 사랑하는 자만이 제자가 되는 길에 들어설 수 있다.

2) 방향의 우선순위를 바로잡는 것

누구든지 자기 십자가를 지고 나를 따르지 않는 자도 능히 내 제자가 되지 못하리라 눅 14:27

예수님의 이 말씀을 들은 사람들은 적잖이 당황했을 것이다. 우리 시대에는 십자가를 보며 평강과 고요함, 위로와 따스함의 메시지를 느낄 수 있다. 그러나 예수님 시대에는 그렇지 않았다. 그것은 가장 잔인하고 고통스럽게 인간을 죽이는 형틀이었다. 너무 잔혹한 형틀이기에 로마인은 절대 십자가형에 처하지 않았다고 한다.

예수님의 말씀을 들은 사람들 가운데 죄수가 못 박힐 십자가를 직접 형장까지 끌고 가는 광경을 목격한 사람이 있었을지도 모른다. 십자가는 두려움과 공포 그 자체였다.

그러면 자기 십자가를 져야 한다는 예수님의 말씀은 어떤 도전이었을까? 예수님이 제자들에게 요구하신 것은 십자가를 지는 육체적 고통이 아니다. 하나님께서 예수님을 향해 가지고 계신 계획은 '십자가'였다. 십자가만이 인간을 짓누르고 있는 죄악과 죽음의 문제를 해결할 유일한 하나님의 대안이었다. 예수님은 십자가를 지기 위해 이 땅에 오셨다. 하나님의 뜻이 예수님이 가셔야 하는 방향이었다. 그 방향은 처음부터 십자가였다.

군중은 하나님의 방향에 관심을 두지 않는다. 처음부터 그곳을 향해 갈 마음이 없기 때문이다. 그러나 예수님의 제자가 되기를 원한다면 오직 주님께서 그 방향을 정해주셔야 한다. 그렇지 않으면 길을 잃고 만다. 사람들에게 돈이 방향이 되면, 어떻게든 돈만 벌면 되니까 불법도 거짓도 서슴지 않는다.

우리 교회 한 부목사님이 전세 사기를 당했다. 집주인이 어느 교회 권사라고 들었다고 한다. 권사가 목사에게 사기를 치다니, 너무 슬픈 현실이 아닌가! 그런데 돈이 방향이 되면 권사가 목사에게 사기 치고도 가책이 없다. 성공이 방향이 되면 인격을 팔고 관계가 망가져도 목표했던 고지에 오르기만 하면 된다. 권력이 방향이 되면 다른 사람들에게 욕을 먹고 역사 속에서 지울 수 없는 죄인이 되어도 스스로 멈추지 못한다. 쾌락이 방향이 되면 결국 욕망의 노예가 된다.

예수님이 방향이 되지 않으면 빠져나올 수 없는 미로 속에 갇혀버린다. 열심히 살 수도 있고, 노력을 많이 할 수도 있고, 어느 정도 스스로 만족감을 느끼기도 하겠지만 결국 길을 잃고 헤매는 인생이 되고 만다.

믿음의 사람들에게는 빨리 가는 것보다 올바른 방향을 아는 것이 더 중요하다. 예수님의 제자가 되는 길에서 우리는 "스스로 정했던 방향을 포기하라"라는 하나님의 도전을 만난다. 쉽게 받아들이기 힘든 도전이다. 그러나 내 길을 포기하면, 예수님의 길이 보인다.

내 방향을 포기하면 원대한 예수님의 뜻이 보이기 시작한다. 말은 쉽지만 삶으로 담아내는 건 정말 어려운 게 내 뜻을 포기하는 것이다. 그러나 자기 뜻이라는 방향이 아닌 주님 뜻이라는 새로운 방향을 향해 가는 사람만이 예수님의 제자가 되는 길을 걸을 수 있다.

> 너희 중의 누가 망대를 세우고자 할진대 자기의 가진 것이 준공하기까지에 족할는지 먼저 앉아 그 비용을 계산하지 아니하겠느냐 그렇게 아니하여 그 기초만 쌓고 능히 이루지 못하면 보는 자가 다 비웃어 이르되 이 사람이 공사를 시작하고 능히 이루지 못하였다 하리라 또 어떤 임금이 다른 임금과 싸우러 갈 때에 먼저 앉아 일만 명으로써 저 이만 명을 거느리고 오는 자를 대적할 수 있을까 헤아리지 아니하겠느냐 만일 못할 터이면 그가 아직 멀리 있을 때에 사신을 보내어 화친을 청할지니라 눅 14:28-32

예수님은 제자의 길을 가기를 결단하기 전에 망대를 세우는 자가 공사비용을 계산하는 것처럼, 전쟁을 치르는 임금이 군사력을 미리 비교 분석하는 것처럼 스스로 어떤 대가 지불이 있어야 하는지 생각해 보아야 한다고 말씀하셨다.

그저 예수님을 따라다니는 것으로 만족하는 군중으로 머물러 있을 것인지, 자기 삶의 방향을 예수님의 뜻으로 삼은 제자가 될 것인지 생각해 보라는 말씀이다. 제자의 길에는 대가 지불이 있기 때문이다. 주님은 그 대가 지불에 대해 절대로 사과하지 않으신다. 그것이야말로 가장 고귀한 선택이기 때문이다.

19세기 말, 미국 낙농업계 거부 중에 '보든' 가문이 있었다. 당시 미국 재벌가로 생각하면 된다. 보든 가에는 윌리엄이라는 상속자가 있었다. 그는 고등학교 때 어머니를 통해 예수님을 인격적으로 만났다. 고교 졸업선물로 세계 일주 여행을 떠났는데, 예수님을 알지 못하고 고통하며 살고 있는 사람들의 처참한 모습을 보고, 자신을 주님께 드리기를 결단했다.

그는 예일대학교와 프린스턴신학대학원에서 공부를 마치고 중국 북부의 무슬림을 위해 선교사가 되기를 결단하고, 이집트에서 무슬림 선교를 위해 아랍어를 공부하던 중 척수막염에 걸려 25세에 순교했다. 그가 죽은 후, 그의 성경책이 어머니에게 전달되었는데 그의 필체로 이런 문구가 쓰여 있었다고 한다.

"No Reserve, No Retreat, No Regrets."(남김 없이, 후퇴 없이, 후회 없이.)

그는 이 문구를 삶의 여러 시점에서 기록했다.

- 남김 없이 : 자기 상속 재산을 선교단체에 기부한 직후 기록한 것
- 후퇴 없이 : 선교의 길을 선택한 뒤 끝까지 물러서지 않겠다고
            결단하며 기록한 것
- 후회 없이 : 이집트에서 마지막 숨을 거두기 전에 기록한 것

남들이 부러워할 부유함과 안락함을 미련 없이 포기할 수 있었던 윌리엄 보든 선교사. 그는 남김 없이, 후퇴 없이, 후회 없이 제자가 치러야 할 대가를 치렀다. 주의 길을 보고, 주의 방향을 보고, 주의 뜻을 알게 된 제자는 남김 없이, 후퇴 없이, 후회 없이 자신을 주께 드릴 수 있다. 제자는 예수님이 원하시는 방향을 향해 자신의 삶을 궤도 수정

하며 따르는 자다.

3) 소유에 대한 우선순위를 바로잡는 것

이와 같이 너희 중의 누구든지 자기의 모든 소유를 버리지 아니하면 능히 내
제자가 되지 못하리라 눅 14:33

참 소화하기 힘든 말씀이다. 예수님은 왜 모든 소유를 버리라고 말
씀하신 것일까? 여리고의 세리장 삭개오도 부유한 사람이었다. 그러
나 예수님은 그에게 모든 소유를 팔라고 요구하지 않으셨다. "내가
오늘 네 집에 유하여야 하겠다"라고 하셨다. 얼마나 부담 없는 말씀
인가. 모든 소유를 버리라는 주님의 말씀은 공관복음서 모두에 나오
는 부자 관원을 떠오르게 한다(마 19:16-30; 막 10:17-31; 눅 18:18-30).

사람들의 눈에는 흠잡을 것이 없을 정도로 반듯해 보이는 이 청년은
영생에 대한 질문을 가지고 나왔다. 고대 근동의 문화를 연구하며《중
동의 눈으로 본 예수》를 쓴 케네스 베일리에 의하면 예수님 당시 랍비
들 사이에서 가장 뜨거운 주제는 '영생'이었다고 한다. 그러니까 이 부
자 관원은 그 주제에 대한 답을 얻기 위해서 예수께로 왔던 것이다. 그
런데 그는 슬퍼하고 근심하며 주님을 떠나갔다. 자기 재물을 다 팔아
서 가난한 자에게 주고 주님을 따르라는 말씀을 받을 수 없었기 때문
이다. 그에게는 재물이 너무 많았다.

삭개오는 예수님을 만나자 재산의 반을 가난한 자들에게 주고, 속
여서 빼앗은 자에게는 네 배로 갚아주겠다고 시키지도 않은 일을 기쁘

게 결단했다. 예수님을 만나고 나니 돈보다 더 중요한 것이 보이기 시작했다. 그러나 부자 관원은 마음의 주인이 돈이었다. 그래서 그에게 영생을 주실 분 앞에서 돈에 대한 집착 때문에 슬퍼하면서 떠나갔다.

군중의 재물관은 모든 것이 자기 것이다. 자신을 위한 것이다. 거기에 자신의 정체성이 있고, 사랑이 있고, 꿈이 있고, 인생이 있다. 제자의 재물관은 모든 것이 주님께로부터 온 것이다. 재물도, 건강도, 재능과 은사도, 시간과 기회도 모두 주님께서 주신 것이다. 주인은 예수님이시다. 그것을 인정하지 못하면 군중의 자리를 벗어나지 못한다.

소유에 대한 우선순위를 바로잡는다는 것은 제자는 두 주인을 섬길수 없다는 의미다. 모든 것의 주인은 오직 예수님이 되시는 것이 제자의 길이다.

내가 미국에서 섬기던 교회가 건축을 준비할 때였다. 작정헌금 봉투중 하나에 금반지 2개가 들어 있었다. 거기에는 이런 쪽지가 붙어 있었다.

"드릴 것이 없습니다. 그래서 결혼반지를 드립니다."

제자들에게는 움켜쥐고 살아가는 가치보다 더 큰 가치가 생긴다. 그래서 하나님을 위해, 하나님의 나라를 위해 드리는 것을 소중하게 생각한다.

비슷한 시기에 인도의 한 쓰레기 마을(쓰레기 매립지 주변에 형성된 거주지)에 교회가 건축되었다. 헌당 예배를 함께 드리기 위해 인도에 갔는데, 현지 교회 목사님과 성도들이 반갑게 맞아주었다. 목사님이 수줍게 봉투 하나를 내밀었다. 열어보니 인도 돈이 들어 있었다.

쓰레기 마을에서 종일 폐품을 모아서 살아가는 사람들로 이루어진 교회에서 우리 교회가 미국에서 예배당을 건축하고 있다는 말을 듣고 1년 동안 함께 기도하며 헌금을 모았다고 했다. 그 교회 일주일 헌금 액수가 8천 원에서 1만 원 정도였던 것으로 기억한다. 봉투에는 40만 원이 넘는 헌금이 들어 있었다.

자신들이 다 써도 부족할 텐데, 그들은 우리와 비교할 수 없이 가난한 사람들인데 마음을 다해 미국 교회를 위해 준비한 피 같은 헌금이었다. 그 헌금은 우리 교회를 위한 오병이어 같은 헌신이었다고 생각한다. 이처럼 제자의 길에서 소유의 기쁨보다 더 큰 기쁨이 나눔에 있음을 배운다.

4) 사명의 우선순위를 바로 세우는 것

소금이 좋은 것이나 소금도 만일 그 맛을 잃으면 무엇으로 짜게 하리요 땅에도, 거름에도 쓸데 없어 내버리느니라 들을 귀가 있는 자는 들을지어다 하시니라 눅 14:34,35

소금의 역할은 짠맛을 더해주는 것이다. 짠맛이 있어야 부패함을 막아줄 수 있다. 본래의 짠맛을 잃어버린 소금은 쓸모가 없어진다. 예수님은 제자들을 향해 "너희는 세상의 소금"이라고 하셨다. 이 세상에 맛을 더하고, 부패하지 않도록 하는 사명이 예수님을 따르는 제자들에게 있다.

군중에게는 사명이란 존재하지 않는다. 기분 내키는 대로 행동해도 아무도 나무라지 않는다. 그러나 제자들에게는 사명이 주어진다. 그것은 거룩한 부르심이요, 소명이다. 제자들은 세상이 싫어도 외면하거나 도망하려고 해서는 안 된다. 세상이 사명의 자리가 되기 때문이다. 세상의 어두움에 대해, 부패함에 대해 불평해서도 안 된다. 소금이 제역할을 하지 못했기 때문에 생긴 일이니까 자신의 사명을 제대로 감당하면 된다.

많은 사람이 한국의 정치가 엉망이라고 속상해한다. 그렇다면 예수님의 제자들이 정치를 개혁하기 위해 한가운데로 뛰어들어 가야 한다. 한국 사회가 부패했다고 한숨 쉬는 사람이 많다. 그렇다면 예수님의 제자들이 사회 곳곳에서 거룩과 순결의 파도를 일으키면 된다.

한국의 교육 현장이 무너졌다고 슬퍼하는 사람이 많다. 그렇다면 예수님의 제자들이 100년을 준비하는 교육을 세워가는 현장 속으로 들어가야 한다.

한국의 문화가 너무 선정적으로 변한다고 안타까워하는 사람이 많다. 그렇다면 예수님의 제자들이 깨끗하고 건전한 문화를 만들어 가는 일을 기쁘게 감당해야 한다.

소금이 소금의 역할을 제대로 하지 못해 우리 눈앞에 이런 일들이 생기고 있다면, 예수님의 제자들이 자신들의 사명을 하나님의 거부할 수 없는 거룩한 부르심으로 받고 제대로 감당하기 시작하면 세상이 다시 변할 수 있다고 믿는다. 군중은 세상을 변화시키지 못하나 제자는 세상의 흐름을 바꿀 수 있기 때문이다.

하나님나라에 관한 가르침

예수님이 공사역을 시작하시면서 나사렛의 회당에 들어가셔서 이사야서의 한 부분을 읽으셨다.

주의 성령이 내게 임하셨으니 이는 가난한 자에게 복음을 전하게 하시려고 내게 기름을 부으시고 나를 보내사 포로 된 자에게 자유를, 눈먼 자에게 다시 보게 함을 전파하며 눌린 자를 자유롭게 하고 주의 은혜의 해를 전파하게 하려 하심이라 하였더라 책을 덮어 그 맡은 자에게 주시고 앉으시니 회당에 있는 자들이 다 주목하여 보더라 이에 예수께서 그들에게 말씀하시되 이글이 오늘 너희 귀에 응하였느니라 하시니 눅 4:18-21

이사야가 예수님이 오시기 8세기 전에 예언했던 메시아 사역에 관한 말씀이 이루어졌다는 선포였다. 예수님이 육신을 입고 오심으로 하나님나라가 임했다. 아직 완전하지 않은 모습이지만 예수님이 오신 것은 하나님나라가 임했다는 증거가 되었다. 예수님이 귀신을 쫓아내는 것이 이미 하나님나라가 임했다는 증거라고 말씀하시기도 했다(마 12:28,29).

가난한 자에게 복음을 전하는 일, 포로 된 자를 자유하게 하는 일, 눈먼 자를 다시 보게 하는 일, 억눌린 자를 자유롭게 하는 일이 모두 하나님나라가 임한 증거였다.

하나님나라의 시제는 이중성이 있다. 현재성과 미래성이 동시에 존재한다. 하나님나라는 이미 임했지만 앞으로 더 성장하고 완성될 나라다. 예수님은 알곡과 가라지의 비유를 통해 그 나라의 이중성을 잘 보여주신다.

> 예수께서 그들 앞에 또 비유를 들어 이르시되 천국은 좋은 씨를 제 밭에 뿌린 사람과 같으니 사람들이 잘 때에 그 원수가 와서 곡식 가운데 가라지를 덧뿌리고 갔더니 싹이 나고 결실할 때에 가라지도 보이거늘 집주인의 종들이 와서 말하되 주여 밭에 좋은 씨를 뿌리지 아니하였나이까 그런데 가라지가 어디서 생겼나이까 주인이 이르되 원수가 이렇게 하였구나 종들이 말하되 그러면 우리가 가서 이것을 뽑기를 원하시나이까 주인이 이르되 가만두라 가라지를 뽑다가 곡식까지 뽑을까 염려하노라 둘 다 추수 때까지 함께 자라게 두라 추수 때에 내가 추수꾼들에게 말하기를 가라지는 먼저 거두어 불사르게 단으로 묶고 곡식은 모아 내 곳간에 넣으라 하리라 마 13:24-30

하나님나라가 이미 임했다면 왜 여전히 악의 존재가 없어지지 않냐고 하는 사람들이 있다. 하나님나라와 악이 공존할 수 없다고 믿기 때문이다. 그렇다. 하나님나라에서 궁극적으로 악은 없어진다. 그러나 그것은 하나님나라의 미래에 일어나는 일이다. 이미 임한 하나님나라에서 악은 여전히 존재한다. 그러나 하나님나라는 여전히 성장하며 하나님의 생명력으로 왕성하게 자란다. 하나님나라의 현재성은 알곡과 가라지가 함께 자라는 것을 허용한다. 그러나 다가올 하나님나라의 완성은 가라지에 대한, 악에 대한 심판을 불러온다.

예수님이 가르치신 하나님나라에 현재성과 미래성이 함께 있기에 우리에게는 특별한 관심과 준비가 필요하다.

1) 이미 하나님나라가 우리 가운데 임했다면, 영적 무관심을 경계해야 한다

노아의 때에 된 것과 같이 인자의 때에도 그러하리라 노아가 방주에 들어가던 날까지 사람들이 먹고 마시고 장가들고 시집가더니 홍수가 나서 그들을 다 멸망시켰으며 또 롯의 때와 같으리니 사람들이 먹고 마시고 사고 팔고 심고 집을 짓더니 롯이 소돔에서 나가던 날에 하늘로부터 불과 유황이 비오듯 하여 그들을 멸망시켰느니라 눅 17:26-29

예수님은 노아의 때와 소돔과 고모라의 심판 때, 사람들이 경고받았음에도 먹고 마시고 사고파는 일과 결혼하고 집을 짓는 일을 멈추지 않았다고 하셨다. 먹고 마시는 것이 문제가 되는 게 아니라 경고에 관심을 두지 않는 게 심각한 문제였다. 노아가 방주를 짓는 동안 사람들은 그를 조롱하고 비웃었지만, 아무도 노아를 통해 주어졌던 하나님의 경고에 귀를 기울이지 않았다. 그래서 그의 가족들 외에는 누구도 방주에 들어가지 못했다.

죽음을 보지 않고 하나님나라에 들어간 에녹에 대해 성경은 이렇게 기록하고 있다.

에녹은 육십오 세에 므두셀라를 낳았고 므두셀라를 낳은 후 삼백 년을 하나님과 동행하며 자녀들을 낳았으며 그는 삼백육십오 세를 살았더라 에녹이 하나님과 동행하더니 하나님이 그를 데려가시므로 세상에 있지 아니하였더라 창 5:21-24

세상에 악이 관영하던 때였다. 누구도 하나님을 경외하고 따르려 하지 않았다. 그런데 에녹이 하나님의 경고의 메시지를 들었다. 에녹이 육십오 세에 므두셀라라는 아들을 얻었는데 그 이름은 원래 '창을 던지는 자'라는 의미다.

그 이름은 다른 메시지를 갖고 있기도 하다. '그가 죽으면 하나님의 심판이 올 것'이라는 의미다. 에녹이 므두셀라가 태어나면서 하나님의 경고를 들었고, 삼백 년 동안 하나님과 동행하며 자신을 지켰기에 하나님께서 세상과 어울리지 않는 그를 데려가신 것이다. 그리고 므두셀라가 죽던 해, 노아의 홍수가 시작되었다. 에녹은 경고에 무관심하지 않았다.

노아의 때도, 소돔과 고모라가 심판을 받을 때도 사람들은 경고에 무관심했다. 그저 현실의 삶에 취해 하나님을 향해 관심을 가지려 하지 않았다. 하나님나라가 이미 임했기에 우리는 영적 무관심을 경계해야 한다. 우리가 영적인 일에 무관심해지면 두 가지 증상이 생긴다.

'영적 게으름'에 빠지게 된다. 게으름은 정말로 중요한 것을 하지 못하는 것이다. 영적으로 중요한 일을 소홀히 대하고 귀찮게 여긴다. "나중에, 기회가 되면, 조금 덜 바빠지면" 등 여러 가지 이유로 중요한 일에 소홀해지는 영적 게으름이 영적 무관심의 증상이다.

또 다른 증상은 '교만함과 자고함'이다. 이미 다 경험했다고 생각하는 교만함, 나도 충분히 안다고 자부하는 자고함이 우리에게 이미 임한 하나님나라에 대해 무관심하게 만든다.

2) 이미 하나님나라가 임했다면, 세상에 대한 미련을 과감하게 버리는 믿음을 구해야 한다

그날에 만일 사람이 지붕 위에 있고 그의 세간이 그 집 안에 있으면 그것을 가지러 내려가지 말 것이요 밭에 있는 자도 그와 같이 뒤로 돌이키지 말 것이니라 롯의 처를 기억하라 눅 17:31,32

소돔과 고모라가 심판받을 때 천사들이 롯의 집을 찾아가 그곳을 떠나라고 했다. 롯은 사위들과 함께 떠나려 했는데, 그들은 하나님의 심판을 농담으로 여겼다. 그래서 롯은 아내와 두 딸만을 데리고 동이 틀 때, 소돔성을 떠났다. 뒤를 돌아보지 말라는 경고가 있었지만, 롯의 아내는 뒤돌아보았다. 그 마음이 어떤 마음인지 상상하는 건 어렵지 않다. 소돔은 환락과 쾌락의 땅이었다.

롯의 가족은 처음에는 소돔 근처로 거처를 옮긴 이방인에 불과했지만, 시간이 지나면서 롯은 '성문 앞에 앉은 자'가 되었다. 당시 성문 앞에서 재판과 소송이 벌어졌고, 성문 앞에 앉은 자들은 성의 지도자들이어서 재판과 민원을 해결하는 역할을 했다. 롯의 아내는 그 땅의 중심에서 모든 것을 누리며 살고 있었다. 그래서 뒤돌아보았다. 아무것도 없는 작은 소알로 도망하면서 뒤에 남기고 온 것을 향해 아쉬움이 너무 컸기 때문이었다.

예수님도 쟁기를 손에 잡고 뒤를 돌아보는 자는 하나님나라에 합당하지 않다고 하셨다(눅 9:62). 하나님나라의 현존은 이 땅을 향한 소망을 하나님나라를 향한 소망으로 바꿔주고, 이 땅을 향한 사랑을 예

수님을 향한 사랑으로 바꿔준다. 세상을 향한 미련을 이미 임한 하나
님나라를 향한 헌신으로 바꾸는 게 하나님나라를 가져오신 예수님이
원하시는 것이다.

3) 하나님나라가 다가오고 앞으로 완성될 것이라면, 우리는 깨어 있어
거짓 징조와 사인들을 경계해야 한다

이 땅에 임하는 하나님나라는 예수님의 초림으로 시작되었고, 그분
의 재림으로 완성된다. 하나님나라가 영광스럽게 완성되는 건 미래의
사건이다. 아직 이루어진 게 아니기에, 늘 준비되어 있기 위해, 그리고
속지 않기 위해 깨어 있어야 한다.

> 예수께서 이르시되 너희가 사람의 미혹을 받지 않도록 주의하라 많은 사람
> 이 내 이름으로 와서 이르되 내가 그라 하여 많은 사람을 미혹하리라
>
> 막 13:5,6

예수님은 종교적 혼란이 있을 것을 경고하셨다. 거짓 그리스도들이
끊임없이 출현할 것이고, 거짓 교사들이 미혹하는 일이 계속될 것이다.

코로나 팬데믹을 지나면서 신천지의 정체가 드러났다. 그러나 그들
이 거짓 복음으로 사람들을 미혹하는 일은 계속되고 있다. 이만희 교
주가 죽어도 신천지는 없어지지 않을 것이다. 이미 거대한 이익 집단이
되었기 때문이다. 자신의 인지도를 앞세워 이단 교리를 설파하는 사람
들도 생기고 있다.

난리와 난리의 소문을 들을 때에 두려워하지 말라 이런 일이 있어야 하되 아 직 끝은 아니니라 민족이 민족을, 나라가 나라를 대적하여 일어나겠고 곳곳에 지진이 있으며 기근이 있으리니 이는 재난의 시작이니라 막 13:7,8

사회적 혼란과 국가 간 전쟁이 계속될 것이다. 자연 재앙도 끊이지 않을 것이다. 한 통계를 보니 19세기에는 지진이 2,119번, 20세기에는 2만 번 기록되어 있었다. 우리 시대의 기후 변화의 심각성은 피부로 느낄 수 있는 변화다. 이 모든 것이 하나님나라가 다가오고 있다는 증거다.

너희는 스스로 조심하라 사람들이 너희를 공회에 넘겨주겠고 너희를 회당에 서 매질하겠으며 나로 말미암아 너희가 권력자들과 임금들 앞에 서리니 이 는 그들에게 증거가 되려 함이라 막 13:9

믿는 자들을 향한 핍박과 박해가 하나님나라가 다가오고 있다는 또 다른 증거다. 중국에서 선교하는 분들의 이야기를 들어보면, 문화 혁명 이후 최대 박해가 버젓이 일어나고 있다고 한다. 이를 먼 나라 이 야기, 공산권 이야기로만 치부해서는 안 된다. 우리나라에도 기독교 를 해하려는 세력이 있음을 주목해야 한다. 어떻게 해서든 교회의 이미 지를 망가뜨리고, 교회를 반사회적 혐오시설로 폄하하려는 의도를 가 진 사람들이 있다. 그동안 교회가 실수한 것이 있기에 질책을 받는다 면 회개하고 바로잡아야 할 것이다. 그러나 교묘하게 기독교를 공격 하는 세력들이 엄연히 존재함을 잊어서는 안 된다.

하나님나라가 다가오고 앞으로 완성될 것이라면, 우리는 깨어 있어 준비해야 하고, 속지 말아야 한다. 하나님나라는 우리에게 참 소망을 심어준다. 우리의 소망은 이 땅에 있지 않다. 그렇지 않다면 성도의 삶은 언제나 실망스럽다. 그러나 우리의 소망이 다가올 하나님나라에 있을 때, 성도의 삶은 영광스러워진다.

시어도어 루스벨트 대통령 시대에 한 선교사가 일기에 적었던 일이다. 아프리카를 순방하고 돌아오는 대통령을 환영하기 위해서 많은 사람이 항구에 모여들었다. 우렁찬 군악대의 음악과 함께 대통령이 배에서 내리고 환호성과 박수가 이어졌다.

그런데 환영 인파가 사라진 후, 외롭게 배에서 내리는 노신사가 있었다. 40년간 아프리카 선교에 헌신하고 집으로 돌아오는 헨리 모리슨 선교사였다. 그를 환영하기 위해 나온 사람은 아무도 없었다. 갑자기 분노와 섭섭한 마음이 들었다.

'대통령은 단 3주 동안 아프리카에서 사냥이나 하다가 고국에 돌아와도 환영을 받는데, 나는 40년간 아프리카에서 주님을 섬기고 복음을 전하며 사람들을 섬기다가 왔는데 수고했다고 따뜻하게 말을 건네주는 사람 하나 없다니!'

낙심하여 터벅터벅 걸어가던 그의 마음속에 하나님의 음성이 들려왔다.

'아들아, 너는 아직 집에 돌아오지 않았잖니….'(Son, you are not home yet.)

다가올 하나님나라는 우리 집이 어디인지를 보여준다. 우리 집은 이 땅이 아니다. 영원한 하나님나라다.

> 너희는 마음에 근심하지 말라 하나님을 믿으니 또 나를 믿으라 내 아버지
> 집에 거할 곳이 많도다 그렇지 않으면 너희에게 일렀으리라 내가 너희를 위
> 하여 거처를 예비하러 가노니 가서 너희를 위하여 거처를 예비하면 내가 다
> 시 와서 너희를 내게로 영접하여 나 있는 곳에 너희도 있게 하리라 요 14:1-3

주님이 준비하신 영원한 나라가 다가오고 있다.

땅끝까지 복음을 전하라는 가르침

예수님의 모든 사역이 끝났다. 아버지의 뜻을 온전히 행하시며 십자
가 위에서 우리의 죗값을 치르시고 대속적인 죽음을 맞이하셨다. 하나
님 아버지께서는 아들을 죽은 자 가운데서 3일 만에 부활케 하셔서 죽
음의 권세를 멸하시고 영원한 승리를 이루시고 영생의 길을 열어주셨
다. 하나님의 위대한 구원 사역이 완성된 것이다. 이제 예수님은 사랑
하는 제자들을 떠나셔야 했다. 예수님은 마지막 순간, 제자들에게 무
슨 말씀을 하고 싶으셨을까?

> 오직 성령이 너희에게 임하시면 너희가 권능을 받고 예루살렘과 온 유대와
> 사마리아와 땅끝까지 이르러 내 증인이 되리라 하시니라 행 1:8

> 예수께서 나아와 말씀하여 이르시되 하늘과 땅의 모든 권세를 내게 주셨으

니 그러므로 너희는 가서 모든 민족을 제자로 삼아 아버지와 아들과 성령의 이름으로 세례를 베풀고 내가 너희에게 분부한 모든 것을 가르쳐 지키게 하라 볼지어다 내가 세상 끝날까지 너희와 항상 함께 있으리라 하시니라

마 28:18-20

예수님은 제자들에게 "땅끝까지"라는 말씀으로 작별 인사를 하셨다. "모든 민족으로 제자 삼으라"라는 말씀이 예수님의 마지막 가르침이었다. 아직 탄생하지 않은 교회를 향해 주신 가르침이 "땅끝까지"였다. 지난 2천 년 동안 교회는 예수님의 이 가르침에 순종하며 복음을 듣지 못한 나라와 민족들을 향해 용기 있게 나아갔고, 복음의 역사는 멈추지 않고 진행될 수 있었다.

땅끝까지 복음을 증거하는 믿음의 역사는 교회를 가장 교회답게 한다. 교회를 가장 순결하게 하고 거룩하게 만들어 주는 것이 선교라는 아름다운 나눔이다.

언젠가 다른 교회에서 신앙생활을 열심히 하다가 우리 교회에 온 한 성도와 진지하게 신앙에 대한 대화를 할 기회가 있었다. 그는 로마서를 제일 좋아한다고 했다. 청년과 대학생들에게 로마서 성경 공부를 오랫동안 가르치기도 했다고 했다. 그러면서 "서울드림교회가 왜 그렇게 선교에 열심인지 이해가 안 된다"라고 했다.

대한민국에도 여전히 복음을 모르는 사람이 많은데 왜 해외에 가서 돈을 쓰면서 시간 낭비, 재정 낭비를 하는지 모르겠다고 했다. 난 혼란스러워졌다. 로마서에 있는 말씀이 떠올랐다.

누구든지 주의 이름을 부르는 자는 구원을 받으리라 그런즉 그들이 믿지 아니하는 이를 어찌 부르리요 듣지도 못한 이를 어찌 믿으리요 전파하는 자가 없이 어찌 들으리요 보내심을 받지 아니하였으면 어찌 전파하리요 기록된 바 아름답도다 좋은 소식을 전하는 자들의 발이여 함과 같으니라 **롬** 10:13-15

이 말씀은 어떻게 읽었기에 선교를 왜 하는지 모른다고 하는지 혼란스러워졌다. 실제로 선교하는 교회가 되기를 헌신하는 순간, 이런 불평을 자주 듣는다. 그러나 '선교'라는 부르심은 단순히 담임목사의 목회 철학 때문에 감당하는 게 아니다. 예수님의 마지막 말씀이기에 기쁘게 순종하는 것이다.

몇 년 전 함께 목회하던 부목사님이 사무실에서 개인 면담을 원했다. 목회를 하다보면 가끔 언짢은 순간이 생기기에 내심 불안한 마음이 들었다. 그 목사는 눈물을 흘리면서 말했다.

"목사님, 저 좀 다시 선교지로 보내주세요. 서울 생활이 너무 편하고, 서울드림교회에서 목회를 배우는 게 너무 감사하고 행복한데 전 다시 선교지로 가고 싶어. 저는 무슬림에게 복음을 전하면서 살고 싶습니다."

교회에 필요한 사람이기에 초등학교를 가야 하는 딸 이야기로 설득해 보려고 애썼다. 그런데 그는 울면서 제발 자신을 다시 선교지로 보내달라고 간절히 부탁했다. 그를 선교지로 파송하면서 '나는 참으로 복받은 목사'라는 생각이 들었다. 이런 귀한 선교사들을 파송하고 그들과 협력할 수 있어서 너무 감사했다.

그는 지금 레바논에서 시리아 난민들에게 예수님의 복음을 전하고 있다. 학교와 교회를 세웠다. 교회는 2부 예배를 드릴 정도로 부흥하고 있다. 그가 전도하고 훈련한 시리아 청소년 여자아이들이 시키지도 않았는데 새벽기도를 드린다고 한다. 예수님의 이름을 부르며, 부르짖으며 기도한다고 한다. 놀라운 역사가 아닐 수 없다.

2024년 여름, 이집트에서 현지 성도들이 모이는 선교 대회에 참석한 적이 있다. 모임을 주관하는 목사님과 교제하던 중, 그가 훈련한 이집트 목회자와 성도들이 북부 아프리카 무슬림 나라들에 가서 복음을 전하고 교회를 개척한다는 말을 듣게 되었다.

나는 깜짝 놀랐다. 그가 언급한 나라는 선교사가 들어갈 수 없는 위험 국가였기 때문이다. 그런데 그 얘기를 함께 들은 우리 교회 파송 선교사가 눈을 반짝이며 "목사님, 다음에 그 나라에 가실 때 저도 꼭 좀 데려가 주십시오"라고 부탁하는 것을 보고 '역시 선교사는 선교사구나'라는 생각이 들었다.

"땅끝까지", 예수님의 말씀을 받은 사람이라면 잊을 수 없는 예수님의 외침이다. 교회가 가장 교회답고, 성도가 가장 성도다울 수 있는 순종은 땅끝까지 복음을 들고 전할 때임을 잊지 말아야 한다.

예수님의 말씀이 살아 움직이게 하는 훈련

지금까지 예수님의 몇 가지 가르침을 살펴보며 우리가 돌아가야 하는 예수님의 말씀에 대해 생각해 보았다. 물론 이보다 더 많은 예수님의 가르침이 있기에 아쉬움이 남는다. 예수님의 말씀이야말로 평생 우리가 배워야 할 내용이니, 짧은 지면에 다 담을 수는 없을 것이다. 그러나 지금까지 나눈 예수님의 말씀이 우리를 예수께로 돌아가는 길로 인도해 주기를 소망한다.

이제 예수님의 말씀을 삶 속에서 더 풍성하게 경험하게 해주는 두 가지 실례를 소개하려고 한다.

이야기꾼이 되는 훈련

신학대학원을 졸업하고서 얼마나 의욕이 넘쳤는지 모른다. 읽고 싶은 책도 마음껏 읽고, 하고 싶은 일도 마음껏 하리라는 결심으로 출근길은 매일 은혜 충만이었다. 매일 한 권의 책을 읽으면서 열심히 공부했고, 늦은 밤까지 사역하는 것도 즐겁기만 했다.

그런데 얼마 가지 않아 번아웃(탈진) 증상이 오기 시작했다. 교회는 내가 열심히 하는 만큼 쉽게 변하지도, 부흥하지도 않았다. 나는 눈썹이 휘날릴 정도로 달리고 있는데 아무도 나와 함께 달리지 않았다. 나는 서서히 지쳐갔다. 사역은 기쁨이 아닌 부담이 되었고, 변하지 않는 교회 상황은 기도가 아닌 원망과 불평으로 이어졌다.

금요일 청년 집회를 마치고 집으로 돌아가는 고속도로에서 갑자기 눈물이 쏟아졌다. 갓길에 차를 세우고 펑펑 울었다. 왜 눈물이 나는지 알 수도 없었다. 시계를 보니 새벽 2시였다.

'이렇게까지 열심히 하는데 왜 내 마음은 이렇지?'

내게 큰 위기가 왔음을 알았다. 어렵게 신학대학원 은사 교수님과 상담 약속을 잡았다. 시애틀에서 캐나다 밴쿠버까지 운전하고 가서 유진 피터슨 목사님과 마주 앉았다. 내가 느끼는 절망감, 좌절감을 쏟아놓았다.

"목사님의 책은 목회 현실과는 너무 안 맞습니다. 책을 읽을 때는 너무 은혜가 되고 감동이 되는데 제 목회 현장에서는 그렇게 살 수 없습니다."

나는 눈물을 쏟았다. 인자한 모습으로 내 말을 들어주시던 목사님이 미소 지으며 내게 해주셨던 첫 말씀은 이것이었다.

"Joshua, you are a bad pastor."(여호수아, 넌 참 나쁜 목사구나.)

그 분이 웃고 있지 않았다면, 화를 내고 뛰쳐나왔을지도 모른다. 그분은 왜 내가 나쁜 목사인지 설명해 주셨다. 그리고 좋은 목사가 되기 위한 조언을 해주셨는데, 그중 하나가 바로 예수님 같은 이야기꾼이 되어야 한다는 조언이었다.

이야기꾼이 되기 위해 우리 삶 속에서 일어나는 하나님의 이야기를 볼 수 있어야 한다. 하나님께서는 매일 이야기를 쓰고 계시고, 우리를 그 안으로 부르시기 때문에 그것을 볼 수 있는 훈련이 필요하다는 말이다. 하나님의 이야기에는 여백이 있고 그 자리에서 우리는 우리의 이야기로 하나님의 이야기와 만날 수 있다. 내가 만나는 성도의 삶 속에 하나님의 이야기가 있는 것이 보이자, 실망은 설렘으로 바뀌었다. 원망은 기대감으로 변했다.

우리의 삶의 현장은 예수님의 말씀이 살아 역동하는 캔버스가 된다. 매일매일 하나님의 새로운 이야기가 우리를 초청한다. 그 이야기를 들려줄 수 있는 이야기꾼이 되는 게 예수님의 말씀을 더 풍요롭게 경험하게 만드는 훈련이다.

우리에게는 건성건성 듣는 나쁜 습관이 있다. 특별히 익숙하고 편한 사이일수록 더 그렇게 듣는다. 대부분 남편이 아내와 차를 타고 가다가 아내에게 이런 질문을 들을 때 적잖게 당황한다.

"내가 지금 뭐라고 했어?"

건성건성 맞장구를 쳐주는 것처럼 했지만 딴생각하고 있었다면, 당황할 수밖에 없다.

나는 딸이 셋이다. 딸들은 사춘기에 들어서기 전까지는 재잘거리며 떠드는 것을 좋아했다(사춘기가 된 후로 나는 더 이상 그렇게 말해주는 대상이 아니게 되었기에, 이제는 대화를 좀 오래 하려면 내가 수고해야 한다).

한번은 막내가 함께 차를 타고 가는데 재잘거리면서 얘기를 쏟아놓았다. 나는 "그래", "그렇구나", "진짜?" 같은 적절한 반응을 보이면서 반은 듣고, 반은 흘려들었다. 그런데 갑자기 아이가 말했다.

"아빠, 오늘 내가 학교 갔다가 오는 길에 봤는데, 전깃줄에 원숭이 다섯 마리가 꽥꽥거리고 있는 거야. 난 생각했지. 동물원에 있어야 하는 원숭이들이 어떻게 한남동 전깃줄에 올라가게 되었을까?"

그 말을 듣고 내가 말했다.

"뭐? 원숭이가 어떻게 우리 동네 전깃줄에 올라가 있겠어? 잘못 본 것 아니야?"

그러자 딸이 말했다.

"아, 듣고 있었구나. 난 또 안 듣고 있는 줄 알고. 원숭이가 어떻게 우리 동네에 있겠어."

'후유, 들킬 뻔했네.'

말씀으로 돌아가는 훈련은 관심을 모으는 훈련이다. 관심이란 집중된 마음이다. 말씀은 쓱 훑고 지나가는 게 아니다. 말씀은 그렇게 우리 마음에 담기지 않는다. 우리의 영혼에 심기려면 집중된 마음으로 말씀을 대해야 한다.

많은 사람이 매일 본문이 바뀌는 묵상지를 사용해서 묵상을 한다. 내가 원하는 말씀만 읽는 게 아니라 매일 바뀌는 말씀을 통해 말씀의 깊이를 경험하는 것은 좋은 훈련이 된다. 그러나 때로는 우리 안에서 울림을 주는 말씀을 떠나보내지 않고 붙들고 있는 시간이 필요하다.

몇 분의 묵상이 아니라 몇 주, 몇 달, 때로는 더 긴 시간 동안 그 말씀에 집중된 마음을 쌓아가는 훈련 말이다. 섣불리 말씀 묵상이 끝났다고 생각하지 않는 영적 느긋함과 말씀을 조금 더 붙들고 있으려는 영적 집요함이 우리에게 말씀을 향해 집중된 마음을 쌓아가는 기쁨을 배우게 해준다.

예수님의 말씀을 향해 집중된 마음을 쌓아가는 여정은 사랑을 깊게 하는 여정임을 잊지 말아야 한다. 예수님은 사랑하시기에 말씀하신다. 우리는 주님을 깊게 사랑하기에 말씀이 우리 안에 머물게 하며 집중된 마음을 놓치지 않을 수 있다.

말씀이 우리 안에 머물게 하는 좋은 방법은 '말하는 것'이다. 유대인들의 밥상 문화에서 식탁은 성경을 논하는 자리였다.

《탈무드》에는 식사 중에 성경을 논하는 일을 강조하는 내용이 있다.

세 사람이 한 식탁에서 먹고 토라 이야기가 나오지 않으면 죽은 자의 제
단에서 먹은 것과 같다. … 그러나 세 사람이 한 식탁에서 먹고 토라 이야
기가 나오면 하나님의 식탁에서 먹은 것과 같다!

– 로이스 티어베르그, 《랍비 예수와 함께 성경 읽기》, 197쪽

신앙생활 속에서 말씀의 은혜를 누군가와 나누는 것이 바로 말씀을
향해 마음을 집중하는 훈련이 된다.

예수님의 웃음으로 돌아가자

chapter 06

기쁨 가득한 삶으로의 초대

한 교수님이 종강하는 날, 학생들에게 "너희는 언제 가장 행복하니?"라고 질문했다. 그러자 학생들이 큰 소리로 "먹을 때요!"라고 답했다. 교수님이 "또?" 하고 다시 물었다. 학생들은 "잘 때요!"라고 입을 모아 답했다. 교수님이 웃으며 "다른 건 없어?"라고 하자, 한목소리로 "종강할 때요!"라고 답했다.

학생들이 알려준 기쁨, 그것 참 쉽다. 종강하는 날 맛있는 음식을 배달시켜서 배가 터지도록 먹고 넷플릭스를 보다가 잠들면 최고로 행복하고 기쁜 인생이 되는 게 아닌가!

기쁘게 살기를 원하지 않는 사람은 없다. 그러나 세상 속에서 풍성한 기쁨을 누리며 사는 사람을 만나는 건 쉽지 않다. 2002년 월드컵의 감격과 환희는 대단했다. 그러나 그 기쁨은 오래가지 않았다. 온 나라가 한목소리로 "대~한민국"을 외쳤지만, 이제는 축구를 보면서 그런 기쁨은 누리지 못한다.

결혼했을 때, 얼마나 기뻤는가. 그러나 그것을 놓치고 갈등과 불만족 속에 사는 부부가 많다. 아이가 생겼을 때는 또 어떤가. 그러나 대부분 젊은 엄마는 육아의 버거움과 피로에 지쳐 보인다. 대학 입학, 취업, 승진했을 때 그리고 첫 자동차를 샀을 때 얼마나 기분이 좋았던가. 그러나 오래 지속되지 않는다는 데 모두 동의할 것이다.

그렇다면 기쁨으로 충만한 삶을 위해 또 다른 만족의 이유, 기쁨의 이유를 찾아야 하는가? 물론 그렇지 않다. 기쁨은 예수님 안에 있다. 예수께로 돌아가면 그분의 웃음을 배우고, 기쁨을 누릴 수 있다.

내가 이것을 너희에게 이름은 내 기쁨이 너희 안에 있어 너희 기쁨을 충만하게 하려 함이라 요 15:11

예수님의 약속은 주님의 기쁨을 우리에게 주심으로 우리가 언제나 기쁨 가득한 삶을 살게 하시겠다는 것이었다.

말씀을 따라 순종하는 믿음을 회복해야 한다

예수님의 웃음을 배우려면 말씀을 따라 순종하는 믿음을 회복해야 한다. 예수님이 공생애를 시작하면서 베푸신 첫 번째 기적은 가나 혼인 잔치에서 물을 포도주로 바꾸신 사건이었다. 이 기적의 상징적 의미는 하나님나라는 혼인 잔치의 기쁨으로 충만하다는 것이다. 예수님이 우리에게 가져오신 복음을 받아들이면, 혼인 잔치의 기쁨의 노래를 부르게 되고, 잔치의 향연에 참여하게 된다는 상징이다.

이 사건의 흐름을 단순히 문자로 해석하기보다 상징성을 염두에 둔다면 더 깊은 묵상을 할 수 있다. 요한은 복음서를 이런 목적으로 기록했다고 증거했다.

예수께서 제자들 앞에서 이 책에 기록되지 아니한 다른 표적도 많이 행하셨
으나 오직 이것을 기록함은 너희로 예수께서 하나님의 아들 그리스도이심을
믿게 하려 함이요 또 너희로 믿고 그 이름을 힘입어 생명을 얻게 하려 함이니
라 요 20:30,31

요한복음은 다른 공관복음서보다 훨씬 나중에 기록되었고, 예수님
이 하나님의 아들, 그리스도이심을 온전히 믿게 하고, 그분이 주신 생
명을 풍성히 얻게 하려는 목적으로 쓰였다. 가나 혼인 잔치의 기적도
이런 의도로 해석해야 한다. 이 혼인 잔치는 마리아의 여동생 살로메의
아들 결혼식이었다고 전해지기도 한다. 그렇다면 사도 요한의 결혼식
이 될 수도 있는데, 확실하지는 않다. 잔치 중에 포도주가 떨어지자,
마리아는 예수님에게 도움을 청한다.

포도주가 떨어진지라 예수의 어머니가 예수에게 이르되 저들에게 포도주가
없다 하니 예수께서 이르시되 여자여 나와 무슨 상관이 있나이까 내 때가 아
직 이르지 아니하였나이다 요 2:3,4

이 사건의 핵심은 단순히 결혼 잔치 중에 술이 떨어진 게 아니라 향
연의 기쁨을 누릴 수 없게 된 데 있다. 성경에서 포도주는 기쁨의 상징
이고, 포도주가 떨어진 혼인 잔치는 기쁨으로부터 멀어진 인생 현장의
상징이다. 마리아는 그 답을 예수님에게서 찾고 있다. 요한복음에서

언급되는 "때"라는 단어는 십자가 사건과 긴밀한 관계가 있다. 예수님은 자신의 때가 이르지 않았다고 하시면서 문제를 해결하는 일에 적극적이지 않은 모습을 보여주신다.

더욱이 어머니를 "여자여"라고 부르는 모습이 불경스럽고 무례하게 느껴질 수도 있다. 표면적으로 보면 자기 일도 아닌 일을 극성으로 해결하려는 어머니와 그 일에 극도로 무관심한 아들의 대화처럼 보이지만, 그렇게 얄팍하고 피상적인 대화가 아니다.

우선 마리아에 대해 생각해 보자. 요셉과 정혼한 마리아가 하나님의 능력으로 잉태할 거라는 사실을 천사를 통해 들었다. 당시 정혼한 여인의 임신은 파혼당할 수 있는 수치스러운 사건이며, 죽임도 당할 수 있는 심각한 사안이었다. 그러나 마리아는 이 엄청난 하나님의 역사 앞에서 "주의 여종이오니 말씀대로 이루어지이다"라는 믿음의 고백을 드렸다. 천사가 전해준 그녀의 배 속에서 자랄 아이에 대한 말씀을 결코 잊을 수 없었다.

천사가 이르되 마리아여 무서워하지 말라 네가 하나님께 은혜를 입었느니라 보라 네가 잉태하여 아들을 낳으리니 그 이름을 예수라 하라 그가 큰 자가 되고 지극히 높으신 이의 아들이라 일컬어질 것이요 주 하나님께서 그 조상 다윗의 왕위를 그에게 주시리니 영원히 야곱의 집을 왕으로 다스리실 것이며 그 나라가 무궁하리라 마리아가 천사에게 말하되 나는 남자를 알지 못하니 어찌 이 일이 있으리이까 천사가 대답하여 이르되 성령이 네게 임하시고 지극히 높으신 이의 능력이 너를 덮으시리니 이러므로 나실 바 거룩한 이는 하나님의 아들이라 일컬어지리라 눅 1:30-35

이것은 일상적인 대화가 아니다. 어떻게 이런 대화를 쉽게 잊을 수 있겠는가! 마리아의 배가 불러올수록 그녀의 마음속에서 이 대화가 맴돌지 않았을까.

로마 황제의 칙령에 따라 호구 조사를 위해 베들레헴을 방문했을 때, 그녀는 해산했다. 사관에 자리가 없어 아이를 강보에 싸서 구유에 눕혔던 기억을 쉽게 잊지 못했을 것이다. 아기 예수를 경배하기 위해 찾아왔던 목동들의 간증은 어떤가. 그들은 다윗의 동네에 그리스도 구주가 태어나셨다는 것을 들었다. 강보에 싸여 구유에 누운 아이가 표적이라는 말을 전했다.

먼 동방으로부터 온 박사들의 방문도 예사롭지 않았다. 그들은 아기 예수께 경배하며 황금과 몰약과 유향을 선물로 드렸다. 마리아는 예수님의 신비로운 탄생과 이 모든 사건을 마음에 품었을 것이다.

예수님은 공생애 시작 전에 요단강에 가서 세례 요한에게 세례를 받으셨다. 당시 요한은 가장 주목받던 선지자였다. 그런 선지자가 예수님을 향해 "보라! 세상 죄를 지고 가는 하나님의 어린양이로다!"라고 위대한 선언을 했다. 그는 자기 뒤에 오실 분이 더 크신 분이라고 했는데, 그분이 바로 예수님이라고 밝혔다. 자신은 물로 세례를 주지만, 성령으로 세례를 주실 분이 바로 예수님이라고 증언했다.

세례 요한을 따르던 제자 중 일부가 예수님을 따르는 제자가 되었다. 예수님은 그들을 데리고 가나의 혼인 잔치에 나타나셨다. 마리아에게 이런 예수님의 등장은 그저 사촌의 혼인 잔치를 잊지 않고 와준 아들의 모습이 아니었을 것이다.

그러므로 가나 혼인 잔치 기적은 단순한 기적이 아니라 하나님의 의도를 품고 있는 표적이 된다. 마리아는 예수님의 말씀을 거절로 받아들이지 않았다.

그의 어머니가 하인들에게 이르되 너희에게 무슨 말씀을 하시든지 그대로 하라 하니라 요 2:5

마리아는 잔치의 기쁨이 위협받는다는 사실을 알았고, 예수님에게 도움을 청했다. 오직 예수님만이 그것을 해결할 수 있다고 믿었기 때문이다. 이제 잔치의 기쁨이 지속될지가 하인들의 손에 넘어갔다. 그러려면 예수님이 무슨 말씀을 하시든 그대로 순종해야 한다. 그런데 예수님의 요구는 턱없이 비상식적이다.

예수께서 그들에게 이르시되 항아리에 물을 채우라 하신즉 아귀까지 채우니 이제는 떠서 연회장에게 갖다주라 하시매 갖다주었더니 연회장은 물로 된 포도주를 맛보고도 어디서 났는지 알지 못하되 물 떠온 하인들은 알더라 연회장이 신랑을 불러 말하되 사람마다 먼저 좋은 포도주를 내고 취한 후에 낮은 것을 내거늘 그대는 지금까지 좋은 포도주를 두었도다 하니라 요 2:7-10

정결 예식을 행하기 위해서 물을 저장해 두는 큰 항아리에 물을 채우라고 하셨다. 말도 안 되는 요구다. 포도주가 필요한데 왜 물을 채우라고 하는지 항의하고 싶은 마음이 하인들에게 있었을 것이다. 항아리를 채우는 것도 쉽게 이해할 수 없는데, 그것을 연회장에게 가져다주라고 하니까 더욱 이해할 수 없었을 것이다.

연회장이 물을 맛보았을 때, 그 물은 이미 포도주로 변해 있었다. 언제 변한 것일까? 하인들이 물을 붓기 시작했을 때였을까? 항아리 아귀까지 물이 가득 채워졌을 때였을까? 아무리 묵상을 해보아도 하인들이 가득 채워진 항아리를 들고 들어갔을 때일 것 같다. 주님의 말씀을 따라 물을 길어 부었고, 연회장에게 가져다주었다. 그 믿음의 행동을 통해 주님은 물이 포도주로 변하는 표적을 베풀어 주셨다. 물을 길었던 하인들만 이 포도주가 어떻게 만들어진 것인지 알았다. "물 떠온 하인들만 알더라"라는 말씀은 매우 상징적이다.

예수님이 우리에게 가져오신 삶은 기쁨 가득한 삶이다. 이 삶은 오직 주님의 말씀을 순종하며 따르는, 물 떠온 하인들만 맛볼 수 있는 삶이다.

가나 혼인 잔치는 잊히지 않는 하나님의 표적이다. 하나님은 무엇을 보여주고 싶으셨을까?

> 우리가 즐거워하고 크게 기뻐하며 그에게 영광을 돌리세 어린양의 혼인 기약이 이르렀고 그의 아내가 자신을 준비하였으므로 그에게 빛나고 깨끗한 세마포 옷을 입도록 허락하셨으니 이 세마포 옷은 성도들의 옳은 행실이로다 하더라 천사가 내게 말하기를 기록하라 어린양의 혼인 잔치에 청함을 받은 자들은 복이 있도다 하고 또 내게 말하되 이것은 하나님의 참되신 말씀이라 하기로 계 19:7-9

가나 혼인 잔치는 영원한 기쁨으로 가득한 어린양의 혼인 잔치의 그림자였다. 그 혼인 잔치의 기쁨은 오직 예수님만이 주실 수 있는 선물이다. 누가 그 선물을 받을 수 있는가? 예수님에게 귀를 내어드리는 사람들이다.

말씀에 온전히 순종하려면 우선 그 말씀을 귀에 담아야 한다. 그런데 잘 들리지 않는다. 정확하게 말하면, 듣기 싫은 말씀이 들려온다. 그래서 무시하고 싶다.

그 말씀을 따르면 내가 죽을 것 같고, 손해 볼 것 같고, 망할 것 같다. 그래서 안 들리는 척, 못 들은 척 무시한다. 그래서 주님의 기쁨으로부터 멀어지는 것이다.

미국에서 목회할 때였다. 청소년, 대학생들과 함께 캄보디아 시아누크빌이라는 해안 도시로 아웃리치를 갔다. 한 선교사님이 멀리 보이는 작은 점 같은 섬마을을 가리키면서 "캄보디아 건국 이래로 저 섬에 복음을 전한 사람은 없었다"라고 했다. 내 마음이 뜨거워졌다. 그래서 그곳에 가서 전도 집회를 하기로 했다. 선교사님들의 제자 20여 명과 우리 팀 20여 명이 함께 배를 빌려서 전도 여행을 떠났다.

우리가 빌린 배는 10명 남짓 탈 수 있는 작은 통통배였다. 2시간 넘는 뱃길도 성령 충만한 시간이었다. 복음 전도를 위해 뱃멀미가 나도 불평하는 사람이 하나도 없었다. 마을에 도착하니 처음 보는 외국인들을 구경하러 사람들이 모여들었다. 마을 사람 수백 명이 모였고, 우리는 공터를 빌려서 전도 집회를 진행했다.

복음을 전한 후, 예수님을 구세주로 영접할 사람은 손을 들라고 하니 너무 많은 사람이 손을 드는 게 보였다. 난 생각했다.

'내가 설교를 잘못했구나. 이렇게 많은 사람이 예수님을 믿겠다고

결단할 리가 없는데….'

　그래서 다시 설교하겠다고 했다. 다시 예수님의 복음을 전했다. 다른 길은 없으며 오직 예수님을 통해, 오직 예수님을 믿음으로 구원을 얻을 수 있다고 열심히 전하고 다시 한번 그들을 초청했다. 이번에는 더 많은 사람이 예수님을 믿겠다고 결단했다. 은혜였다. 수백 명 중에 반 정도가 담배를 피우면서 설교를 들었는데, 담배 연기 자욱한 가운데 손을 드는 그들의 모습에 크게 감동했다.

　집회 후, 나이가 지긋한 한 노인이 앞으로 나와서 말했다.

　"우리가 예수님을 믿고 살려면 누군가가 와서 예수님에 대해 계속 알려줘야 하는데 당신이 여기 와서 예수님을 알려주시오."

　우리는 현지 사역자를 파송하기로 하고, 교회를 지을 수 있는 땅을 찾았다. 조금 돌아보니 반듯한 땅이 있어서 주인을 만나고 싶다고 하니, 계속 예수님에 대해 알려달라고 했던 바로 그 노인이었다. 나는 그 땅을 사고 싶다고 했다. 거기에 교회를 지으려고 한다는 의도도 밝혔다. 그리고 그 자리에서 개인 비용으로 땅을 사고, 교회를 짓겠다는 약속도 했다. 모든 것이 일사천리로 진행되었다.

　아쉽지만 떠날 시간이 되었기에 다시 배를 타고 시아누크빌로 향했다. 배 안에서 우리의 찬양은 우렁찼다. 모두가 바울과 같은 선교사가 된 것처럼 뜨겁게 하나님의 구원의 역사를 기뻐하고 찬양했다. 그런데 갑자기 바람이 거세지더니 앞이 보이지 않을 만큼 비가 내리기 시작했다. 배가 뒤집힐 것처럼 흔들리기 시작하더니 집채만 한 파도들이 덮쳐왔다. 바다가 그렇게 무서운 곳인지 몰랐다. 앞서가던 배들이 시선에서 사라졌다.

낙엽처럼 파도 앞에서 맥없이 흔들리던 배 안에서 우리는 공포에 사로잡혔다. 기도 소리도, 찬양 소리도 멈췄다. 배를 몰던 사공을 보았다. 우리는 바다를 모르는 초보니까 이렇게 무서워하지만, 바다에서 잔뼈가 굵은 뱃사람은 이 정도 파도와 풍랑쯤은 잘 견딜 수 있다고 생각했다. 그러나 그의 얼굴도 공포에 사로잡혀 있었다. 나는 우리가 만난 풍랑이 예사롭지 않다는 걸 직감했다.

전도 여행을 준비하면서 구명조끼를 입어야 했는데, 배를 빌려준 사람들에게는 구명조끼가 없었다. 시골 낚싯배를 빌렸으니 수십 개의 구명조끼가 있을 리 만무했다. 구명조끼를 사려고 하니, 외국인이라고 터무니없이 비싼 가격을 불렀다. 결국 20개만 구입했는데, 선교사님이 외국인 손님들만 구명조끼를 입고 캄보디아인 제자들은 입지 말라고 했다. 마음이 불편해졌지만 그들의 구명조끼를 사줄 예산이 없었기에 모른 척했다.

그런데 배가 뒤집힐 것 같은 풍랑을 만난 것이다. 우리 배에 타고 있던 캄보디아 신학생들이 내 옆으로 와서 나를 붙들기 시작했다. 그들은 바들바들 떨고 있었다. 함께했던 우리 교회 청년이 갑자기 구명조끼를 벗더니 캄보디아 자매에게 입혀주었다. 다른 청년들도 조끼를 벗어 다른 이들에게 입히기 시작했다. 그때 하나님께서 내 마음에 말씀하시기 시작했다.

'여호수아야, 네 구명조끼를 벗어서 자기 구명조끼를 캄보디아 자매를 위해 벗어준 형제에게 주어라.'

믿을 수가 없는 음성이었다. 나는 그때 수영을 잘하지 못했다. 나는 하나님과 싸우기 시작했다.

'주님, 제가 구명조끼를 벗으면 제 아이들은요? 아직 어린 제 애들은 누가 돌보나요? 저는 못 벗습니다. 저 친구는 수영을 잘하지만 저는 못합니다. 벗을 수 없습니다.'

배 갑판에 고정된 작은 밧줄을 굳게 붙들고 나는 고개를 저어가면서 주님과 싸웠다.

'절대로 못 벗습니다.'

그렇게 거친 풍랑 속에서 몇 시간을 버텼다. 겨우 풍랑을 벗어나서 항구로 돌아왔다. 우리는 서로를 부둥켜안고 울었다. 정말 죽었다 살아난 마음이었다. 나만 그런 게 아니라 모두 그랬다.

우리 배에 탔던 한 청년이 여호수아 목사님 덕분에 무사히 돌아올 수 있었다고 외쳤다. 자기가 계속 보고 있었는데 목사님이 매우 단호하게 고개를 저으면서 "이대로는 안 됩니다. 우리 아이들, 이렇게 죽을 수 없습니다"라고 기도하는 걸 봤다고 했다. 그 기도 덕분에 다 살아 돌아올 수 있었다고 했다. 나는 아무 대꾸도 하지 않고 미소만 지었다.

아웃리치가 끝나고 미국으로 다시 돌아왔다. 주일 설교를 준비하면서 손가락이 보이지 않을 정도로 빨리 설교문을 썼다. 토요일 저녁이 되었는데, 시간이 너무 더디 가는 게 안타까웠다. 빨리 주일이 되었으면 좋겠다는 마음이 간절했다.

주일 예배가 어땠을 것 같은가? 예배는 박수와 함성의 도가니였다. 모든 성도가 하나님께서 행하신 일을 기뻐했다. 그날 예배에서 섬마을에 교회를 지을 수 있는 헌금도 단번에 준비되었다. 설교를 마무리하고 기도를 하려는데 주님께서 내게 말씀하셨다.

'여호수아야, 아직 끝나지 않았다. 내가 네게 구명조끼를 벗어 형제에게 주라고 했는데 네가 불순종하고 나를 거역한 것을 회개하고 그 형제에게 사과해라. 예배가 끝나기 전에 너는 이렇게 해야 한다.'

너무 당황스러웠다. 하나님과의 싸움이 다시 시작됐다.

'하나님, 목회를 안 해보셔서 그런 것 같은데요. 제가 구명조끼를 벗어줬어도 이민 목회는 힘듭니다. 그런데 주님께서 벗어주라고 했는데 벗어주지 못했다고 하면 누가 저를 신뢰하겠습니까? 그럼 저, 목회 못합니다….'

고개를 다시 가로저으며 주님과 맞섰다. 하지만 나는 알고 있었다. 주님께 온전히 순종하지 않고서는 그 자리를 벗어날 수 없다는 것을. 결국 성도들에게 내 허물을 고백하고 그 형제에게 눈물로 사과했다. 성도들은 그 고백 때문에 나를 거절하거나 판단하지 않았다.

그날 우리는 하나님의 기쁨의 은혜를 만났다. 성도들은 눈물로 하나님을 찬양하고 기뻐했다. 그 형제는 훗날 신학을 하고 목사가 되어 이민 교회에서 목회하고 있다.

듣고 싶은 말만 듣는다면, 과연 주님의 기쁨에 참여하는 자가 될 수 있을까. 우리가 상식적으로 이해할 수 있는 말만 따른다면 예수님의 기쁨을 맛볼 수 있을까.

막내가 유치원생이었을 때 일이다. 내가 설교 준비를 하고 있던 서재로 들어와 물었다.

"아빠, 맨날 왜 이렇게 열심히 공부하는 거야? 하나님이 다 알려주신다며? 말씀하신다며? 그런데 아빠가 잘 못 듣는 거야?"

그렇다. 우리가 잘 못 듣는 것이다. 우리 귀에 듣고 싶은 말씀만 담고 싶은 연약함이 있다. 그래서 예수님의 기쁨을 누리지 못한다. 우리 귀를 오직 예수님의 말씀을 향해 열고, 그분의 말씀에 온전히 순종하는 것을 배울 때, 예수님이 준비하신 혼인 잔치의 기쁨을 만난다.

사람을 향한 관심을 회복해야 한다

미국에서 목회하던 때, 내게는 여덟 분의 멘토가 있었다. 멘토들에게 2개월에 한 번씩 나를 만나 좋은 목회자가 되도록 훈련해 달라고 부탁드렸다. 두 분을 제외하고는 은퇴하신 목사님들이었다. 나는 매주 한 분에게 목회와 영성을 배울 수 있었다. 그중 한 분이 한국 예수전도단을 시작하신 오대원(David Ross) 목사님이셨다.

토요일 이른 아침, 목사님과 식사하며 깊은 영적 대화를 하고 있었다. 그런데 식당 직원의 서비스가 만족스럽지 않았다. 커피잔이 비기 전에 와서 커피를 따라주며 서비스해야 하는데 우리 테이블에는 좀처럼 올 생각을 안 하는 듯했다. 불평을 좀 해야겠다고 생각하고 그녀를 불렀는데, 내가 말을 꺼내기 전에 오대원 목사님이 말씀하셨다.

"당신, 괜찮나요? 나는 목사인데 당신을 위해서 잠시 기도해도 괜찮을까요? 오늘 당신에게 기도가 필요해 보입니다."

그러자 그녀는 금방이라도 눈물을 쏟아낼 것 같은 모습으로 기도해 달라고 부탁했다.

"저는 싱글맘인데 오늘 아이가 고열이 나고 너무 아파요. 직장에 나와야 해서 나왔지만 걱정이 되어 일이 손에 안 잡혀요. 아이가 빨리 나을 수 있도록 기도해 주세요."

왜 내게는 안 보였을까? 왜 내 커피잔이 비어 있는 건 보이면서 수심 어린 그녀의 얼굴은 보지 못했을까? 어떻게 오 목사님은 그녀에게 기도가 필요하다는 걸 아셨을까? '관심'이었다. 나는 그녀에게 관심이 없었다. 내 관심은 나 자신이었다. 훌륭한 멘토에게 영적 지도를 받으면서 좋은 목사가 되기 위해 애쓰는 순간에도, 내게만 관심이 있었기에 그녀의 얼굴을 제대로 쳐다볼 생각을 하지 못했다.

예수님이 여리고를 지나가시는데, 세리장 삭개오가 예수님을 만나고 싶었다. 그런데 많은 사람이 예수님 주변에 모여 있어 나아갈 수가 없었다. 그는 키가 작아서 군중 사이에서는 예수님을 볼 수 없었다. 그래서 예수님이 지나가는 길목의 뽕나무 위로 올라가서 기다렸다. 누구도 삭개오에게 관심이 없었다. 로마제국을 위해 세금을 거둬들이는 매국노 세리에게 관심을 가질 사람은 없었다. 그는 조롱과 비난의 대상이었다.

그런데 예수님은 가던 길을 멈추셨다. 그리고 삭개오를 보셨다. 어떻게 아셨을까? 그가 거기에 있다는 것을. 오직 전능하신 하나님이셨기에 가능했다고 결론 내린다면 우리가 배울 건 없다. 왜 예수님은 발걸음을 멈추셨을까? 그것이 예수님의 웃음을 회복하기 위해 배워야 하는 그분의 관심이다.

2003년 나는 온누리교회에서 한국 목회를 배우기 위해 태평양을 건넜다. 8월의 서울은 견디기 힘든 폭염의 연속이었다. 장마가 되자 하늘에 구멍이 난 것처럼 비가 쏟아졌다. 우리 가족에게는 서울 생활이 너무 낯설었다. 온누리교회는 나 같은 이방인이 적응하기 쉬운 교회는 아니었다. 모든 목회자가 분주하게 맡은 일을 감당하느라 늘 시간이 부족했다. 목사님 한 분이 새로 부임한 나를 위해 오리엔테이션을 해 주었는데 별 도움이 되지 않았다.

매주 화요일에 직원 예배가 있다는 것도 몇 주가 지난 후에 알았고, 교역자들을 위한 의료비 혜택이 있다는 사실은 1년 후에 알았으니 그 오리엔테이션은 형식적인 것에 불과했다. 처음에는 '이 교회에서 2년을 버틸 수 있을까'라는 생각을 자주 했다.

'다른 목사님들은 너무 명석해 보이고 일도 잘하는데 어리숙한 교포 목사가 이런 대형 교회에서 잘 버텨낼 수 있을까?'

아무것도 할 줄 모르는 목사이기에 내가 맡은 사역과 책임은 없었다. 교구를 배정받고 종일 책상에 앉아 있는 게 내 일과였다.

여름이 끝나고 가을로 접어들던 때, 한 목사님이 눈웃음을 지으며 "여호수아 목사, 나이가?" 하며 다가왔다. 내 나이를 밝히자, "동갑이네. 야, 우리 친구 하자"라고 손을 내밀었다. 지금 함께 공동 목회를 하는 신도배 목사였다. 왜 신 목사는 아무도 관심 두지 않는 이방인 같은 내게 손을 먼저 내밀어 주었을까? 그건 관심이었다.

예수님의 관심의 울타리를 배워야 한다

믿음의 눈을 들어 익숙한 관계의 안전지대를 벗어나는 것이 예수님의 웃음을 배우는 시작이다. 교회는 그 안전지대를 벗어나는 좋은 훈련장이 될 수 있다. 셀(cell) 같은 소그룹에서 만나는 사람들은 우리가 스스로 선택할 수 없고, 주어지는 공동체이다. 많은 사람이 공동체 활동을 하면서 적잖이 당황하는 이유가 그 때문이다. 스스로 선택한다면 절대로 그런 성향, 기질, 배경, 태도를 가진 사람들과 공동체 생활을 하지 못했을 것이다.

주어진 공동체를 통해 익숙한 관계의 안전지대를 넘어서 좋은 이웃이 되어 그들에게 관심을 두는 훈련을 하는 것이다. 우리의 관심과 관계의 편협함을 벗어버리고, 예수님의 관심과 관계의 울타리로 넓어지는 여정 속에서 우리는 예수님의 웃음을 배우게 된다.

판단하지 않아야 한다

오만한 판단의 저울을 힘주어 누르지 말아야 한다.

> 비판을 받지 아니하려거든 비판하지 말라 너희가 비판하는 그 비판으로 너희가 비판을 받을 것이요 너희가 헤아리는 그 헤아림으로 너희가 헤아림을 받을 것이니라 어찌하여 형제의 눈 속에 있는 티는 보고 네 눈 속에 있는 들보는 깨닫지 못하느냐 보라 네 눈 속에 들보가 있는데 어찌하여 형제에게 말하기를 나로 네 눈 속에 있는 티를 빼게 하라 하겠느냐 외식하는 자여 먼저 네 눈 속에서 들보를 빼어라 그 후에야 밝히 보고 형제의 눈 속에서 티를 빼리라 마 7:1-5

남을 판단하고 비난하는 사람은 자신의 기쁨을 도둑질당하고 있다는 사실을 인지하지 못한다. 그는 언제나 매의 눈으로 비난할 거리를 찾는다. 그의 입술은 날 선 검이 되어 누군가의 심장을 잔인하게 내리친다. 그의 가슴은 긍휼과 배려, 친절과 상냥함이 뿌리내릴 수 없는 죽은 땅이 되어버린다. 판단과 비난의 영의 포로가 되면 삶은 가시덤불이 가득해져 누구도 다가오기를 꺼리는 사람이 되어간다.

바리새파의 시작은 좀 더 진지하게 하나님의 말씀(율법)을 지키려고 하는 순전한 열심이었다. 그들은 누가 시켜서가 아니라 자발적으로 철저하게 말씀을 따라 살아가려고 헌신했던 사람들이었다. 그러나 어느 순간부터 같은 열심이 없는 사람들이 눈에 보이기 시작했다. 곧 그들의 열심은 과시와 자랑이 되었고, 다른 사람들의 부족함은 판단과 정죄의 이유가 되었다. 그리고 서서히 그들은 하나님의 기쁨으로부터 가장 먼 곳에 있는 사람들이 되었다. 판단과 비난의 자리에서는 하나님의 희락을 만나지 못하기 때문이다.

예수님은 형제의 눈에 티가 있다는 사실을 부인하지 않으셨다. 부족함과 연약함이 없는 사람이 어디 있는가! 우리 모두 허물이 많은 사람이기에 누구라도 쉽게 판단할 이유를 찾을 수 있다. 그러나 예수님이 가르쳐 주신 믿음은 형제의 티를 보기 전에 자신의 눈에 있는 들보를 보는 것이었다. 남의 허물보다 자신의 허물을 더 크게, 더 분명하게 보는 게 믿음의 축복이다.

나는 온누리교회 하용조 목사님으로부터 설교 시간에 남의 허물을 공격하면서 설교자가 하고자 하는 말을 해서는 절대 안 된다고 배웠다. 설교하다 보면 어떤 대상을 향해 신랄하게 공격하고 비난하면서 내가 전하고자 하는 의도를 말하고 싶은 유혹을 받을 때가 있다.

그러면서 나는 그렇지 않다는 의로움을 과시할 수 있고, 듣는 자들에게는 묘한 카타르시스를 줄 수 있기에 그 유혹을 뿌리치기란 쉽지 않다. 그런 유혹을 만날 때면 하 목사님의 음성이 가슴에서 울린다. 그 분의 좋은 가르침 덕분에 남을 판단하고 정죄하는 설교를 거부할 수 있었음에 감사한 마음을 가지고 있다.

미국의 유명한 강해 설교자 척 스윈돌 목사의 설교에서 이런 자성의 고백을 들은 적이 있다. 성경 강해 세미나를 하는데 한 남성이 처음부터 끝까지 계속 졸기만 했다고 한다. 며칠간의 세미나를 마치고 사람들이 돌아가는데 그의 아내가 스윈돌 목사에게 조심스레 다가와서 잠시 대화할 수 있는지 물었다. 스윈돌 목사는 그 여인이 명강의를 들으면서도 은혜를 받지 못하여 졸기만 하는 믿음 없는 남편과 살아가는 푸념을 늘어놓을 것으로 생각했다고 한다.

그러나 그 여인의 나눔은 예상을 뛰어넘었다. 그녀는 남편의 마지막 소원 때문에 그 세미나에 참석했다고 한다. 스윈돌 목사의 설교를 너무 사랑했던 남편은 암 투병 중이었는데, 얼마 남지 않은 생애에 스윈돌 목사의 성경 세미나에 가는 게 소원이었다고 한다. 그런데 암의 고통 때문에 먹어야 하는 약의 영향으로 깨어 있을 수가 없었다. 그래서 남편이 너무 민망하게 생각한다고 그 여인이 말해주었다.

스윈돌 목사의 잘못된 판단과 비난의 마음을 무너뜨린 것은 눈물을 글썽이며 여인이 마지막으로 해준 말이었다.

"남편은 주님을 많이 사랑해요. 그가 가장 좋아하고 존경하는 설교자가 바로 목사님이에요. 그의 얼마 남지 않은 시간을 목사님의 말씀을 듣는 것으로 채우고 싶어 했어요."

스윈돌은 그 말을 하고 떠나는 여인의 뒷모습을 보며 큰 충격을 받고 자신의 어리석고 오만한 판단을 회개했다고 한다.

눈에 보이는 것이 전부가 아니다. 우리는 모든 것을 알지 못한다. 우리의 지혜는 한계가 있고, 판단은 언제나 이기적이다. 생각은 익숙함이란 길을 따라 걷고, 논리는 편협하고 과거지향적이다. 판단과 비난은 남의 허물과 최악(the worst)을 고발하는 교만함이다. 거기서 주님의 웃음은 만나지 못한다.

> 바리새인은 서서 따로 기도하여 이르되 하나님이여 나는 다른 사람들 곧 토색, 불의, 간음을 하는 자들과 같지 아니하고 이 세리와도 같지 아니함을 감사하나이다 나는 이레에 두 번씩 금식하고 또 소득의 십일조를 드리나이다 하고 눅 18:11,12

바리새인의 고발은 옳다. 세리들은 토색하고, 불의한 자들이었다. 분명 그는 세리와 같지 않다. 하지만 바리새인은 예수님과 함께 웃을 수 없다. 아니, 누구와도 함께 웃을 수 없다. 판단의 저울을 오만한 마음으로 누르고 있기에 그는 예수님의 웃음을 배울 수 없었다.

예수님은 우리에게 다른 믿음을 보여주셨다. 제자들을 부르실 때, 먼저 세례 요한을 따르던 안드레가 예수님의 제자가 되어 형제인 시몬을 예수님에게 데리고 갔다. 예수님은 시몬을 보고 그의 이름을 바꿔주셨다.

> 데리고 예수께로 오니 예수께서 보시고 이르시되 네가 요한의 아들 시몬이니

'게바'는 아람어 표현이고 '베드로'는 헬라어 표현이다. 모두 '반석'이
라는 의미이다. 예수님은 시몬을 보자마자 그가 장차 반석 같은 존재
가 될 것이라고 말씀해 주셨다. 하지만 복음서에서 만나는 시몬은 반
석과는 거리가 멀다. 그러나 예수님의 눈에는 이미 그는 반석 같은 사
람이었다. 그가 반석이 될 수 없는 이유는 얼마든지 찾을 수 있었다.
그러나 예수님은 그런 이유를 찾으려 하지 않으셨다. 아직 가야 할 길
이 멀지만 장차 반석이 될 시몬을 격려하셨다.

나다나엘을 제자로 부르시는 장면에서도 비슷한 예수님의 모습을
볼 수 있다. 예수님의 제자가 된 빌립이 나다나엘에게 가서 자신의 메
시아를 만났다고 하면서 그분이 '나사렛 사람 예수'라고 하자 나다나
엘은 시큰둥한 반응을 보였다.

나다나엘이 이르되 나사렛에서 무슨 선한 것이 날 수 있느냐 빌립이 이르되
와서 보라 하니라 예수께서 나다나엘이 자기에게 오는 것을 보시고 그를 가
리켜 이르시되 보라 이는 참으로 이스라엘 사람이라 그 속에 간사한 것이 없
도다 나다나엘이 이르되 어떻게 나를 아시나이까 예수께서 대답하여 이르시
되 빌립이 너를 부르기 전에 네가 무화과나무 아래에 있을 때에 보았노라 나
다나엘이 대답하되 랍비여 당신은 하나님의 아들이시요 당신은 이스라엘의
임금이로소이다 요 1:46-49

나다나엘의 말 속에서 사람들이 갈릴리 지방과 나사렛에 대해 가졌던 편견을 볼 수 있다. 그곳은 선한 것이 날 수 없는 곳이었다. 예수님을 만나보기도 전에 나다나엘은 오만한 판단의 저울을 힘주어 눌렀다. 그런 나다나엘을 만나셨을 때 예수님은 "참으로 이스라엘 사람이라 그 속에 간사한 것이 없도다"라고 극찬을 해주셨다.

예수님도 나다나엘처럼 반응하실 수 있었다.

"네가 나에 대해 뭘 안다고 그런 말을 하는 거지? 내가 베들레헴에서 태어났다는 걸 너는 모르잖아. 내가 무슨 일을 할 수 있는지, 내가 어떤 일을 하기 위해 보내심을 받았는지 모르면서 단지 내가 나사렛에서 왔다는 것만 듣고 그렇게 반응하는 거야? 너는 정말 믿음이 꽝이구나. 나는 너를 제자로 삼을 마음이 없다."

예수님이 이렇게 반응하셔도 그는 변명할 수가 없다. 그러나 그렇게 반응하지 않으셨다. 간사한 것이라고는 전혀 없는 참 이스라엘 사람 나다나엘을 칭찬하셨다. 오히려 나다나엘이 과분한 칭찬을 듣고 놀라 어떻게 자신을 알고 있는지 묻자, 예수님은 나다나엘이 무화과나무 아래 있을 때 보았다고 말씀하신다. 유대인들은 뜨거운 태양 때문에 무화과나무 아래서 기도하는 경우가 많았다고 한다. 예수님은 "네 기도를 내가 알고 있다"라고 말씀하신 것이다. 그러자 나다나엘은 예수님을 향해 "하나님의 아들"이라는 믿음을 고백한다.

예수님은 판단할 이유가 아니라 격려하고 축복할 이유를 찾으신다. 부족함과 연약함을 버려야 할 이유로 보시는 게 아니라, 사랑하고 품어야 할 이유로 봐주신다.

우리 교회에서 신앙생활 하는 젊은 부부가 단기 선교여행을 갔다가 선교사로 헌신하고 싶은 마음이 생겨서 장기 선교사 훈련을 받았다. 몇 개월 동안 후보생들과 함께 합숙하면서 훈련하는 프로그램이었다. 훈련이 시작되고 한 번도 직장생활이나 규칙적인 생활을 해본 적 없는 자매가 여러 사람과 함께하는 생활을 힘들어한다는 소식을 들었다. 결국 선교사 훈련을 통과하지 못하고 한국으로 돌아왔다. 너무 낙심하고 부끄러워 교회도 못 나오고 있다는 이야기를 듣고 그들을 불렀다. 맛있는 점심을 사주면서 말했다.

"31세, 25세인 젊은이가 아직 장기 선교사로 나가기에 부족하다는 말을 듣는 것은 흉이 아니야. 준비가 안 됐으면 열심히 신앙생활 하면서 성장해서 준비하면 되는 거야. 교회에서 더 잘 훈련받고 주님이 원하시는 마음을 따라가 보자."

그들이 웃음을 다시 찾을 수 있어서 기뻤다.

초대 교회에는 보석 같은 믿음과 영성을 가진 사람이 많았는데, 나는 특히 바나바를 매우 좋아한다. 그런 믿음과 영성을 갖게 해달라고 기도도 많이 한다. 바나바가 보여주는 예수님의 모습은, 그가 판단하고 정죄할 수 있을 때 격려하고 용납하며 포용해 주었다는 데 있다.

그는 바울과 함께 안디옥 교회에서 선교사로 파송을 받고 선교 사역을 시작했다. 그리고 1차 선교여행에 마가가 동행하는데 무슨 이유인지 중간에 예루살렘으로 돌아갔다. 아마도 사역이 너무 힘들어서 중도에 포기하고 집으로 돌아간 것처럼 보인다. 2차 선교여행을 준비하다 바나바와 바울이 크게 다투었는데, 그 이유는 마가 때문이었다.

바나바는 이번에도 마가를 데리고 가자고 했고, 바울은 과거에 끝까지 동행하지 못한 탈영병과 같은 그와 동행할 수 없다고 맞섰다. 끝까지 이견을 좁히지 못하고 각자의 길을 갔다.

마가의 입장에서 생각해 보자. 이제 마가를 따라다니는 꼬리표가 생겼다. "바울이 버린 사람", "바울과 바나바를 싸우게 만든 장본인", "바울과 바나바가 동역하지 못하게 만든 사람", 이런 소문과 수군거림이 그를 따라다녔을 것이다. 이런 마가의 미래는 어떻게 펼쳐질까?

바울이 쓴 마지막 편지가 디모데후서다. 그의 개인적인 마음이 많이 담긴 편지다. 여기에 마가 이야기가 나온다.

누가만 나와 함께 있느니라 네가 올 때에 마가를 데리고 오라 그가 나의 일에 유익하니라 **딤후 4:11**

1차 선교여행에서 끝까지 동행하지 못하고 포기했던 마가가, 옥에 갇혀 언제 순교의 제물이 될지 모르는 늙은 바울에게 유익하고 필요한 사람이 되었다. 어떻게 이런 변화가 가능했을까? 부족함과 연약함을 보며 판단과 비난의 저울을 힘주어 누르지 않을 수 있는 믿음의 사람들이 있었기 때문이 아닐까.

실패자 마가에게는 두 멘토가 있었다. 격려의 사람 바나바가 첫 멘토였고, 아마도 그의 죽음 후에는 베드로를 섬기면서 멘토링을 받았을 것이다. 마가복음은 베드로가 전해준 예수님의 이야기들을 엮어 핍박과 환란을 지나던 로마의 그리스도인들을 격려하기 위해 기록한 복음서다.

베드로가 누구인가? 예수님을 배반하지 않겠다고 큰소리를 치고서 예수님의 이름을 세 번이나 부인하고 저주했던 사람이 아닌가!

혼자 이런 상상을 해보았다. 마가가 좌절하고 낙심해서 포기하려는 이른 새벽, 마가를 흔들어 깨우는 베드로의 모습 말이다.

"마가야, 일어나. 갈 데가 있다."

마가가 눈을 비비며 일어나 따라가며 말한다.

"선생님, 어디로 가는 겁니까?"

"그냥 따라오면 알게 될 거야."

찬 밤공기를 가르고 베드로는 한 정원으로 들어간다. 그리고 조용히 하늘을 쳐다본다. 익숙한 소리가 들린다. 닭 울음이다. 베드로가 한 번도 잊은 적 없는 소리. 그가 예수님을 배반하며 저주했을 때, 마주쳤던 예수님의 눈을 기억나게 해주는 소리 말이다. 베드로가 조용히 마가에게 말한다.

"마가야, 저 닭 소리 들리지? 나는 주님을 세 번이나 부인했지. 그런데 주님의 은혜가 나를 여기까지 오게 했어. 주님의 은혜가 너도 인도해 주실 거야. 흔들리지 말아라…."

나는 마가 같은 사람이기에 바나바가 필요하다. 베드로도 필요하다. 그런 자들이 특별해서, 그들을 통해 마가 같은 사람들이 회복되는 게 아니다. 그들은 예수님의 믿음과 마음을 배우고 따라가고 있을 뿐이다. 조금 더 상상의 날개를 펴보자.

실패자 마가가 주님의 웃음을 보인다. 그것을 보고 바나바와 베드로가 예수님의 웃음을 보인다. 바울도 같은 웃음을 보인다. 판단과 비난의 자리를 박차고 일어나, 사람을 살리고 격려하며 그들의 가능성

을 보여주는 예수님의 믿음을 배우면 우리도 예수님의 웃음으로 돌아
갈 수 있다.

슬픈 사람들에게 주어지는 선물

예수님의 웃음은 슬픔의 무게에 눌린 사람에게 주어지는 선물이다.

> 그 후에 예수께서 나인이란 성으로 가실새 제자와 많은 무리가 동행하더니
> 성문에 가까이 이르실 때에 사람들이 한 죽은 자를 메고 나오니 이는 한 어
> 머니의 독자요 그의 어머니는 과부라 그 성의 많은 사람도 그와 함께 나오거
> 늘 주께서 과부를 보시고 불쌍히 여기사 울지 말라 하시고 가까이 가서 그
> 관에 손을 대시니 멘 자들이 서는지라 예수께서 이르시되 청년아 내가 네게
> 말하노니 일어나라 하시매 죽었던 자가 일어나 앉고 말도 하거늘 예수께서
> 그를 어머니에게 주시니 모든 사람이 두려워하며 하나님께 영광을 돌려 이르
> 되 큰 선지자가 우리 가운데 일어나셨다 하고 또 하나님께서 자기 백성을 돌
> 보셨다 하더라 눅 7:11-16

예수님은 슬픔을 보신다. 슬픔 가운데 있는 사람들을 무시하지 않
으셨다. 장례 행렬이 지나가고 있었다. 당시 장례 행렬 맨 앞에 여자가
섰다. 이것은 이스라엘 백성들에게 하와가 먼저 범죄했음을 상기시키
는 의미가 있었다. 나인성의 장례 행렬에서도 과부인 여인이 선두에 섰
을 것이다. 예수님은 그 과부를 보셨다. 예수님의 어머니 마리아도 과

부였다.

당시 여인들에게는 경제적 독립을 할 능력이 없었다. 그들의 생존은 남편 혹은 아들에게 달려 있었다. 나인성의 과부는 남편도, 외아들도 죽었다. 그녀의 미래를 책임져 줄 사람이 모두 없어진 것이다. 예수님은 그녀를 측은하게 여기셨다. 슬픔 속 그녀에게 웃음을 돌려주기를 원하셨다. 그래서 죽은 외아들을 다시 살려주신 것이다.

예수님은 베다니에 살고 있던 나사로와 마르다, 마리아 자매와 친밀한 관계를 누리셨다. 베다니가 예루살렘에서 멀지 않았기에 예루살렘에 방문하실 때면 그들과 거하시면서 교제하셨을 것이다. 요한복음 11장을 보면, 마르다와 마리아가 예수님에게 전갈을 보낸다.

> 이에 그 누이들이 예수께 사람을 보내어 이르되 주여 보시옵소서 사랑하시는 자가 병들었나이다 하니 요 11:3

나사로를 부르는 호칭이 놀랍다. 주님이 '사랑하시는 자'라고 했다. 그들도 알았다. 예수님이 그들을 얼마나 사랑하시는지 잘 알고 있었다. 사랑받는 자매들은 주의 사랑하는 자가 아프다는 사실을 알림으로 주님이 속히 달려와 주시기를 바랐다. 그러나 나사로의 죽음과 부활을 통해 하나님께 영광을 돌리기를 원하셨던 주님은 시간을 지체하시고, 시름시름 앓던 나사로는 죽는다. 그제야 주님이 베다니로 돌아오신다.

우리는 그다음 이야기를 잘 알고 있다. 예수님은 무덤에 들어간 지 나흘이나 지난 나사로를 무덤에서 불러내셔서 슬픔의 나락에 떨어져 있던 마르다와 마리아에게 웃음을 돌려주신다.

나사로의 부활 사건을 보면서 쉽게 놓치는 한 가지 사실이 있다. 예수님이 제자들과 요단강 저편(동편)에 머물러 계셨다는 사실이다. 왜 예수님은 거기까지 가셨을까? 예수님이 아버지와 자신이 하나이며, 스스로 하나님을 아버지라 부르시고 아버지가 그분 안에, 그분도 아버지 안에 계신다고 말씀하셨기 때문이다. 유대인들을 그것을 '신성모독'으로 여기며 예수님을 잡아 돌로 치려고 했다. 예수님을 죽이려고 하는 계획이 구체적으로 세워졌던 것이다.

아직 하나님의 때가 이르지 않아 예수님은 요단강 동편에 피해 계셨다. 그런데 나사로를 살리기 위해 다시 베다니로 오신다면 에루살렘의 종교 지도자들의 귀에 그 소식이 전해질 게 뻔했다. 실제로 나사로의 부활이 매우 주목받는 사건이었기에, 그 소문과 반향이 종교 지도자들에게까지 전해져 그들이 모의하기에 이르렀다.

이에 대제사장들과 바리새인들이 공회를 모으고 이르되 이 사람이 많은 표적을 행하니 우리가 어떻게 하겠느냐 만일 그를 이대로 두면 모든 사람이 그를 믿을 것이요 그리고 로마인들이 와서 우리 땅과 민족을 빼앗아 가리라 하니 그중의 한 사람 그해의 대제사장인 가야바가 그들에게 말하되 너희가 아무것도 알지 못하는도다 한 사람이 백성을 위하여 죽어서 온 민족이 망하지 않게 되는 것이 너희에게 유익한 줄을 생각하지 아니하는도다 하였으니 이 말은 스스로 함이 아니요 그해의 대제사장이므로 예수께서 그 민족을 위하시고 또 그 민족만 위할 뿐 아니라 흩어진 하나님의 자녀를 모아 하나가 되게 하기 위하여 죽으실 것을 미리 말함이러라 이날부터는 그들이 예수를 죽

이려고 모의하니라 요 11:47-53

    나사로를 살리는 기적을 위해 예수님은 스스로를 대제사장과 종교 지도자들의 손에 내어주는 결정을 하신 것이다. 예수님은 나사로를 죽음의 무덤에서 불러내신다. 그것을 위해 스스로 무덤으로 들어가시는 결정을 하신 것이다. 나사로를 묶었던 수의를 벗겨내고 다니게 하려고 스스로 수의를 입는 선택을 하신다. 나사로, 마르다와 마리아를 다시 웃게 하려고 십자가를 향해 나아가기를 망설이지 않으신다.

    슬픔에 짓눌린 자들을 위해 예수님이 슬픔에 짓눌린 자가 되신다. 십자가에서 죽은 자가 되시고, 무덤에 누인 자가 되신다.

    오직 예수님의 죽음, 십자가를 통해 슬픔을 이기는 웃음을 배우게 된다.

잃어버린 것 찾기

    예수님의 기쁨을 만나려면 잃어버린 것을 찾는 일에 함께해야 한다.

    누가복음 15장에는 세 가지 비유가 등장한다. 잃어버린 양의 비유, 잃어버린 드라크마의 비유, 잃어버린 아들의 비유다. 예수님은 이 비유를 통해 잃어버린 죄인이 하나님께로 돌아오게 될 때 하나님께서 얼마나 기뻐하시는지를 강조하신다.

    내가 너희에게 이르노니 이와 같이 죄인 한 사람이 회개하면 하늘에서는 회개

할 것 없는 의인 아흔아홉으로 말미암아 기뻐하는 것보다 더하리라 눅 15:7

내가 너희에게 이르노니 이와 같이 죄인 한 사람이 회개하면 하나님의 사자들 앞에 기쁨이 되느니라 눅 15:10

이 내 아들은 죽었다가 다시 살아났으며 내가 잃었다가 다시 얻었노라 하니 그들이 즐거워하더라 … 이 네 동생은 죽었다가 살아났으며 내가 잃었다가 얻었기로 우리가 즐거워하고 기뻐하는 것이 마땅하다 하니라 눅 15:24,32

예수님의 기쁨을 만나고 싶다면 하나님께서 기뻐하시는 자리로 발걸음을 내디뎌야 한다. 잃어버린 영혼들이 주님께로 돌아오는 길에 참여할 수 있다는 것은 엄청난 기쁨이다. 목회하면서 만나는 축복 중 하나는, 오랜 시간 기도했던 사람들이 주님께로 돌아오는 것을 보는 것이다.

교회에 믿지 않는 형제와 결혼한 자매가 있다. 연애 때부터 복음을 전할 수 있는 모임에 그를 초청하면서 애썼지만, 그의 마음이 잘 열리지 않았다. 그는 결혼하고 셀을 억지로 시작했는데 다행히 셀 식구들이 친절하고 따뜻해서 교회 생활에 정을 붙일 수 있었다. 그러나 예수님을 향한 분명한 신앙 고백은 없었다.

2024년 가을에 전 교인 수련회에서 침례식을 준비했다. 그런데 신청자 명단에 그 형제의 이름이 없었다. 그는 수련회에 참석했지만, 자신이 아직 세례를 받을 만한 믿음이 없다고 생각했던 것이다. 원래 그 형제와 친분이 있던 부목사님에게 그를 만나 다시 한번 복음을 알려주고 예수님을 영접하고 세례받도록 권유하기를 부탁했다. 너무 감사하게도 함께 영접기도를 하고 침례를 받겠다고 했다는 소식을 들었다.

교회에서 침례자들을 위해 준비한 옷도 다행히 한 벌 여분이 있었다. 그를 사랑으로 인도해 온 셀장님과 함께 물속으로 들어오는 형제의 모습을 보며 나는 울컥했다. 마음에 기쁨과 감동이 몰려왔다. 그 아내의 눈물 가득한 기도가 그대로 느껴지고 이 형제를 긍휼의 마음으로 기다리신 아버지 하나님의 눈물이 그대로 느껴졌다. 아마 그 형제도 내 마음을 그대로 느꼈던 것 같다.

수련회 후 가을학기 남성들을 위한 성경 공부 모임이 있었는데 그 형제의 회사 동료가 함께 모임에 왔다. 어떻게 오게 됐는지를 묻자, 그 형제의 변화가 너무 놀라워서 서울드림교회가 어떤 곳인지 와보고 싶었다고 했다. 하나님의 역사는 너무나도 놀랍다. 하나님께서 잃어버린 자를 찾으시고 기뻐하시며, 우리에게 그 기쁨 안으로 들어오라고 부르신다.

C. S. 루이스가 쓴《스크루테이프의 편지》에 이런 말이 나온다.

건전하고 정상적이고 만족스러운 종류의 즐거움을 다룰 때 어떤 의미에서 우리는 적지에 있다는 것을 명심해야 한다. 물론 우리가 즐거움을 통해 많은 영혼을 빼앗았지만 즐거움은 원래 하나님의 뜻이었지 우리의 뜻이 아니었다. 하나님은 모든 즐거움을 만들었다. 수많은 연구를 해왔지만 우리는 아직 한 가지 즐거움도 만들지 못했다. 우리가 할 수 있는 일은 우리의 적 하나님이 만들어 낸 즐거움을 사람들이 취하되 하나님이 금지

한 잘못된 때에, 잘못된 방법으로, 잘못된 정도로 취하도록 유혹하는 것
뿐이다. … 우리의 작전은 욕망은 계속 커지게 하고 즐거움은 점점 줄어
들게 하는 것이야.

마귀의 전략은 매우 유효하게 작동하고 있다. 그렇기에 하나님의
희락이 아닌 세상의 쾌락으로만 만족하려는 사람들이 넘친다. 기쁨의
시작은 하나님이시다. 예수님은 그 기쁨으로 충만한 삶으로 우리를
부르신다. 예수께로 돌아와 그분의 기쁨으로 충만하라.

THE RETURN

PART

3

혼자만의 자리에서
주님과 함께하는 자리로 리턴

예수님의 식탁으로 돌아가자

chapter 07

환대와 사랑의 공간

유대인들에게 식탁은 매우 특별한 곳이다. 단순히 음식을 나누는 자리를 넘어 훨씬 심오한 의미가 있다. 하나님께서는 이집트에서 노예로 400년 동안 지낸 이스라엘 백성을 약속의 땅으로 인도하시기 위해 그들을 식탁의 자리로 부르셨다. 그것이 유월절이다.

죽음의 영이 이집트를 덮을 때, 이스라엘 백성은 어린양의 피를 문설주에 바르고 급히 이집트를 떠날 준비를 하며 유월절 식사를 나눴다. 유월절 식탁은 하나님의 구원 언약을 기억하는 자리일 뿐 아니라, 아브라함과 이삭과 야곱에게 주신 언약을 이루시는 하나님의 신실하심을 기억하는 자리다. 유월절 식탁은 어린양의 죽음으로 마련된 하나님의 구원의 선물이다.

이집트를 떠나 광야 길에 들어선 이스라엘 백성은 큰 도전에 직면했다. 전쟁에 참가할 수 있는 성인 남자만 60만 명에다가 여자, 노인, 아이들까지 수백만 명이 함께 광야를 걸었으니, 식량 문제를 해결하기가 쉽지 않았다. 그들을 위해 매일 먹을 것을 구하는 건 거의 불가능했다. 그래서 하나님께서는 그들을 그분의 식탁으로 부르셔서 '만나'를 주셨다. 만나를 나누는 식탁은, 하나님만이 그들을 돌보시는 목자시고 그분의 돌보심에는 부족함이 없음을 확인하는 자리였다.

식탁은 환대와 사랑의 관계를 완성하는 자리기도 했다. 아브라함은 그에게 아들이 생길 거라는 복된 소식을 전하기 위해 온 하나님의 천사들을 식탁 앞에 모시어 환대하며 섬겼다. 이는 곧 하나님을 향한 환대와 섬김이었다. 이처럼 식탁은 '환대'라는 영성을 통해 사랑과 섬김이 흘러가는 아름다운 교제의 자리였다.

또한 식탁은 연합과 화해의 장이었다. 적대적이었던 사람들이 화해하고 연합하며 갈등을 종식한다는 의미로 식탁에 마주 앉았다. 창세기에서 식구들을 데리고 재산을 챙겨 야반도주하던 야곱이 그를 쫓아온 라반과 서로 언약을 맺고 함께 식사를 나누는 장면이 대표적이다 (창 31:44-46, 51-54).

식탁이란 하나님의 공급의 의미를 넘어 '상급'의 의미도 있다. 다윗은 시편 23편에서 "주께서 내 원수의 목전에서 내게 상을 차려주시고 기름을 내 머리에 부으셨으니 내 잔이 넘치나이다"라며 상급으로 주어지는 하나님의 식탁에 대해 감사와 찬송의 고백을 올려드렸다.

식탁은 다가올 하나님나라의 잔치를 미리 보여주는 예표이기도 하다. 이사야 선지자는 "만군의 여호와께서 이 산에서 만민을 위하여 기름진 것과 오래 저장하였던 포도주로 연회를 베푸시리니 곧 골수가 가득한 기름진 것과 오래 저장하였던 맑은 포도주로 하실 것이며"(사 25:6)라고 기록하며, 징계당한 이스라엘 백성이 하나님과 함께 누릴 영원한 기쁨을 하나님의 연회(식탁)라는 이미지로 소개했다.

예수님의 식탁 앞에 앉는 순간, 우리는 이런 풍요로운 은혜의 증인이 된다. 예수님의 식탁에서만 맛볼 수 있는 특별한 기쁨 속으로 발걸음을 내디뎌 보자.

죄인들을 향한 포용과 관용의 공동체를 만나는 자리

그의 집에 앉아 잡수실 때에 많은 세리와 죄인들이 예수와 그의 제자들과 함께 앉았으니 이는 그러한 사람들이 많이 있어서 예수를 따름이러라 바리새인의 서기관들이 예수께서 죄인 및 세리들과 함께 잡수시는 것을 보고 그의 제자들에게 이르되 어찌하여 세리 및 죄인들과 함께 먹는가 예수께서 들으시고 그들에게 이르시되 건강한 자에게는 의사가 쓸데없고 병든 자에게라야 쓸데 있느니라 나는 의인을 부르러 온 것이 아니요 죄인을 부르러 왔노라 하시니라 막 2:15-17

요한이 와서 먹지도 않고 마시지도 아니하매 그들이 말하기를 귀신이 들렸다 하더니 인자는 와서 먹고 마시매 말하기를 보라 먹기를 탐하고 포도주를 즐기는 사람이요 세리와 죄인의 친구로다 하니 지혜는 그 행한 일로 인하여 옳다 함을 얻느니라 마 11:18,19

예수님은 단순히 먹고 마시기를 즐기며 탐하는 분이 아니었다. 그분의 식탁에는 거룩한 목적이 있었다. 식탁은 공동체를 만들 수도 있고, 나눌 수도 있다. 당시 종교 지도자들에게 식탁은 그들의 의를 과시하는 자리였다. 그러나 예수님의 식탁은 포용과 관용의 자리였다. 그 사실을 알아보지 못하는 종교 지도자들의 눈에 예수님은 먹기를 탐하고 포도주를 즐기는 세리와 죄인의 친구였다.

그들은 그런 그분의 삶을 고발하고 규탄했다. 예수님 당시 부모의 말을 듣지 않고 망나니처럼 사는 아들을 고발하는 부모의 표현을 빌려 고발하는 것이 마태복음 11장 내용이다. 부모가 망나니 아들에 대해 "아들의 마음이 완악하며 반항적입니다. 우리 말에 순종하지 않습니다. 먹기를 탐하고 포도주를 즐깁니다"라고 고발하면, 군중은 아들을 돌로 쳐서 죽일 수 있었다. 그들은 그런 동일한 고발로 예수님의 삶을 정죄했다.

예수님의 식탁에서 모든 편견과 증오가 무너졌다. 예수님에게는 그것이 하나님을 온 맘을 다해 사랑하고 내 몸과 같이 이웃을 사랑하는 삶이었다. 예수님의 식탁에는 세리와 죄인들도 하나님의 백성으로 초청되었다. 그들만의 식탁을 상상해 보라. 언제나 세리와 죄인들이 있고, 죄인의 공동체만 있다. 그러나 같은 무리가 예수님의 식탁에 앉는 순간, 그들은 은혜를 만나 예수님의 새로운 공동체의 일원이 된다.

율법학자들에게 식탁은 사람들을 분열시키는 '닫힌 문'이었다. 그러나 예수님의 식탁은 세리와 죄인들까지도 들어올 수 있는 '열린 문'이었다. 바리새인들의 식탁은 정결 예식을 통해 깨끗하게 된 후에만 앉을 수 있었다. 그러나 예수님의 식탁은 그분을 통해 깨끗함을 받아야 할 모든 사람이 초청된 잔치였다.

예수님의 식탁을 지나며 그들은 정결하게 하는 은혜를 만난다. 그분의 식탁은 정결을 요구하는 곳이 아니라 정결을 이루어 내는 거룩한 자리였다. 예수님의 식탁에 앉는 자들은 죄인을 부르러 오신 주님의 초청을 통해 자비를 맛보았다. 예수님은 식탁에 앉아 정말로 죄인과 세리의 친구가 되셨다. 그분의 식탁은 포용과 관용의 공동체를 만드는 거룩한 초청이었다. 거기서 죄인들은 하나님을 만나는 열린 문을 만났다.

세관에 앉아 있던 레위(마태)가 예수님의 부르심을 받았다. 그는 모든 것을 버려두고 주님을 따른다. 예수님의 제자가 된 후 그가 먼저 한 일은 예수님을 위해 잔치를 베풀고 세리 친구와 죄인을 초청한 것이었다. 바리새인과 서기관들은 그런 자리에 함께 있는 예수님을 이해하지 못했다. 그분이 앉으신 식탁이 죄인들을 위한 하나님의 열린 문이 되어 포용과 용납의 공동체를 만든다는 걸 몰랐다. 포용과 관용의 은혜를 맛본 레위는 친구들을 예수님의 식탁에 앉게 함으로 하나님의 은혜의 열린 문을 만나게 하는 통로가 되었다.

이렇게 교회는 하나님을 만나는 열린 문이 되어야 한다. 교회 밖 사람들에 관한 관심을 잃고, 교회 안 성도들을 위한 잔치만 풍성해진다면 예수님의 식탁의 기능을 잃는다. 교회에 처음 오는 사람들에게는 모든 것이 낯설 수밖에 없다. 예배 순서부터, 찬양 가사, 기도의 내용과 성경 말씀, 설교, 헌금과 봉헌, 축도의 순서들이 이방 문화와 언어처럼 느껴질 것이다. 그들을 예수님의 풍요로운 식탁 앞에 앉게 하려면 어떻게 해야 할까? 그들을 향한 배려가 있어야 한다.

미국에서 전통적인 기성 교회로는 젊은 세대에 효과적으로 복음을 전하지 못하는 시대가 있었다. 베트남 전쟁 반대 시위, 히피 운동, 마약과 성 자유화 물결이 거세게 몰아닥치던 1960년대였다. 젊은이들은 고리타분한 전통 교회를 미련 없이 떠났다. 그런 세대를 위해 한 젊은 목사가 완전히 다른 모습의 교회를 시작했다. 기타를 치며 찬양을 인도하고, 일반 밴드에서 사용하는 악기를 과감하게 교회 안에 들였다(그 전까지 미국 교회에서는 우리가 잘 알고 있는 의전적 예배가 대세였다). 그들의 예배 스타일과 음악은 히피와 젊은이들의 관심을 사로잡았고, 권위적이지 않고 쉽게 성경을 풀어 설교하는 목사의 가르침에, 교회를 떠났던 젊은 세대가 다시 교회를 채웠다.

그들의 예배 음악은 기성 교회의 예배 스타일까지 바꾸는 선한 영향력이 되었다. 캘리포니아주 갈보리채플과 척 스미스 목사의 이야기다. 히피 문화에 젖어 마약을 즐기는 젊은이들을 향해 기쁘게 문을 열어주는 교회가 없을 때, 갈보리채플은 그들을 향한 열린 문이 되었다. 척 스미스 목사의 수많은 제자가 미국 전역에 갈보리채플을 개척하고, 새로운 시대를 향한 포용의 공동체가 되어 하나님을 만나는 열린 문이 되었다. 그들은 기성 교회에 염증을 느낀 젊은이들을 향한 예수님의 식탁이 되었다.

몇 년 전 캘리포니아를 방문했다가 갈보리채플이 생각나서 예배를 찾았다. 성전을 가득 채운 성도와 함께 아름다운 찬양을 올려드리고 감동 가득한 설교를 들을 기대를 하며 들뜬 마음으로 교회로 갔다. 하지만 그날 내 눈앞에 펼쳐진 모습은 충격 그 자체였다. 젊은이로 가득했던 성전은 80퍼센트 이상 빈자리였고, 앉아서 예배하는 대부분은 노인이었다. 예배의 모든 순서가 안타까울 만큼 기대에 미치지 못했다. 기성 교회가 감당할 수 없었던 젊은이들이 몰려와서 예수님의 제자가 되었던 교회가 왜 과거 부흥의 기억만 간직한 채 노인만 남은 교회가 되었을까! 마음이 너무 아팠다.

교회가 죄인들이 예수님을 만나는 포용과 관용의 공동체로 존재하려면, 끊임없이 변화를 도모해야 한다. 세상의 문화와 흐름은 계속 변한다. 그 변화를 따라가는 것이 타락이고 세속화라고 생각하면 안 된다. 교회는 '복음'이라는 변하지 않는 진리를 선포하는 곳이다. 그러나 선포하는 방법은 시대에 따라 변화하고 변신해야 한다.

어린이들이 열광할 수 있는 교회학교, 청소년들이 졸지 않고 뛰면서 예배할 수 있는 청소년 예배, 젊은이들이 예수님을 만날 수 있게 준비되고 기획된 예배를 위해 힘을 다해야 한다. 과거 세대에게 효과적이었던 방법으로 새로운 세대를 인도할 수 있다고 생각하는 건 안일한 사고방식이다.

과거 휴대전화 시장 최대 강자였던 핀란드의 노키아는 세계 시장의 40퍼센트를 장악했던 공룡기업이었다. 그런데 애플의 스마트폰 등장에 제대로 대응하지 못해 몰락하고 말았다. 시대에 따라 변화하기를 거부하는 교회는 세상을 밝히는 빛이 아니라, 먼지가 쌓여가는 박물관이 될 것이다. 교회는 죄인을 향해 열려 있는 포용의 공동체가 되어야 하기에 세상의 변화 속도에 발맞추며 세상을 향한 예수님의 식탁이 되어야 한다.

새로운 비전과 꿈이 임하는 곳

현대인들만 자기 꿈만 좇는 어리석음에 빠지는 건 아니다. 성경 속에도 그런 사람들의 이야기가 가득하다.

예수님 주변에서 만나는 세리 가운데 삭개오는 가장 부유하고 힘 있는 세리장이었다. 여리고는 여러 주요 도로가 만나는 곳이라 거쳐가는 상인이 많았고, 그곳에서 징수되는 세금도 엄청났다. 삭개오는 여리고의 세리장으로 큰 부를 쌓았다.

'삭개오'라는 이름은 '순수하다, 깨끗하다, 의롭다'라는 의미가 있다. 그의 아버지가 아들이 그런 삶을 살기를 기대하는 마음으로 지어준 이름이었을 것이다. 그러나 그의 삶과 꿈은 의롭고 순수한 것과는 거리가 멀었다.

그런데 여리고 세리장 삭개오가 예수님의 식탁에서 새로운 삶의 의미를 찾았다. 여리고를 지나시던 예수님이, 뽕나무에 올라 숨어서 예수님을 보던 그를 보고 말씀하셨다.

예수께서 그곳에 이르사 쳐다보시고 이르시되 삭개오야 속히 내려오라 내가 오늘 네 집에 유하여야 하겠다 하시니 눅 19:5

예수님이 그의 집에 묵겠다고 하신 말씀 속에는 그와 함께 식탁에 앉아 먹는다는 의미가 포함되었다. 예수님은 삭개오를 그분의 식탁으로 초대하셨다. 이전까지 삭개오의 인생 목적과 의미는 부의 축적이었다. 모든 세리는 자리를 이용해 부과된 세금보다 많은 금액을 거두어 착복(着服)했다. 사람들의 증오가 거세질수록 더욱 악랄하게 세금을 거둬들이며 부를 쌓았다. 그렇게 살던 삭개오가 예수님의 식탁에 초청받았다. 그러자 그에게 새로운 비전과 꿈이 생기고 인생의 방향이 달라졌다.

삭개오가 서서 주께 여짜오되 주여 보시옵소서 내 소유의 절반을 가난한 자

들에게 주겠사오며 만일 누구의 것을 속여 빼앗은 일이 있으면 네 갑절이나

갚겠나이다 눅 19:8

그렇게 집착하며 모은 부의 절반을 가난한 사람을 위해 내놓고, 그동안 사람들을 속여 빼앗은 것에 대해 네 배의 보상을 하겠다고 약속했다. 구약에서 부당한 이익을 취했을 때, 지급해야 하는 이자는 20퍼센트였다(레 6:1-7). 그러나 삭개오는 보상을 네 배나 하겠다고 했다. 예수님의 식탁에 초청된 결과, 그에게 더 이상 부의 축적이 삶의 목적이 되지 못했다는 증거다.

예수님의 식탁에서 삭개오의 탐욕은 무너지고 긍휼과 자비의 마음이 회복되었다. 예수님의 식탁에 앉게 된 그는 재물에 대한 집착을 버리는 결단을 했고, 자신의 부가 가난한 자들을 향한 축복의 통로가 되는 걸 배웠다. 예수님의 식탁은 그에게 새로운 삶의 비전과 방향을 보여주는 은총의 자리였다.

초대 교회는 예수님의 식탁을 통해 이런 새로운 비전과 꿈의 공동체가 되었다. 예루살렘에서 이루어졌던 예수 공동체의 모습을 사도행전에서는 이렇게 소개한다.

그들이 사도의 가르침을 받아 서로 교제하고 떡을 떼며 오로지 기도하기를

힘쓰니라 사람마다 두려워하는데 사도들로 말미암아 기사와 표적이 많이

나타나니 믿는 사람이 다 함께 있어 모든 물건을 서로 통용하고 또 재산과

소유를 팔아 각 사람의 필요를 따라 나눠주며 날마다 마음을 같이하여 성
전에 모이기를 힘쓰고 집에서 떡을 떼며 기쁨과 순전한 마음으로 음식을 먹
고 하나님을 찬미하며 또 온 백성에게 칭송을 받으니 주께서 구원받는 사람
을 날마다 더하게 하시니라 행 2:42-47

재산과 소유를 자신의 것으로 주장하지 않고 각 사람의 필요에 따
라 나눠주는 급진적인 삶을 보여주었다. 어떤 학자들은 초대 교회에
있었던 극단적인 종말론 때문이었다고 주장한다. 그들은 초대 교회
성도가 주님이 다시 오신다는 의미의 "마라나타"라는 말로 서로 안부
하고 위로했다는 사실에 주목했다. 그리고 예수님의 재림이 임박했다
고 믿던 성도에게 재산 소유의 의미가 축소되었다고 해석했다.

그러나 이것은 편협한 성경 해석이다. 우리가 그런 삶을 살지 못하
고 있기에 그런 삶을 살았던 초대 교회 성도들의 삶이 극단적인 종말
론의 결과였다고 치부하는 것이다.

믿음의 백성에게 요구되는 삶의 모습이 있었다. 추수 때 이삭을 떨
어뜨려도 다 줍지 않고 가난한 자들을 위해 남겼다. 포도를 추수할
때도 가난한 자들을 위해 일부를 남겼다. 믿음의 사람들이 가장 취약
한 대상을 도울 수 있는 하나님의 방법이었다. 이런 하나님의 길을 그
분의 백성이 잊고 무시하며 살고 있었다. 그런데 예수 그리스도로 시
작된 새로운 공동체가 그 하나님의 길을 회복해 나갔다.

초대 교회의 모습은 단순한 구제 사건이 아니라 '예수 사건'이며, '성
령 사건'이었다. 그들은 예수님의 식탁 앞에서 새로운 꿈과 비전을 만
났다. 예수님을 만나고, 성령으로 충만함을 받는 자들에게 생기는.

그들은 부의 축적보다 더 중요한 가치를 보았기에 주저하지 않고 재산을 형제의 필요를 채우기 위해 포기할 수 있었다.

예수님의 식탁에 앉는 사람들은 언제나 새로운 삶의 꿈과 비전을 찾는다. 그분의 식탁이 우리를 새로운 방향으로 인도하기 때문이다.

주린 자를 향한 풍요로운 향연

복음서에서 만나는 가장 주리고 목마른 인생 중 하나는 요한복음 4장에 나오는 수가성의 사마리아 여인이다. 과거에 다섯 남편이 있었고, 현재도 남편이 아닌 남자와 살고 있는 여인. 보통 이 여인이 매우 부도덕하고 방탕한 과거를 가졌을 것으로 생각한다. 그러나 예수님 당시 남자들이 이혼증서를 남발하는 것이 사회적인 문제였음을 생각할 때, 이 여인은 부당하게 이혼당했을 수도 있다. 불행하게도 남편과 사별한 여인일 수도 있다.

당시 여인들에게는 경제적 능력이 없었기에 남편이나 아들을 의지해 살아가야 했는데, 아들도 없이 남편이 아닌 남자를 의지하여 살고 있는, 어떻게 보면 참으로 기구한 인생이라고 할 수 있다.

예수님은 오직 이 여인을 만나기 위해 사마리아 땅으로 들어가셨는데, 그녀의 상처와 굶주림은 생각보다 깊었다. 물을 좀 길어달라는 예수님과의 첫 대화부터 "유대인인 당신이 왜 사마리아 여인인 나에게 물을 구하는가?"라며 철통같은 경계심을 늦추지 않았다. 그러나 결국 예수님 앞에서 그녀의 깊은 곳에 있는 갈증과 굶주림의 정체가 드러나기 시작했다.

예수께서 대답하여 이르시되 이 물을 마시는 자마다 다시 목마르려니와 내가 주는 물을 마시는 자는 영원히 목마르지 아니하리니 내가 주는 물은 그 속에서 영생하도록 솟아나는 샘물이 되리라 여자가 이르되 주여 그런 물을 내게 주사 목마르지도 않고 또 여기 물 길으러 오지도 않게 하옵소서

요 4:13-15

여인에게는 해소되지 않는 갈증과 굶주림이 있었다. 누구도 그녀의 갈증과 굶주림을 해결하지 못했다. 다섯 남편도, 함께 살고 있는 남자도. 여인은 어떻게 그 갈증과 굶주림으로부터 벗어날지 그 길을 알지 못했다.

뜨거운 태양 아래 표정 없이 물을 긷는 여인의 모습에서 이 시대를 살아가는 우리의 모습을 본다. 수많은 사람이 돈의 우물에서 물을 긷는다. 하지만 돈이 영혼의 갈증과 굶주림을 없애주었다는 말을 들어보았는가! 돈이 많아져도 갈증이 더 깊어지는 것을 본다. 돈의 우물에서 얻을 수 있는 참 만족이란 없다.

많은 사람이 쾌락의 우물에서 만족을 구한다. 사실 우리 시대에는 쾌락이 세상을 움직이는 강력한 힘이 되었다. 성(性)은 가장 강력한 마케팅 효과를 불러온다. SNS에서는 젊은 청년들과 나이 어린 청소년들까지 성적 매력을 과시하며 구독자의 수를 늘리기를 주저하지 않는다. 마치 오늘만 존재하는 것처럼 육신의 정욕과 안목의 정욕을 따라 살아가는 것이 세상 모습이다. 그러나 신성한 울타리가 무너진 쾌락은, 결국 인간을 파괴하고 피폐하게 만들며 심각한 중독환자를 양산할 뿐이다.

자신을 전문직의 모태 신자라고 소개한 익명의 사람에게서 메일을 받았다. 청소년기부터 접한 포르노 영상에 중독되어 있다는 사연이었다. 결혼했지만 영상 보기를 끊지 못하고, 아내와 정상적인 관계에 만족하지 못해 성매매 업소를 일주일에 두세 차례 찾는 사람이었다. 누구에게도 말 못 하는 비밀스러운 삶을 살면서 중독을 어떻게 끊을 수 있는지 알지 못해 고통스럽다는 내용을 보면서 삐뚤어진 쾌락의 잔인한 장악력을 다시 한번 깨달았다. 쾌락을 따라가는 길에는 결코 만족이 없다.

어떤 사람은 관계의 우물에서 만족을 구한다. 가족이, 친구가, 연인이 중요하다. 하지만 우리 시대만큼 가정과 관계가 역기능적으로 변해버린 시대가 또 있었던가! 사람들에게 관계는 가장 큰 스트레스가 되고, 실망과 상처의 원인이 되며, 우울증의 원인이 되었다.

어떤 이들은 성취의 우물에서 만족을 구한다. 노력하는 만큼 좋은 학교에 가고, 좋은 직장을 얻고, 승진하고, 재력과 사회적 위치를 확보하는 것이 중요하다고 생각하며 온 힘을 다한다. 하지만 얼마만큼 이루어야 만족이 있는가. 어느 정도까지 올라가야 충분한가. 어느 정도 성취하면 이제 멈출 때가 되었다고 할 수 있는가.

어느 드라마에서 본 성공에 취한 아버지와 사회 초년생 딸의 대화 장면이 뇌리에 깊게 남았다. 대기업 임원으로 출세한 아버지는 회사 생활을 버거워하는 딸을 향해 닦달한다.

"이제 거의 다 왔어. 조금만 더 하면 네가 원했던 것을 바로 갖게 되는 거야. 집중해."

그러나 이미 지쳐버린 딸이 아버지를 향해 하소연한다.

"아빠가 하라는 대로 지금까지 다 했잖아. 그때마다 이제 거의 다 왔다고 했고. 그런데 정말 끝이 있기는 한 거야?"

끊임없이 힘을 다해 달려야 한다고 배운 젊은이의 눈물 가득한 질문 앞에서 아버지는 할 말을 잃는다. 정말 끝이 있기는 한가? 어느 정도의 성공이면 충분한가? 과연 거기에 대한 답을 갖고 있는 사람이 있기는 한가? 성공의 우물은 결코 영혼의 갈증과 굶주림을 없애주지 못한다.

사람들은 인정과 박수의 우물에서 만족을 구하기도 한다. 소셜 미디어의 팔로워가 얼마나 있는지, 얼마나 많은 사람이 "좋아요"를 눌러주는지, 얼마나 많은 관심을 얻고 있는지에 목을 맨다. 어느 정도의 인정이면 족할까, 어느 정도의 박수면 충분하다고 말할 수 있을까!

예수님은 말씀하신다. "이 물을 마시는 자마다 다시 목마르려니와…"라고. 여인이 마시는 물, 현대인들이 그토록 애타게 찾아다니는 물, 그것을 마시면 당장은 갈증이 사라지고 굶주림이 사라질 것 같지만 다시 목마르게 된다고.

세상을 보라.

'이 사람이 아닌가 보네. 그럼 다른 사람으로 바꿔야지.'

'이 차가 아닌가 보네. 그럼 다른 차로 바꿔야지.'

'이 아파트가 아닌가 보네. 그럼 더 좋은 지역, 더 비싼 아파트로 바꿔야지.'

이 직장이, 이 친구가, 이 교회가 아닌가 보다 하며 계속 헤매며 새로운 것을 찾아낸다. 그러나 예수님의 말씀은 변함이 없다.

"이 물을 마시는 자마다 다시 목마르려니와…."

사마리아 여인이 다섯 남편과 동거남을 통해 결코 만족할 수 없는 이유는, 그녀가 기구한 운명을 타고났거나 재수가 나빠서가 아니다. 남자를 잘못 만났기 때문도 아니다. 그녀가 바로 다른 세상을 위해 지음을 받은 존재이기 때문이다. 예수님은 무엇으로도 채울 수 없는 그녀의 갈증과 굶주림을 채워주신다.

여인이 예수님에게 말한다.

"주여, 그런 물을 내게 주십시오."

그녀는 예수님이 펼치신 풍요의 식탁에 다가앉는 순간, 예수님을 향한 믿음의 여정을 시작한다.

이사야는 다가올 메시아에 대해 이렇게 예언했다.

상한 갈대를 꺾지 아니하며 꺼져가는 등불을 끄지 아니하고 진실로 정의를 시행할 것이며 사 42:3

여인은 상한 갈대 같은, 꺼져가는 등불 같은 인생이었다. 예수님은 그녀를 풍요의 상으로 부르셨다. 그녀의 갈증과 굶주림을 채워주길 원하셨다. 그녀가 예수님의 식탁에서 풍요한 은혜를 만났다는 결정적인 증거는, 다른 굶주린 사마리아 사람들을 예수님에게로 인도한 것이다(요 4:28-30).

자신을 박대하고 무시하던 마을 사람들에게 예수님을 증거했다. 그들을 예수님의 풍요한 식탁에 앉히는 증인이 된 것이다. 굶주림이 사라지는 것을 경험하고, 다른 사람들의 굶주림까지 해결해 주려는 뜨거운 마음이 생겼다. 이것이 참 만족의 결과다.

열방을 향한 주님의 소망을 만나는 자리

한 로마 백부장의 종이 중풍병으로 고통당하고 있었다. 예수님이 가버나움에 들어가시자, 백부장은 예수님에게 나아와 도움을 청했다. 이방인인데도 예수님은 기꺼이 함께 가서 고쳐주겠다고 하셨다. 그러자 백부장은 예수님을 집에 모시는 것을 감당할 수 없다고 하면서 그저 말씀만 하시면 종이 나을 거라고 고백했다. 예수님은 그에게 이스라엘 중에 그와 같은 믿음을 본 적이 없다고 칭찬하셨다. 그리고 바로 이어진 말씀이 다음 구절이다.

> 또 너희에게 이르노니 동서로부터 많은 사람이 이르러 아브라함과 이삭과 야곱과 함께 **천국에 앉으려니와** 그 나라의 본 자손들은 바깥 어두운 데 쫓겨나 거기서 울며 이를 갈게 되리라 마 8:11,12

개역개정에는 "천국에 앉는다"라고 번역되었지만, 헬라어 성경과 영어 성경을 보면 '아브라함과 이삭과 야곱과 함께 식탁에 앉아 잔치에 참여한다'라는 뜻이 포함되어 있음을 확인할 수 있다.

예수님은 이방인 백부장의 믿음을 보면서 동과 서에서 몰려오는 많은 이방인도 하나님의 잔치에 초대되어 예수님의 식탁에 앉을 것을 예언하셨다. 예수님의 식탁은 이미 존재하는 세대가 아닌 온 민족과 다가올 세대가 예수님으로 하나 되는 아름다운 미래를 소망하게 한다.

내가 섬기는 서울드림교회에서는 시리아 난민을 섬기기 위해 레바논으로 선교사 3명을 파송했다. 무슬림 선교 사역에서 열매를 얻기는 매우 어렵다. 오랜 시간 선교했지만, 드러나는 열매를 얻지 못하는 선교사가 많다.

시리아 내전으로 수백만의 난민이 생겼고, 레바논에도 100만 명이 넘는 난민이 몰려와서 거대한 텐트촌을 이루어 살고 있다. 우리 선교사들은 전쟁 중에 태어나고 자란 아이들을 위한 학교와 난민들을 위한 교회 사역을 하고 있다. 난민들이 회심하여 새벽기도를 스스로 시작하고 예배하는 모습을 보면, 정말 가슴 뭉클한 감동을 받는다.

2024년 8월, 이스라엘은 레바논 시아파 무장 정파 헤즈볼라 본거지를 공격했다. 헤즈볼라도 로켓 320발 이상을 발사하며 맞섰다. 이어지는 전쟁으로 그 지역에 살던 평범한 레바논인들과 시리아 난민들이 짐도 챙기지 못하고 무작정 우리 선교사들이 사역하는 지역으로 몰려왔다.

헤즈볼라와의 전쟁이 시작되기 전, 많은 선교단체가 소속 선교사에게 철수 명령을 내렸다고 한다. 우리 선교사들이 소속된 단체도 공문을 보내 철수를 요청했다. 나는 당연히 파송 선교사들의 안전을 책임져야 하는 담임목사이기에 속히 귀국하라는 메시지를 전했다. 대한민국 정부에서는 군용기를 보내 레바논 체류 국민의 귀국을 도왔다.

그런데 우리 선교사들이 그 수송기에 타지 않았다는 메시지를 받았다. 지금이 선교사들의 도움이 가장 필요한 상황인데, 그들을 떠나서 피신할 수 없다는 이유였다. 몰려오는 피난민들을 학교에 머물게 하고, 먹이고 돌보는 일이 시급했기 때문이었다. 한 선교사님의 나눔이 내 마음을 먹먹하게 했다.

"목사님, 남아 있어야 할 이유는 넘쳐나지만 떠나야 하는 이유는 너무 빈약합니다. 이들에게는 어느 때보다도 선교사들의 도움이 절실히 필요합니다. 떠나지 못하는 것을 이해해 주십시오."

우리 교회는 전쟁으로 생긴 난민들을 돕기 위해 구제헌금을 했고, 평소보다 열 배 많은 헌금이 모아졌다.

우리는 예수님의 식탁 앞에 앉을 레바논 사람들과 시리아 사람들을 '믿음으로' 본다. 그들이 복음을 듣고, 그들을 향한 하나님의 사랑을 믿고 하나님의 자녀가 되는 은혜를 만나기를 기대한다. 예수님이 여전히 식탁을 펼치시고, 열방의 잃어버린 자들을 부르고 계시기 때문이다.

자격 없는 자들을 향해 쏟아지는 사랑을 만나는 자리

유월절 전에 예수께서 자기가 세상을 떠나 아버지께로 돌아가실 때가 이른 줄 아시고 세상에 있는 자기 사람들을 사랑하시되 끝까지 사랑하시니라 요 13:1

요한복음 13장은 주님이 십자가를 지시기 전 제자들과 마지막 유월절 만찬을 나누는 이야기다. 그 식탁은 예수님의 사랑이 제자들을 향해 쏟아지는 자리였다. 그들은 십자가를 이해하지 못했다. 예수님은 예루살렘으로 올라가는 길에 인자가 대제사장과 서기관들에게 넘겨져 능욕과 죽임을 당하게 될 것을 말씀하셨다. 그러나 야고보와 요한은 주님이 영광 중에 임하실 때, 주님의 좌편과 우편에 앉게 해달라는 뻔뻔한 부탁을 주저하지 않았고, 그 사실을 들은 다른 제자들은 자신들보다 발 빠르게 움직인 야고보와 요한을 향해 분노했다.

제자들은 예수님을 출세와 신분 상승의 통로로 여겼다. 그러니 십자가에 대해 들었어도 이해하지 못하는 것은 당연했다. 그들은 예수님의 고난이 자신들을 위한 것임에도 그것을 제대로 이해하지 못했다. 그들은 끔찍한 고문으로 시작되는 십자가의 길 앞에서 예수님을 버리고 배반하게 될 것이었다.

그러나 예수님의 사랑은 그들을 향해 쓰나미처럼 몰려왔다. 예수님은 그들을 끝까지 사랑하셨다. 무엇도 그 사랑을 멈출 수 없었다. 십자가를 이해하지 못하는 그들의 무지도, 이기적인 욕망도, 서로를 향한 시기와 질투도, 끝까지 예수님의 옆을 지키지 못하는 비겁함도, 예수님을 소중하게 사랑하지 못하는 연약함도 끝까지 사랑하기를 작정하신 그분의 사랑으로부터 그들을 끊을 수 없었다. 예수님의 식탁에서 우리는 그런 사랑을 만난다.

> 저녁 잡수시던 자리에서 일어나 겉옷을 벗고 수건을 가져다가 허리에 두르시고 이에 대야에 물을 떠서 제자들의 발을 씻으시고 그 두르신 수건으로 닦기를 시작하여 요 13:4,5

유월절 식사 중에 제자들의 발을 닦아주시는 것은 자격 없는 자들에게 주어지는 파격적인 사랑의 또 다른 표현이다. 아직 사랑을 모르는 그들에게 눈으로 볼 수 있는 사랑을 보여주신다. 당시 식사하는 테이블은 의자를 놓고 앉는 높은 탁자가 아니라 바닥에 앉아 비스듬히 기대 음식을 먹을 수 있는 높이였다. 흙먼지로 더러워진 발을 닦는 것은 손을 씻고 테이블에 앉는 것만큼이나 중요한 준비였다.

그런데 마지막 유월절 만찬의 준비 과정에 예수님과 제자들의 발을 닦아주는 순서가 빠져 있었다. 그래서 그들은 더러운 발도 닦지 않고 유월절 만찬 앞에 앉았다. 예수님은 식사 중에 일어나서 겉옷을 벗으시고 당시 노예들이 하듯이 제자들의 발을 닦아주셨다. 제자들은 왜 서로의 발을 닦아주지 못했을까? 어떻게 예수님의 발을 닦아드려야 한다는 생각을 한 제자가 없었을까!

그때까지 그들은 사랑을 몰랐기 때문이다. 그들은 자신들에게 임한 사랑이 어느 정도의 사랑인지, 서로를 향해 보여주어야 하는 사랑이 어떤 사랑인지 아직 다 배우지 못했다. 그래서 서로의 발을 닦아주고, 주님의 발을 닦아드릴 생각조차 하지 못했다. 예수님의 식탁은 그렇게 자격 없는 자들에게 눈으로 볼 수 있는 사랑이 쏟아지는 성소가 되었다.

> 내가 주와 또는 선생이 되어 너희 발을 씻었으니 너희도 서로 발을 씻어주는 것이 옳으니라 내가 너희에게 행한 것 같이 너희도 행하게 하려 하여 본을 보였노라 요 13:14,15

예수님의 식탁에서 제자들은 사랑하는 것을 배웠다. 세상의 사랑이 아니다. 예수님의 사랑, 자격 없는 자들에게 흘러넘치는 사랑을 눈으로 보며 배웠다. 예수님의 식탁에서 사랑이 드러난다. 사랑이 드러나니 사랑하지 못함도 그대로 드러난다.

누가복음 7장에는 죄 많은 여인이 바리새인의 집에서 식사를 하시는 예수님 앞에 나와서 향유를 발에 붓고 눈물로 그 발을 적시며 입을 맞추고 자기 머리털로 닦아드리는 사건이 나온다.

예수님을 초청한 바리새인은 그런 일을 행한 여인이 죄인이라는 사실을 불쾌하게 여긴다. 예수님이 진짜 선지자라면 그 여인의 정체를 알았을 거로 생각하며 예수님을 향해 가졌던 일말의 신뢰마저 버린다.

중동 지역에서 성경을 연구하며 오랜 시간을 보낸 케네스 베일리라는 학자가 쓴《중동의 눈으로 본 예수》에 의하면, 이 바리새인은 당시 유대 전통으로 보면 도저히 있을 수 없는 무례함을 예수님에게 범했다고 한다. 손님을 맞으면서 발 씻을 물을 준비하지 않고, 입맞춤으로 문안하지도 않고, 머리에 감람유를 부어 환영하지도 않았다는 것은 손님 접대법을 위배하는 것이고, 단순한 실수가 아닌 예수님을 치욕스럽게 만들기 위함이라는 것이다.

예수님을 초청한 바리새인은 예수님을 사랑하지 않는다. 기적과 이사를 통해 나타나는 예수님의 능력에 관심이 있고, 예수님의 가르침에 대해 호기심도 있지만 그분을 사랑하는 마음을 갖고 있지 않다. 그것이 여지없이 예수님의 식탁 앞에서 드러난 것이다.

반면 죄 많은 여인은 예수님을 사랑한다. 사랑해서 눈물을 흘리고 있고, 사랑해서 비싼 향유를 아끼지 않고 부어드린다. 예수님의 식탁은 예수님의 사랑이 부어지는 자리일 뿐 아니라, 그분을 향한 사랑을 부어드리는 자리다.

교회는 자격 없는 자들에게 쏟아지는 주님의 사랑을 보여주는 곳이다. 그리고 주님을 열정적으로 사랑하는 것을 배우는 곳이다. 이것이 교회의 아름다움이고 힘이다. 교인의 수나 건물이 힘이 되지 못한다. 주목의 대상이고 부러움의 대상이 될 수는 있지만, 사람이 많고 좋은 건물이 있다고 힘이 되는 건 절대 아니다.

미국에서 사업으로 성공한 한 장로님의 초청을 받았다. 그 분의 집은 아름다운 호수 앞 저택이었다. 뒷마당에는 큰 요트가 정박해 있었다. 장로님은 교회에 새로운 방문객이 오면 자신의 집을 열어 섬겨주는 분이었다. 식사 후 대화는 자연스레 교회에 대한 주제로 이어졌다.

그 분은 현대 교회가 사람들에게 관심의 대상이 되지 못하는 이유는 능력이 나타나지 않기 때문이라고 했다. 교회에서 사도행전처럼 죽은 자가 살아나고, 시각장애인이 눈을 뜨는 기적을 보인다면 사람들이 몰려올 거라고 했다. 나는 잠시 생각한 후에 답을 했다.

"장로님, 예수님이 죽은 자를 살리시고, 시각장애인을 보게 하시고, 한센병자를 고치셨지만, 사람들은 예수님을 십자가에 못 박아 죽였습니다. 교회가 회복해야 하는 건 그런 능력이 아니라 바로 '사랑'입니다. 교회는 능력을 보여주는 곳이 아니라 사랑하는 곳이 되어야 합니다. 그러면 사람들이 교회를 찾을 겁니다."

이 세상에 자격 없는 자들에게 주어지는 조건 없는 사랑을 만날 수 있는 곳이 있는가? 교회가 그런 사랑을 보여주는 예수님의 식탁이 되어야 한다. 교회는 사랑하고 사랑받는 곳이어야 한다. 그것이 교회의 힘이다.

끊이지 않는 감사의 고백을 배우는 자리

예수께서 떡을 가져 축사하신 후에 앉아 있는 자들에게 나눠주시고 물고기도 그렇게 그들의 원대로 주시니라 요 6:11

오병이어 기적의 현장에는 남자들만 5천 명이 넘게 모여 있었다. 여자와 아이들까지 더하면 그보다 몇 배 많은 사람이 있었을 것이다. 예수님은 큰 무리가 나오는 것을 보시고 그들을 불쌍히 여기셨다. 계산이 빨랐던 빌립은 적어도 이백 데나리온의 떡이 있어도 사람들을 먹이기에 부족하다고 말했다. 그러나 안드레는 작은 아이가 가지고 온 보리떡 다섯 개와 물고기 두 마리를 가지고 왔다.

보리떡은 가난한 사람들의 먹거리였고, 물고기는 아마 염장한 작은 피라미 같은 생선이었을 것이다. 아이가 자신이 먹으려고 가지고 왔으니 어른 한 사람의 배를 채우기에도 부족한 양이었을 것이다.

그런데 예수님은 그것을 받으시고 감사의 기도를 올려드렸다. 턱없이 부족한 오병이어, 그것은 우리에게는 불평과 원망의 이유가 된다. 그러나 예수님에게는 감사의 이유가 되었다. 예수님의 식탁에서 우리가 만나야 하는 '은혜'다. 끊이지 않는 감사의 고백을 예수님의 식탁에서 배워야 한다.

감사를 배우지 못하면 우리는 삶의 무게에 짓눌려 버린다. 감사는 은혜를 만끽하게 하는 영적 미각이다. 예수님의 식탁에 앉아 감사를 배우지 못한다면, 우리는 은총의 좋은 선물을 받고서도 너무도 당연히 여기며 불만과 불평의 덫을 벗어나지 못하게 될 것이다.

예수님의 식탁에서 배우는 감사는 앞으로 주어질 것에 대한 감사가 아니라, '이미 주어진 것에 대한 감사'임을 기억해야 한다. 우리 기도는 앞으로 주어져야 하는 은혜에 대한 요구사항으로 가득 채워져 있다. 그래서 감사로 이어지지 않는다. 아직 주어지지 않았으니 감사할 이유도 찾지 못하는 것이다.

그러나 오병이어를 받으신 예수님의 기도를 통해 우리는 이미 주어진 것에 대한 감사를 배운다. 예수님은 들판을 가득 메운 군중을 먹이기에 턱없이 부족한 오병이어를 하나님을 향해 들어 올리신다. 그리고 예수님의 입술에서는 감사의 고백이 흘러나왔다. 오병이어도 충분히 감사할 이유였다.

부족함이 없는 완벽한 상황이란 망가진 세상에선 존재하지 않는다. 돈이 부족한 사람들은 돈이 넉넉하면 감사할 수 있을 거라 생각한다. 병으로 시달리는 사람들은 건강이 회복되면 감사가 터져 나올 거라 생각한다. 결혼을 기다리는 사람은 배우자가 나타나면 감사가 생길 거라 믿는다. 자녀를 기다리는 부부는 아이를 낳으면 감사가 넘칠 거라 생각한다. 그렇다면 부자들은 가장 감사가 넘치고, 건강한 사람들은 언제나 감사로 가득하고, 결혼한 사람들은 모두가 감사해야 하고, 학부모들의 모임은 늘 감사의 고백이 넘쳐야 하지 않는가! 그러나 실상은 그렇지 않음을 우리는 잘 알고 있다.

오늘 감사할 이유를 찾지 못한다면 내일 우리가 기다리고 있던 선물이 찾아와도 감사의 고백보다는 또 다른 결핍과 요구사항을 찾아낼 것이다. 욕심과 탐욕은 끝까지 만족을 모른다.

예수님은 오병이어를 들고 아버지를 보셨다. 아버지의 부요함을 통해 오병이어를 보니, 그것이 주린 군중을 먹일 하나님의 선물임을 깨닫고 감격으로 가득한 감사로 나아가셨다. 가난한 자들이 먹는 거친 음식이지만 그들은 배불리 먹었다.

인생은 불완전한 선물로 가득하다. 주님의 영광의 나라에 가기까지 우리에게 주어지는 것은 불완전한 선물이다. 교회도, 목사도 성도도,

배우자와 자녀들도 그렇다. 오랜 시간 섬겨야 하는 일터도 마찬가지다. 우리 인생 자체가 불완전하다. 그러나 그것들은 주님의 선물이고, 거기에 감사할 이유는 넘쳐난다. 물론 불평할 이유도 넘쳐난다. 그러나 예수님의 식탁에 앉는 자들은 감사할 이유를 먼저 만날 수 있다. 아니, 그것이 예수님의 식탁에서 꼭 찾아야 하는 주님의 선물이다.

원수의 목전에서 상급을 받는 영광의 자리

베드로는 다른 제자들이 다 주님을 버릴지라도 자신은 절대로 주님을 버리는 일이 없을 것이라고 큰소리를 쳤지만, 예수님의 예고대로 세 번이나 주님의 이름을 부인하고 저주했다. 다른 제자들도 예수님의 십자가 앞에서 도망갔지만, 베드로의 배반은 치명적으로 보인다. 주님과 눈을 마주칠 정도의 지척에서 그 이름을 부인하고 저주했으니, 자신에게도 큰 절망이었을 것이다.

베드로는 '반석'이라고 예수님이 이름까지 바꿔주신 제자였다. 그러나 가장 중요한 순간, 그는 반석과는 거리가 먼 사람이었다. 쉽게 달궈졌다 식어버리는 냄비만도 못한 사람이었다. 사단이 보기에 얼마나 통쾌했을까! 주님을 따르는 제자들이 줄행랑을 놓을 때, 그는 교만하게 승전가를 불렀을 것이다.

3년 동안 주님이 사랑하고 돌보신 제자들이 주님을 버렸다. 복음을 전해야 하는 자들이 주님을 버려두고 도망했고, 베드로는 돌이킬 수 없을 만큼 주님의 이름을 부인하고 저주했으니, 사단은 그들을 완전히 무너뜨렸다고 생각했을 것이다. 십자가 위에서 힘없이 고개를 떨구신 예수님을 보며 자신이 승리했다고 자만했을 것이다.

그러나 부활의 아침이 다가왔고 죽음은 더 이상 예수님을 가둬둘 수 없었다. 죽음을 이기신 유일한 분 예수님이 부활하셨다. 그리고 무너졌던 제자들을 식탁으로 부르신다.

요한복음 21장은 패배했던 제자들을 위해 숯불을 피워놓으시고 기다리시는 예수님의 모습을 소개한다.

> 육지에 올라보니 숯불이 있는데 그 위에 생선이 놓였고 떡도 있더라 예수께서 이르시되 지금 잡은 생선을 좀 가져오라 하시니 시몬 베드로가 올라가서 그물을 육지에 끌어 올리니 가득히 찬 큰 물고기가 백쉰세 마리라 이같이 많으나 그물이 찢어지지 아니하였더라 예수께서 이르시되 와서 조반을 먹으라 하시니 제자들이 주님이신 줄 아는 고로 당신이 누구냐 감히 묻는 자가 없더라 예수께서 가셔서 떡을 가져다가 그들에게 주시고 생선도 그와 같이 하시니라 요 21:9-13

절대 주님을 버리지 않겠다고 큰소리쳤던 제자들이었다. 빈 무덤을 보고서도 의심했던 제자들도 있었고, 예수님의 상처에 손을 넣어보지 않고는 믿을 수 없다고 의심으로 가득했던 제자도 있었다. 그런데 그들이 주님의 식탁에 앉았다. 그리고 그들은 부활의 영광을 가지신 주님의 양을 돌보는 자들로 세워졌다.

베드로를 향했던 예수님의 질문은 대표성을 지닌다. 베드로에게 세 번이나 주님을 사랑하는지 물어보신 것은 그가 예수님을 세 번이나 부인하고 저주했고, 그 사실을 모두 알고 있었기 때문이었다.

예수님을 사랑한다고 고백하는 연약한 베드로에게 예수님은 자신의 목숨을 버리고 구속하신 양들을 부탁하셨다. 다른 제자들에게도 동일한 미션이 주어졌다.

그들은 예수님을 떠나보았던 사람들이다. 예수님을 버리고 등졌던 이들이다. 그들은 패배하고 넘어졌다. 그런데 그들에게 예수님의 양을 맡기셨다. 갈릴리 해변에서 펼쳐진 예수님의 식탁은 사단 앞에서 베풀어진 상급과도 같은 선물이었다.

누가 배반한 자에게 그런 부탁을 하겠는가! 누가 자신의 곁을 지키지도 못한 자들에게 앞으로 생길 예수님의 수많은 제자를 부탁하겠는가! 제자들을 무너뜨리려고 하는 사단의 계획은 수포가 되었다.

예수님은 제자들에게 더 많은 사람을 제자로 삼고 아버지와 아들과 성령의 이름으로 세례를 주고 주님께서 말씀하신 모든 것을 지키게 하라는 거룩한 사명을 주셨다.

사단에게 결정타를 맞고 쓰러진 것 같은 제자들에게 주님께서 베풀어 주시는 식탁이 그들에게 상급이 되는 이유가 바로 이 때문이다. 예수님의 식탁에서 그들은 더 이상 패배자가 아니다. 그들은 예수님을 사랑하는 마음으로 그분의 양을 돌보는 거룩한 목자가 된다.

예수님에 대한 기억으로 충만해지는 자리

내가 너희에게 전한 것은 주께 받은 것이니 곧 주 예수께서 잡히시던 밤에 떡을 가지사 축사하시고 떼어 이르시되 이것은 너희를 위하는 내 몸이니 이것을 행하여 나를 기념하라 하시고 식후에 또한 그와 같이 잔을 가지시고 이르시되 이 잔은 내 피로 세운 새 언약이니 이것을 행하여 마실 때마다 나를 기념하라 하셨으니 너희가 이 떡을 먹으며 이 잔을 마실 때마다 주의 죽으심을 그가 오실 때까지 전하는 것이니라 **고전 11:23-26**

예수님은 그분을 기억할 선물을 남기고 이 땅을 떠나셨다. 예수님이 마지막으로 제자들과 함께하신 만찬은 유월절을 기억하는 식사였지만, 예수님이 남기신 것은 믿음의 사람들이 그분을 기억할 수 있는 성찬이었다.

기념하라는 말씀은 기억하라는 의미이다. 교회는 예수님의 몸 된 성찬의 떡을 받으며 예수님의 몸이 성도를 위해 깨어지신 것을 기억한다. 그분의 깨어짐으로 우리가 온전함을 입었다는 것을 기억하는 것이다. 새 언약의 잔을 받으면서 그분이 흘리신 보혈로 우리가 정결한 하나님의 자녀가 되었고, 주 예수 그리스도의 몸 된 교회가 되었음을 기억한다. 그로써 서로 사랑함으로 우리가 예수님의 제자인 것을 드러내며 주님이 다시 오실 때까지 주님의 죽으심을 전하는 사명이 있음을 기억하는 것이다.

기억하는 자리가 필요한 이유는 우리에게 심각한 영적 건망증이 있기 때문이다. 지금까지 수백 커플의 결혼식을 주례한 것 같다. 목사이기에 누릴 수 있는 축복이라고 생각한다. 부부로 헌신하는 자리에서 하나님의 축복을 선포할 수 있다는 것이 얼마나 놀라운 특권인가. 내가 주례하는 결혼 예배에서는 신랑과 신부가 각자의 혼인 서약문을 준비해야 한다. 이런 남편, 이런 아내가 되겠다는 헌신의 각오가 결혼 예배의 중요한 순서다.

그들의 고백을 들어보면 마음이 따뜻해지고 훈훈해진다. 평생 음식물 쓰레기를 손에 만지지 않게 하겠다는 신랑의 고백부터 매일 아침밥을 차려주겠다는 신부의 약속까지 있다. 공약(空約, 헛된 약속)이 될 수도 있겠지만, 부부가 하나가 되는 자리에서 그런 약속을 하고 그것을 기억하는 자체로 의미가 있다.

나는 부부가 되는 커플들에게 서약문을 액자에 넣어서 집 벽에다가 걸어놓으라는 조언을 한다. 서로에게 마음이 상하고 실망할 때, 혹은 자신의 부족함과 연약함 때문에 좌절하고 낙심될 때 결혼 예배에서 그들이 했던 약속을 다시 읽으면서 새롭게 마음을 잡아보라고 조언한다.

그렇게 하는지 안 하는지 확인하지 않아서 잘 모르겠지만, 내가 주례해 준 큰딸 집에는 서약문이 침실에 걸려 있다. 서로에게 실망하고 마음이 상할 때, 자신들이 나눈 헌신의 약속을 읽으면서 행복과 친밀을 향해 한 걸음 더 나아가 주기를 아비로서 기도한다.

얼마나 많은 부부가 결혼 예배에서 품었던 마음을 쉽게 잊는지 모른다.

"내가 그런 말을 했단 말이야? 그땐 내가 콩깍지가 씌어서 제정신이 아니었던 거지. 내가 당신이 이런 사람인지 몰라서 그랬던 거야."

갈등하고 힘들어하는 부부들이 그들의 언약을 기억할 수 있다면 훨씬 쉽게 연합과 친밀의 관계를 유지할 수 있지 않을까!

우리가 주님께 받은 은혜는 되갚을 수 없는 은혜다. 하나님께서 우리를 위해 죽으셨다. 우리의 죄가 얼마나 심각한 문제인가 하면 하나님께서 돌아가셔야만 그 값을 치를 수 있을 정도였다. 우리가 스스로 죄를 해결할 방법이 없기에 하나님께서 사람이 되셔서 십자가 위에서 우리를 위해 피 흘려 돌아가셨다.

우리는 하나님께 그렇게 소중한 존재다. 하나님께서 목숨을 버리시고 선택하신 보배로운 사람들이 바로 우리다. 그 은혜를 누리기 위해 우리가 한 것은 아무것도 없다. 하나님께서 자신의 목숨을 버리시기에 전혀 아깝지 않도록 선하고 의롭게 행한 것이 하나도 없다. 우리는 본질상 진노의 자녀였고, 하나님과 원수 된 자들이었다. 그런데도 하나님께서 그런 우리를 위해 돌아가셨다. 그분의 자녀가 되는 길을 보여 주셨다.

그런데 자꾸 잊는다. 우리가 어떤 은혜를 받았는지. 그리고 세상에서 잘 먹고, 잘 살고, 잘 누리는 것이 중요하다고 생각하고 하나님께 끊임없이 보챈다. 조금이라도 부족하면 원망하고, 아프면 좌절하고, 어려움이 생기면 하나님의 사랑이 떠났다고 한숨 쉰다. 우리는 세상에 속한 사람이 아니라 십자가 죽음을 통해서만 얻을 수 있는 하나님의 나라에 속한 사람인데, 여전히 이 세상의 영화로움만을 부러워하며 기도 속에서도 하늘의 영광을 보지 못한다.

그래서 기억하는 자리가 필요하다. 예수님이 어떤 분이시며, 어떤 일을 하셨고, 우리가 그분에게 어떤 존재인지, 우리의 믿음에 어떤 특별함이 있는지, 세상에서 잠시 살면서 우리가 어떤 사명을 다해야 하는지 기억하는 자리가 꼭 필요하다.

예수님의 식탁은 그분을 추모하는 자리가 아니다. 예수님을 기억한다는 것은 그분의 구속의 은혜를 기억하고, 그분과 동행하기를 다짐하고, 그분의 죽음을 전하는 일을 멈추지 않겠다고 결단하는 자리다. 우리에게는 예수님의 식탁이 필요하다. 너무 쉽게 망각하기에 예수님과 그분의 십자가, 그분의 보혈을 기억하고, 그분의 죽음을 전하는 사명을 기억할 예수님의 식탁이 필요하다.

우리 교회에서는 매달 첫 주 성찬식을 한다. 성도에게 그것이 때가 되면 돌아오는 의미 없는 의식이 될까봐 마음이 많이 쓰인다. 어떻게 하면 성찬 예식이 성도에게 예수님을 기억하는 시간이 될 수 있을까 늘 고민한다. 무덤덤하게 앉아서 성찬을 받는 사람이 간혹 눈에 띄면 목회자로서 성스러운 예식을 제대로 인도하지 못한 것 같아 마음이 괴롭다.

예수님의 식탁에 앉아 그분을 기억하는 것을 놓치는 순간, 우리는 세상의 파도 속에 매몰되고 만다. 그분을 기억해야 우리 믿음은 살아난다. 그분을 기억하는 예수님의 식탁이 우리의 믿음을 살려준다.

다가올 하나님나라의 잔치로 완성되는 곳

우리가 즐거워하고 크게 기뻐하며 그에게 영광을 돌리세 어린양의 혼인 기약이 이르렀고 그의 아내가 자신을 준비하였으므로 그에게 빛나고 깨끗한 세마포 옷을 입도록 허락하셨으니 이 세마포 옷은 성도들의 옳은 행실이로다 하더라 천사가 내게 말하기를 기록하라 어린양의 혼인 잔치에 청함을 받은 자들은 복이 있도다 하고 또 내게 말하되 이것은 하나님의 참되신 말씀이라 하기로 계 19:7-9

큰딸과 둘째 딸을 결혼시키면서 내심 두 가지 스트레스가 있었다. 하나는 미국식 피로연 중에 해야 하는 신부 아버지의 메시지였고, 또 하나는 신부가 된 딸과 추는 첫 댄스였다. 설교하는 목사지만 아버지로서 새로운 가정을 시작하는 딸에게 어떤 메시지를 전해야 할지 고민이 컸다. 또 워낙 몸치인지라 아름다운 드레스를 입고 내 품에 안긴 딸을 우아하게 잘 인도할 수 있을지도 걱정이었다.

사람들이 모두 보고 있는 무대에 딸과 단둘이 서는 준비를 하면서 나는 천국을 상상해 보았다. 어린양 예수 그리스도가 우리 신랑 되시고 거룩한 세마포를 입은 우리가 그분의 신부라고 성경은 말해준다. 그리스도의 품에 안겨 춤을 춘다는 상상만으로 가슴이 설렌다. 내가 딸을 품에 안고 사랑과 감사를 속삭였듯이 '주님은 우리 귀에 뭐라고 사랑의 언어를 속삭여 주실까?' 하는 생각만으로 가슴이 벅차온다.

교회의 전 교인 수련회에 갔을 때, 성도에게 과제를 하나 주었다. 천국에 도착해서 이 땅에서 살아가야 하는 과거의 자신에게 편지를 보낼 수 있다면, 어떤 내용을 보낼지 써보라고 했다. 수련회 기간에 편지 쓸 시간도 할애하면서 나 나름대로 성도의 마음속 이야기를 꺼내보려는 의도였다. 나도 시간을 내서 편지를 써보기로 했다. 조용히 묵상하며 주님 앞에 서는 순간을 상상했다.

"주님, 제가 왔습니다."

말이 제대로 나오지 않았다. 주님이 달려오시더니 날 안으셨다.

"수고했다, 여호수아야. 힘들었지? 목회가 쉽지 않았지? 그래도 잘하고 왔다. 정말 수고했다. 고맙다…."

여기까지 묵상하다 눈물이 터져버렸다. 주님의 마음이 정말로 느껴졌다. 목사로 살아가기에 너무 부족한 나를 부르셔서 주님도 참 많이 애쓰셨다. 주님의 품에 안겨 "주님이 더 고생하셨지요…. 제가 너무 부족했죠?"라며 흐느끼는 기도 속에 천국의 끝자락을 맛보았다.

예수님의 식탁은 어린양의 혼인 잔치를 향한 기대를 배우는 곳이다. 우리를 위해 준비된 영광의 향연이 있음을 예수님의 식탁이 아니라면 어디서 배울 수 있겠는가!

믿음의 사람들이 세상에서 생활이 넉넉하거나 건강하지 못한 것을 보면서 신앙이 소용없다고 비웃는 사람들이 있다. 아삽이 지은 시편 73편에 그런 자들이 등장한다. 하나님 없이도 형통하여 교만이 그들의 목걸이가 되고 강포가 그들의 옷이 되는 사람들이 우리 주변에도 있다. 세상은 그들을 부러워한다. 그러나 기억하라. 어린양의 혼인 잔치가 다가오고 있다. 거룩한 세마포를 입은 성도만이 참여할 수 있는 향연이다. 예수님의 식탁이 그것을 우리에게 외치고 있다.

"거룩한 성도여, 어린양의 혼인 잔치를 준비하라!"

주님의 식탁 앞에서 우리는 그리스도의 거룩한 신부로 거듭난다. 신부의 아름다움은 외모의 수려함이 아니라 거룩과 순결임을 잊지 말자.

생명의 양식 되신 예수님이 기다리고 계신 곳

예수께서 이르시되 내가 진실로 진실로 너희에게 이르노니 인자의 살을 먹지 아니하고 인자의 피를 마시지 아니하면 너희 속에 생명이 없느니라 내 살을 먹고 내 피를 마시는 자는 영생을 가졌고 마지막 날에 내가 그를 다시 살리리니 내 살은 참된 양식이요 내 피는 참된 음료로다 내 살을 먹고 내 피를 마시는 자는 내 안에 거하고 나도 그의 안에 거하나니 살아 계신 아버지께서 나를 보내시매 내가 아버지로 말미암아 사는 것 같이 나를 먹는 그 사람도 나로 말미암아 살리라 요 6:53-57

인자의 살을 먹고 그 피를 마신다는 말씀은 일부 제자들의 마음을 불편하게 했다. 오병이어의 기적을 보며 열광했던 이들이 이 말씀을 듣고 주님을 떠나갔다. 이 말씀을 오해하여 기독교가 전파되는 곳에서 기독교인들은 인육을 먹는다는 말도 안 되는 소문이 퍼지기도 했다는 기록이 있다. 이런 과격한 표현을 빌리지 않더라도 예수님은 의도하시는 바를 전하실 수 있는데 왜 이런 표현을 고집하셨을까? 그분이 생명의 양식이기 때문이다.

"생명의 떡, 생명의 음료"라는 표현 속에는 그분이 영원한 생명을 주시고 지탱하시는 공급자라는 의미가 담겨 있다. 세상에서 먹는 떡은 잠시 배고픔을 해소해 주지만, 시간이 지나면 또 허기가 찾아온다. 그러나 예수님은 영혼을 영원히 배부르게 하시는 생명의 양식이 되어주신다. 생명의 양식 되신 주님은 참 만족을 주실 수 있는 분이시다. 그렇기에 "내게 오는 자는 절대로 주리지 않는다"라는 약속의 말씀을 주신 것이다. 만나가 하늘에서 내려온 하나님의 선물로 이스라엘 백성들에게 주어졌던 것처럼 예수님은 하늘로부터 오신 하나님의 참 생명의 떡이 되셨다.

그렇다면 생명의 양식 되신 예수님을 먹고 마신다는 상징의 의미는 무엇인가? 예수님을 온전히 믿고 받아들인다는 의미다. 떡이 우리 몸에 흡수되어 생명을 유지해 주듯 예수님을 온전히 영접하고 신뢰함으로 우리 안에서 믿음이 자란다는 의미도 된다. 또한 영혼의 양식이 되는 주님의 말씀을 매일 먹는다는 의미이기도 하다.

예수께서 40일 동안 금식하시고 사단에게 시험을 받으실 때 사람이 떡으로만 사는 것이 아니라 살아 계신 하나님의 말씀으로 살아간다고 하셨던 것처럼, 말씀을 먹음으로 영혼이 산다는 뜻이 예수님의 먹고 마신다는 상징에 포함되어 있다. 먹는다는 행위는 '교제와 연합'이라는 의미도 있다. 날마다 예수님과 친밀한 교제와 연합을 누리는 기쁨이 그분을 먹고 마시는 결과다. 예수님의 식탁에서 우리는 생명의 양식 되신 주님과 하나가 되어 연합하는 은혜를 만끽한다.

TV에 맛집 탐방, 음식에 대한 프로그램이 넘쳐난다. 맛있는 것을 먹는 일에 목숨을 건 사람들처럼 오픈런(문을 열기 전에 기다리다 입장하는 것)부터 긴 시간 대기까지 마다하지 않는다. 바울이 빌립보 교회에 편지를 보내면서 자신의 배를 신(우상)으로 삼은 사람들을 언급하는데(빌 3:19) 우리 시대에 맛있는 음식이 우상이 되어버린 건 아닌지….

넷플릭스의 〈흑백요리사〉라는 프로그램을 통해 이전에 몰랐던 요리사들에 대해 알게 되었다. 그래서 부교역자들에게 함께 몇 곳을 골라 식사하자고 했더니, 그 식당들은 이미 몇 달 치 예약이 밀려 있다고 했다. 교회 사무실이 있는 성수동에는 늘 젊은이들이 넘쳐난다. 유명한 맛집에서 인증사진을 남기기 위해 더운 날씨, 추운 날씨에도 사람이 바글거린다.

그러나 진정한 만족은 맛집 식탁에 없다. 참 만족은 예수님의 식탁에 있다. 돌아가자, 예수님의 식탁으로. 주님이 준비하신 만찬을 누리며 생명의 양식 되신 주님으로 만족함을 배우자.

chapter 08

예수님의 땀으로 돌아가자

땀 흘리신 예수님

성경에서 가장 먼저 만나는 하나님은 어떤 분이신가? 창세기를 열 자마자 우리는 일하시는 하나님을 만난다. 말씀으로 천지를 창조하 시는 하나님은 최선을 다해, 최고의 솜씨로 하늘과 땅과 그 안의 모든 것을 빚어내신다.

얼마나 최고의 성의로 창조 사역에 임하셨는지 하루가 끝날 때마다 "하나님이 보시기에 좋았더라"라는 최고의 감탄사가 울려 퍼진다. 대 충 만든 세계가 아니라 하나님께서 다시 돌아보시며 기뻐하시고 감탄 하실 만큼 아름다운 결과가 계속 이어져 이뤄진 세계라는 뜻이다.

창조의 절정은 찬란한 별이나 광대한 우주나 수려한 산수강산이 아 니었다. 하나님의 형상을 가진 인간의 창조였다. 하나님을 사랑하며 그분과 동행하고 예배하며 경배할 수 있는 인간을 최고의 솜씨로 그분 의 형상을 따라 지으셨다. 그리고 첫 인간에게 하나님의 창조 세계를 돌보고 다스리는 사명을 맡기셨다.

하나님이 이르시되 우리의 형상을 따라 우리의 모양대로 우리가 사람을 만들고 그들로 바다의 물고기와 하늘의 새와 가축과 온 땅과 땅에 기는 모든 것을 다스리게 하자 하시고 하나님이 자기 형상 곧 하나님의 형상대로 사람을 창조하시되 남자와 여자를 창조하시고 하나님이 그들에게 복을 주시며 하나님이 그들에게 이르시되 생육하고 번성하여 땅에 충만하라, 땅을 정복하라, 바다의 물고기와 하늘의 새와 땅에 움직이는 모든 생물을 다스리라 하시니라 창 1:26-28

하나님의 형상을 품은 인간은 하나님의 솜씨를 따라 창조 세계를 돌보고 다스리는 청지기가 되었다. 하나님께서는 천사들을 동원해서 이 세상을 돌보게 할 수도 있으셨지만 그렇게 하지 않으셨다. 당신의 형상을 따라 만드신 인간에게 그 고귀한 사명을 맡기셨다.

인간에게 주어진 일은 단순노동이 아니라 하나님의 창조 사역에 동참하는 영광이며, 인간 안에 심어주신 하나님의 형상을 따라 살아가는 길이었다. 일하는 인간은 일하시는 하나님의 형상을 품은 최고의 걸작품이다.

예수님의 말씀에 귀를 기울여 보자.

예수께서 그들에게 이르시되 내 아버지께서 이제까지 일하시니 나도 일한다 하시매 요 5:17

아버지의 일하심을 따라 예수님도 일하시며 땀을 흘리셨다. 먼지를 뒤집어쓰고 얼굴에 흐르는 땀을 닦으시며 사람들 사이를 오가셨던 예수님. 그분의 축축이 젖은 등의 땀자국은 가장 하나님답고 가장 인간다운 예수님의 모습을 우리에게 보여준다. 우리는 반드시 그분의 땀을 배워야 한다.

일은 하나님의 신성한 부르심이다

땀 흘리시는 예수님의 모습을 배우려면 일이 하나님의 신성한 부르심이라는 사실로부터 시작해야 한다.

> 여호와 하나님이 그 사람을 이끌어 에덴동산에 두어 그것을 경작하며 지키게 하시고 창 2:15

여기에 쓰인 "경작"한다는 의미의 히브리어는 עָבַד(아바드, Abad)이다. 이는 '일하다, 섬기다, 솜씨를 발휘하다'라는 뜻으로 번역되기도 하지만, 때로는 '예배하다'로 번역되기도 한다. 이스라엘 백성이 이집트에서 벽돌을 만들 때, 성막을 지을 때, 그리고 레위 사람들이 하나님께 예배를 드릴 때도 바로 이 단어가 사용되었다.

그러므로 인간에게 맡겨진 '일'은 단순한 노동이 아니라, 하나님의 초청이었고 부르심이었다. 단조롭고 무료한 하루의 일과를 채우기 위한 게 아니라, 창조주의 솜씨를 닮아 살아가고, 그분을 영화롭게 하는 경배의 길이었다. 창조의 세계관 속에서 하나님을 따라 일하는 것과 하나님을 예배하는 것은 결코 분리된 사건이 아니었다. 일은 예배였고, 땀은 하나님의 형상으로 충만해지는 거룩한 여정이었다. 하나님은 인간을, 그분의 일의 세계로 부르셨다.

자신의 일터를 바라보면서 그 일이 하나님의 부르심이라고 고백할 수 있는가? 성도가 목사에게 종종 이렇게 묻는다.

"언제 부르심을 받으셨습니까?"

그러나 스스로에게도 물어야 한다.

'나는 언제 부르심을 받았는가?'

혹 답을 찾지 못해 당황할지도 모른다. 그러나 하나님은 인간을 창조하시고 일의 세계로 초청하셨다. 땀을 흘리는 모든 순간은 하나님의 부르심에 순종하는 순간이다. 예수님은 땀을 흘리며 아버지께 순종하셨다. 공생애 동안뿐 아니라, 목수로 일하실 때도 예수님은 땀방울 하나하나로 하나님의 뜻에 순종하셨다.

월요일을 싫어하는 이가 많다. 직업은 생계를 위한 수단으로만 여겨지고, 일은 피로와 스트레스를 가져오는 존재가 되어버렸다. 혹은 일터를 자기 성취와 성공의 장으로만 삼아, 돈과 명예를 우상처럼 섬기기도 한다. 신앙은 주일에만 국한되고, 월요일부터 금요일까지는 신앙과 별개인 시간이라 여기는 이들도 있다. 그러나 기억하라. 땀 흘리는 일은 하나님의 형상으로 창조된 인간의 신성하고 거룩한 사명이다. 일은 인간의 타락 이전부터 하나님께서 주신 창조 질서였다. 어떤 직업이든 우리는 하나님의 창조성을 담아내고, 하나님의 열정과 솜씨를 따라 일하도록 지음받았다.

일해야 하는 이유를 하나님의 부르심이라고 받아들이지 않는다면 인생은 길을 잃고 말 것이다. 자기만족을 일의 의미로 받아들인다면 늘 만족스럽지 못한 결과 앞에서 불행해질 것이다. 돈을 목표로 삼는다면 부자가 되면 교만에 빠지고, 가난하면 비참에 빠질 것이다. 성공과 출세를 일의 의미로 삼는 순간, 영혼은 점점 메말라 갈 것이다. 보람만을 추구한다면 끝없이 남과 비교하며 불평과 좌절 속에 살게 될 것이다.

왜 예수님처럼 땀 흘리며 일해야 하는가? 일은 하나님의 거룩하고 신성하며 신비로운 부르심이다. 하나님의 형상을 따라 지음을 받은 인간이 하나님을 본받으며 살아갈 수 있는 길이다. 하나님께서 우리 안에 심어주신 창조성과 솜씨를 통해 세상에 유익을 주고 공동체에 이바지하는 길이다. 그리고 하나님께서 기대하시는 가장 인간다운 모습을 실현하는 길이기도 하다. 그것을 믿음으로 받아들이는 게 예수님의 땀으로 돌아가는 첫 발걸음이다.

예수님의 땀은 하나님의 능력을 체험하는 자리로 인도한다

그의 소문이 온 수리아에 퍼진지라 사람들이 모든 앓는 자 곧 각종 병에 걸려서 고통당하는 자, 귀신 들린 자, 간질하는 자, 중풍병자들을 데려오니 그들을 고치시더라 마 4:24

일하시며 땀 흘리시는 예수님에게 하나님은 능력을 더해주셨다. 예수님이 기도하시면 귀신이 떠나가고, 병자가 일어났다. 고통의 노예였던 자들에게 자유가 선물처럼 찾아왔다. 그러나 능력은 단지 예수님의 기도와 설교에만 머물지 않았다. 땀 흘리며 일하시는 그분의 사역 현장에 하나님의 능력이 가득 채워졌다.

예수님의 땀을 배우고, 예수님처럼 땀 흘리며 섬기는 자들에게 하나님은 여전히 그분의 능력을 부어주신다.

주의 성령이 내게 임하셨으니 이는 가난한 자에게 복음을 전하게 하시려고
내게 기름을 부으시고 나를 보내사 포로 된 자에게 자유를, 눈먼 자에게 다
시 보게 함을 전파하며 눌린 자를 자유롭게 하고 주의 은혜의 해를 전파하
게 하려 하심이라 하였더라 눅 4:18,19

이사야는 다가오실 메시아의 사역을 이렇게 노래했다.
"가난한 자들에게 복음을 전하고, 포로 된 자들에게 자유를 선포
하며, 눈먼 자들을 다시 보게 하고, 억눌린 자들을 풀어주며 하나님의
은혜의 해를 전파하실 것이다."
하나님께서는 예수님에게 이 일을 위해 성령의 기름을 부으시고 능
력을 더하셨다. 그리하여 예수님의 땀은 하나님의 능력이 인간의 고통
과 정면으로 부딪치는 생명의 현장이 되었다. 땀 흘리며 일하시는 예
수님을 통해 하나님의 능력은 인간의 삶 속으로, 거침없이 흘러들어
왔다.

목회하다 보면 성도에게 교회 사역에 동참하도록 격려하고 권면할
기회가 많다. 기쁜 마음으로 동역해 주는 성도가 많음에 늘 감사한
다. 그러나 가끔 능력과 훈련과 자질이 부족하다며 사양하는 성도를
만나면 조금 안타까운 마음이 든다. 왜냐하면 주를 섬기며 땀을 흘리
는 자리에 서면 비로소 하나님께서 은사와 능력을 부어주시기 때문이
다. 스스로 부족하다고 느끼더라도, 예수님처럼 땀 흘리고 기쁘게 섬

기는 그 자리로 나아갈 때, 하나님은 준비되지 않은 우리에게 준비된 능력을 선물하신다.

　미국 댈러스신학교에 '하워드 헨드릭스'라는 존경받는 기독교 교육 학자가 있었다. 강해 설교로 유명한 척 스윈돌 목사의 스승이기도 했다. 그는 리더십 아카데미를 만들어 미국 전역의 목회자들을 훈련하고 돕는 사역을 감당했다.

　그의 강의에는 늘 빠지지 않는 이야기가 있었다. 가난하고 거칠었던 필라델피아의 어느 거리에서 하워드 헨드릭스라는 소년에게 다가온 한 사람, 월트의 이야기. 공교육을 제대로 받지 못해 교회학교 교사가 될 수 없었던 월트는 길거리 아이들을 찾아내어 가르치는 사명을 품었다. '교회학교'라는 말에 질색했던 헨드릭스는 하이킹과 놀이를 통해 다가와 준 월트 선생님 덕분에 결국 예수님을 믿게 되었다. 헨드릭스는 "그 분은 우리를 사랑하셨습니다. 내 부모보다도 더 나를 사랑해 주셨습니다"라고 말했다.

　월트가 사랑을 가르친 거칠기 짝이 없던 13명의 아이 중 11명이 목회자와 사역자가 되었다. 만일 월트가 자신의 부족함을 핑계 삼아 땀 흘리는 섬김을 포기했다면, 위대한 교수이자 목사들을 위한 목사였던 하워드 헨드릭스는 탄생하지 못했을 것이다. 하나님은 땀 흘리는 자들에게 능력을 부어주신다. 그들은 자신의 한계를 뛰어넘게 하시는 하나님의 손길을 체험한다.

　감비아(아프리카 서쪽 끝에 있는 공화국)에서 오랫동안 사역하신 한 선교사님이 계신다. 식사를 함께하며 그 분의 간증을 듣고 내 믿음이 부끄러웠던 적이 있다.

어느 날, 오토바이를 타고 집회 장소로 가던 선교사님은 여분의 연료를 챙기는 것을 잊었다고 한다.

'하나님, 꼭 집회 장소에 가야 하는데 연료가 떨어져 가고 있습니다. 오토바이가 멈추지 않게 해주세요.'

선교사님은 간절히 기도하면서 달렸다. 연료탱크는 비어가는데, 오토바이는 멈추지 않았다. 심지어 폭우로 다리가 쓸려 내려간 마을에 그 분은 아무 일 없다는 듯 도착했다. 마을 사람들이 눈이 휘둥그레져서 물었다.

"어떻게 이곳까지 오셨습니까? 다리가 끊어져 길이 막혔는데!"

그때 나는 믿지 못하고 농담 삼아 말했다.

"아, 선교사님, 선수끼리 왜 이러세요?"

그때 그 분이 웃으며 답하셨다.

"여호수아 목사님, 믿음이 너무 부족하구먼."

나는 부끄러웠다. 예수님의 땀을 흘리는 자들은 하나님의 능력을 경험하는 특별한 순간들을 만난다. 그러나 모든 능력의 이야기가 극적인 것은 아니다.

서울드림교회를 시작하고 빠르게 부흥하던 시절, 가장 힘든 부서는 주차팀이었다. 눈이 오나 비가 오나 주차장 부족과 긴 대기시간 속에서도 변함없이 따뜻한 미소로 섬겨준 한 형제님이 있었다. 그는 첫 안수집사로 세워졌고, 첫 장로로 임직될 때 "목사님이 제게 평생 주차 봉사를 해달라고 하셨잖아요. 그 말씀대로, 평생 주차 봉사를 감당하는 장로가 되겠습니다"라고 했다. 사실 나는 그런 말을 한 기억이 없다. 아마도 고맙고 미안한 마음에 그렇게 섬기는 영성의 귀함을 강조하기 위해 '평생'이라는 표현을 썼을 것이다.

그러나 그의 고백은 내 마음을 울렸다. 16년 동안 변함없는 모습으로 주차 봉사를 하는 모습이 귀하다. 평생 섬긴다는 건 의지로만 가능한 일이 아니다. 하나님의 능력이 아니고서는 지킬 수 없는 헌신이다.

우리가 하나님의 일에 동참하지 않고 하나님의 능력을 구하는 기도를 할 수 있을까. 남편이 되고, 아버지가 되고, 목사가 된 후 나는 내무능을 깨달았다. 내 능력으로 감당할 수 있는 책임이 아니었다. 그래서 기도했다.

'주님, 내게 주님의 능력을 부어주소서.'

주님처럼 땀 흘리며 섬기는 자리는 하나님의 능력이 없이는 버틸 수 없다. 세상 끝날까지 섬겨야 할 교회, 하루의 많은 시간을 보내는 일터, 가정을 지키는 남편과 아버지의 자리 혹은 아내와 어머니의 자리 모두에 하나님의 능력이 필요하다. 예수님처럼 땀을 흘리는 자들은 반드시 하나님의 능력으로 덧입혀진다. 그들은 땀 흘리지 않는 자는 결코 체험할 수 없는 은혜를 누린다.

예수님이 땀 흘리신 현장에서 겸손을 배운다

내가 주와 또는 선생이 되어 너희 발을 씻었으니 너희도 서로 발을 씻어주는 것이 옳으니라 내가 너희에게 행한 것 같이 너희도 행하게 하려 하여 본을 보였노라 요 13:14,15

예수님은 십자가를 지시기 전 마지막 유월절 식사를 나누는 자리에서 제자들의 발을 닦아주셨다. 그것은 노예들의 일이었기에 제자들은 충격을 받았다. 선생과 제자의 관계는 유대 사회에서 매우 긴밀했다. 그들은 단순히 정보와 지식을 주고받는 사이가 아니었다. 제자들은 선생의 가르침뿐 아니라 인격과 삶까지 배워야 했다.

십자가를 앞두신 예수님이 제자들에게 보여주고자 하셨던 마지막 모습은 출세의 영광이 아니라 땀 흘리는 섬김이었다. 겉옷을 벗고 무릎을 꿇고 더러운 발을 닦아주시는 모습. 예수님은 제자들이 그렇게 행하기를 원하셨기에 먼저 본을 보여주셨다.

우아하게 구경꾼의 자리에 앉아서는 절대 배울 수 없는 예수님의 모습이 있다. 교회가 위기를 만났다고 이구동성으로 말하는 시대를 지나며, 우리는 과감하게 방관자의 영성을 벗어던지고 땀 흘리시는 예수님의 모습으로 돌아가야 한다. 평생 교회에 다닌다고 하면서 주를 위해, 주의 몸 된 교회를 위해, 형제와 자매를 위해 땀 흘려보지 못한 사람이 대부분이라는 사실이 교회의 위기가 아닐까! 매주 예배당을 가득 메운 성도 대부분이 그저 예배를 보고(watch) 가는 것을 신앙생활이라고 생각하는 것이 진정한 위기다.

신앙의 본질은 예수님을 닮아가는 것에 있다. 그리고 땀을 흘리며 일하시는 예수님의 모습은 가장 예수님다운 모습이다. 우리는 반드시 그 길을 회복해야 한다.

우리 교회에 내가 오랫동안 존경하고 사랑해 온 장로님이 한 분 계신다. 첫아이를 가졌을 때부터 교제를 시작했으니 벌써 30년이 넘었다. 젊은 집사님이었던 그 분은 최고의 학벌과 경력을 가졌지만, 늘 겸손한 미소로 사람들을 섬겼다. 그 분을 보면 자연스럽게 예수님 생각이 났다. 젊은 교역자를 사랑으로 존중하는 모습 또한 감동이었다.

성도들과 함께 아웃리치를 갔을 때는, 그중 나이가 가장 많으셨지만 가장 불편한 자리, 사람들이 꺼리는 자리에 먼저 앉으셨다. 좋은 자리, 편한 자리는 언제나 다른 이들에게 양보하셨다. 자신은 늘 마지막이었다. 회사에서는 수만 명을 이끄는 CEO(최고 경영자)였지만 섬길 곳에서는 한없이 겸손하셨다. 그래서 그 분을 뵈면 늘 예수님이 생각난다.

예수님처럼 낮아지고, 땀을 흘리고, 섬기면 우리는 예수님을 닮아간다. 예수님이 땀 흘리신 현장은 그분의 삶을 배우는 학교가 된다. 예수님의 땀을 흘려보라. 낮아짐의 은혜를 만날 것이다. 왕의 겸손을 배우게 될 것이다. 작은 예수가 되는 기쁨을 누릴 것이다.

땀 흘리는 동기는 하나님을 향한 사랑과 열정이어야 한다

성전 안에서 소와 양과 비둘기 파는 사람들과 돈 바꾸는 사람들이 앉아 있는 것을 보시고 노끈으로 채찍을 만드사 양이나 소를 다 성전에서 내쫓으시고 돈 바꾸는 사람들의 돈을 쏟으시며 상을 엎으시고 비둘기 파는 사람들에게 이르시되 이것을 여기서 가져가라 내 아버지의 집으로 장사하는 집을 만들지 말라 하시니 제자들이 성경 말씀에 주의 전을 사모하는 열심이 나를 삼키리라 한 것을 기억하더라 요 2:14-17

기도하는 하나님의 전이 장사하는 곳으로 변질된 모습을 보고 예수님은 참을 수 없으셨다. 성격이 급하고 과격해서 거친 행동을 하신 게 아니다. 주의 전을 향한 사랑이 그분을 삼켜버렸다. 주를 향한 열정이 그분의 마음을 불살랐다. 사람들의 비난과 분노가 몰려올 것을 아셨지만, 하나님을 향한 사랑이 사람들을 향한 두려움을 이겼다.

예수님처럼 땀 흘리려면 행동을 배우기 전에 그 마음을 배워야 한다. 하나님을 사랑하는 마음, 하나님을 향한 열정과 열심, 하나님의 전을 향한, 주의 몸 된 교회를 향한 사랑으로 가득한 마음. 이것을 배우지 못하면 오래가지 못한다. 자신만을 드러내려는 거친 마음에 스스로 무너진다.

많은 사람이 교회를 섬기다 목회자나 다른 성도가 인정해 주지 않고 박수 쳐주지 않으면 시험에 든다. 행동은 마음을 따라 흐른다. 행동하기 전에 마음에 사랑과 열정이 가득해져야 한다. 그러면 행동은 흘러넘치는 사랑의 표현이 된다. 사랑은 언제나 수고스럽다. 수고하지 않는 사랑은 없다. 아니, 수고하지 않는다면 사랑이 아니다. 열정은 땀 흘리는 수고를 마다하지 않는다.

코로나 팬데믹이 한창이던 시절, 미국에 있던 아내와 막내가 한국으로 돌아와야 했다. 아내의 여권 발급이 지연되어 막내가 혼자 먼저 귀국했다. 화상 수업을 들으며 종일 집에 있어야 하는 아이를 위해 나는 매일 식사를 준비해야 했다. 어느 날 막내가 말했다.

"아빠, 오늘 저녁에는 만두 먹고 싶어."

나는 만두소를 만들고, 냉동 만두피를 꺼냈다. 그때 막내가 "나는 밀가루 밀어서 만든 만두가 먹고 싶은데…"라고 했다. 나는 주저하지 않고, 밀가루를 반죽하고, 밀대를 잡았다. 이마에 땀이 맺히고 팔이 아팠지만 문제가 아니었다. 눈에 넣어도 아프지 않을 막내가 원하니 기꺼이 수고했다. 사랑은 언제나 수고스럽다. 그러나 사랑은 그것을 수고로 여기지 않는다.

예수님의 마음에는 하나님을 향한 사랑과 주의 전을 향한 열정과 열심이 가득했다. 그래서 어떤 행동도 과할 수 없었다. 주를 향한 열정과 열심이 더 컸기 때문이다. 만약 예수님을 위해, 교회를 위해 아무 일도 하지 않아도 불편하지 않다면, 주를 향한 사랑과 열정이 부족하기 때문이다. 사랑하는 만큼 수고하게 되는 건 당연하다. 예수님처럼 땀을 흘리려면 그 안에 주를 향한 사랑과 열정이 먼저 가득해야 한다.

> 이르시되 너희는 따로 한적한 곳에 가서 잠깐 쉬어라 하시니 이는 오고 가는 사람이 많아 음식 먹을 겨를도 없음이라 이에 배를 타고 따로 한적한 곳에 갈새 그들이 가는 것을 보고 많은 사람이 그들인 줄 안지라 모든 고을로부터 도보로 그곳에 달려와 그들보다 먼저 갔더라 예수께서 나오사 큰 무리를 보시고 그 목자 없는 양 같음으로 인하여 불쌍히 여기사 이에 여러 가지로 가르치시더라 막 6:31-34

예수님의 땀 흘리는 사역의 현장에 식사 때도 챙기지 못할 만큼 많은 사람이 몰려왔다. 예수님뿐 아니라 제자들도 그런 버거운 상황을 감당했고, 예수님은 제자들을 걱정하셔서 한적한 곳으로 피해 쉬게 하셨다. 그러나 예수님과 제자들이 배를 타고 이동하는 것을 보고 더 많은 사람이 예수님이 도착하실 곳에 미리 가서 기다리고 있었다. 그런 군중을 예수님은 귀찮아하지 않으셨다. 그들을 목자 없는 양 같이 보시고 불쌍히 여기셔서 피곤하고 지친 몸으로 그들을 돌보고 섬기셨다.

하나님을 향한 사랑과 열정은 반드시 사람들을 향한 사랑과 열정으로 연결이 된다. 하나님을 사랑하는 마음은 하나님께서 사랑하시는 사람들을 향한 사랑으로 반드시 열매 맺게 되어 있다.

양 백 마리가 있는 목자가 왜 잃어버린 한 마리 양을 찾아 나섰을까? 재산 손실이 마음에 걸렸던 거라면, 잃어버린 양을 찾았을 때 어깨에 메고 기뻐하며 친구들과 이웃을 불러 함께 기뻐하자고 말하지 못했을 것이다. 목자가 잃어버린 양을 찾아 나서는 이유는 양이 소중하기 때문이다. 사랑해서다.

예수님의 땀을 따라가면 우리는 하나님을 소중히 사랑하는 것을 배운다. 그리고 예수님이 십자가에서 피 흘려 사랑하신 형제와 자매를 소중히 사랑하는 것을 배운다. 교회에서 일은 열심히 하지만, 관계를 망치는 경우가 있다. 잘못 땀을 흘리는 것이다. 교회 안에서 사랑보다 중요한 일은 없다. 섬김은 사랑의 다른 이름이다. 예수님의 땀을 흘리는 걸음은 하나님과 사람을 향한 사랑과 열정으로 가득하다. 그것이 우리가 반드시 예수님의 땀으로 힘껏 돌아가야 하는 이유다.

예수님의 땀은 영화로운 탁월함을 향한 열망을 가르쳐 준다

목회를 하면서 '완벽주의자'라는 말을 종종 듣는다. 동역할 때 만족시키기 어렵다는 말로 들린다. 칭찬으로 하는 말은 아니기에 나를 돌아보게 된다. 혹시 함께하는 이들에게 너무 부담스러운 존재가 되지는 않을까 성찰한다. 그러나 목회자들을 훈련하면서 나는 이렇게 말하곤 한다.

"누군가에게 선물을 줄 때 그냥 건넬 수 있습니다. 포장지에 싸서 줄 수도 있습니다. 또는 포장한 선물에 리본을 매고 정성스럽게 쓴 카드는 물론 말린 꽃도 달아서 건넬 수도 있습니다. 여러분은 서울드림교회가 어떤 선물을 주는 교회라고 생각합니까?"

우리 교역자들은 입을 모아 답한다.

"꽃까지 달아서 선물을 드리는 교회요."

그러면 나는 다시 말한다.

"그래서 우리가 하는 일이 어려운 겁니다. 감동을 주는 일을 해야 하기에 더 수고스럽고 힘들지요. 그러나 그런 교회가 되기를 원합니다. 같은 마음을 품읍시다."

내가 특별해서 이런 마음을 갖는 건 절대 아니다. 그것은 하나님의 마음이다. 이 주제에 대한 묵상을 시작하면서 성경을 열자마자 만나는 하나님이 '일하시는 하나님'이라는 사실에 주목했다. 조금 더 상상력의 날개를 펴고 창조의 사건을 생각해 보자. 하나님은 적당히, 대충대충 창조하지 않으신다. 하나님께서 일하신다. 최선을 다해 정성을 다해 행하신다. 그래서 그분의 창조는 완벽하다. 하나님께서 최고의 솜씨와 능력으로 모든 것을 이루어 내신다.

창세기에는 이런 장면이 없다.

"아, 빛이 너무 밝네. 조도를 좀 줄여야겠어. 이건 뭐야? 어둠이 너무 짙잖아. 내가 생각했던 것보다 어둡다. 좀 더 밝혀야 하겠어. 태양,

이건 너무 뜨거운데 온도 좀 낮추자. 지구에서 너무 멀잖아. 조금 당겨와야지. 바다는 너무 깊어서 물을 좀 퍼내야겠어. 나무 종류가 너무 부족한데. 코끼리는 코가 너무 기네. 기린은 목이 너무 길다. 코뿔소, 이건 다시 만들어야겠다."

이런 하나님의 독백은 어디에도 나오지 않는다. 하나님은 처음부터 완벽하게 창조하셨다. 그분의 솜씨와 능력으로. 그래서 모든 것이 하나님 보시기에 좋았다. 예수님의 땀은 솜씨를 다해 최고의 결과를 만들어 내는 하나님의 탁월함을 갈망하게 만든다. 어떤 인간이 하나님의 탁월함에 다다를 수 있겠는가! 어떤 교회가 그 탁월함을 온전히 이룰 수 있겠는가! 그런데도 탁월함에 대한 갈망은 우리 영성의 한 축이 되어야 한다.

예수님이 땀 흘리신 사역 현장에는 하나님의 탁월함이 흘러넘쳤다. 예수님은 대충 사역하지 않으셨다. 가나 혼인 잔치에서 물을 포도주로 바꾸는 기적을 행하셨을 때, 잔치를 관장하는 연회장과 사람들은 감탄했다.

> 연회장은 물로 된 포도주를 맛보고도 어디서 났는지 알지 못하되 물 떠온 하인들은 알더라 연회장이 신랑을 불러 말하되 사람마다 먼저 좋은 포도주를 내고 취한 후에 낮은 것을 내거늘 그대는 지금까지 좋은 포도주를 두었도다 하니라 요 2:9,10

예수님이 만드신 것은 가장 좋은 포도주였다. 보통은 먼저 좋은 포도주를 내고 사람들이 취한 뒤에 질이 낮은 포도주를 내는 법인데, 예수님이 마지막 순간에 내어주신 포도주는 최고의 것이었다. 그 장면은 적당하고 무난한 수준에 그치지 않고 탁월함을 열망하는 마음을 우리에게 가르쳐 준다.

직장 일은 빈틈없이 하면서 교회 일은 대충 해도 된다는 마음을 가진 사람을 보았다. 반대로 교회 일은 열정적으로 하면서 직장에서는 적당히 해도 된다고 생각하는 이들도 있다. 하나님은 무엇을 기뻐하실까? 우리는 하나님의 형상을 따라 창조되었다. 하나님처럼 성실하게, 그분의 솜씨를 따라 자기 일을 기쁘게 감당할 수 있는 능력을 부여받았다. 그 능력을 제대로 사용하는 것이야말로 하나님께 인정받는 삶이다.

저명한 경영학자인 짐 콜린스는 "위대함의 가장 큰 적은 그럭저럭 좋은 것에 만족하는 것이다"라고 했다. 정말 그렇다. 수많은 크리스천이 적당히 좋은 수준에서 멈춰버린다. 예수님의 땀 흘리는 영성은, 하나님 아버지처럼 최고의 결과를 만들어 내고 그것을 마음껏 기뻐하는 영성이다. 그저 적당한 수준에서 멈춰버리면 마음껏 기뻐하고 즐거워할 수 있는 순간을 만나지 못한다. '이 정도면 됐다'라는 태도로는 예수님처럼 땀 흘리는 삶을 배울 수 없다. 적당한 무난함의 그늘 속에서는 탁월함을 향한 열망은 자랄 수 없다.

교회가 탁월함을 향해 달려야 한다고 말하면, 여건이 부족한 교회를 모르는 것 아니냐는 오해를 받을 수 있다. 그러나 나는 작고 가난한 이민 교회 출신이다. 부족함과 척박함을 누구보다 잘 안다. 전문가도, 예산도 없었다. 그러나 적당한 수준에 안주하지 않고 예수님처럼 땀 흘리며 영광스러운 탁월함을 열망하는 건 얼마든지 배울 수 있었다.

그것은 남보다 더 잘하는 게 아니다. 내가 할 수 있는 최고와 최선의 땀을 흘리는 것이다. 하나님 앞에서 코람데오의 자세로 내 최선을 드리는 것이다. 남들보다 잘해야 한다는 상대적 탁월함을 추구하는 것은 병든 영성이다. 잘못된 비교의식에 젖어 남을 시기하고 질투하거나 교만하여 거들먹거리는 삐뚤어진 믿음이다. 예수님의 땀은 누구와 경쟁하며 흘리는 땀이 아니다. 오직 하나님을 향해 흘리는 땀이다.

미국에서 목회할 때, 예수님의 삶을 대사 없이 음악과 조명과 춤으로만 표현하는 프로그램을 기획했다. 섬기던 교회에서 긴 침체기를 벗어나는 부흥의 불꽃이 시작되었고, 한국어 세대와 영어 세대가 하나되어 미래를 준비하는 자리를 마련했다. 당시 성도가 아이들을 포함해 600여 명이었는데, 3천 명이 들어가는 큰 콘퍼런스 홀을 대관했다. 100여 명의 청년들과 일주일에 사나흘씩 6개월에 걸쳐 프로그램을 준비하고 연습했다.

무대 위에 한 번에 100명이 올라가서 춤을 추는 작품을 만드는 것은, 신학을 공부한 내게는 버거운 일이었다. 은사가 있는 청년들에게 비전을 공유하고 필요하면 춤을 배우도록 격려했다. 깃발을 흔드는 기수대 출신 청년에게 100명이 움직이는 동선을 짜보라고 했고, 고등학교 치어리더 출신 자매에게 남자 3명이 여자 1명을 높이 던졌다가 받는 동작의 훈련을 부탁했다. 연습할 수 있는 공간이 없어 예배당 장의자를 다 옮기고 늦은 밤까지 땀을 흘렸다. 물론 새벽기도를 위해 매번 원상복구 해야 했다.

그러나 누구도 불평하는 사람이 없었고, 서로를 격려하며 하나님의 탁월함을 꿈꿨다. 예수님의 무덤 모형을 너무 크게 만들어서 공연 당일 톱으로 반을 잘라 운반했던 장비팀 형제들의 당황한 얼굴이 아직도 눈에 선하다. 옮기는 중에 내가 한쪽을 떨어뜨려 급하게 보수작업까지 하게 해서 눈총을 받기도 했다. 성도들은 최선을 다했고 공연장은 만석이 되었다. 불이 꺼지고 누구도 흠잡을 수 없는 공연이 펼쳐졌다. 십자가의 사랑을 설교하는 순간, 구원의 초청까지 완벽하게 이어졌다.

성도들이 울며 말했다.

"우리 교회가 이렇게 자랑스러울 줄 몰랐어요!"

처음 온 사람들은 감탄했다.

"한인 교회가 이런 작품을 만들다니요!"

척박한 이민 교회에서도 이런 작은 기적이 가능했다. 왜냐하면 적당한 무난함을 거부하고 영광스러운 탁월함을 열망했기 때문이다.

서울드림교회를 시작하고 16년이 지났다. 아무 준비도 없이 시작했음에도 교회가 이토록 아름다운 성장과 부흥을 누리고 있는 것이 감사할 뿐이다. 첫 예배를 드렸던 2009년 11월 15일부터 지금까지 변하지 않는 것이 하나 있다. 적당하게 무난하면 된다는 마음을 거부하고 우리가 할 수 있는 최선과 열정을 다해 영광스러운 탁월함을 향해 내달리고 싶은 열망이다.

어떤 이들의 눈에는 우리의 이 열망이 별것 아닌 것처럼 보일지 모른다. 겨우 그 정도를 갖고 호들갑을 떤다고 생각할 수도 있다. 그러나 우리에게는 너무 소중한 믿음의 방향성이다. 최선을 다해 주님께 드리는 것이야말로 예수님의 땀을 배우는 자들의 당연한 열망이다.

예수님은 땀 흘리며 일하셨다. 예수님의 모든 사역은 그분의 최선이며 탁월함이었다. 우리는 그 길을 따르고 그 열망을 품어야 한다.

예수님의 땀을 흘린다면 가시덤불과 엉겅퀴를 반드시 만나게 된다

아담에게 이르시되 네가 네 아내의 말을 듣고 내가 네게 먹지 말라 한 나무
의 열매를 먹었은즉 땅은 너로 말미암아 저주를 받고 너는 네 평생에 수고하
여야 그 소산을 먹으리라 땅이 네게 가시덤불과 엉겅퀴를 낼 것이라 네가 먹
을 것은 밭의 채소인즉 네가 흙으로 돌아갈 때까지 얼굴에 땀을 흘려야 먹
을 것을 먹으리니 네가 그것에서 취함을 입었음이라 너는 흙이니 흙으로 돌
아갈 것이니라 하시니라 창 3:17-19

　하나님께 불순종한 인간에게 내려진 저주는 그들만이 아니라 그들
이 돌봐야 할 땅에도 미쳤다. 그들은 평생 수고해야 한다. 그런데도
땅은 가시덤불과 엉겅퀴를 반복해서 내게 되었다. 이것은 매우 상징적
인 말씀이다. 타락한 땅에서 우리는 땀을 흘려야 한다. 예수님의 땀을
흘리는 순간 모든 것이 순탄하게 풀릴 것이라는 기대는 너무 순진한
생각이다. 오히려 정반대다. 예수님처럼 땀 흘리며 일하는 길을 선택
하는 순간, 다른 길을 갔다면 경험하지 않아도 되었을 수많은 난관을
만나게 된다.
　가시덤불과 엉겅퀴에 놀라지 말라. 그것이 나타났다고 해서 주님의
뜻에서 벗어난 것도, 주님의 길을 잃은 것도 아니다. 타락한 세상에는
언제나 나타난다. 예수님도 가시덤불과 엉겅퀴를 만나셨다. 모든 사
역의 길이 순탄하기만 했던가? 예수님의 길 끝에는 십자가가 있었다.

배신과 조롱과 고난이 있었다.

예수님처럼 땀 흘리는 길에서 가시덤불과 엉겅퀴를 만나도 포기하지 않는 인내를 배워야 한다. 낙심하지 않을 용기도 배워야 한다. 섣불리 판단하는 조급함도 버려야 한다. 자신을 탓하지 않을 거룩한 자존감도, 남을 탓하지 않을 신중한 포용력도 배워야 한다. 원하지 않은 결과 앞에서 웃을 수 있는 여유로움도 익혀야 한다.

왜냐하면 소망이 있기 때문이다. 밭의 채소를 먹을 소망이다. 하나님께서는 불순종한 인간에게도 땀을 흘리고 밭의 채소를 먹을 거라는 희망의 약속을 주셨다.

서울드림교회를 시작하기 전, 함께 공동 목회를 하게 될 친구와 목회의 성공이 무엇인지 진지하게 논의했다.

"우리의 목회 인생이 성공적으로 마무리됐다는 걸 무엇으로 가늠할 수 있을까?"

이 질문 없이 교회를 시작했다면, 그저 교회를 크게 성장시키는 것만이 목표가 됐을지 모른다. 우리는 함께 시작했으니 함께 끝내는 것을 목회의 성공으로 삼자고 약속했다. 작은 불협화음으로 서로 마음이 맞지 않아 갈라서는 일은 절대 없게 하자고 약속했다. 영적 배수진을 친 셈이었다.

우리는 온누리교회 부목사 시절부터 절친했다. 많은 사역을 함께했고, 팀워크가 잘 맞는 친구였다. 다른 사람들이 시기할 정도로 가까운 동역자였다. 그러나 함께 시작한 공동 목회는 순탄하지만은 않았다. 의견 충돌과 마음이 상하는 일이 생겼다. 우리 사이를 멀어지게 하는 말이 일부 사람들 사이에서 흘러나오기도 했다. 가시덤불과 엉겅퀴였다. 그러나 주님의 소망은 가시덤불을 넘어 밭의 채소를 먹는 데 있다. 우리는 공동 목회의 혜택을 서서히 찾아가기 시작했다.

지난 16년 동안 우리는 같은 본문으로 설교를 해오고 있다. 모든 예배를 함께 드리며 서로의 설교를 듣는다. 친구가 설교할 때, 나는 성도가 되어 말씀을 받는다. 가시덤불과 엉겅퀴가 드러나면 그의 설교를 판단하고 평가했다. 그러나 밭의 채소를 먹는 은혜를 만나자, 눈물을 흘리며 가슴을 치며 그의 설교 말씀을 받았다.

많은 사람이 두 담임목사가 공동 목회하는 것을 신기해한다. 그러나 우리에게는 하나도 어렵지 않다. 가시덤불과 엉겅퀴를 넘어 그 밭의 채소를 먹는 은혜가 너무도 풍성하기 때문이다.

예수님의 땀 흘리는 현장에서 만나는 가시덤불과 엉겅퀴 그 너머에는 오직 땀 흘리는 자들만이 맛볼 수 있는 풍성한 열매가 기다린다.

수고하는 농부가 곡식을 먼저 받는 것이 마땅하니라 딤후 2:6

예수님처럼 땀 흘리는 모든 순간은 열매에 대한 기대감을 키워가는 시간이 되어야 한다. 피곤함을 견딜 힘도, 고단함을 딛고 다시 새벽을 깨우며 일어날 힘도, 게으름의 유혹을 떨쳐버릴 수 있는 기반도, 누구도 보아주지 않고 알아주지 않아도 땀을 흘릴 수 있는 동기도 다 '기대감'이다.

태풍 하나 없이, 천둥, 벼락, 번개 없이 대추 한 알도 익지 못하거늘 예수님처럼 땀 흘리는 현장에서 어찌 가시덤불과 엉겅퀴가 없이 열매를 만나겠는가! 흔들리지 말자. 낙심하지 말자. 땀 흘려 밭의 채소를 먹는 은혜는 변하지 않는 하나님의 약속이다. 예수님처럼 땀 흘리는 자들은 안다. 가시덤불과 엉겅퀴를 지나 붉게 익은 대추처럼 하나님의 약속이 반드시 이루어진다는 것을.

예수님처럼 땀 흘리는 삶의 중심에는 땀 흘리는 기도가 있다

예수께서 힘쓰고 애써 더욱 간절히 기도하시니 땀이 땅에 떨어지는 핏방울 같이 되더라 눅 22:44

겟세마네에서 예수님은 땀을 핏방울처럼 흘리면서 처절하게 기도하셨다. 이런 기도는 중노동이다. 창자가 끊어질 듯 주의 이름을 부르는 절실하고 절박한 기도는 육체적으로도 힘이 든다. 땀 흘려 일하는 영성을 기도하는 영성보다 낮은 차원의 영성이라고 여기는 건 경솔한 판단이다.

땀 흘려 일하는 현장은 반드시 기도하는 골방이 필요하고, 기도하는 골방은 반드시 땀 흘리는 현장으로 이어지기 때문이다. 사역의 땀을 흘리는 만큼 기도의 땀도 흘려야 한다. 치열하게 기도하는 만큼 땀을 흘리는 현장은 더욱 소중해진다.

나는 미국 목사님들에게서 기도를 배웠다. 특히 청년 시절의 나를 제자훈련 시키신 목사님은 네비게이토 선교회 출신으로 오순절 계통의 분이었다. 세상을 사랑하고 방황하던 시절을 뒤로하고 하나님의 부르심에 순종하려 할 때, 그 분을 만났다. 나의 영어 이름을 Joshua(여호수아)라고 지어주신 분이기도 하다.

새벽에는 기도 훈련을, 오전에는 말씀 훈련을 받았다. 기도할 시간이 되면 담임목사실 뒤편 기도실에 들어가라고 하고 밖에서 문을 잠그셨다. 크게 통성으로 울부짖으며 2시간을 채우면 문을 열어주셨다.

조금이라도 소리가 작아지거나 졸음에 기도가 흐려지면 밖에서 문을 두드리며 "기도 소리가 들리지 않아. 더 크게 기도해!"라고 하셨다. 그때 기도가 중노동임을 알았다. 배가 아프도록 "주여"를 부르짖으며 기도했던 시간은 내게 세상을 사랑하며 보냈던 어두운 시간의 흔적을 벗어버리고 주의 부르심을 따르며 예수님처럼 땀 흘리는 삶을 준비하게 했다.

기도를 대신할 수 있는 것은 없다. 기도의 중요성은 아무리 강조해도 과하지 않다. 기도하는 방법은 다양하다. 침묵하면서 기도할 수 있고, 글로 쓰면서 기도할 수도 있다. 우리 신앙의 선배들은 순례의 길을 걸으며 기도하기도 했다. 그러나 성도의 기도에서 가장 중심이 되어야 하는 것은 '부르짖는 기도'다.

"꼭 그렇게 큰 소리로 기도해야 하나?"

이런 질문을 들을 때가 있다. 물론 그렇게 큰 소리로만 기도할 필요는 없다.

"하나님이 잘 듣지 못하시는가? 왜 그렇게 소리를 지르면서 기도하는가? 그것은 광신이다."

이것도 많이 들어본 말이다. 그러나 그런 말을 하는 사람들 대부분은 기도하지 않는다. 기도하는 사람이라면 절대 그런 말을 하지 못한다. 왜냐하면 기도하는 사람이라면 배가 아프도록 주의 이름을 부르 짖는 인생의 순간이 있음을 누구보다 잘 알기 때문이다.

왜 힘들게 소리쳐 기도하는 자리가 성도에게 중요한가. 기도의 자리, 기도하는 시간이 가장 마귀가 침범하길 원하는 시간이기 때문이다. 기도하는 순간이 우리의 머릿속에 헛된 생각을 속삭이기 좋은 시간이다. 기도하는 동안 중요한 것은, 영혼의 중심과 생각의 중심을 하나님께 집중하는 것이다. 기도 중에 생각이 흐트러지고, 마음은 산만해지고, 영혼은 미끄러지기 쉽다. 크게 소리쳐 부르짖는 기도는 우리 영혼의 중심을 하나님께 집중시키는 데 큰 도움이 된다.

'옆 사람들이 내 기도를 듣게 될까 부담스럽다.'

이런 생각이 든다면 걱정할 필요 없다. 옆에 있는 사람은 당신의 기도에 별로 관심이 없다. 자신의 기도를 하기만도 버거운데 옆 사람 기도 소리에 신경 쓸 여유가 없다. 주 앞에 앉아 주의 이름을 힘차게 부르짖어 보라. 땀 흘리는 기도는 지옥의 권세를 뒤흔드는 기도다. 땀 흘리며 기도하는 자리는 우리의 무기력함을 깨트리고 예수님의 땀 흘림을 닮아가는 거룩한 현장으로 우리를 이끌어 줄 것이다.

겟세마네에서 주님은 당신의 뜻을 버리고 아버지의 뜻을 붙드셨다. 기도 없이 그것이 가능했을까. 땀을 흘리는 절박한 기도 없이 자아를 무너뜨리고 아버지의 길을 선택할 수 있을까. 땀 흘리며 일하는 현장에서 하나님의 주인 되심이 드러나려면 반드시 땀 흘리는 기도의 자리가 있어야 한다. 그렇게 하지 않고 하나님의 뜻에 온전히 순종할 수 있는 사람은 없기 때문이다.

예수님은 광야에서 40일 금식하며 기도하셨을 때 마귀의 유혹을 받으셨다. 땀 흘리며 기도하는 자리는 가장 치열한 영적 전쟁이 일어나는 곳이다. 그런 기도의 땀이 없다면 땀 흘리는 사역의 자리를 버텨낼 수 없다. 기도하며 흘리는 땀은 복음을 위해 수고하는 땀 흘림의 중심이다. 절대로 잊지 말아야 한다.

예수님의 땀은 언제나 함께 수고하는 공동체로 인도한다

예수께서 그의 열두 제자를 부르사 더러운 귀신을 쫓아내며 모든 병과 모든 약한 것을 고치는 권능을 주시니라 마 10:1

예수님은 전지전능하신 하나님이시다. 복음을 전하는 일을 혼자서도 충분히 하실 수 있는 분이시다. 그러나 제자들을 부르셨다. 그들은 유능한 엘리트가 아니었다. 많이 배우지 못한 어부도 있었고, 조롱당하는 세리도 있었으며, 자신의 열심과 힘으로 로마 정권을 뒤집어보려고 했던 열심당원도 있었다. 그들은 모두 랍비 밑에서 배우지 못한 평범한 사람이었다.

이런 제자들로 무슨 큰일을 도모할 수 있단 말인가. 그러나 예수님은 그들을 불러 자신 곁에 두셨다. 그들에게 권능을 더하셨다. 복음서를 보면 그들이 그 권능에 걸맞은 삶을 살았던 흔적이 많지 않다. 그 권능으로 하늘에서 불을 내려서 사마리아 사람들을 불태우자고 하는 제자들도 있었고, 말 못하게 하는 귀신이 들린 아이를 고치지 못해 부끄러움을 당한 제자도 있었다. 서로의 멱살을 잡고 자기 자랑을 하기도 했고 십자가 앞에서는 모두 도망쳤다. 제자들은 그런 사람들이었다. 그런데도 예수님은 그들을 함께 땀을 흘리는 동역자로 삼아주셨다. 정말로 특별한 소명이다.

온누리교회 하용조 목사님이 자주 말씀하셨다.

"주님께서 우리를 위해 죽으시고 구원을 주셨습니다. 구원을 받은 것만으로도 감사한데, 내 인생을 쓰시겠다고 합니다. 내 재능을 쓰시겠다고 하고, 내 시간을 쓰시겠다고 하고, 내 재정을 쓰시겠다고 합니다. 이게 웬 은혜입니까! 구원만으로 감격인데 나를 쓰시겠다고 하시니 어찌 기쁘게 나를 드리지 않겠습니까!"

그 말씀에 늘 가슴이 떨렸다. 주님께서 나를 쓰시겠다고 하신다…. 웬 은혜인가! 그런데 주님께서 저 사람도, 이 사람도 쓰시겠다고 하시는데 영 마음에 들지 않는다.

'나와 취향도, 코드도 다른 것을 주님은 정말 모르시는 것일까?'

이런 생각이 들 때가 종종 생긴다. 하나님은 그들을 받으셨는데 우리는 거부하려 한다. 주님께서 받으신 사람을 우리가 거부한다. 정말 말이 안 되는 고집이다.

예수님의 땀 흘리는 현장은 개인 전시회가 아니다. 공동 작업, 공동 창작의 자리다. 함께 땀을 흘리면 수고는 절반이 되지만 기쁨은 두 배가 된다. 미성숙할 때는 스스로만 잘하면 된다고 생각한다. 그러나 성숙해지면 내 성공뿐 아니라 형제와 자매의 성공도 소중히 여기는 것을 배우게 된다. 아무리 부족하고 연약한 사람이라도 홀로 서는 것보다 함께 서는 것이 훨씬 단단하고 견고하다. 언제나 세 겹 줄은 홑 줄보다 강하다.

예수님처럼 땀 흘리는 자가 주님을 기쁘시게 한다

그 주인이 이르되 잘하였도다 착하고 충성된 종아 네가 적은 일에 충성하였으매 내가 많은 것을 네게 맡기리니 네 주인의 즐거움에 참여할지어다 하고
마 25:21

달란트 비유에 등장하는 종들이 열심히 장사해서 이윤을 남겨 주인과 결산할 때, 주인은 그 기쁨을 이렇게 표현한다.

"네 주인의 즐거움에 참여할지어다."

땀 흘리며 수고하는 삶은 주님을 기쁘시게 한다. 하지만 수고하고 땀 흘리는 삶은 결코 쉬운 길이 아니다.

어느 장로교 신학교에서 교회 블랙리스트가 돌았다고 한다. 신학생들이 피해야 하는 교회 리스트가 있다는 말이었다. 그 소문에 가슴이 철렁 내려앉았다. 우리 교회도 기피 대상 교회가 된 것은 아닌지 마음이 쓰였다. 우리는 교회 건물이 없기에 매주 새롭게 세팅해야 한다.

1년 내내 반복되는 수고이기 때문에 혹시 우리 교회의 사역이 힘들고 많아서 피해야 하는 교회가 된 것은 아닌지 지레 걱정하는 마음이 든 것이었다. 실제로 부임하고 1주 만에 그만둔 전도사들도 있었다. 너무 힘들어서 감당할 자신이 없다며 미련 없이 떠나갔다.

'설마 그런 리스트가 있을까?' 하는 의구심도 들었지만 실제로 존재한다는 것을 확인하게 되었다. 우리 교회의 이름은 거기에 없었던 것을 다행으로 생각한다. 그러나 우리 교회에 새롭게 오는 사람들은 이구동성으로 말한다.

"서울드림교회가 일이 많다고 익히 들었습니다. 그래서 제대로 배울 수 있을 것 같아 왔습니다."

나는 수고하고 애쓰는 삶에 대해 사과하거나 양해를 구할 마음이 없다. 너무도 영광스러운 삶이기 때문이다.

나는 온누리교회에서 목회 훈련을 받은 것을 진심으로 소중하게 여긴다. 하용조 목사님을 목회의 멘토로 만난 것을 하나님의 축복으로 믿는다. 온누리교회의 사역 일정은 정말 강도 높았다. 새벽기도 담당이어서 새벽 4시 30분까지는 출근해야 했다. 젊은 시절 '10분만 더 자자' 하다가 아슬아슬하게 교회에 도착했던 적도 많았다.

하루 일정을 마무리하고 들어오면 자정을 넘기기 일쑤였다. 강의와 설교도 많아서 늘 부담을 안고 살았다. 일주일에 세 번 하용조 목사님이 투석받으러 가실 때면, 나는 책 보따리를 들고 함께 병원에 갔다. 그 시간에 나는 강의와 설교를 준비했다.

돌아보면, 그 많은 일과 사역을 어떻게 감당했나 싶다. 그런데 그 시간이 나를 빚어주었다. 주를 위해, 주의 교회를 위해, 주께서 사랑하시는 성도를 위해 땀 흘리며 수고하는 삶의 가치를 가르쳐 주었다. 과한 사역으로 때로는 가정에 위기가 찾아오기도 하고, 개인 영성에 도전을 만나기도 했지만, 그 시간이 나를 하나님의 사람으로, 땀 흘리고 수고하는 삶을 기뻐하는 목사로 만들어 주었다고 생각한다.

내가 후배 목사들에게 보여주고 싶은 삶도 땀 흘리며 수고하는 삶이다. 그것 없이는 진짜 목회할 수 없다고 믿기에 땀 흘리는 목사의 삶을 전해주고 싶다.

"잘하였도다 착하고 충성된 종아 네가 적은 일에 충성하였으매 내가 많은 것을 네게 맡기리니 네 주인의 즐거움에 참여할지어다.”

이 칭찬은 예수님의 땀을 흘리는 자들만이 들을 수 있다. 주님은 땀 흘리는 자를 기뻐하신다. 지금도 보이지 않는 곳에서 교회를 섬기는 수많은 성도가 있다. 남들보다 일찍 나와 예배를 준비하고, 성가를 연습하고, 주차 안내를 맡고, 교회학교 아이들을 돌보고, 따뜻한 미소로 성도를 맞이하는 사람들이 있다. 땀 흘리기를 주저하지 않으셨던 주님은 그들과 함께 기뻐하신다.

예수님처럼 땀 흘리는 삶의 아름다움은 은밀함으로 드러난다

너는 구제할 때에 오른손이 하는 것을 왼손이 모르게 하여 네 구제함을 은밀하게 하라 은밀한 중에 보시는 너의 아버지께서 갚으시리라 마 6:3,4

사람들이 보는 앞에서 애쓰고 수고하는 것은 어렵지 않다. 그러나 아무도 알아주지 않는 일을 아무도 모르게 하기는 정말 어렵다. 은밀하게 흘려야 하는 땀이 있다. 은밀한 중에 보시는 하나님이 계시기 때문이다. 무서운 말씀이다.

눈에 보이는 것이 전부가 아니다. 사람들의 눈이 보지 못하는 것까지 보시는 하나님의 눈이 있다는 사실 앞에 두려움을 느끼지 않을 사람이 있을까! 뭇사람의 칭찬을 받았다 해도 자신을 높이고 드러내기 위함이었다면 하나님 앞에서는 아무런 가치가 없다. 사람들의 인정과 박수를 기대하고 땀 흘리고 수고했다면 하나님께로부터 받을 박수는 없다.

한국에 와 있는 외국인 근로자들을 위한 의료봉사와 아웃리치를 잘 마치고 돌아온 어느 날, 의료선교 팀장으로 섬기는 성도와 대화를 나누었다. 그는 조심스레 마음속 불편함을 털어놓았다. SNS 활동을 활발하게 하는 성도가 참여했는데, 모든 섬김의 순간이 자신을 노출하고 사진을 올리는 포스팅의 소재가 되었던 것에 마음이 상했다고 했다. 충분히 이해되었다. 적어도 교회 안에서 진행되는 아웃리치 사역은 자신을 드러내고 사람들의 인정과 박수를 구하는 자리가 되어서는 안 된다.

은밀함은 무능함이나 무력함이 아닌 참된 능력이다. 세상의 눈으로는 감추고 드러내지 않는 것이 비효율적이고 바보 같아 보일는지 모른다. 그러나 예수님의 땀이 사람의 눈에 띄지 않는 곳에서 흐를 때 하나님의 가장 강력한 역사가 나타날 수 있다. 주님께서 사람에게 보이지 않고 아버지 하나님께 보이는 은밀한 구제와 섬김을 강조하신 것을 기억하라.

예수님의 땀은 외적인 화려함이나 과시로 드러나지 않는다. 오직 하나님의 뜻에 철저하게 순종하며 은밀하게 보시는 하나님 한 분 앞에서 인정받기를 원하는 영성으로 이어진다.

은밀하게 땀 흘리는 것은 하루아침에 배울 수 있는 영성이 아니다. 사람의 시선이 미치지 않는 곳에서 하나님을 가장 먼저 의식하는 훈련이 쌓여야 가능하다. 예수님을 사랑하는 마음으로 자신을 사랑하는 마음을 부인하고, 그분을 높이기 위해 자신을 드러내고 싶은 유혹을 과감히 거절하는 훈련이 반드시 있어야 한다. 그렇지 않으면 은밀한 땀 흘림은 기쁨이 아니라 답답함과 억울함으로 변하고 만다.

특히 목회자나 직분을 맡은 자에게는 은밀하게 땀 흘리며 오직 주를 의식하고 바라보는 영성이 더욱 절실하다.

오래전, 친한 친구 목사가 가정 환경이 너무 불우해서 자꾸 엇나가는 고등학생 아이를 자기 집으로 데려와 함께 살았다. 쉽지 않은 결정이었다. 그러나 그 자신뿐 아니라 사모인 아내와 아이들도 기꺼이 찬성했다. 어느 날, 친구 목사가 고백했다.

"가끔 그 아이를 돕고 있다는 이야기를 사람들에게 하고 싶어진다. 설교할 때도, 강의할 때도, 대화할 때도."

그러나 그는 끝까지 입술을 지켰다. 속앓이도 많았고 수고와 애씀도 많았지만, 그 수고를 자랑하지 않았다. 참 대단한 믿음이라고 생각한다. 나 같으면 참지 못했을 것 같다. 은밀하게 오직 하나님 앞에서만 흘려야 하는 땀이 분명히 있고, 하나님은 그 순간을 놓치지 않고 보신다.

그는 이미 보이지 않는 곳에서 오직 예수님만을 향한 뜨거운 땀을 흘리는 훈련을 쌓아온 사람이었다. 그렇기에 자신의 선함을 자랑하고 싶은 입술에 침묵의 파수꾼을 세울 수 있었던 것이다.

왜 은밀하게 흘리는 예수님의 땀을 배우는 것이 우리의 믿음에 소중한가? 하나님의 평가는 인간의 평가와 다르기 때문이다. 예수님의 삶 전체가 은밀하게 오직 하나님 앞에서만 흘리는 땀의 가장 강력한 증거다. 예수님은 왕으로 이 땅에 오셨지만 영광의 보좌 위에 앉으신 적이 없으셨다. 가난한 목수로, 평범한 랍비로 하나님 앞에서 땀을 흘리셨다. 기적을 행하고도 자랑하지 않으셨고, 고난 앞에서 대항하지 않으셨다.

십자가 위에서도 자신의 의로움을 변호하지 않으셨다. 가장 낮은 자리에 임하신 예수님은 "다 이루었다" 그 마지막 외침과 함께 고개를 떨구셨다. 그 일을 이루시기까지 예수님은 오직 하나님 앞에서 땀방울이 핏방울처럼 되도록 기도하셨다.

숨어서 은밀하게 흘리는 예수님의 땀은 우리 시대와 어울리지 않는 선택처럼 보일지 모른다. 그러나 하나님은 그 땀을 닦아주시고 기억하신다. 그 땀을 기뻐하시고 위로하시고 박수 쳐주신다. 그분은 은밀하게 보시는 전지하신 하나님이시기 때문이다.

예수님의 땀은 평범함의 소중함을 일깨워 준다

사흘째 되던 날 갈릴리 가나에 혼례가 있어 예수의 어머니도 거기 계시고 예수와 그 제자들도 혼례에 청함을 받았더니 요 2:1,2

다시 한번 가나의 혼인 잔치 이야기로 돌아가 보자. 가나는 초라한 시골 마을이었다. 전승에 의하면 예수님의 사촌인 요한의 결혼식이었다고 한다. 예수님은 어머니 마리아와 요한의 어머니 살로메가 자매였기에 그 혼인 잔치에 참석하셨다.

작은 시골 마을에서 벌어진 혼인 잔치에 참여한, 나사렛이란 시골 마을 출신의 예수님. 하나님의 아들의 데뷔 무대치고는 너무 초라하다. 아니, 이렇게 시작해서 어떻게 중앙 무대에서 영향력을 행사할 수 있겠는가! 하나님의 메시아가 행하는 첫 번째 기적이라면 특별 상설 무대가 필요하지 않았을까? 그러나 예수님은 그 초라한 가나의 혼인 잔치를 하나님의 기쁨으로 채우셨다.

혹시 아쉽지 않은가? 힘과 돈이 많은 사람 사이에서 큰 기적을 베푸셨다면 훨씬 더 괜찮은 후원자들이나 제자들을 얻을 수 있지는 않았을까? 그러나 예수님은 평범한 사람들, 평범한 삶 속에서 첫 기적을 행하셨다.

가나의 혼인 잔치의 기적은 '평범'이라는 인생 현장의 소중함을 일깨운다. 특별히 정결 예식에 필요한 물을 보관하던 커다란 항아리의 아귀까지 채워야 했던 하인들의 지극히 평범한 땀 흘림은 소중했다. 평소에 하던 대로 명령받은 대로 순종한 그들의 행동은 기적의 마중물이 되었다.

우리 인생을 채우는 시간의 대부분도 평범하다. SNS를 가득 채운 화려한 사진들을 보면 모든 삶이 특별하고 빛나 보인다. 그 사진에 속으면 다른 사람들은 모두 행복하고 특별하게 사는데 자기만 평범하고 무미건조한 것에 불만을 느끼게 된다. 실제로 많은 젊은이가 호소하는 소셜 미디어의 부작용이다.

솔직히 대부분의 사람이 보내는 대부분의 시간은 평범하다. 부부가 함께하는 시간도 대부분 평범한 일상의 반복이다. 성도들의 신앙생활도 대부분 평범한 예배와 훈련의 반복이다. 그렇기에 평범함 속에서 예수님처럼 땀을 흘리는 믿음을 배워야 한다.

교회 부엌에서 설거지할 때는 사람들의 칭찬 소리도 주어지고 박수 소리도 들린다. 그러나 평범한 저녁 식사 후 이어지는 설거지는 귀찮은 일상의 한 조각일 뿐이다. 교회 행사가 끝난 후 쓰레기를 정리할 때는 교회를 깊이 사랑하는 헌신자임을 보여줄 수 있지만, 늦은 밤 혼자서 분리수거하러 가는 순간은 아무도 알아주지 않는 쓸쓸한 시간이다. 인생의 대부분은 평범한 시간이다. 그 평범 속에서도 예수님의 땀의 가치를 봐야 한다. 그 평범함 속에 기꺼이 땀 흘리기를 선택하는 결단이 있어야 한다.

2025년에 두 번째 안식년을 결혼한 두 딸과 같은 지역에서 보내기로 했다. 그리고 '단축 철인 3종 경기' 완주를 안식년의 목표 중 하나로 세웠다. 큰 결심을 하지 않으면 이룰 수 없는 것을 목표로 잡았다. 그런데 내가 지내는 곳이 겨울 우기가 4월 말까지 계속되는 워싱턴주 남쪽이라서 자전거를 탈 수가 없었다. 로드바이크를 타기에 시골길 도로에는 자갈이 너무 많아 위험하기도 했다. 그래서 목표를 수정할 수밖에 없었다. 마라톤 완주를 목표로 잡았다. 사실 첫 책을 쓰면서 보스턴 마라톤을 완주하고 싶다고 고백했었다.

이번 안식년, 나는 그 꿈을 향해 달리기 시작했다. 마라톤을 완주하는 목표를 달성한다면, 그 기쁨을 누리는 자리에 사랑하는 가족들이 와서 박수를 쳐줄 것이다. 특별한 순간이니까.

그러나 42.195킬로미터를 달릴 능력을 갖추기 위해 일주일에 4-5일을 꾸준히 달리는 순간은, 다른 사람들의 응원과 박수와는 상관없는 시간이다. 뭉친 근육과 뻐근한 몸 그리고 을씨년스러운 날씨를 핑계 삼아 쉬고 싶은 유혹을 떨치고 달리는 시간은 평범하고 일상적인 시간이다. 그 일상이 쌓여서 '마라톤 완주'라는 특별함이 탄생한다.

거룩한 목표는 평범한 땀방울을 특별함의 열매로 바꿔주는 하늘의 다리가 된다. 이런 삶의 치명적인 유혹은 그것이 특별함으로 이어진다는 사실을 잊게 하는 데 있다. 그래서 많은 사람이 반복되는 일상을 무료하게 느끼고 그 가치를 잊는다. 만약 특별함의 찬란함과 무게를 언제나 느낄 수 있다면 아무리 평범한 순간이라도 허투루 흘러보내지는 않을 것이다.

오래전 미국 리더십 잡지에 한 목사의 글이 실린 적이 있다. 우주선 발사 장면을 구경하기 위해 많은 사람이 모여 있었는데, 기다리는 동안 술에 취한 사람들이 소란을 피우고, 무례한 행동으로 주변 사람들을 불쾌하게 만드는 일이 계속되었다고 한다. 그때 드디어 우주선이 발사되었다. 우리는 TV 화면을 통해서 본 적이 있다. 이런 장면의 실제 모습은 사람들에게 잊지 못할 감동을 주는 장관이라고 한다.

우주선이 하늘로 솟구치는 순간, 사람들은 숨을 죽였고, 그 광경에 압도당했다. 거대한 굉음과 함께 하늘로 치솟는 불꽃. 사람들은 넋을 놓고 우주선이 시야에서 사라질 때까지 지켜보았다. 그리고 누군가 조용히 박수를 치기 시작했고, 곧이어 여기저기서 환호성과 박수가 터져 나왔다.

곧 놀라운 일이 일어났다. 술에 취해 떠들던 사람들이 서로에게 사과하고, 주변의 쓰레기를 정리하고, 서로를 도우며 미소를 지었다. 압도당하는 경험이 사람들을 변화시킨 것이다. 그 목사님은 이렇게 결론 지었다.

"무엇인가에 압도당하는 경험 없이 우리의 평범한 일상은 특별함을 준비하는 자리가 될 수 없다."

그렇다. 우리의 일상이 특별함을 낳기 위해서는 다가오고 있는 특별함의 크기(magnitude)를 미리 볼 수 있어야 한다.

예수님이 가나 시골 마을에서 행하신 기적은 초라한 시작이 아니었
다. 그것은 환희의 잔치를 시작하시는 메시아의 도래를 알리는 팡파르
였다. 작고 평범한 섬김의 자리가 예수님의 땀을 배우는 현장이 된다.
그런 자리도 소중하게 여기자. 매일 별생각 없이 만나는 평범한 일상
이 특별함을 준비하는 거룩한 훈련장임을 잊지 말자.

땀 흘려야 하는 이유는 하나님나라를 준비하기 위해서다

이 천국 복음이 모든 민족에게 증언되기 위하여 온 세상에 전파되리니 그제
야 끝이 오리라 마 24:14

교회가 감당해야 하는 가장 중요한 일은 무엇일까? 어떤 이들은 하
나님을 영화롭게 하며 경배하는 예배라고 말할 것이다. 어떤 사람은
믿음이 다음 세대로 이어질 수 있도록 성도들을 돌보며 양육하고 교
육하고 훈련하는 일이라고 생각한다. 아무도 돌보지 않는 어렵고 소
외된 이웃을 그리스도의 사랑으로 품는 일이야말로 교회가 담당해야
하는 가장 중요한 일이라고 주장하는 사람들도 있다. 또한 상처받은
자들을 위로하고 치유하는 일이 교회의 사명이라고 생각하기도 한다.
한편에서는 사회적 정의를 구현하고 지켜내는 일이 교회의 사명이라고
말한다.

모두 다 교회가 감당해야 하는 중요한 일임이 틀림없다. 그러나 가
장 중요한 사명은 '복음을 전하는 일'이다. 그 어떤 일도 복음을 전하
는 것보다 중요하지 않다. 복음을 전하는 것은 주님의 오심을 준비하

기 위해 마지막까지 지속해야 할 땀 흘림이다.

예수님은 모든 민족이 그분을 알게 되면 끝이 오리라고 하셨다. 그러나 모든 민족이 복음을 듣게 하는 것은 어느 기업이 행하는 일보다 더 많은 열정과 전략과 끈기가 필요하다. 믿음으로 비전을 보지 않으면 할 수 없다. 또한 한 세대에서 끝낼 수 없는 일이기에 다음 세대에 동일한 동기와 비전과 열정을 전수할 수 있어야 가능하다.

주님이 부활하시고 지금까지 2천여 년 동안 믿음의 사람들은 복음을 듣지 못한 이들에게 복음을 전하기 위해 온갖 위험을 무릅쓰고 "땅끝"까지 달려갔다.

사도 바울은 선교여행을 하면서 13,000-14,000킬로미터 정도를 여행했다고 전해진다. 지구 둘레가 4만 킬로미터이니 그 옛날에 지구의 3분의 1 정도를 여행했다고 볼 수 있다. 그 여행이 얼마나 위험하고 대단한 것인지 우리는 상상도 하지 못한다. 복음을 전하는 일은 철저히 땀 흘리는 일이었다.

조선을 찾아왔던 선교사들도 배 안에서 멀미하고 창자가 쏟아질 듯한 구토를 견디며, 풍랑 속에서 두려움에 떨면서도 오직 한민족을 가슴에 품고 왔다. 복음을 듣지 못한 사람들에게 예수님이란 복음을 들려주겠다는 마음 하나로 온갖 난관을 뚫고 예수님의 땀을 기꺼이 흘렸다.

한국에서 예수전도단 사역을 시작하신 오대원(David Ross) 목사님은 1961년에 한국 선교사로 와서 대학생 선교와 성령 운동의 흐름에 굵직한 발자취를 남기셨다. 군부독재 시절, 한국에서 추방당하여 미국 시애틀 지역에 선교 본부를 만드셨기에 나는 젊은 목회자 시절에 그 분께 조언을 받을 수 있는 축복을 누렸다.

한국 선교사 준비를 하면서 교회에 다니면서 후원을 부탁하던 때의 일화를 자주 얘기하셨다. '한국'이라는 나라에 선교사로 나가니 기도해 달라며 여러 교회를 방문했는데, 하루는 설교를 마치고 나오니 한 할머니가 목사님에게 이렇게 말했다고 한다.

"젊은이, 성령 받고 다시 와서 설교해 주게."

너무 밋밋하게 설교를 마친 20대 중반 목회자를 향한, 지나치게 솔직한 평신도의 준엄한 훈계였다. 그런데 그 젊은이는 훗날 한국 성령운동의 역사에서 빼놓을 수 없는 흔적을 남기게 된다. 하나님의 은혜는 참으로 놀랍다.

오 목사님의 꿈은 북한 선교이다. 2025년에 90세 생신을 맞이하셨다. 북한의 문이 목사님이 90세가 되시도록 열리지 않는 것이 안타까울 뿐이다. 내가 강단에서 오 목사님을 '북한에 가서 죽고 싶으신 분'이라고 소개하면, 올라오셔서 "나는 북한에 가서 살고 싶은 사람입니다"라고 말씀하시곤 했다. 왜 북한을 그렇게 품고 계시는가? 한때 '동방의 예루살렘'으로 불렸던 평양에 교회 종소리, 예배 소리가 멈춘 지 너무 오래기 때문이다.

공산주의 사회에서 태어나 한 번도 예수님에 대해 들어보지 못한 사람이 북한 주민의 대다수다. 한국의 청년들을 주님께 인도하기 위해 한국을 품고 기도한 청년 오대원 목사는 엄청난 부흥을 경험한 후에 북한을 품었다.

복음은 이렇게 듣지 못한 사람들을 향해 흘러가는 본성을 지닌다.

복음을 전하는 것은 고귀한 예수님의 땀을 흘리는 일이다.

우리 시대가 세속화가 급격하게 진행되고 교회의 노령화가 심화하는 시대인 것을 인정한다. 예수님이 오셔도, 사도 바울이 와도 서울에서 교회 개척은 어렵다는 시대가 되었다. 그러나 이 땅을 찾았던 선교사들이 땀 흘리기는 쉬웠을까? 복음을 전하는 일이 어찌 쉬웠겠는가!

지난 2천 년 동안 복음을 전하는 현장에서 헤아릴 수 없는 땀이 흘렀다. 어떤 곳에서는 풍성한 열매를 맺었고, 어떤 곳은 여전히 복음의 불모지로 남아 있다. 그렇다면 낭비가 된 땀이 있다는 뜻일까? 절대로 그럴 수 없다. 복음을 위한 땀 흘림은 사람들만을 위한 것이 아니기 때문이다.

그것은 주님의 오심을 준비하는 도로가 된다. 복음을 위해 땀을 흘려야 하는 이유는, 모든 사람이 복음을 듣게 될 때 주님이 오시기 때문이다. 이보다 땀을 흘려야 하는 더 고귀한 이유가 있을까!

주변을 돌아보라. 사랑하는 가족, 친지, 친구, 이웃 중 예수님을 모르는 사람들이 있다. 시선을 들어 열방을 보라. 아직도 복음을 들어야 하는 민족과 부족이 있다. 그들에게 복음을 전하기 위해 땀 흘리는 것이 주님의 오심을 준비하는 것이다.

예수님의 땀은 안식으로 완성된다

하나님이 그가 하시던 일을 일곱째 날에 마치시니 그가 하시던 모든 일을 그치고 일곱째 날에 안식하시니라 하나님이 그 일곱째 날을 복되게 하사 거룩

하나님은 전능하신 분이시다. 그분에게는 쉼이 필요 없다. 그러나 6일의 창조를 마치고 7일째 날에 안식하셨다. 그것은 인간을 지키기 위한 하나님의 선물이었다. 일과 과욕에 매몰되지 않고 하나님을 기억하고 삶의 쉼과 여백을 확보하는 거룩한 멈춤이 안식일의 정신이었다.

안식일을 지키라는 명령은 율법이 주어지기 훨씬 전에 주어진 하나님의 길이었다. 모세의 율법에는 안식일을 '기억하여' 거룩하게 지키라는 네 번째 계명이 주어졌다. 유대인들은 철저하게 안식일을 기억하며 거룩하게 지키기 위해서 39가지를 금지된 일로 규정하고, 이를 기반으로 234개의 복잡한 세부 조항을 만들었다. 하나님께서 기억하고 지키라고 하신 말씀에 순종하기 위한 열심이었다.

그러나 시간이 흐르면서 하나님을 향한 중심은 사라지고 형식만 남았다. 하나님을 향한 순종은 잊히고, 자기 의와 남을 판단하고 정죄하는 모습만 남았다.

예수께서는 안식일에 병자를 고쳐주셨다. 안식일의 정신은 선한 일을 멈추지 않는 것이기 때문이다. 율법의 규칙을 지키는 것보다 고통받는 자를 돕는 것이 참된 안식일의 완성이기 때문이다. 또한 주님께서 안식일의 주인이시기 때문이다.

율법의 전통 속에서 길을 잃어버린 안식일의 참된 목적과 의미가, 안식일을 시작하신 하나님의 아들 예수 그리스도 안에서 새롭게 회복된다. 참된 안식일의 주인이시기에 주님은 우리를 이렇게 초청하신다.

수고하고 무거운 짐 진 자들아 다 내게로 오라 내가 너희를 쉬게 하리라 나
는 마음이 온유하고 겸손하니 나의 멍에를 메고 내게 배우라 그리하면 너희
마음이 쉼을 얻으리니 이는 내 멍에는 쉽고 내 짐은 가벼움이라 하시니라
마 11:28-30

안식일을 정하신 분, 안식일의 주인이 되신 주님만이 우리에게 참된
안식을 주실 수 있다. 가혹한 멍에와 무거운 짐을 짊어지고 살아가는
모습은 어떤 것일까? 두 가지 극단적인 모습으로 드러난다.

첫째는 일에 집착하여 '스스로 소진'하는 것이다. 일을 통해 하나님
을 경배하고 동행할 수 있었던 인간이, 이제는 자신의 영화만을 위해
바벨탑을 쌓는다. 하나님의 시선 대신 사람들의 평가와 평판에 목을
매고 일에 중독된다. 일은 그의 정체성이 되고, 존재 이유가 되어버린
다. 일이 경배의 통로가 아니라 숭배의 대상이 된다.

둘째는 여가와 쉼에 대한 집착으로 '나태함'에 빠진다. 오직 놀기 위
해 일하는 삶으로, 삶 전체가 위장된 나태함으로 변질된다. 오늘날 유
행하는 '여유가 있는 삶', 'YOLO'(You Only Live Once, 인생은 오직 한 번
뿐) 정신 속에도 하나님께서 주신 일의 거룩한 가치를 하찮게 여기는
위험이 도사린다. 실업수당을 악용하며 일을 경시하는 문화는 땀 흘
리는 삶을 가볍게 여기는 나태함의 또 다른 얼굴이다.

예수님은 땀 흘리고 수고하는 자들에게 쉼을 주시겠다고 약속하신
다. 그러나 그 쉼은 예수님의 땀을 배우는 자들에게만 주어지는 은총

이다. 주님의 멍에를 메고 주님의 짐을 지고 땀을 흘리는 고귀한 삶을 살아가는 자들에게 참된 안식과 쉼이 주어진다. 그것은 땀 흘리는 자들을 향한 하나님의 자유와 회복의 선물이다.

어느 선각자가 남긴 유명한 고백이 있다.

"내일 지구 종말이 온다 해도 오늘 한 그루의 사과나무를 심겠다."

이 말은 철학자 스피노자나 종교개혁자 마르틴 루터의 말로 전해지기도 하지만, 1940년대 독일 교회의 한 목회자가 쓴 편지에 처음 적혀 있었다고 한다. 예수님의 땀 흘리는 삶의 아름다움을 이렇게 절묘하게 보여주는 고백도 드물 것 같다.

헬라인들은 신들이 일을 시키기 위해 인간을 만들었다고 믿었다. 그들에게 일은 축복의 선물이 아니었다. 아리스토텔레스는 "실업 상태는 진정으로 가치 있는 삶의 중요 요건"이라고 말했다. 그들은 노동을 경시하고 통치자의 덕목으로 철학적 사유를 중시했기에, 신이 세상에 온다면 철학자이자 왕의 모습으로 오지 않을까 상상했을지도 모른다.

그러나 이 땅에 오신 하나님의 아들은 목수로 오셨다. 예수님의 땀 흘리는 삶은 하나님의 존엄과 창조성으로 충만해지는 삶이다. 우리가 기쁘게 그분의 땀과 안식을 배워야 하는 이유다.

예수님의 성육신으로 돌아가자

chapter 09

성육신의 신비로움

하나님이 사람이 되셨다. 영원하신 분이 시간의 틀에 자신을 스스로 가두셨다. 생명의 주께서 죽음의 권세 아래 자신을 낮추셨다. 말씀으로 모든 것을 지으신 분께서 아기가 되어 여인의 품에 안겨 젖을 먹으며 크셨다. 이런 신비를 이해할 수 있는가?

아프리카 케냐에서 '마사이'라는 유목 부족을 섬기는 한국 선교사님들에 대한 간증을 듣다가 성육신의 신비에 관해 큰 배움을 얻었다. 마사이족은 원래 사자를 사냥하는 용맹스러운 전사 부족이다. 그들은 진흙과 나뭇가지, 쇠똥으로 집을 짓고 소를 부의 상징으로 생각하며 소의 피까지 주식으로 삼는 원시적인 삶을 살아간다.

많은 선교사가 자녀들의 교육 문제로 대도시 주변에 머무르는데, 어느 부부 선교사는 마사이족과 똑같이 진흙과 쇠똥으로 지은 집에 살며 복음을 전했다. 한 장로님이 그곳을 방문했을 때, 그 선교사님들의 배경을 알게 되어 깜짝 놀랐다고 한다. 남편 선교사님은 지역 정치계를 대표할 만큼 영향력 있는 정치인의 아들이고, 아내 선교사님은 한국에서 부동산을 많이 소유한 것으로 알려진 유명한 의사의 딸이었다.

한국에서 살면 남이 부러워할 호사스러운 생활을 할 수 있는데, 주님을 사랑하고 복음을 전하고자 하는 열정으로 마사이족이 사는 마을에서 그들과 똑같이 살며 복음을 전하고 있었다.

그 분들의 이야기에 감동한 장로님이 마을 사람들을 모아놓고 복음을 전하면서 이렇게 말했다고 한다.

"여러분을 섬기는 이 선교사님들이 얼마나 대단한 사람인지 압니까? 한국에서 최고급 외제 자동차를 타고 다닐 수 있고, 서울 강남의 대형 아파트에서 살 수도 있는데 여러분에게 복음을 전하기 위해 이렇게 검소하게 불편한 삶을 감수하며 살고 있는 겁니다!"

그런데 장로님 본인은 흥분하며 이야기하는데 정작 마사이 사람들은 전혀 감동 없이 멍한 표정으로 듣고 있었다.

'이들은 왜 아무 감동이 없지?'

그때 깨달음이 왔다고 한다. 그들이 선교사님들이 무엇을 포기했는지 알려면 한국을 알아야 하고, 강남을 알아야 했다. 또 돈의 위력을 알아야 했다. 부유함을 맛보았어야 했다. 최고급 외제 차도 타봤어야 했다. 그런데 그들은 원시 부족이었다. 성냥 한 갑을 물물교환으로 얻어오면 신기해서 앉은 자리에서 다 태워버리는 사람들이 어떻게 한국을 포기한 선교사의 마음을 이해하겠는가.

하나님나라의 영광을 한국과 비교할 수 있을까. 한국을 포기한 선교사의 마음을 마사이 사람들이 이해할 수 없듯이 하나님나라, 하나님 되심을 경험하지 못한 우리는, 성육신의 신비가 얼마나 대단한 것인지 제대로 이해하지 못한다. 나는 성육신의 신비를 설명하기에 너무 우둔하고 글재주도 부족하다. 하지만 성육신은 예수께로 돌아가는 길에서 피할 수 없는 중요한 주제이기에 감히 성육신의 신비로움에 대해 조심스럽게 묵상을 시작하려 한다.

일곱 가지 "I AM" 선언

요한복음에는 "나는 …이다"(I am …)로 시작하는 일곱 가지 선언이 있다. 예수님이 친히 밝히신 일곱 가지 "I AM" 선언은 단순한 비유가 아니다. 요한복음에 반복하여 등장하는 이 말씀은 예수님이 누구신지를 밝히는 자기 계시의 정점임과 동시에 그분이 왜 성육신하셨는지를 보여주는 선언문이기도 하다.

구약의 하나님은 모세에게 "나는 스스로 있는 자이니라"(출 3:14)라고 말씀하시며, 자신의 이름을 "I AM"으로 계시하셨다. 이 말씀은 하나님의 자존성과 영원성을 드러낸다. 곧 하나님께서 자신이 시간과 존재의 원천이심을 선포하셨다. 요한복음에서 예수님은 동일한 표현, 곧 헬라어로 "ἐγώ εἰμι"(에고 에이미, I am)라는 선언을 반복하시며, 자신이 그 하나님과 본질상 하나이심을 밝히셨다.

이 선언들은 각기 다른 일곱 가지 상징을 통해, 죄로 얼룩진 인간의 가장 깊은 갈망과 결핍을 꿰뚫는다. "생명의 떡, 세상의 빛, 양의 문, 선한 목자, 부활과 생명, 길과 진리와 생명, 참포도나무"라는 일곱 가지 표현은 인간이 겪는 굶주림과 어둠, 방황과 단절, 죽음과 무의미 속에서 예수님만이 참된 해답이 되신다는 메시지를 담고 있다.

이 말씀은 인간의 실존적 질문에 관한 하늘의 응답이며, 우리가 누구인지조차 잊고 살아가는 이 시대에 참된 자기 인식은 예수님의 성육신에서부터 다시 시작되어야 함을 일깨운다.

무엇보다 이 일곱 선언은 단지 예수님의 정체성을 드러내는 데 그치지 않고, 우리를 그분과의 인격적인 관계로 초대하는 사랑의 음성이다. "나에게 오라", "나를 따르라", "내 안에 거하라"라는 주님의 부르심은 멀찍이 떨어져 관망하는 종교적 거리를 무너뜨리고, 친밀한 동행으로 초청하는 다정한 음성이다. 그러므로 성육신은 하나님의 자기 계시이자, 죄악에 거하는 인간을 향한 거룩한 접근이며, 구원의 출발점이라고 할 수 있다.

요한복음은 이 선언들을 통해 말한다. 예수님은 말씀이셨고, 하나님과 함께 계셨으며, 하나님이셨다. 그리고 그 말씀이 육신이 되어 우리 가운데 거하셨다. 바로 이것이 성육신의 신비이며, 인간의 언어가 감당할 수 없는 하나님의 겸손이다. 예수님의 "I AM" 선언은 하늘의 영화로움을 잠시 벗으시고 인간의 육신을 입고 이 땅에 오셔서 우리의 구원자가 되신 예수님 앞에 우리가 어떻게 살아야 하고, 무엇을 붙잡아야 하며, 누구에게 돌아가야 하는지를 묻는 영혼의 거울이 되어줄 것이다.

성육신은 과거의 사건이 아니라 지금 이 순간에도 우리 삶에 개입하시는 하나님의 방식이다. 그러므로 우리는 예수님의 성육신으로 돌아가야 한다. 그분의 이름이 선포된 그 자리로, 그분의 음성이 들려오는 그 순간으로, 그리고 그분의 손이 만지시는 그 고통의 현실 속으로 주저함 없이 돌아가야 한다. 바로 그곳에서 "I AM"이신 예수님이 오늘도 우리를 기다리고 계신다.

각 선언을 살펴본 후 마지막에는 기도문을 실었다. 예수님의 선언을 깊이 묵상하고, 그 선언에 담긴 성육신의 의미를 생각하며 기도하기를 소망한다.

1) 나는 생명의 떡이다 : 굶주림의 땅에 내려오신 생명의 주님

예수께서 이르시되 나는 생명의 떡이니 내게 오는 자는 결코 주리지 아니할 터이요 나를 믿는 자는 영원히 목마르지 아니하리라 요 6:35

예수님은 굶주린 자의 마을에 오셨다. 배가 고프다는 말이 밥처럼 흔한 땅, 생존을 위해 먹거리 하나를 두고 사람과 사람 사이에 갈등이 끊이지 않는 곳, 아무리 먹어도 허기가 가시지 않는 결핍의 땅에, 예수님은 한 조각 떡으로 내려오셨다.

성육신의 첫 장면에서 아기로 오신 그분은 어머니의 젖을 빠는 연약한 존재로 굶주림을 경험하셨고, 광야에서 사십 일을 굶으시며 인간의 굶주림을 몸으로 맞으셨다. 그리고 마침내 **"나는 생명의 떡이다"**라고 선언하셨다.

이는 단지 비유가 아니다. 성육신하신 예수님은 '굶주림'이라는 인간의 가장 기초적인 결핍 속으로 걸어 들어가셨고, 자신이 그 결핍의 해답이 되시겠다고 선포하신 것이다. "나는 생명의 떡이다"라는 말씀으로 예수님은 그분 자신이 영혼의 굶주림 속에 사는 이들을 향한 하나님의 응답이며, 배고픈 인생들 한가운데로 내려오신 하늘의 은혜라는 사실을 선포하신다.

요한복음 6장은 예수님이 오병이어의 기적을 행하신 뒤, 사람들과 긴 대화를 통해 자신이 하늘에서 내려온 떡이라는 사실을 드러내시는 장면을 담았다. 유대인들은 광야에서 하늘로부터 만나를 내려주신 하나님을 기억하며, 예수님에게도 비슷한 기적을 기대했다. 그러나 예수님은 이렇게 말씀하셨다.

모세가 너희에게 하늘로부터 떡을 준 것이 아니라 내 아버지께서 너희에게 하늘로부터 참 떡을 주시나니 하나님의 떡은 하늘에서 내려 세상에 생명을 주는 것이니라 요 6:32,33

예수님은 단지 하늘에서 오는 떡을 주시는 분이 아니라, 직접 하늘에서 내려오신 떡이셨다. 이것이 성육신의 신비다. 생명을 주는 떡이신 예수님은 땅의 배고픔 한가운데로 오셨고, 인간의 식탁에 자신을 올려놓으셨다. 생명의 떡은 나누어져야 하고, 찢겨야 하며, 먹혀야 한다. 그렇게 예수님은 자신을 찢기고 나누어지는 떡으로 내주셨다. 십자가에서 찢기신 살과 흘리신 피는 바로 이 생명의 떡의 결정체였다.

나는 하늘에서 내려온 살아 있는 떡이니 사람이 이 떡을 먹으면 영생하리라 요 6:51

이 말씀이 유대인들의 거센 반발을 불러일으켰다. 예수님의 살을 먹고 피를 마셔야 한다는 표현은, 당시로는 차마 받아들일 수 없는 충격적인 언어였다. 그러나 성육신은 원래부터 충격이었다. 인간의 옷을 입고 인간의 언어로 인간의 눈높이에서 말씀하시는 하나님이라는 존재가 충격 그 자체였다. 하늘의 영광을 입으신 분이 먼지투성이 식탁에 앉아 자신을 먹으라고 말하는 것은 성육신의 핵심적 표현이었다.

생명의 떡 되신 예수님을 먹는 믿음은 단지 관념의 동의가 아니다. 그것은 그분을 믿고, 받아들이고, 내 안에 모셔 들인다는 가장 깊은 연합의 행위다. 떡은 반드시 먹혀야만 생명이 된다. 눈으로 보고, 냄새 맡고, 손으로 만져도 떡을 먹지 않으면 생명이 되지 않는다. 성육신하신 예수님은 영광스럽게 바라보는 대상이 아니라, 내가 먹고 살아야 할 존재시다.

많은 이가 하나님을 '배부르게 해주는 존재'로 여긴다. 고단한 현실에서 잠시 허기를 달래줄 무언가로 기대한다. 어떤 이들에게 그것은 돈이고, 명예이며, 힘이다. 세상에서 누릴 수 있는 화려한 것들이다. 그러나 예수님은 배부름을 주시는 분이 아니라 생명을 주시는 분이시다. 배는 다시 고프지만, 생명은 영원하다. 예수님은 단지 일용할 떡을 주시는 분이 아니라, 그 자신이 떡이 되심으로 우리를 죽음으로부터 살리시는 분이시다.

그러므로 우리는 스스로에게 물어야 한다.

'지금 내가 갈망하는 것은 무엇인가? 안락함인가, 평안인가, 성공인가, 아니면 예수님 그분인가?'

예수님을 갈망하고 원하는 자, 그분을 먹는 자는 영혼의 갈급함과 허기를 배부름으로 바꿀 수 있다. 다시는 목마르지 않고, 주리지 않는 은혜는 예수님 안에서만 가능하다.

예수님은 마지막 식탁에서 떡을 떼시며 제자들에게 **"이것은 너희를**

위하여 주는 내 몸이라"(눅 22:19)라고 하셨다. 떡은 성육신의 상징이다. 찢긴 떡은 찢기신 몸이며, 함께 나누는 식사는 곧 함께 거하시는 주님의 사랑이다. 교회는 이 떡을 먹는 공동체이며, 이 떡 안에서 하나 되는 주님의 몸이다.

그러므로 우리는 성찬 앞에서, 주님의 살이 찢어졌다는 사실 앞에서, 다시금 성육신의 의미를 기억해야 한다. 주님은 하늘에서 내려오셨고, 배고픈 인생들을 위해 스스로를 떡으로 내어주셨다. 그리고 지금도 우리를 자신의 식탁으로 초대하신다.

"오라. 나를 먹으라. 나의 살과 나의 피를 받으라. 그것이 너를 살릴 것이다. 내가 생명의 떡이기 때문이다."

생명의 떡으로 이 땅에 내려오신 예수님,
제 영혼은 여전히 다른 떡을 찾고 있습니다.
배고픔을 채우려 세상의 떡에 손을 뻗을 때마다
더욱 허기졌던 마음을 주님 앞에 내려놓습니다.
저를 위해 찢기신 떡, 주님의 몸을 기억하게 하소서.
입으로만 믿는 것이 아니라, 주님을 제 안에 모셔 들이고,
주님과 함께 살아가는 생명의 자리에 이르게 하소서.
주님, 당신이 아니면 저는 생명을 가질 수 없습니다.
그래서 오늘도 저는 주님을 먹습니다.
주님을 믿고, 주님을 사랑합니다.
당신이 제 생명입니다. 아멘.

2) 나는 세상의 빛이다 : 어둠 속으로 걸어오신 빛

예수께서 또 말씀하여 이르시되 나는 세상의 빛이니 나를 따르는 자는 어둠에 다니지 아니하고 생명의 빛을 얻으리라 요 8:12

예수님은 빛으로 오셨다. 그분이 계신 곳에서는 어둠이 물러나고 그분이 떠난 자리에는 빛의 흔적과 기억이 남는다. 빛은 설명할 수 없는 방식으로 존재를 드러낸다. 어둠은 그 자체로 정의할 수 없지만, 빛이 비춰질 때 비로소 우리가 어둠 가운데 있었음을 알게 된다. **"나는 세상의 빛이다"**라는 선언은, 말씀으로 천지를 창조하신 하나님이 빛을 창조하신 그 최초의 순간처럼, 성육신하신 예수님이 다시 창조의 새벽을 열고 계신 말씀이다.

빛 되신 예수님이 세상을 밝혀주시는 말씀 앞에는, 간음하다 현장에서 잡혀온 여인의 이야기가 있다(요 8:3-11). 어둠의 사건이었다. 간음을 한 여인도, 그녀를 정죄하는 군중과 바리새인과 서기관들도 모두 어둠 속에 있었다. 그들을 향해 예수님이 빛을 비추신다. 그 빛은 율법의 정죄를 받아 죽어야 하는 여인의 남은 생명에 비춰진다. 죽은 종교와 영혼 없는 믿음의 어둠 속에서 갈 길을 찾지 못하는 사람들에게 생명의 탈출구를 열어주는 빛이다.

세상의 빛 되신 분이 육신의 몸을 입고 어둠 속으로 들어오지 않으셨다면, 그 어둠을 벗겨낼 수 없었을 것이다. 그러므로 성육신은 어둠 속에서 길을 잃고 떨고 있는 자들을 위해 몸을 낮추신 하나님의 희생적이고 구체적인 사랑이다.

하늘의 빛 되신 예수님이 땅의 어둠 가운데로 직접 내려오신 성육신의 사건은 인간의 삶에 깊게 뿌리내린 어둠, 곧 죄와 수치, 두려움과 고독, 억압과 분열의 자리에 주님이 친히 몸을 두신 것이다. 그 빛은 눈부신 스포트라이트가 아니라, 등불처럼 다가온다. 예수님의 성육신은 번개처럼 모든 것을 갑작스럽게 밝히는 개입이 아니라, 인내와 기다림 속에서 우리의 눈이 빛에 익숙해지도록 배려하시는 은혜다.

그런 의미에서 이 빛은 폭로가 아니라 '초청'이다. 책망이 아니라 '회복'이다. 예수님은 빛으로 오셔서 어둠을 정죄하지 않으시고, 그 어둠의 무게를 감당해야 하는 죄인의 실상을 그대로 받아들이신다. 우리가 감추고 싶은 죄의 골방에도 그분은 들어오신다. 그러나 그 빛은 수치를 드러내기 위한 게 아니라, 그곳에도 예수님이 함께하신다는 사실을 알려주시기 위한 것이다.

요한복음의 첫 장에서 사도 요한은 예수님을 "그 안에 생명이 있었으니 이 생명은 사람들의 빛이라 … 어둠이 깨닫지 못하더라"(요 1:4,5)라고 소개했다. 빛은 늘 존재했으나, 어둠은 빛을 이해하지 못했다. 어둠은 단순한 상태가 아니라 하나님의 임재를 인식하지 못하는 영혼의 폐쇄성이다. 죄는 빛을 피하게 만들고, 상처는 빛을 두려워하게 만들며, 교만은 빛이 필요 없다고 착각하게 만든다. 그래서 예수님이 어둠의 중심으로 들어오셔야만 했다.

주님은 바리새인의 회당이 아니라 간음죄로 끌려온 여인이 울고 있는 절망의 한복판에서 "나는 세상의 빛"이라고 선언하신다. 우리가 성경 속 그 여인처럼 우리 죄와 부끄러움에 둘러싸여 있을 때, 예수님은 바로 그 자리에서 우리를 바라보며 말씀하신다.

"나는 빛이다. 너를 정죄하러 온 것이 아니라, 너를 살리려 왔다."

예수님은 자신이 누구인지를 가장 어두움이 깊은 현장에서 말씀하신다. 그것이 성육신의 빛이다. 그분은 이어서 "나를 따르는 자는 어둠에 다니지 아니하고 생명의 빛을 얻으리라"(요 8:12)라고 하신다. 빛은 단지 바라보는 대상이 아니라 따라가야 할 존재다. 빛을 따르는 삶은 곧 예수님을 따르는 삶이다. 단지 예수님의 말씀을 아는 게 아니라, 그분의 발걸음을 좇는 것이다.

성육신하신 예수님은 단지 우리를 비추시는 게 아니라 우리 앞에서 길이 되어 걸어가신다. 그분은 등불이시고, 길이시며, 안내자이시다. 빛을 따라 걷는다는 건 삶의 모든 영역에서 예수님의 방식으로 살아가는 것을 뜻한다. 고난 앞에서 절망하지 않고, 죄 앞에서 숨지 않고, 타인의 어둠 앞에서 도망치지 않으며, 예수님처럼 어둠 속으로 들어가는 용기를 내는 것이다.

그래서 예수님의 제자가 된다는 건 '빛의 사람'으로 산다는 것이다. 그러나 우리는 종종 그 빛을 잃어버린다. 실패와 죄, 우울과 상처는 우리를 어둠의 자리에 주저앉게 만든다. 그러나 감사한 것은, 예수님의 빛은 결코 사라지지 않는다는 사실이다. 그 빛은 우리로부터가 아니라 예수님으로부터 오는 것이기 때문이다.

성육신하신 주님은 언제나 다시 어둠 속으로 찾아오시는 빛이시다. 우리가 어둠을 완전히 벗어날 때까지.

어둠에 익숙한 제 마음에 다시 찾아오시는 예수님,

당신이 아니면 저는 어디로 가야 할지 알 수 없습니다.

빛이신 주님, 저를 꾸짖지 않으시고, 저를 외면하지 않으시고

제 어둠 속으로 들어와 주셔서 감사합니다.

제 삶의 무너진 골목에, 말할 수 없는 두려움의 골방에

지금도 등불처럼 다가오시는 당신의 이름을 찬양합니다.

주님, 빛을 바라보는 자가 아닌 빛을 따라 걷는 자 되게 하소서.

제 발걸음에 생명의 빛을 비추시고 제가 가는 곳마다

당신의 빛이 머물게 하소서.

당신이 세상의 빛이시듯 당신의 제자 된 저도

이 세상의 작은 등불로 살아가게 하소서. 아멘.

3) 나는 양의 문이다 : 닫힌 세상 속에 열린 구원의 출입구

그러므로 예수께서 다시 이르시되 내가 진실로 진실로 너희에게 말하노니 나
는 양의 문이라 나보다 먼저 온 자는 다 절도요 강도니 양들이 듣지 아니하였
느니라 내가 문이니 누구든지 나로 말미암아 들어가면 구원을 받고 또는 들어
가며 나오며 꼴을 얻으리라 요 10:7-9

문은 단순한 구조물이 아니다. 문은 안과 밖을 나누는 경계다. 어
떻게 들어오는가에 따라 환대받기도 하고 거절당하기도 한다. 문은
출입의 장소이자, 만남과 거절의 장소다. 예수님은 자신을 '양의 문'이
라고 하셨다. 양들이 들어가 안식할 수 있는 울타리의 문이라는 뜻이
다. 고단한 하루의 끝에서 짐승의 위협으로부터 보호받기 위해 양들이

들어가는 그 입구인 문에 예수님이 계신다. 이렇게 문으로 오신, 성육신하신 주님께서 우리를 그 문으로 초청하신다.

우리가 살아가는 세상은 점점 더 많은 문을 닫고 있다. 사람들은 자신을 지키기 위해 마음의 문을 닫는다. 또 관계의 문, 용서의 문, 대화의 문을 닫는다. 상처받지 않기 위해, 손해 보지 않기 위해, 불편한 진실을 피하기 위해 닫는다. 그렇게 세상은 수많은 닫힌 문 속에서 점점 더 단절되고 고립되어 간다. 교회조차 닫힌 문이 되는 시대가 되었다. 많은 교회가 복음은 선포한다고 하면서 막상 환대는 하지 않는다. 사람들은 열린 문이 아닌 닫힌 문을 만난다. 그때 예수님이 말씀하신다.

"내가 문이다. 나로 말미암아 들어가면 구원을 받는다."

이 말은 더 이상 문을 찾아 헤맬 필요가 없다는 뜻이다. 주님이 문 자체로 오셨기 때문이다. 닫힌 시대를 뚫고 고립된 영혼의 울타리를 열기 위해 예수님은 문으로 오셨다. 예수님의 성육신은 그분이 하늘과 땅 사이에 통로가 되어주셨다는 의미다. 하늘은 너무 높고 거룩하고, 인간은 너무 낮고 추하기에 그 사이를 메우기 위해 하나님께서 사람이 되셨다. 성육신은 하늘문이 열린 사건이었다.

"나는 양의 문이다"라는 말씀은 단지 구원의 절차를 설명하는 논리가 아니다. 구원의 출입구가 '살아 있는 인격'이라는 선언이다. 구원은 시스템이 아니다. 구원은 문 안으로 들어오는 것이다. 그리고 그 문은 곧 예수 그리스도시다. 그래서 그 문은 닫히지 않는다. 삶이 실패했을 때나 믿음이 약해졌을 때, 과거가 부끄러울 때도 다시 돌아올 수 있는 문으로 서 있다. 예수님은 문이 되어 우리를 맞이하시는 분이다.

예수님은 그 문을 통해 들어오는 자에게 세 가지 약속을 주신다.

첫째, 구원을 얻는다.
둘째, 들어가며 나오며 자유를 누린다.
셋째, 꼴을 얻는다.

구원은 단지 미래에 받을 상급이 아니다. 문 안에 들어서는 순간 시작되는 관계의 회복이다. 울타리 안에서 목자의 음성을 듣고 위협과 불안에서 벗어나 쉼을 누리는 삶이다.

"들어가며 나오며"는 안전한 공간에서 누리는 자유를 보여준다. 양이 목자의 보호 아래 자유롭게 드나들듯 예수님 안에 있는 자는 더 이상 불안에 끌려다니지 않는다. 복음은 억압의 틀이 아니라 생명의 울타리 안에서 누리는 자유다.

"꼴을 얻으리라"라는 약속은 단지 생존하는 것이 아니라 영적 만족을 누리는 삶을 보여준다. 양은 풀을 먹어야 산다. 인간은 떡으로만 살 수 없다. 그렇기에 예수님은 양의 문이 되시고 생명의 떡이 되심으로써 우리에게 하늘 양식을 공급하신다.

이 문이 단지 바라보는 대상이 되는 것은 아무 의미가 없다. 아무리 견고한 울타리가 있어도 양이 그 문을 지나 들어가지 않으면 안전은 없다. 믿음은 문 앞에서 서성이는 것이 아니라 문 안으로 들어가는 결단이다. 예수님은 "누구든지 나로 말미암아 들어오면 구원을 받는다"라고 하셨다. 들어간다는 건 자신을 맡긴다는 뜻이다. 자기 길을 포기하고 그분의 보호 아래 삶을 위탁하는 것이다.

믿음은 지식이 아니라 '진입'이다. 신앙은 체험 이전에 '들어섬'이다. 양의 문을 통과해야 한다. 예수님의 이름은 문턱이고, 예수님의 십자가는 그 경계다. 성육신하신 주님은 우리를 향해 열려 있으나, 우리는 여전히 망설일 수 있다. 그러나 진짜 회복은 그 문을 지나며 시작되는 것임을 잊지 말자.

예수님, 제 안에 닫힌 문이 너무 많습니다.
두려움 때문에 닫고, 상처 때문에 닫고,
누군가를 미워해서 혹은 저 자신을 용서하지 못해서
닫아버린 문이 제 안에 가득합니다.
그런 제게 문이 되어 오신 예수님, 감사합니다.
"나로 말미암아 들어가면 구원을 받는다"라는 약속 앞에
이제는 주저하지 않고 걸어 들어가길 원합니다.
그 문이 되신 당신께 제 삶을 맡깁니다.
이제는 문 앞에서 서성이는 자가 아니라
문 안으로 들어가는 자로 살게 하소서.
예수님, 닫힌 세상 속에 열린 문이 되어주셔서 감사합니다.
그 문을 통해 구원받고 그 문 안에서 자유하며
그 문과 함께 생명의 안식을 누리게 하소서. 아멘.

4) 나는 선한 목자다 : 나를 위하여 목숨을 버리신 분

나는 선한 목자라 선한 목자는 양들을 위하여 목숨을 버리거니와 요 10:11

예수님은 자신이 "선한 목자"라고 선언하신다. 이스라엘의 오랜 역사 속에서 목자는 익숙한 이미지였다. 아브라함도, 모세도, 다윗도 양을 치는 목자였다. 그러나 예수님의 이 말씀은 단순한 상징의 반복이 아니다. 그분의 선언은 충격적이고 독보적이다. 왜냐하면 그분은 단지 양을 인도하는 자가 아니라, 양들을 위해 목숨을 버리는 목자이시기 때문이다.

이것이 바로 성육신의 본질이다. 하나님께서 친히 목자가 되시기 위해 양들 가운데로 오셨다. 하늘 보좌를 떠나 냄새 나는 구유로 오신 이유는 단 하나, 우리를 위해 목숨을 내어주시기 위함이었다.

요한복음 10장은 양과 목자의 관계를 반복적으로 묘사한다. 예수님은 "나는 양을 알고 양도 나를 안다"라고 하신다. 여기서 "안다"는 단지 정보의 인식이 아니라 인격적 친밀함을 뜻한다. 목자의 음성에 반응하는 양처럼, 예수님의 백성은 세상의 수많은 소음 속에서도 그분의 음성을 알아듣는다.

이 시대의 혼란은 목자의 음성이 아닌 낯선 소리들에 귀를 빼앗긴 결과다. 수많은 강도와 도둑이 진리 아닌 가짜 메시지로 진리의 문인 척 위장하며 양들을 미혹한다. 그러나 선한 목자는 자기 양들의 이름을 부르신다. 그 부르심은 친밀함 속에서 울린다. 목자 되신 예수님은 우리를 부르시되 우리의 죄책감이 아니라 그분의 사랑으로 이끄신다. 이것이 선한 목자의 방식이다. 강요하지 않고, 위협하지 않고, 다만 자기 생명을 내어주는 사랑으로 초대하신다.

"선한 목자"라는 말은 도덕적 친절함이나 윤리적 완전함을 말하는 게 아니다. 헬라어로 '선하다'는 '아름답다, 귀하다'라는 뜻도 있다.

선한 목자란 가장 아름다운 목자, 가장 고귀한 방식으로 양을 돌보는 분을 의미한다. 그리고 그 아름다움의 정점은 목숨을 버리는 희생에 있다. 목자의 선하심은 말이 아니라 자기희생으로 입증된다. 여기서 성육신은 한없이 선명해진다. 성육신은 하나님께서 사람이 되셨다는 단순한 사건이 아니라, 하나님께서 죽기 위해 사람이 되셨다는 충격적인 선언이다. 그분의 사랑은 추상적이지 않다. 그분의 목자 되심은 종교적 교리가 아니다. 그분은 양의 문으로 들어가는 자들을 위해 실제로 십자가에서 자신의 몸을 찢으셨다.

누가복음 15장의 선한 목자는 길 잃은 한 마리 양을 위해 아흔아홉 마리를 들에 두고 찾으러 나선다. 예수님은 비유한 그 목자의 삶을 사셨다. 그분은 죄인들과 함께 먹으셨고, 버림받은 이들과 길을 걸으셨다. 거절당한 자들의 친구가 되셨고, 죄인이라 불리는 이들의 이름을 부르셨다. 성육신은 하늘에서 부르는 음성이 아니다. 성육신은 땅에 내려와 이름을 불러주는 목자의 손길이다. 길 잃은 양은 스스로 돌아오지 않는다. 목자가 나서야 한다. 성육신은 하나님께서 먼저 걸어오신 이야기이다.

"선한 목자는 양들을 위하여 목숨을 버리거니와"라는 말씀은 예수님의 삶 전체를 압축한다. 성육신의 종착지는 구유가 아니라, 갈보리 언덕이다. 그분의 삶은 갈보리에서 죽기 위한 사랑의 여정이었다. 양들은 자신의 생명을 지키기 위해 도망친다. 그러나 선한 목자는 양을 지키기 위해 자기 생명을 내어준다. 세상의 원리는 이와 완전히 반대다. 권력자는 약자를 이용하고 리더는 따르는 자의 희생을 요구한다. 그러나 예수님은 자신을 따르는 자들을 위해 목숨을 버리셨다.

그분의 선하심은 십자가에서 극명하게 나타났다. 그분의 목자 되심은 희생에서 드러났다. 우리는 성육신하심으로 선한 목자가 되신 그분의 죽음을 통과하여 살아난 양들이다.

선한 목자 되신 예수님, 제가 길을 잃었을 때도
당신은 저를 외면하지 않으셨습니다.
멀리서 부르지 않으시고 가까이 오셔서
위험을 무릅쓰고 깊은 골짜기로 내려오시어
저를 어깨에 메고 돌아오셨습니다.
그 여정에서 당신은 상처 입으셨고
당신의 손에는 지금도 못 자국이 남아 있습니다.
예수님, 저는 여전히 미련하고 때때로
당신의 음성을 듣지 못합니다.
그러나 당신이 선한 목자이시기에
끝까지 저를 포기하지 않으시리라 믿습니다.
제 삶이 혼란에 빠질 때, 당신의 음성을 따라가게 하소서.
유혹이 클 때도 세상의 소리가 요란할 때도
당신의 따뜻한 부르심을 잊지 않게 하소서.
당신은 저를 위하여 목숨을 버리셨고,
지금도 저를 위하여 살아 계십니다.
그 사랑 앞에 제 마음을 내려놓습니다. 아멘.

5) 나는 부활이요 생명이다 : 무덤 앞에 서신 하나님

예수께서 이르시되 나는 부활이요 생명이니 나를 믿는 자는 죽어도 살겠고

요 11:25

예수님이 **"나는 부활이요 생명이다"**라고 말씀하신 때는 '죽음'이라는 가장 냉혹한 현실 앞에서였다. 무덤의 입구, 절망의 공기가 가장 짙은 곳에서 예수님은 단순한 위로나 신학적 교훈을 말씀하시지 않고, 자신의 존재 자체가 생명이며 부활이라고 선언하셨다. 바로 거기서 성육신의 신비가 가장 선명하게 드러난다.

성육신은 하늘의 생명이 땅의 무덤 속으로 들어오신 사건이다. 그분은 죽음을 껴안기 위해 오셨다. 그리고 그 안에서 죽음을 꺾고 생명을 심으셨다.

주께서 여기 계셨더라면 내 오라버니가 죽지 아니하였겠나이다 요 11:21

마르다의 이 말에는 슬픔과 원망, 신뢰와 혼란이 얽혀 있다. 죽음 앞에서 우리도 마르다와 다르지 않다. 기도했지만 고쳐지지 않은 병, 붙잡았지만 떠나간 사람들 앞에서 우리도 묻는다.

"왜 주님은 그때 오시지 않았습니까?"

예수님은 의도적으로 늦게 오셨다. 그 지연은 무심함이 아니라 사랑의 결정이었다. 그분은 단지 병을 고치는 분이 아니라 죽음을 이기는 생명이심을 일깨워 주기 위한 사랑의 선택이었다. 예수님은 우리에

게 더 깊은 확신을 심기 원하신다. "나는 부활이요 생명이다"라는 선언은 무덤 앞에서 가장 강력하다. 죽음을 이기는 부활이요, 생명이 되시기 위해 그분은 죽음을 껴안으셨다.

성육신이란 무엇인가? 하나님께서 인간이 되셨다는 사실을 넘어 하나님께서 죽을 수 있는 존재가 되셨다는 신비다. 예수님이 죽음을 이기는 부활이요, 생명이라는 성육신의 능력은 그분이 죽음의 가장 깊은 곳으로 스스로 들어가셨기에 가능했다.

나사로의 무덤 앞에서 예수님은 우셨다. 이는 그저 연민의 눈물이 아니었다. 그것은 인간의 생명을 무력하게 만드는 죽음을 향한, 성육신하신 주님의 분노의 떨림이었다. 그분은 무덤 앞에서 약해지신 것이 아니라 죽음과의 전면전을 앞둔 사령관처럼, 죽음 앞에 무력한 이들의 아픔을 껴안고 눈물로 전투를 준비하셨던 것이다.

예수님은 "내가 부활이다"라고 하신다. 이 말씀은 단지 미래에 일어날 부활을 약속하시는 것이 아니라, 죽음의 그림자가 짙게 드리워진 무덤 앞에서도 예수님이 부활하신다는 선언이다. 성육신은 부활을 가능케 한 문이다. 하나님께서 인간이 되셨기에 죽음 깊은 곳으로 내려가셨고, 무덤의 가장 깊은 어둠에까지 임하셨다. 그리고 바로 그 자리에서 부활이 시작되었다.

예수님은 죽은 나사로를 깨우는 능력으로 자신이 생명임을 증명하신다. 또 자신의 부활을 통해 모든 믿는 자에게 죽음 이후의 삶이 아니라 '죽음을 이긴 삶'을 선물하신다.

예수님을 믿는다는 것은 죽음을 넘어선 생명에 참여하는 것이다. 성육신은 이 놀라운 생명의 관문이다. 하나님께서 육신을 입으셨기에 인간 안에 생명이 심긴 것이다. 그것은 예수님이 죽음을 겪으신 부활이요, 생명이시기에 가능했다. 여전히 그 생명이 우리를 살리고 계신다.

예수님, 당신은 부활이시며 생명이십니다.
죽음이 모든 것을 끝내는 것처럼 보일 때도
당신은 그 무덤 앞에 서서 새로운 시작을 선언하십니다.
주님, 당신의 눈물 속에 저의 고통이 있고
당신의 외침 속에 제 소망이 있습니다.
죽음보다 강한 사랑으로 저를 붙드시니
이제 저는 죽음이 두렵지 않습니다.
주님, 당신이 제 부활이시기에
제 모든 무너짐 속에서도 생명이 움트게 하소서.
제 절망 위에 소망을 심어주소서.
제 마지막 순간마저 당신의 손안에서
영원한 시작이 되게 하소서.
저는 예수님을 믿습니다.
그러므로 저는 살아 있습니다. 아멘.

6) 나는 길이요 진리요 생명이다 : 유일한 구원의 길

예수께서 이르시되 내가 곧 길이요 진리요 생명이니 나로 말미암지 않고는 아 버지께로 올 자가 없느니라 요 14:6

밤이 깊었다. 그러나 마음은 더 어두웠다. 예수님에게 십자가의 그 림자가 서서히 다가오고 있었고, 제자들의 영혼은 고요한 절망으로 잠식되고 있었다. 바로 그때, 예수님이 말씀하셨다.

"내가 곧 길이요 진리요 생명이니."

이는 주님의 가슴에서 흘러나온 피와 살, 땀과 눈물의 고백이었다. 하나님께서 사람이 되셨다는 말은 바로 이런 순간에 빛을 발한다. 절 망 속에서 가장 깊이 다가오시는 하나님, 불안과 죽음의 골짜기에서 가장 가까이 얼굴을 내미시는 하나님, 그분이 바로 길이요 진리요 생 명이신 성육신하신 예수님이셨다.

"길"이라는 말은 단순한 경로의 개념을 넘는다. 히브리 문화에서 길 은 삶의 방식이요, 진리 안에서 걷는 여정이었다. 그러나 예수님은 길 에 대해 가르쳐 주신 것이 아니라, 자기 자신이 길이라고 말씀하셨다. 이것이 성육신의 신비다. 하나님은 하늘에서 지도를 그려 우리에게 보 내주신 것이 아니라 그 지도 속으로 걸어 들어오셨다. 길을 잃은 나그 네 된 우리 곁에서 동행하시기 위해 인간의 옷을 입으셨다.

예수님의 '길 되심'은 나사렛 골목에서부터 시작된다. 목수로, 형제 로, 이웃으로 살아가신 그분은 우리의 일상과 피로와 노동의 자리에 함께하셨다. 그러나 그 길은 갈릴리에서 끝나지 않았다.

그분의 길은 고난의 길이었고, 십자가의 언덕을 오르는 발걸음이었다. 바로 그 고통의 길 위에 하나님은 사랑의 발자국을 새기셨다. 길이란 하나님께서 인간을 찾아 나선 여정의 발자국이었다.

그 길은 낯설고 좁고 가파르다. 그러나 그 길 끝에는 아버지의 집이 있다. "내가 곧 길이요"라는 선언은 우리 인생의 방황에 종지부를 찍는 가장 따뜻한 성육신의 초대장이다.

예수님은 이어서 말씀하셨다.

"내가 곧 진리다."

진리란 무엇인가? 세상은 끝없이 질문하지만 대답은 너무 많고 너무 상대적이다. 그러나 예수님은 진리에 이론이 아니라 인격으로 응답하셨다. 성육신이란 보이지 않는 진리가 보이는 살과 피를 입고 걸어오신 사건이다. 하나님은 멀리서 진리를 외치지 않으셨다. 우리의 언어, 우리의 몸짓, 우리의 눈물 속으로 진리를 심으셨다. 예수님은 율법을 폐하러 오신 것이 아니었다. 율법이 담고 싶었으나 담지 못한 하나님의 온전한 사랑과 정의와 긍휼을 자신의 존재로 보여주셨다. 그분은 진리로 사셨다. 진리를 가르치신 것이 아니라 진리 자체이셨다.

그 진리는 대제사장의 법정에서도 꺾이지 않았고 빌라도의 질문 앞에서도 흔들리지 않았다. "진리가 무엇이냐?"라는 빌라도의 이 냉소적 물음 앞에서 예수님은 침묵하셨다. 왜냐하면 진리는 말로만 설명되지 않기 때문이다. 진리는 십자가에서 침묵으로 완성되는 것이다. 예수님의 진리는 세상의 힘과 지혜를 거슬러 흐른다. 그분은 무력하게 죽으셨지만 그 죽음을 통해 영원한 진리의 왕좌에 앉으셨다. 진리는 논쟁의 무기가 아니라 자기를 내어주는 사랑의 행위로 드러난다.

그리고 바로 그 사랑이 성육신의 중심이다.

"내가 곧 생명이다."

이 선언은 오직 십자가를 향해 가는 자만이 할 수 있는 고백이다. 예수님은 단지 생명을 주시는 분이 아니라 자기 자신이 생명이라고 말씀하셨다. 그리고 그 생명은 죽음을 피해 도망쳐 얻은 것이 아니라 죽음을 통과함으로써 피어난 생명이었다.

성육신의 정점은 구유가 아니라 골고다의 십자가다. 그분은 죽음의 가장 어두운 자리에 스스로를 내어주셨다. 하나님의 생명은 그 어둠 속에서 빛났다. 죽음을 이기는 생명은 죽음을 껴안은 사랑의 능력에서 피어난다.

부활은 단지 기적이 아니라 하나님의 성품이다. 죽음 앞에서도 사랑하기를 멈추지 않으신 하나님의 본질이 부활이다. 그러므로 예수님의 생명은 오늘을 살아가는 우리에게 단지 생존이 아닌 사랑으로 숨 쉬는 거룩한 삶의 방식을 가르쳐 준다. 그 생명은 죽음 이후를 위한 보증이 아니라 지금 이 순간에도 역사하는 은혜의 능력이다. 예수님이 "나는 생명이다"라고 하셨을 때 그것은 먼 미래의 부활을 말한 것이 아니라 절망 앞에서도 무너지지 않는 은혜로 가득한 현실의 삶의 능력을 약속하신 것이다.

"나로 말미암지 않고는 아버지께로 올 자가 없느니라."

이 말씀은 배타적인 선언이 아니다. 오히려 가장 포괄적인 사랑의 초대이다. 예수님은 모든 인간의 아버지 되신 하나님께로 나아갈 단 하나의 문을 열어주신 분이다. 복음은 여러 갈래의 인생을 향한 하나님의 단 하나의 확실한 구원의 길이다.

예수님은 중간에 다리를 놓은 분이 아니라 자기 몸을 다리로 내어주신 분이다. 그래서 "나로 말미암지 않고는"이라는 표현은 차별이나 거절의 언어가 아니라 가장 낮아진 희생의 언어가 된다. 그분은 누구도 길을 잃지 않도록 자기 몸으로 길을 놓으셨다.

성육신하신 하나님은 멀리서 손짓하지 않으셨다. 우리를 향해 걸어오셨고 우리가 아버지께 돌아갈 수 있도록 자기 자신을 다 내어주셨다. 그러므로 "예수님만이 길이다"라는 고백은 오만함이 아니라 감격이며 감사다. 그분이 아니었다면 우리는 하나님께 도달할 방법이 없기 때문이다.

예수님의 이 말씀은 고요한 새벽기도의 자리에서, 수술실 문 앞에서, 장례식장 한편에서, 믿음을 잃어버린 아이를 위해 눈물 흘리는 부모의 가슴에서도 들려오는 하나님의 음성이다.

"내가 길이다." 길이 사라진 듯한 이 세상에서, 그분은 여전히 우리 앞에 서 계신다. "내가 진리다." 모든 말이 뒤섞이고 가짜 뉴스가 난무하는 세상에서, 그분은 여전히 흔들리지 않는 진리이시다. "내가 생명이다." 죽음과 상실이 우리를 위협할 때, 그분은 여전히 죽음을 이기신 생명이시다.

이 말씀이 요한복음 14장에서 울려 퍼질 수 있었던 것은 예수님이 곧 십자가를 향해 걸어가셨기 때문이다. 이 말씀은 죽음을 앞둔 사랑의 고백이자, 성육신의 절정에서 흘러나온 복음의 선포였다. 예수님은 길이 되시기 위해 길을 잃으셨고, 진리가 되시기 위해 거짓의 재판정에 서셨으며, 생명이 되시기 위해 기꺼이 죽음을 받아들이셨다. 그분은 살기 위해 오신 것이 아니라, 살리기 위해 죽으러 오신 분이다.

그러므로 우리는 오늘도 믿음으로 고백한다.

"예수님, 당신이 제 유일한 길이요, 진리요, 생명이십니다."

주님, 저는 길을 몰라 방황할 때가 많았습니다.

진리를 안다고 말했지만 때로는 그것이 진리가 아니라

제 고집이었음을 고백합니다.

"내가 곧 길이요 진리요 생명이다."

이 말씀이 오늘 제 영혼의 나침반이 됩니다.

당신이 길이시기에 저는 헤매지 않습니다.

당신이 진리이시기에 저는 혼란 속에서도 흔들리지 않습니다.

당신이 생명이시기에 저는 오늘도 다시 숨을 쉽니다.

저를 위해 길이 되시기 위해 고난의 길을 걸으신 예수님,

진리가 되시기 위해 거짓의 법정에 서신 예수님,

생명이 되시기 위해 죽음에 몸을 내어주신 예수님,

그 성육신의 사랑 앞에 오늘도 저는 무릎 꿇습니다.

예수님, 당신이 저의 길이요 진리요 생명이심을 믿습니다.

오늘도 그 길을 따라 걸으며 그 진리를 품고 확신하며

그 생명 안에 살게 하소서. 아멘.

7) 나는 참포도나무다 : 머무는 사랑의 성육신

나는 참포도나무요 내 아버지는 농부라 요 15:1

예수님은 십자가를 지기 전 제자들과 함께 보내신 마지막 밤, 자신을 "참포도나무"라고 소개하셨다. 제자들의 마음은 불안과 슬픔으로 가득 차 있었다. 곧 닥쳐올 이별, 십자가, 실패, 배신. 예수님은 바로 그 시점에 자신이 누구인지 다시 말씀해 주신 것이었다.

"나는 참포도나무다."

이것은 성육신의 언어다. 뿌리를 땅에 내리고 가지에 생명을 흐르게 하며 열매를 맺기까지 시간과 계절, 수고와 기다림이 필요한 포도나무의 은유를 통해 예수님은 단지 우리를 구원하시기 위해 오신 분이 아니라 우리 안에 거하시기 위해 육신이 되신 분이라는 사실을 선언하셨다.

포도나무는 땅의 수분과 영양을 빨아올려 자신의 가지와 잎과 열매로 전달한다. 그 생명은 한 몸처럼 연결되어 있다. 예수님은 단순히 하늘에서 내려다보며 도우시는 분이 아니다. 그분은 우리 안에 들어오셨다. 성육신은 그 연결의 시작이었다. 하늘의 거룩하신 하나님께서 인간의 시간 속으로 들어오셔서 우리의 피로와 고통, 기쁨과 연약함 속에 스스로를 심으신 것이다. 그래서 예수님은 "내 안에 거하라"라고 하신다. 이 말씀은 명령이 아니라 초대이며 사랑의 속삭임이다.

> 내 안에 거하라 나도 너희 안에 거하리라 가지가 포도나무에 붙어 있지 아니하면 스스로 열매를 맺을 수 없음 같이 너희도 내 안에 있지 아니하면 그러하리라 요 15:4

성육신의 궁극적 목적은 우리가 하나님과 분리된 존재로 살지 않고 붙어 있는 삶, 연결된 구원 속에 거하는 것이다. 성육신의 신비는 예수님이 우리가 열매를 만들어 내기를 기대하지 않으시고, 그분의 생명을 받아 흘려보내기를 원하신다는 데 있다.

신앙생활이란 내가 무엇인가를 하는 게 아니라, 그분께 계속 붙어 있는 삶이다. 기도가 약해졌을 때, 믿음이 흔들릴 때조차 예수님은 가지를 붙잡고 계신다. 그분이 손을 먼저 놓지 않으시기에 우리는 떨어지지 않는다. 성육신은 우리에게 가까이 다가가기로, 붙잡고 있기로, 절대로 놓지 않기로 작정하신 사랑의 결정이었다.

무릇 내게 붙어 있어 … 열매를 맺는 가지는 더 열매를 맺게 하려 하여 그것을 깨끗하게 하시느니라 요 15:2

우리는 가지가 되는 것만으로 충분하다고 생각하지만, 하나님은 우리 안에 더 깊은 열매를 기대하신다. 그래서 때로는 아프게 자르시고 다듬으신다. 그 과정을 우리는 이해하지 못한다. 그러나 농부이신 하나님은 고통을 통해 열매가 자라며, 눈물을 통해 더 성숙해지고, 포기함으로 열매가 맺힌다는 걸 아시기에 가지를 다듬으시는 것이다.

성육신은 단지 연결만이 아니라 성장을 위한 머묾의 은혜다. 그분이 우리 안에 거하시는 동안, 우리는 천천히 그러나 확실히 예수님의 열매를 닮아간다. 예수님은 말씀하신다.

너희가 내 안에 거하고 내 말이 너희 안에 거하면 무엇이든지 원하는 대로 구하라 요 15:7

성육신하신 예수님은 우리 안에 거하시며 우리 안에 그분의 말씀을 새기신다. 그 말씀은 우리의 의지를 다듬고, 감정을 정화하고, 행동을 변화시켜 우리 삶 전체에 그분의 향기가 나게, 그분의 흔적이 남게, 그분의 열매를 맺게 한다. 세상은 성취를 열매로 여기지만, 예수님은 '사랑, 희락, 화평, 오래 참음, 자비, 양선, 충성, 온유, 절제'를 열매라 부르신다. 그 열매는 가지에서 오는 것이 아니라 나무에서 온다. 성육신의 은혜는 우리를 그 나무에 붙어 있게 하시는 예수님의 애씀이다.

예수님, 참포도나무 되시는 주님,
당신이 제 안에 거하시기 위해
인간의 몸을 입으셨음을 기억합니다.
그 영원한 머묾의 은혜에 감사합니다.
주님, 제가 열매를 맺는 것이 아니기에
당신께 붙어 있어야 함을 배웁니다.
제 능력이나 결심이 아니라
당신의 생명이 저를 살게 함을 압니다.
붙잡아 주소서. 때로 흔들려도, 메말라도
그 생명 안에 붙어 있게 하소서.
주님, 이 삶이 당신의 열매로 채워지기를 원합니다.
제 안에 거하시고 말씀으로 저를 다스리셔서
성육신의 흔적이 오늘 제 삶에서도
열매 맺게 하소서. 아멘.

성육신이 가르쳐 주는 것

성육신은 단지 신학적 주제가 아니다. 그것은 인간의 언어로 결코 다 담아낼 수 없는 하나님의 깊은 사랑이며, 삶의 가장 낮은 자리까지 스며드는 실제적 은혜다. 하나님께서 사람이 되셨다는 이 복음의 신비는 교리의 영역에만 머물러서는 안 된다. 그것은 때로 고단하며 때로 무미건조한 일상을 변화시킬 수 있다. 갈등과 상처가 가득한 삶을 치유할 수 있다. 고난의 파도가 덮쳐오는 두려움의 자리에서도 성육신은 우리에게 위로와 소망이 될 수 있다.

성육신은 이해하는 진리가 아니라 살아내야 할 진리이며, 묵상할 개념이 아니라 붙들고 따라야 할 삶의 길이다. 성육신의 은혜는 우리의 영성과 믿음을 빚는다. 성육신을 따라가면 만나게 되는 영성의 모습을 묵상해 보자.

성육신은 제대로 선택하는 영성을 가르쳐 준다

성육신은 우연으로 이루어진 사건이 아니다. 하늘의 주인이 낮은 땅으로 내려오신 사건은 사랑을 따라 자발적으로 이루어진 위대한 하나님의 선택이었다. 사도 바울은 빌립보서에서 "그는 근본 하나님의 본체시나 … 오히려 자기를 비워 종의 형체를 가지사 사람들과 같이 되셨다"라고 증언한다.

하나님이신 예수님은 자신의 본체를 놓지 않으시면서도 그 본체에 걸맞은 권리와 영광은 내려놓으셨다. 사랑 때문에 그분은 사람 되심을 선택하셨다. 이 선택은 포기의 연속이었다. 예수님은 권력과 영광을 포기하셨다. 열두 군단의 천사를 부를 수 있는 능력을 가지셨으나 십자가를 택하셨다. 제자들이 주님의 오른편과 왼편의 자리를 구할 때도 예수님은 섬기는 자, 작은 자가 되기를 선택하셨다. 이 모든 포기는 단순한 겸손이 아니라, 하나님의 사랑을 성취하기 위한 고결한 순종이었다.

예수님은 가난을 선택하셨다. 머리 둘 곳 없는 인생을 사셨고, 전대(허리에 매는 돈주머니)에 돈을 넣지 말라고 제자들에게 가르치셨다. 또한 예수님은 사람들과 함께하는 길을 선택하셨다. 병든 자 곁에 머무셨고, 죄인들과 식사를 나누셨으며, 제자들의 발을 씻기시며 함께하는 삶의 본을 보이셨다. 성육신은 우리 곁에 머물기 위해 하늘을 포기하신 예수님을 보여준다.

이 성육신의 영성은 우리 삶에도 동일한 질문을 던진다. 우리는 지금 어떤 선택을 하고 있는가? 내려놓아야 할 것을 붙잡고 있지는 않는가? 높아지기보다 낮아지는 길, 얻기보다 나누는 길, 주장하기보다 섬기는 길을 걷고 있는가?

예수님의 성육신은 우리로 하여금 복음의 길이 무엇인지를 되묻게 한다. 성육신은 사랑을 위한 선택이며 구원을 위한 결단이었다. 그분이 하신 선택이 우리를 살렸다면 우리의 선택 또한 누군가를 살리는 일이 되어야 한다. 예수님의 선택 앞에 우리는 다시 복음의 본질로 돌아간다. 하나님은 사랑하시기 때문에 내려오셨고, 우리는 사랑하기에 내려가는 삶으로 부름받았다.

성육신은 신앙의 용기를 가진 영성을 가르쳐 준다

성육신은 하나님의 사랑으로 선택한 용기 있는 행위다. 예수님은 영원한 하늘을 떠나 가장 낮은 자로 오셨다. 그것은 단순한 장소의 이동이 아니라 거절당하고 무시당하고 멸시당하는 존재로 자신을 드러내는 결단이었다. 창조주께서 피조물의 한복판으로 들어오셨고, 빛 되신 분이 어둠 한가운데를 꿰뚫고 임하셨다. 그 무엇도 보장되지 않는 인간의 시간과 관계와 고통의 세계로 주님은 용기를 내어 걸어 들어오셨다.

고향 나사렛에서도 그분은 거절당하셨다. 그러나 침묵하거나 물러서지 않으셨다. 거절당할 걸 아시면서도 찾아가셨고, 믿지 않을 걸 아시면서도 말씀하셨다. 그것이 사랑이 낼 수 있는 용기요, 성육신이 보여주는 영성이다.

"나사렛에서 무슨 선한 것이 나올 수 있느냐?"

예수님이 마주하셨던 이 편견을 여전히 우리 주변에서 만날 수 있다. 사람들은 배경으로 사람을 판단하고, 외모로 진실을 가리며, 오만과 혐오로 하나님의 은혜를 막는다. 그러나 예수님은 그런 사람들 사이로 오셨고 오히려 그 안에서 하나님나라를 시작하셨다.

성육신은 무지한 자들과 함께하기를 두려워하지 않는 용기다. 배척하는 사람들 속으로 들어가시고, 자신을 십자가에 못 박을 이들을 위해 기도하신 예수님의 모습 속에서 우리는 교회가 회복해야 하는 참된 영성의 용기를 본다. 성육신은 안전지대에 머물기를 거절하는 사랑의 의지이며, 두려움을 뚫고 무지한 삶 속으로 나아가는 하나님의 결단이다. 세상은 성공과 안정을 선택하지만, 하나님은 거절과 고난을 무릅쓴 사랑을 선택하신다. 무지함과 악의 한복판에서 끝까지 사랑하는 것이 성육신의 용기다. 교회는 이 용기의 영성을 배워야 한다. 안전한 거리에서 관망하지 말고, 거부하는 세상 속으로 걸어 들어가 사랑하는 삶이 주님께서 보여주신 길이며, 우리가 회복해야 하는 성육신의 용기다.

성육신은 약자의 삶을 살아가는 영성을 가르쳐 준다

예수님의 성육신은 강함이 아니라 약함을 택한 사건이다. 하나님께서 사람이 되셨다는 사실은 곧 전능하신 분이 무력해지셨다는 뜻이며, 무한하신 분이 유한의 틀 안으로 들어오셨다는 신비다. 하늘 보좌를 버리시고 마구간에 누우신 순간, 하나님의 영광은 세상의 기준과는 정반대의 자리로 흘러갔다. 성육신은 약자의 옷을 입으신 하나님을 보여준다.

예수님은 목수의 아들로 오셨다. 이름 없는 마을인 '나사렛 출신'이라는 사실만으로 사람들은 그분을 무시했다. 태어난 지 얼마 되지 않아 헤롯의 칼을 피해 피난을 가야 했고, 돌아와 정착한 곳은 유대의 중심이 아닌 변두리였다. 예수님은 세상의 중심이 아니라 주변부에서 시작하셨고, 그곳에서부터 하나님나라를 펼치셨다. 세상의 시선으로 보면 연약한 배경이고, 하찮은 출발이었다.

하지만 하나님은 그 약함 안에서 가장 강한 일을 이루셨다. 성육신은 하나님께서 인간의 모든 연약함을 친히 껴안으신 사건이다. 굶주림, 피로, 외로움, 오해, 배신, 고문, 죽음을 예수님은 견디셨고 이기셨다. 그것은 연약함이 무능이 아니라는 사실을 증거한다. 연약함의 자리가 하나님께서 일하시는 자리임을 보여준다.

성육신의 영성은 약자를 멸시하지 않으시는 주님의 마음을 가르쳐 준다. 주님은 약자의 자리에서 구원의 문을 여신다. 세상은 강자만을 존중하지만 복음은 약자에게 희망을 준다. 십자가가 그 증거다. 무력한 하나님, 버림받은 하나님의 아들, 침묵하신 아버지, 그 속에 담긴 사랑은 세상의 그 어떤 힘보다 강력했다. 무덤으로 내려가신 그분은 부활로 승리하셨다. 약자의 영성은 결국 하나님의 승리하는 방식이다.

오늘날 우리는 힘을 통해 살아남으려 한다. 더 많이 가지고, 더 높이 올라가야 인정받는 시대 속에서 성육신은 전혀 다른 길을 제시한다. 낮아짐, 포기와 희생, 버림받음과 잊혀짐의 자리에서 하나님의 능력이 시작된다.

예수님은 강자가 아니셨다. 그러나 그분은 진정한 승리자셨다. 약함을 통해 하나님은 구원의 길을 여셨고, 오늘도 그 길로 우리를 부르신다. 성육신은 약자의 영성이며 바로 그 약함 안에서 깊은 하나님의 사랑을 맛보는 영성이다.

성육신은 통로가 되는 영성을 가르쳐 준다

인간은 신 앞에서 두려움을 느낀다. 에덴의 죄로 인해 하나님의 얼굴을 피하게 된 인간은 여전히 그 거룩 앞에 설 자신이 없다. 그래서 사람들은 하나님을 멀고 높고 두려운 분으로 여긴다. 그러나 예수님의 성육신은 그 두려움을 허무는 사건이었다. 성육신은 닫힌 하늘문을 여는 통로였고, 잃어버린 인간을 다시 하나님의 품으로 이끄는 새로운 길이었다.

예수님은 사람의 몸을 입고 오셨다. 사람의 살과 피를 두르고 이 땅을 걸으셨다. 멀고 두렵기만 하던 하나님이 우리와 함께 계시는 하나님, 임마누엘이 되신 것이다. 예수님의 탄생은 더 이상 하나님께 나아가기 위해 제사장이나 제물이나 성전을 거쳐야 하는 시대가 아님을 알리는 신호탄이었다.

십자가 위에서 찢기신 예수님으로 인해 누구든지 예수님의 이름으로 은혜의 보좌 앞에 담대히 나아갈 수 있게 되었다. 성육신으로 하나님께 나아가는 영적인 고속도로를 여신 것이다.

예수님은 우리의 연약함을 아시는 분이다. 시험을 받으셨고, 고통을 겪으셨고, 버림을 당하셨다. 그러므로 우리는 그분 앞에 아무것도 숨기지 않아도 된다. 그분은 우리의 연약함을 책망하지 않으시고 오히려 그 연약함 속에서 우리를 붙드신다. 예수님은 구원자일 뿐 아니라 인도자이며, 위로자이고, 중보자이다. 성육신의 예수님은 하나님과 우리 사이를 잇는 다리다. 예수님의 성육신은 하나님을 향한 초대다. 그래서 성육신은 '통로의 영성'이다. 두려움을 넘어 담대함으로, 거리감을 넘어 친밀함으로 우리를 이끄시는 하나님의 손짓이다. 그 길을 열어주신 분이 바로 예수님이시다.

1980년대 루마니아 차우세스쿠 정권의 독재 아래에서 복음 전파는 철저히 통제되었다. 국가의 감시와 감독을 따르지 않는 교회는 폐쇄

되었으며, 성경은 사실상 금서가 되었다. 지하 교회에서 복음을 전했다는 이유로 14년 동안 옥고를 치른 리처드 웜브란트 목사는 자신이 그 고통의 시간을 견딜 수 있었던 힘을 이렇게 증거했다.

"내가 감옥에서 견딜 수 있었던 이유는, 하나님께서 멀리 계시지 않았기 때문입니다. 그분은 내가 가장 낮은 자리에 있을 때 가장 가까운 분이셨습니다."

성육신은 바로 그런 것이다. 하나님께서 하늘 높은 곳에 계시는 분이 아니라, 지하 감옥 한가운데까지 내려오시는 분이라는 진리다. 그분은 우리가 버림받은 자리를 스스로 선택하셨고, 우리가 피하려고만 하는 그곳으로 친히 발걸음을 내디디셨다. 성육신은 사랑으로 가득한 발걸음이다. 하나님께서 우리를 향해 걸어오신 이야기다.

이 이야기의 감동은 한 아이가 들려준 소박한 대답에서도 들려온다. 미국의 한 주일학교에서 선생님이 어린이들에게 질문했다.

"하나님은 어떤 분이시니?"

그러자 한 아이가 머뭇거리다 대답했다.

"하나님은 예수님처럼 생기셨어요. 하나님은 예수님이에요. 우리랑 놀 수 있는 하나님이에요."

그 대답은 단순했지만 깊다. 예수님이 이 땅에 오셨다는 것은 인간의 눈물을 마주하시고, 인간의 살과 뼈 안에 거하시며, 우리처럼 지치고, 우리처럼 웃고, 우리처럼 슬퍼하셨다는 뜻이다. 성육신은 인간의 모든 결을 지나 하나님이 우리와 '진짜로' 함께하신다는 선언이다.

C. S. 루이스는 성육신을 이렇게 표현한다.

하나님이 인간이 되셨다는 것은, 창조주께서 자기가 만든 피조물 안으로 들어오신 것이다. 그것은 마치 화가가 그림 속의 인물이 되는 것이고 작가가 자신의 소설 속 주인공이 되는 것이며 무대 밖에 있던 지휘자가 연기자들 사이로 들어오는 것이다.
– C. S. 루이스, 《순전한 기독교》 중에서

우리의 신앙이 다시 살아나는 길은 여기에 있다. 예수님이 사람이 되셨다는 것, 그 단순하고 고요한 사실을 다시 느끼는 데서 출발해야 한다. 높은 자리에서 외치기만 하신 분이 아니라 땅바닥에 무릎을 꿇고 우리를 일으키시는 하나님, 죄인과 함께 밥을 먹고, 병든 자의 손을 잡고, 십자가 위에서 "다 이루었다" 하고 숨을 거두신 그분. 그렇게 성육신하신 예수님을 다시 만날 때, 우리는 신앙이 무엇인지, 사랑이 무엇인지, 복음이 무엇인지를 다시 알게 된다.

성육신의 은혜는 지극히 구체적인 손길이다. 그 손길은 오늘도 우리를 부르신다. 추운 방, 외로운 병상, 실패의 끝자락, 말 없는 눈물의 밤 등 누구도 이해하지 못하는 마음의 골짜기에 성육신하신 예수님이 계신다.

신학자이자 작가인 월터 왕게린의 말처럼 성육신하신 주님만이 우리의 슬픔과 눈물을 춤으로 바꾸실 수 있다. 우리의 하나님께서 인간이 되셔서 직접 그 아픔 속으로 들어오셨기 때문이다. 그것이 성육신이다.

THE RETURN

PART

4

내 삶의 유일한 주인 되신
예수께로 지금 리턴

예수님의 십자가로 돌아가자

chapter 10

복음, 십자가의 기쁜 소식

십자가는 교회 안에서 가장 빈번하게 언급되는 주제다. 하지만 그런 반복이 반드시 진리를 깊이 새기는 결과로 이어지지는 않는 것 같다. 오히려 익숙한 나머지 그 무게는 가벼워지고, 그 능력은 잊히고, 그 사랑은 값싼 감성으로 희석되기 쉽다. 성경의 핵심을 이루는 십자가가 오늘의 교회 안에서는 문장 속의 수사 혹은 예배당의 장식으로만 존재하는 경우가 많아 안타깝다.

복음은 십자가 없이는 존재할 수 없다. 복음이란 곧 십자가의 기쁜 소식이며 십자가는 곧 복음의 능력이다. 사도 바울은 "우리는 십자가에 못 박힌 그리스도를 전하니 … 오직 부르심을 받은 자들에게는 … 하나님의 능력이요 하나님의 지혜니라"(고전 1:23,24)라고 고백했다. 십자가는 기독교의 주변 장식이 아니라 중심축이고 구원의 통로이며 하나님의 지혜와 능력이 구체적으로 드러난 은혜의 자리다.

세상은 강함을 힘으로 정의하지만, 십자가는 연약함으로 드러난 참된 능력을 선포한다. 이는 하나님의 거꾸로 된 승리 방식이며, 죽음을 이김으로 생명을 낳는 방식이다. 진정한 능력은 상대를 무릎 꿇리는

데 있는 게 아니라, 원수를 위해 무릎 꿇는 데 있다. 가장 연약한 형태로 드러난 사랑이 가장 강력한 구원을 이루었다.

사도 바울은 그의 삶과 사역의 방향을 단호히 선언했다.

내가 너희 중에서 예수 그리스도와 그가 십자가에 못 박히신 것 외에는 아무것도 알지 아니하기로 작정하였음이라 **고전 2:2**

그에게 십자가는 하나의 신학이 아니라 존재의 정체성이었다. 십자가야말로 하나님의 가장 분명한 언어였다.

십자가의 능력은 단지 과거에 머물러 있지 않다. 오늘도 여전히 교회 안에서 역사하고 있다. 예수 그리스도의 십자가는 죄인을 의인으로 바꾸고, 원수와 화목하게 만들며, 세상의 지혜를 무너뜨리고, 악한 권세를 무장해제하며, 죽음을 생명으로 바꾼다. 십자가는 단지 용서의 상징이 아니라, 하나님나라를 여는 능력의 열쇠다.

'교회의 위기'라고 모두 말하는 시대를 살아가며, 우리는 다시 십자가 앞으로 나아가야 한다. 그러면 교회는 다시 겸손해지고, 복음은 다시 분명해지며, 생명력을 회복하게 된다. 신앙이 무뎌지고 영성이 메말라질 때는 항상 십자가가 흐려졌을 때다. 십자가 앞에 다시 서면 눈물이 회복되고, 기도가 깊어지며, 사랑은 그 뜨거움을 되찾는다.

복음은 추상적 감동이 아니라 능력이다. 십자가는 단지 지식이 아니라 생명이다. 예수 그리스도의 십자가는 지금도 살아서 죄인을 자유케 하며, 죽은 심령을 살린다. 십자가는 우리의 영적 맥박을 뛰게 하는 하나님의 심장이다. 그러므로 돌아가야 한다. 영원한 생명이 있는 예수 그리스도의 십자가로.

십자가는 하나님의 반전이다

그리스도께서 우리를 위하여 저주를 받은 바 되사 율법의 저주에서 우리를 속
량하셨으니 기록된 바 나무에 달린 자마다 저주 아래에 있는 자라 하였음이라
갈 3:13

십자가는 로마제국이 만들어 낸 가장 잔혹하고 치욕적인 사형 도구
였다. 반역자와 노예, 흉악한 범죄자들에게만 적용한 형벌이었다. 그
것은 공포 그 자체였다. 군중 앞에서 벌거벗겨 십자가에 매달아 두고
천천히 피를 말려 죽이는 의도된 공포의 퍼포먼스. 인간을 가장 고통
스럽게 죽이는 형틀이었다. 육체를 먼저 파괴하고, 수치를 통해 영혼
을 뒤이어 짓밟았다. 죽어가는 자와 함께 목격자들에게도 십자가는
공포였다.

그런데 하나님은 그 죽음의 형틀을 생명의 문으로 바꾸셨다. 가장
잔혹한 자리에서 가장 거룩한 일이 벌어졌다. 인류 역사상 단 한 번 십
자가 위에서 흘린 피가 사람을 죽이지 않고 살렸다. 예수님이 그 위에
달리심으로 그 형틀은 더 이상 심판의 자리가 아니라 구원의 자리가
되었다. 로마가 저주를 심었지만, 하나님은 그 자리에서 생명의 은혜
를 거두셨다.

이것이 복음의 역설이다. 저주는 축복으로 바뀌었고, 죽음은 생명을
낳았다. 원수의 도구가 하나님의 승리의 깃발이 되었다. 인간이 만든

가장 잔인한 무대에서 하나님은 가장 완전한 사랑을 연출하셨다. 십자가는 더 이상 죽음의 형틀이 아니라 영생의 문이었다. 그 문은 예수님으로 인해 열렸다. 누구든지 믿는 자는 그 피에 힘입어 생명의 길로 들어섰다.

하나님은 십자가를 통해 죄를 끝내고, 사망을 무너뜨리고, 지옥의 문을 부숴버리셨다. 로마는 권력을 보여주고자 십자가를 세웠지만, 하나님은 사랑을 보여주시기 위해 그 위에 자신을 내어주셨다. 십자가는 더 이상 공포가 아니라 소망이 되었다. 그 위에 달리신 그리스도가 곧 생명의 열쇠시다. 그분을 믿는 자는 죽음에서 생명으로 옮겨졌고, 십자가는 끝이 아니라 생명의 문이 되었다.

십자가가 생명을 삼킨 게 아니라 예수님이 십자가의 본질인 죽음을 영원한 생명으로 바꿔버리신 것이다.

십자가는 저주의 사슬을 끊은 사랑의 헌신이다

그리스도께서 우리를 위하여 저주를 받은 바 되사 율법의 저주에서 우리를 속량하셨으니 기록된 바 나무에 달린 자마다 저주 아래에 있는 자라 하였음이라
갈 3:13

율법은 하나님의 거룩한 뜻이다. 그것은 선하며 정의롭다. 그러나 죄에 사로잡힌 우리에게 율법은 축복이 아니라 형벌이 된다. 우리는 율법의 요구를 충족시키지 못한다. 율법은 완전을 명령하지만, 우리는 그 요구 앞에서 늘 무너진다. 그래서 율법은 결국 저주를 선포한다.

불순종한 자, 어긴 자, 어그러진 자는 모두 저주 아래 있다. 죄 아래 있다는 말은, 곧 저주 아래 있다는 뜻이다. 그 누구도 예외가 없다.

하나님은 이 저주를 외면하거나 무시하지 않으셨다. 예수님의 사랑은 율법을 부정한 게 아니라 그것이 요구하는 모든 형벌을 감당하는 것이었다. 예수님이 나무에 달리신 이유가 여기에 있다. 성경은 말한다. "나무에 달린 자마다 저주를 받은 것이라." 예수님은 바로 그 십자가 나무 형틀 위에 자신을 내어주셨다. 율법의 저주가 선언된 바로 그 자리에 하나님의 아들이 조용히 서셨다.

그것은 단순한 동정이 아니라 사랑의 헌신이었다. 율법이 죄인을 심판하는 자리에 죄 없으신 예수님이 대신 서셨다. 하나님의 공의가 요구한 모든 진노와 저주는 그분 위에 쏟아졌고, 그 자리에서 하나님의 사랑이 가장 분명하게 빛났다.

십자가는 하나님의 공의와 사랑이 격돌한 장소이며, 동시에 그 둘이 완전하게 만난 자리다. 십자가를 바라볼 때, 저주의 선언이 더 이상 우리를 향하지 않음을 기억해야 한다. 예수님의 희생으로 저주는 끝났다. 율법은 더 이상 우리를 정죄하지 못한다. 십자가는 은혜의 새로운 시대, 복음의 시대를 여는 시작점이다.

그러므로 우리는 더 이상 무거운 율법의 짐을 짊어진 채 살아가지 않는다. 우리의 의로움을 증명하려 애쓰지 않는다. 우리는 이미 속량받았고 하나님의 사랑으로 자유케 되었다. 이 자유는 값싼 것이 아니다. 예수님의 보혈, 그분의 저주받으심 위에 세워진 자유다. 이는 우리가 마땅히 감당해야 할 저주 위에 흘러내린 하나님의 헌신으로 인해 가능해졌다. 십자가는 바로 그 사랑의 증거다.

그렇기에 성도는 십자가를 부끄러워하지 않는다. 그곳에서 더 이상 율법은 우리를 겨누는 칼이 아니며, 저주는 우리를 덮는 그림자가 아니다. 십자가는 율법의 정죄를 끊어낸 하나님의 선언이며, 사랑으로 이루신 구원의 절정이다. 이 복음이야말로 우리의 자랑이요 능력이다.

십자가는 고통에서 시작된 새 창조의 선포이다

누구든지 그리스도 안에 있으면 새로운 피조물이라 이전 것은 지나갔으니 보라 새 것이 되었도다 고후 5:17

새 창조는 높은 하늘에서 시작되지 않았다. 성대한 찬양과 불꽃 같은 영광의 현장에서 선포되지 않았다. 가장 고통스러운 곳, 가장 수치스럽고 모욕적인 자리, 피와 침과 저주의 한가운데에서 시작되었다. 새로운 피조물은 십자가에서 태어난다.

예수님이 십자가에 매달려 죽으셨을 때 세상은 그 장면을 끝이라 불렀다. 하나님께 버림받은 자, 스스로를 구원하지 못한 자, 실패한 메시아의 마지막이라고 조롱했다. 그러나 하나님은 바로 십자가에서 새로운 시작을 준비하고 계셨다. 죽음이 패배가 아니라 새로운 탄생과 창조의 시작이 되게 하셨다.

바울은 담대하게 선언한다.

"누구든지 그리스도 안에 있으면 새로운 피조물이다."

그는 단지 조금 더 나아진 인간, 윤리적으로 개선된 삶, 자기 계발로 발전한 존재를 말하고 있지 않다. 완전히 새롭게 태어난 존재, 본질이 바뀐 존재, 과거가 끊어진 존재로 새롭게 창조되는 것이 십자가를 만난 결과이다.

바울은 "보라"라고 외친다. 주목하라. 지켜보라. 아무 가치 없어 보이던 십자가에서 시작된 일이 지금 새로운 인생들을 낳고 있다. 그 고통 속에서 하나님은 다시 빛을 비추신다. 어두움 깊은 곳에서 "빛이 있으라"라고 하셨던 그 음성이, 십자가 위에서 또다시 울려 퍼진다.

십자가는 고통의 상징에서 생명의 상징으로 바뀌었다. 그 변화는 단지 상징의 전환이 아니라 실제적 창조의 사건이다. 가장 고통스러운 자리가 새로운 생명을 낳는 가장 창조적인 자리가 된 것이 복음의 반전이요, 십자가의 능력이다.

성도는 이 고통의 자리를 회피하지 않는다. 오히려 그 자리에서 새로운 생명이 시작됨을 믿는다. 그리스도 안에서 죄로 무너진 인생들이 다시 창조될 수 있다는 복음의 확신이 바로 십자가가 선포하는 하나님의 약속이다.

십자가는 성도의 유일한 자랑이다

> 그러나 내게는 우리 주 예수 그리스도의 십자가 외에 결코 자랑할 것이 없으니 그리스도로 말미암아 세상이 나를 대하여 십자가에 못 박히고 내가 또한 세상을 대하여 그러하니라 갈 6:14

이런 동화가 있다. 한 개구리가 자신이 살고 있는 웅덩이를 벗어나 큰 세상을 보고 싶어 했다. 하지만 벗어날 길이 없었다. 고민 끝에 그는 새 두 마리에게 자신의 딱한 사정을 호소했다.

"나무 막대기를 내가 입으로 물고 있을 테니, 너희가 날카로운 발톱으로 그 막대기의 양 끝을 꼭 잡고 하늘을 날아줘. 그러면 이 지긋지긋한 웅덩이를 벗어날 수 있을 거야. 제발 도와줘."

새들은 그의 제안대로 나무 막대기를 굳게 잡았다. 개구리는 있는 힘을 다해 그것을 물었다. 새들이 날갯짓을 시작하자 개구리는 높이 하늘로 떠올랐다. 그 모습을 지켜보던 다람쥐가 감탄하며 외쳤다.

"야, 저것 좀 봐! 개구리가 하늘을 날아가네. 저렇게 기발한 생각을 과연 누가 한 거지?"

그러자 그 말을 들은 개구리가 큰 소리로 외쳤다.

"저요!"

그 순간, 개구리는 입이 열려 땅으로 떨어지고 말았다고 한다. 이는 아이들만의 이야기가 아니다. 세상 사람들은 끊임없이 자랑거리를 찾아 헤맨다. 출신, 학력, 외모, 성취, 소유. 우리는 무엇인가로 자신의 가치를 입증해야만 살아남는 시대에 살고 있다.

그러나 바울은 거침없이 "나는 예수 그리스도의 십자가 외에는 아무것도 자랑하지 않겠다"라고 말한다. 이 선언은 단순한 신념이 아니다. 가치 기준의 완전한 전복이자 십자가의 능력을 향한 절대적 충성이다.

십자가는 인간적 기준으로는 자랑할 수 없는 대상이다. 처절한 패배의 형틀이었고, 가장 치욕스러운 죽음의 방식이었다. 그 위에 달린 이는 버림받은 자로 보였고, 저주받은 자로 여겨졌다. 그러나 바로 그 십자가에서 하나님의 영광이 드러났다. 세상이 버린 자리에서 하나님은 우리를 품으셨고, 사망을 삼켜 이기셨으며, 사단의 권세를 무력화하셨다.

바울은 자랑할 수 있는 조건을 많이 가지고 있었다. 유대교를 향한 열심으로는 바리새인이었고, 가말리엘의 제자라는 자부심도 있었다. 율법에 따른 경건함, 산헤드린 공회원으로서의 지위, 이 모든 것을 그는 자랑의 이유가 아니라 배설물로 여겼다. 그리스도와 그 십자가를 얻기 위해서였다.

그리스도의 십자가를 알게 된 바울에게 유일한 자랑은 유치한 자기 과시가 아니라 오직 십자가 은혜였다. 십자가를 통과한 그리스도인이라면 바울의 고백을 배워야 한다.

"나는 십자가 외에는 자랑할 것이 없습니다. 내 구원도, 내 삶도, 내 미래도 모두 그 십자가에서 흘러나온 것입니다."

십자가는 하나님께서 우리를 위하여 생명을 내어주신 자리다. 우리의 죄가 속죄되고 하나님의 사랑이 가장 깊이 증명된 자리다. 십자가가 없다면 우리는 존재할 수도 없고, 영생을 얻을 수도 없다. 세상이 비웃어도, 우리는 십자가를 붙들어야 한다. 세상이 다른 것을 자랑해도 우리는 십자가만을 자랑하기로 결심해야 한다.

그 고백이야말로 성도의 진정한 자유요, 진짜 자부심이다. 십자가의 능력을 만나면 더 이상 인간의 인정이 필요 없다. 더 이상 세상의 기준에 매이지 않는다. 십자가는 우리의 정체성이고, 자랑이며, 영원한 영광이다. 언제나 십자가로 충분하다.

십자가는 구원을 이루시는 하나님의 능력이다

십자가의 도가 멸망하는 자들에게는 미련한 것이요 구원을 받는 우리에게는
하나님의 능력이라 **고전 1:18**

바다 한가운데 몸부림치는 사람이 있다. 거친 파도 속에서 그는 점
점 지쳐가고 이제 숨조차 제대로 쉬지 못한다. 구조대원이 구명정을
던진다. 그런데 그것은 낡고 오래된 볼품없어 보이는 구명정이다. 허
우적대던 그가 순간 고개를 젓는다.

"이런 것 말고… 더 새롭고 세련되고 멋진 것으로 던져주세요!"

그는 구명정이 마음에 들지 않아 붙잡기를 거부한다. 그리고 물속
으로 가라앉는다.

십자가는 바로 그런 구명정이다. 세상 사람들의 눈에 그것은 낡고,
거칠고, 초라해 보인다. 신학적으로 세련되지 않고, 철학적으로도 깊
지 않으며, 인간의 위대함이나 가능성을 자극하지 않는다. 십자가는
무력한 자의 죽음이며, 사랑한다고 하면서도 아무것도 이루지 못한
자의 패배처럼 보인다. 성공과 혁신과 영향력을 외치는 세상에서 십자
가는 미련하고 궁색하다.

그래서 사람들은 십자가를 외면한다. 교회에 다니는 이들조차 점점
십자가를 부끄러워한다. 고난보다는 기적을, 회개보다는 성공을, 희
생보다는 치유를 더 많이 말하기 시작한다. 십자가는 뒤로 밀린다. 구
원의 중심이 아니라 장식품이 된다. 꼭 들어야 하는 진리를 이미 알고
있는 진리로 치부한다.

바울의 선언에 귀를 기울이자.

"십자가의 도가 멸망하는 자들에게는 미련한 것이요 구원을 받는 우리에게는 하나님의 능력이라."

이것이 세상의 시선과 완전히 반대되는 진실이다. 십자가는 구원을 이루시는 하나님의 능력이다. 왜냐하면 십자가는 하나님께서 죄를 향한 공의를 완전히 이루심과 동시에 죄인을 향한 자비를 무한하게 흘려보내신 자리이기 때문이다.

죄에 대한 형벌은 반드시 집행되어야 하지만 그 형벌을 죄인 대신 하나님의 아들이 친히 짊어지심으로써 하나님의 정의는 무너지지 않았고, 오히려 완전하게 성취되었다. 그 희생을 통해 죄인은 정죄가 아닌 용서를, 멸망이 아닌 생명을 받게 되었다.

이처럼 십자가는 하나님의 공의와 사랑이 충돌하지 않고 완벽히 만난 곳이며, 아무도 스스로 도달할 수 없는 구원의 길을 하나님께서 친히 여신 자리다. 그렇기에 십자가는 우리를 구원하시는 하나님의 실제적인 능력이다.

물에 빠진 사람은 구명정의 새로움이나 세련됨을 따질 자격이 없다. 구원은 선택이 아니라 절박함 속의 의탁이다. 마찬가지로 인생의 무게에 짓눌린 자에게 십자가는 미련하지 않다. 그것은 살아남을 수 있는 유일한 희망이며 하나님께서 내미시는 유일한 손길이다.

세상이 십자가를 비웃는다 해도 교회는 다시 십자가 앞으로 돌아가야 한다. 구원을 베푸시는 하나님의 능력은 그 어떤 세련된 담론을 통해서가 아니라 그 오래되고 낡은 형틀 위에서 흘러나오기 때문이다. 십자가는 여전히 그리고 영원히 구원을 이루시는 하나님의 능력이다.

십자가는 장벽을 무너뜨린 화해의 무기이다

또 십자가로 이 둘을 한 몸으로 하나님과 화목하게 하려 하심이라 원수 된 것을 십자가로 소멸하시고 엡 2:16

십자가는 전쟁의 무기가 아니었다. 그러나 세상 그 어떤 무기보다 강력한 결과를 가져왔다. 십자가로 인해 하나님과 원수 되었던 우리가 하나님의 자녀가 되는 길을 만났다. 하나님과 인간 사이, 인간과 인간 사이에 가로놓인 모든 장벽을 십자가가 무너뜨렸다. 십자가는 하나님의 분노와 인간의 불순종, 그 깊은 골짜기를 메운 유일한 다리요, 죄의 결과로 시작된 미움과 분열의 예봉을 꺾어버린 화해의 무기이다.

에베소서는 분명히 말한다. 예수님은 "원수 된 것을 십자가로 소멸"(엡 2:16)하셨다고. 십자가는 소멸의 도구였다. 유대인과 이방인의 원수 됨으로 대표되는 모든 인간 사이의 분열이 십자가로 소멸되었다. 그 무너짐 위에 새로운 가정, 새로운 나라, 새로운 관계가 세워졌다.

십자가 없이 화해는 불가능하다. 인간은 본성적으로 자기를 중심에 두고 상대를 배척한다. 유대인과 이방인, 자유인과 종, 남자와 여자, 부자와 가난한 자 등으로 가르는 수많은 장벽이 교회를 나누고, 가정을 찢고, 서로를 미워하게 만든다.

그러나 십자가는 모든 분리의 담을 무너뜨린다. 십자가는 하나님과 우리 사이에 먼저 화해를 이뤘다. 그것은 단순한 평화 협정이 아니라 하나님의 아들의 생명을 대가로 한 철저한 용서였다. 그 용서를 받은 자는 더 이상 미워할 수 없다. 진짜 십자가를 붙든 자는 화해를 외면할 수 없다.

오늘도 세상은 증오와 분열로 가득하다. 지금 우리 대한민국의 상황을 봐도 서로 분열하고 미워하고 싸우고 소리를 지르고 있지 않는가. 누가 이 분열을 종식할 수 있는가. 그것을 해낼 수 있는 정치 지도자는 없다. 인간은 십자가를 만나지 못하면 화해하지 못한다. 하나님과도 형제와도 화해하지 못한다.

교회 안에서도 불편한 진실이 있다. 서로 사랑하지 못하고, 용서하지 못하며, 복음이 아닌 자존심을 붙드는 모습으로 가득하다. 이때 필요한 것은 더 나은 프로그램이나 더 감정적인 예배가 아니다. 화해하지 못하는 곳에 필요한 것은 십자가다. 그곳에서 하나님의 원수 된 우리가 그분의 자녀가 되는 놀라운 은혜를 만난다.

십자가는 화해의 선포다. 누구든지 그 앞에 무릎 꿇는 자는 과거를 끊고 관계를 회복하며 새로운 생명을 입는다. 그 누구도 제외되지 않는다. 십자가는 누구든지 받아들이는 하나님의 품이다. 하나님의 원수였던 우리를 자녀라 부르신 그 십자가 앞에서 우리도 원수를 껴안을 수 있다. 무너졌던 관계가 회복될 수 있는 것이 십자가의 능력이다.

1948년-1994년, 남아프리카공화국은 '아파르트헤이트'(Apartheid)라는 인종차별 정책에 지배받는 어두운 시대를 지나야 했다. 백인 정권이 제도적으로 흑인 등 유색인종을 분리하고, 그들을 차별과 억압의 굴레에 가두었다. 주거지는 나뉘고, 통혼은 금지되었으며, 출입할 수 있는 지역마저 제한되었다. 교육과 의료, 교통까지 삶의 모든 영역에 차별의 선이 가차 없이 그어졌다.

1994년, 넬슨 만델라가 남아공 최초의 흑인 대통령으로 선출되면서 아파르트헤이트는 폐지되었지만, 백인과 흑인 사이에 깊이 팬 갈등의 골은 여전히 남아 있었다. 복수로 응수했다면 또 다른 희생만이 쌓여 갔을 것이다.

그 회복의 여정 한복판에, 데스몬드 투투 대주교가 있었다. 그는 신앙의 힘을 품고 폭력 대신 사랑을 택한 이였고, '진실과 화해 위원회'(Truth and Reconciliation Commission)의 위원장으로서 남아공의 민족 화해를 위해 자신의 영혼을 내어준 사람이었다. "백인을 미워하지 않으면서도 백인의 죄를 고발할 수 있다"라고 말하며, 그는 복수보다 용서를, 분노보다 화해를 설교했다. 그에게 적대적이던 사람들에 대해서도 그는 이렇게 고백했다.

"우리를 하나 되게 하시는 분은 나를 미워하는 그들보다 훨씬 더 크신 분이십니다."

그는 피 흘리며 매 맞는 동족을 보았고, 감옥에 간 형제들의 눈물을 마주했고, 억울하게 죽어간 무명의 형제들을 마음에 새겼다. 그러나 그는 미움의 포로가 되거나 복수의 칼을 들지 않았다. 대신 오직 십자가의 사랑을 붙들고 백인 가해자들을 품었고 원수를 위한 기도를 드렸다. 그것이야말로 세상의 어떤 제도도 흉내 낼 수 없는 십자가의 능력이었고, 예수 그리스도만이 이끌어 낼 수 있는 참된 화해가 그 십자가에서 흘러나왔다.

이 땅의 깊은 상처 위에 지금 필요한 것은, 모든 담을 무너뜨리는 십자가의 능력이다. 이념의 벽, 지역의 틈, 계층의 골, 성별의 경계, 세대의 간극 속에서 화해는 길을 잃었다. 오직 십자가만이 그 길을 다시 열

수 있다. 예수님의 십자가로 돌아가자. 거기서만 분열이 멈추고, 하나됨이 시작된다.

십자가는 악을 굴복시킨 승리의 깃발이다

통치자들과 권세들을 무력화하여 드러내어 구경거리로 삼으시고 십자가로 그들을 이기셨느니라 골 2:15

십자가는 단순히 죄 사함을 위한 희생만으로 끝나지 않는다. 그것은 우주적 전쟁의 정점이며, 악한 영적 권세들 앞에서 하나님께서 드높이 드신 승리의 깃발이었다. 어둠은 후퇴했고 사단은 무장해제되었으며 악의의 권세는 수치를 당했다.

하나님을 모르는 사람들은 본능과 세상의 흐름에 휩쓸리며 죄의 중력에 이끌려 살아간다. 자신이 선택한다고 생각하지만, 본질상 불순종의 영을 따르고 공중 권세 잡은 자의 통치 아래 놓인 포로라는 사실을 성경은 증언한다. 사람의 삶은 절대로 중립적이지 않다. 누구도 죄와 사망의 권세에서 벗어날 수 없었다. 사단은 죄와 정죄와 죽음이라는 권세로 인간을 사로잡았다.

그러나 하나님은 그 아들의 십자가로 그 모든 불의한 권세를 향해 선포하셨다.

"십자가로 너희를 이겼노라!"

그 외침은 갈보리 언덕에서 터졌고, 하늘과 땅과 지하 세계에 울려 퍼졌다. 십자가는 패배의 상징이 아니라 가장 영광스러운 승리의 현장이 되었다. 하나님은 십자가에서 악한 영들을 무력화하셨다. 사단은 더 이상 고소할 수 없고, 정죄할 수 없다. 십자가는 사단의 영적 통치에 대해 몰락을 선포하는 위대한 서곡이었다. 세상과 천사들과 성도 앞에서 하나님은 악의 세력을 공개적으로 수치스럽게 드러내셨다. 사단은 패배자가 되었고 그 권세는 철저히 무력화되었다.

이제 믿는 자는 더는 억압당하지 않아도 된다. 정죄의 목소리에 더 이상 사로잡히지 않는다. 우리는 무기력한 희생자가 아니다. 십자가 아래에서 해방된 자들이며, 승리자의 깃발 아래 모인 하늘의 군대다. 예수님의 승리가 우리의 승리가 되었다. 하나님의 승전가가 우리의 승전가가 되었다.

십자가는 단지 과거의 사건이 아니라, 지금도 유효한 하나님의 승리 선언이다. 성도는 그 깃발을 바라보며 살아야 한다. 십자가가 있기에 죄에 무력하게 무릎 꿇었던 자가 다시 일어날 수 있다. 악한 영에게 눌렸던 자는 자유케 된다. 세상을 사랑했던 마음은 예수님을 사랑하는 마음으로 거듭난다. 오직 십자가로 돌아갈 때 성도는 패잔병이 아닌 승리의 노래를 부르는 그리스도의 군대로 전진하게 된다.

십자가는 스스로를 버려 생명을 낳은 대속의 제단이다

너희가 알거니와 너희 조상이 물려준 헛된 행실에서 대속함을 받은 것은 은이나 금 같이 없어질 것으로 된 것이 아니요 오직 흠 없고 점 없는 어린양 같은 그리스도의 보배로운 피로 된 것이니라 벧전 1:18,19

그리스도께서 너희를 사랑하신 것 같이 너희도 사랑 가운데서 행하라 그는 우리를 위하여 자신을 버리사 향기로운 제물과 희생제물로 하나님께 드리셨느니라 엡 5:2

죄의 삯은 사망이다. 그렇기에 우리는 죄의 값을 스스로 치를 수 없다. 죄의 삯이 죽음이라는 선언은 하나님의 공의 안에 새겨진 불변의 진리이다. 사람은 선행으로 그 값을 감당할 수 없고, 후회로 빚을 해결할 수 없다. 죄는 생명을 요구하며 오직 무죄하고 정결한 피만이 그 값을 덮을 수 있다. 우리에게는 자신을 구할 능력도 변호할 자격도 없다.

바로 거기서 십자가의 대속이 빛난다. 예수 그리스도는 억지로 죽임 당한 것이 아니었다. 그분은 스스로 자신을 버리셨다.

바울은 그 사실을 이렇게 강조했다.

"우리를 위하여 자신을 버리사 향기로운 제물과 희생제물로 하나님께 드리셨느니라."

예수님의 죽음에는 강제성이 없었다. 스스로 하나님의 어린양이 되어 향기로운 제물, 희생제물로 자신을 드리셨다. 골고다 언덕 위 그 십자가는 흉악한 범죄의 상징이 아니었다. 영원 전부터 예비된 하나님의 제단이었다. 그 제단 위에 예수님은 흠도 없고 점도 없는 어린양으로서 피를 흘리셨다. 그 피는 죄악으로 얼룩진 행실에 사로잡힌 인생을 용서하며 정결케 하는 대속의 은혜였다.

은이나 금처럼 사라질 것으로는 대속의 은혜를 만날 수 없다. 오직 예수님의 보혈만이 우리 죄를 씻어줄 수 있다. 십자가는 하나님의 공의와 사랑이 만난 현장이다. 예수님은 자신을 온전히 내어주심으로 우리가 하나님께 다시 나아갈 수 있는 유일한 길이 되어주셨다. 그분은 자신을 버려 우리를 건지셨고 죽음에 자신을 내어주심으로 우리에게 생명을 가져오셨다.

십자가 앞에서 우리는 아무것도 주장할 수 없다. 십자가 덕분에 자격이 없는 자들이 값없이 용서를 입는다. 아무 공로 없는 자들이 생명을 얻는다. 예수님이 자신을 버려 대속의 문을 여셨기 때문이다. 그 사랑의 제단 위에서 모든 죄의 속박은 풀렸고, 모든 정죄는 끊겼다. 이제 우리는 속량된 자들이다. 예수님의 피가 우리를 깨끗하게 하고, 그분의 희생이 우리를 새롭게 한다.

전도하다 보면 자주 "내 삶을 좀 정리한 후에 하나님 앞에 나가겠다"라는 말을 듣는다. 그 마음을 이해한다. 그러나 복음이 진정 기쁜 소식이 되려면 먼저 우리가 스스로 준비할 수 있는 것이 아무것도 없다는 사실을 인정해야 한다. 그리고 모든 준비는 이미 예수님이 다 이루셨다는 사실을 받아들여야 한다. 십자가는 그 완벽한 준비가 이루어진 자리다. 십자가면 충분하다.

십자가는 율법의 굴레를 벗긴 참 자유다

그리스도께서 우리를 자유롭게 하려고 자유를 주셨으니 그러므로 굳건하게 서서 다시는 종의 멍에를 메지 말라 갈 5:1

율법은 거룩하다. 하나님의 뜻을 드러낸 기준이며, 인간의 죄를 밝히는 빛이다. 그러나 죄의 본성을 지닌 인간의 손에 들린 율법은 거꾸로 정죄의 무기, 종교적 속박의 도구가 된다.

'얼마나 기도해야 구원받을까? 얼마나 착해야 하나님의 사랑을 얻을까?'

그렇게 율법은 구원의 길이 아니라 불안의 사슬이 된다. 스스로 하나님께 인정받으려는 종교적 열심과 율법주의는 도리어 하나님을 오해하게 만들고, 신앙을 마치 성적표처럼 바꾸어 버린다. 바울은 이를 가리켜 "종의 멍에"(갈 5:1)라 불렀다.

예수님의 십자가는 이 멍에를 끊어낸다. 하나님의 아들이 친히 율법 아래로 오셔서 그 모든 의를 이루셨고 우리를 대신하여 그 저주를 감당하셨다. 이제 구원은 우리의 행위에 근거하지 않는다. 전적으로 은혜에 의한 것이며 믿음으로 말미암는다. 십자가는 우리의 수고와 자격을 넘어서 우리를 하나님께 이끄는 유일한 길이다. 이 복음은 인간의 자랑을 무너뜨리고 동시에 그 누구도 소외되지 않게 한다. 누구든지, 어디서든지 오직 믿음으로 자유를 누릴 수 있다.

이 자유는 방종이 아니다. 그것은 마음대로 행해도 되는 면죄부도 아니다. 십자가에서 주어진 자유는, 우리를 파괴로 이끄는 욕망의 사슬을 끊고 하나님을 사랑할 수 있는 능력을 우리 안에 심어준다. 이 은혜의 자유는 두려움에 얽매인 종교가 아니라 기쁨으로 맺어진 관계로 우리를 초대한다. 더 이상 억눌려 마지못해 순종하는 것이 아니다. 오히려 온 마음을 다해 주님께 순종하고자 하는 깊은 갈망이 그 자유 안에 있다. 진정한 자유란 그 자유를 주신 분에게서 결코 떠나고 싶지 않은 마음이다. 그분 곁에 머무는 것이 가장 큰 기쁨이며 가장 안전한 쉼임을 알기 때문이다.

이 진리를 깨닫게 된 일이 있었다. 우리 집에는 개 두 마리가 있다. 예쁘는 어릴 때부터 키운 개이고, 소미는 한강 변 주차장에서 아내가 구조해 데려온 유기견이다. 예쁘는 훈련이 잘되어 있어 어디든 주인을 따라오지만, 소미는 그렇지 않다. 내가 안식년을 보내고 있는 미국 워싱턴주 남부 지역은 깊은 숲과 넓은 들판이 여기저기 펼쳐져 있는 시골이고, 아내는 반려견들과 함께 숲길을 걷고 들판을 산책하는 것을 좋아한다.

어느 날 아내가 평소처럼 개들을 데리고 숲길을 산책했다. 그런데 갑자기 튀어나온 토끼를 쫓아 소미가 숲속으로 달아났고, 2시간이 지나도록 나타나지 않았다. 우리는 소미를 부르며 숲속을 찾아다녔다. 마침내 아내가 멀리 울타리에 갇혀 짖고 있는 소미를 발견했다. 소미는 자유를 얻은 줄 알았지만, 방향을 잃었고 결국 갇혔다.

마음대로 가는 자유는 길을 잃게 된다. 참 자유는 주인의 목소리를 들을 수 있는 귀, 그 음성에 반응해 돌아오는 사랑에서 시작된다. 예수님의 십자가는 무책임한 해방이 아니라 사랑으로 묶이는 자유를 준다. 죄의 권세에서 해방되고, 율법의 정죄에서 풀려난 우리는 사랑으로 하나님을 따를 수 있는 새로운 존재가 되었다. 십자가를 통해 예수님은 의무로 가득 찬 종교의 족쇄를 끊고, 하나님께로 자발적으로 향할 수 있는 아들의 길을 여신 것이다.

다시는 율법의 멍에를 메지 말자. 종교적 수고로 자신을 증명하려하지 말자. 예수님의 십자가는 이미 자유의 문을 열어두었다. 그 문은 자격이 아닌 은혜로, 행위가 아닌 믿음으로 지날 수 있다. 그 문을 지나 살아가는 인생은 자랑이 아니라 감사로 채워지고, 속박이 아니라 사랑으로 순종하게 된다. 십자가가 열어준 자유는 더 이상 두려움이 아닌 생명의 능력이며, 그것은 오직 그리스도의 보혈로만 주어진다.

십자가는 자기 의를 무너뜨리는 자비의 손길이다

> 너희는 그 은혜에 의하여 믿음으로 말미암아 구원을 받았으니 이것은 너희에게서 난 것이 아니요 하나님의 선물이라 행위에서 난 것이 아니니 이는 누구든지 자랑하지 못하게 함이라 엡 2:8,9

죄성을 가진 인간은 자신을 향한 판단에 너그럽다. 자신에 대해 관대해지면 자랑할 것이 눈에 보인다. 자격이 없음에도 스스로 꽤 괜찮은 존재가 된 것처럼 오해한다. 신앙생활 안에서도 이 본능은 교묘히 작동한다. 때로는 정기적인 예배 참석, 꾸준한 헌금, 도덕적인 실천 등과 같은 행위들을, 우리 신앙의 한 증거로 생각하기보다 하나님 앞에 설 수 있는 자격으로 여길 때가 있다.

그러나 복음은 단호하게 말한다.

"행위에서 난 것이 아니니 누구든지 자랑하지 못하게 함이라."

십자가 앞에서 가장 먼저 무너져야 할 것은 자기 의다. 십자가는 모든 인간의 자랑을 침묵시키고 오직 하나님의 진리만 드러낸다. 아무리 많은 종교적 성취를 쌓았다 해도 누구도 그것으로는 하나님께 나아갈 수 없다. 구원은 오직 은혜이며 믿음으로만 주어진다. 이것이 십자가의 길이고 하나님의 방식이다.

한 목사님과 인사를 나누고 명함을 받은 적이 있다. 접이식 명함 안쪽에는 학력과 경력이 빼곡히 적혀 있었다. 몇 차례의 40일 금식기도 이력도 인쇄되어 있었다. 그 분은 자신에 대해 꼭 전하고 싶은 말이 많은 사람처럼 느껴졌다. 그런 명함을 받아 든 내 마음속 어딘가에서 불편함이 고개를 들었다. 그 순간 문득 깨달았다. 내 안에도 스스로 알아채지 못한 자기 의가 꿈틀대고 있었다.

우리 안에는 언제든 자기 의가 자라날 수 있다. '나는 저 사람보다 낫다', '나는 저 정도는 아니다'라는 속삭임이 시작될 때마다 우리는 다시 십자가 앞에 서야 한다. 하나님의 은혜 없이는 단 한 걸음도 내디딜 수 없는 존재임을 고백해야 한다. 십자가는 인간의 모든 자랑을 무너뜨리고, 오직 하나님께서 주신 믿음만을 굳건히 세우는 자리이다.

그 은혜는 마치, 맨손으로 절벽을 오르다 추락한 자에게 하나님께서 던져주신 구원의 밧줄과 같다. 자랑할 여지란 없다. 그저 붙잡는 것 외에는 아무것도 할 수 없다.

믿음은 자랑이 아니라 항복이다. 스스로 이룬 어떤 공로도 없이, 하나님 앞에 꿇어 엎드린 자에게 주어지는 전적인 은혜의 문이 바로 십자가다. 십자가는 우리의 자존심을 꺾는다. 자신의 의를 자랑하거나 의지하려는 모든 시도를 철저히 무너뜨린다.

십자가는 우리의 능력이 아닌 하나님의 은혜만을 붙드는 유일한 능력이다. 그 앞에서 우리는 더 이상 증명할 필요가 없다. 그 앞에서 우리는 오직 은혜로만 살아간다.

십자가는 하나님의 역전극이다

자녀들은 혈과 육에 속하였으매 그도 또한 같은 모양으로 혈과 육을 함께 지
니심은 죽음을 통하여 죽음의 세력을 잡은 자 곧 마귀를 멸하시며 또 죽기를
무서워하므로 한평생 매여 종노릇하는 모든 자들을 놓아주려 하심이니

히 2:14,15

십자가는 가장 철저하게 깊은 절망을 만나는 자리였다. 죄 없으신
분이 조롱당하고 찢기고 침묵한 채 죽어가신 그 오후에는 하늘마저
어두워졌다. 끔찍한 로마의 형틀 위에서 가장 거룩한 분이 피 흘리며
죽어가셨다. 마귀는 승리를 확신했다. 정의는 짓밟혔고, 사랑은 죽었
다. 더 이상 돌이킬 수 없는 파국 같아 보였다.

그러나 하나님께서는 예수님의 십자가를 통해 대역전극을 준비하셨
다. 예수님은 십자가에서 죽음을 통하여 죽음을 무너뜨리셨다. 죄와
악이 마지막 수단으로 휘두른 죽음이라는 무기를 예수님은 온몸으로
끌어안으셨다. 그리고 십자가에서 죽으심으로 그 무기를 거꾸로 무력
화하셨다. 죽음은 더 이상 끝이 아니라 생명의 문이 되었다. 십자가는
절망의 구덩이 속에서 영원한 생명을 퍼 올리는 우물이 되었다.

그 놀라운 사실을 히브리서 기자는 "죽음을 통하여 죽음의 세력을
잡은 자 곧 마귀를 멸하셨다"라고 선언한다. 예수님의 죽음은 치열한
영적 전쟁이었던 것이다. 그리고 그 전쟁에서 그분은 죽음 그 자체를
무장해제하셨다. 마귀는 더 이상 우리를 죽음의 공포로 종처럼 몰아
붙일 수 없게 됐다. 그리스도는 죽음을 삼키는 생명의 길을 여셨고 그

길로 우리를 초청하셨다.

그러므로 십자가를 바라보는 자에게 절망은 끝이 아니다. 상실은 패배가 아니다. 고통은 영원하지 않다. 십자가는 언제나 하나님의 대반전이 있다는 사실을 증거하기 때문이다. 성도의 눈물이 마침표가 될 수 없는 이유가 여기에 있다. 가장 깊은 어둠 속에도 부활의 빛은 침투하고 가장 절박한 한숨 속에서도 하나님의 소망은 피어난다.

예수께서 죽으심으로 우리는 살게 되었다. 그분이 죽음의 가장 깊은 곳에 떨어지셨기에 우리는 가장 높은 생명에 이를 수 있게 되었다. 십자가는 죽음의 권세를 무너뜨린 하나님의 역전극이며, 우리를 절망에서 구원으로 옮긴 생명의 대반전이다.

오늘도 누군가는 고통 속에서 주저앉고 싶을지 모른다. 그러나 기억하자. 십자가는 사망 선고가 아니다. 하나님의 새로운 시작이다. 끝이라고 믿었던 자리에 하나님은 새로운 생명의 이야기를 쓰셨다. 그리고 지금도 여전히 그 이야기를 쓰고 계신다.

십자가는 신비한 연합이다

내가 그리스도와 함께 십자가에 못 박혔나니 그런즉 이제는 내가 사는 것이 아니요 오직 내 안에 그리스도께서 사시는 것이라 이제 내가 육체 가운데 사는 것은 나를 사랑하사 나를 위하여 자기 자신을 버리신 하나님의 아들을 믿는 믿음 안에서 사는 것이라 갈 2:20

십자가가 무서운 이유는 그 본질 때문이다. 십자가는 그 위에 오르는 모든 생명에게 죽음을 선고한다. 십자가에 오른 자는 죽지 않고는 결코 거기서 내려올 수 없다. 그런데 예수님은 바로 그 자리로 우리를 부르신다. 왜 그토록 위험한 곳으로 사랑하는 이들을 부르시는 걸까? 그 이유는 단 하나, 십자가에서 새로운 호흡이 시작되기 때문이다. 그곳은 죽음의 자리이면서 동시에 부활의 숨결이 시작되는 장소다.

하지만 그 전에 반드시 멈춰야 하는 숨이 있다. 내 숨, 내 의지, 내 계획, 내 집착, 내가 세운 자아의 숨결을 멈춰야 한다. 하지만 이 숨은 절대로 스스로 멈출 수 없다. 오직 십자가만이 그것을 멈추게 한다. 갈보리 언덕 위에서 예수님이 마지막 숨을 내쉬셨듯 그분과 함께 십자가에 못 박힌 자도 자신의 마지막 숨을 그 자리에서 토해내야 한다.

신앙은 더 나은 삶의 기술이 아니다. 그것은 죽음에서 시작되는 두 번째 삶이다. 이 죽음은 비유가 아니다. 자기를 부인하고, 자신이 누구인지 끊임없이 주장해 온 모든 내면의 외침을 침묵시키는 것이다. 예수님을 믿는다는 것은 단지 마음속에 예수님을 모시는 따뜻한 감정이 아니다. 그것은 '나'라는 존재의 죽음을 의미한다. 예수님은 단지 우리 인생의 조연이 아니라 주연이 되셔야 하며, 더 정확히 말해 그분이 우리 인생을 살아가시는 분이셔야 한다.

바울은 그런 신비를 "이제는 내가 사는 것이 아니요 오직 내 안에 그리스도께서 사시는 것이라"라고 담대하게 선포한다. 우리의 숨은 멈췄고, 이제 예수님의 숨결로 다시 살아난다. 예수님의 사랑이 우리를 호흡하게 만든다. 그분의 인내가 우리의 결정이 되고, 그분의 긍휼이 우리의 말투가 되며, 그분의 거룩함이 우리의 목표가 된다. 이 신비는 단순한 종교적 모방이 아니라 생명의 연합이요, 신뢰와 사랑에 근거한 관계의 친밀한 연합이다.

십자가는 우리가 죽는 자리요, 예수님이 사시는 자리다. 우리의 숨결을 멈춰야 그분의 숨결로 다시 숨 쉬는 자가 될 수 있다. 우리의 숨을 멈추지 못하면 십자가는 두려움의 대상이다. 그러나 예수님의 숨결로 다시 숨 쉬게 될 때 십자가는 예수님과 하나가 되는 연합의 신비를 경험하는 성소가 된다.

십자가에서 얻게 된 예수님의 숨결은 용서할 수 없던 자를 용서하고, 미워했던 자를 사랑하며, 자신을 드러내던 입술로 오직 예수님의 이름을 자랑하게 한다. 이것은 오직 십자가 위에서 자신을 잃은 자에게 주어지는 선물이다.

십자가는 기독교 신앙의 기념품이 아니다. 그것은 삶의 기준이며 생명의 비밀이다. 거기서 우리는 멈춘다. 거기서 예수님이 시작된다. 십자가는 우리의 숨을 멈추고 예수님의 숨결로 다시 숨 쉬게 하는 신비한 연합의 자리다. 그 연합이 진짜가 될 때 성도는 세상이 줄 수 없는 생명을 소유하게 된다.

십자가는 우리를 부르시는 하나님의 초청이다

예수께서 다시 크게 소리 지르시고 영혼이 떠나시니라 이에 성소 휘장이 위로부터 아래까지 찢어져 둘이 되고 땅이 진동하며 바위가 터지고 마 27:50,51

십자가 위에서 예수께서 마지막 숨을 내쉬셨을 때 예루살렘 성전의 가장 깊은 곳에서 기이한 일이 벌어졌다. 지성소를 가리고 있던 두터운 휘장이 위에서 아래로 찢어졌다. 이 사건은 단순한 물리적 현상이 아니었다. 하나님의 의도적인 역사였다. 그 찢어진 휘장 사이로 하나님께서 우리를 초청하신다.

"이제는 나아오라. 누구든지 예수의 피를 의지한다면 두려움 없이 담대히 내 앞으로 나아오라."

구약의 대제사장은 1년에 단 한 번, 그것도 떨리는 마음으로 지성소에 들어갔다. 하나님의 임재가 있는 그곳은 아무나 접근할 수 없는 곳이었고 휘장은 그 절대적인 경계를 상징했다. 그러나 예수님의 십자가는 그 경계를 찢어버렸다. 더 이상 우리는 두려움에 사로잡힌 외부인이 아니다. 예수님의 피를 덧입은 자는 이제 아들의 신분으로 하나님께 나아갈 수 있다. 이것이 십자가의 초청이다. 형벌이 아닌 은혜로 부르시는 하나님의 손짓이다.

이 초청은 단지 예배의 자유나 기도의 권한을 의미하지 않는다. 존재의 방향을 바꾸는 부르심이다. 예수님이 말씀하셨다.

아무든지 나를 따라오려거든 자기를 부인하고 날마다 제 십자가를 지고 나를 따를 것이니라 눅 9:23

하나님께 가까이 나아가는 자는 반드시 그리스도의 길을 걸어야 한다. 십자가는 단지 구원의 출입문이 아니라, 제자의 길로 걷게 하는 좁은 문이다.

휘장은 찢어졌고, 초청은 주어졌다. 그러나 이 초청은 값싼 은혜가 아니다. 예수님의 몸이 찢기셨고, 그분의 피와 살로 열린 그 길은 우리에게 참된 순종과 헌신을 요구한다. 하나님의 임재로 들어가는 자는 세상 영광을 버리고 자기 십자가를 지고 그분을 따르는 삶을 살아간 다. 십자가에서 만나는 하나님의 초청은 우리를 예수님과 동행하는 제자의 길로 인도한다.

오늘도 그 길은 열려 있다. 누구든지 예수 그리스도의 피를 의지한 다면 담대히 아버지께 나아갈 수 있다. 그리고 기쁘게 예수님의 길을 걸을 수 있다. 십자가는 하나님의 임재를 향한 문이며 주님의 뒤를 따르는 삶의 출발점이다. 이것이 십자가가 우리에게 던지는 복음의 초청이다.

십자가는 변하지 않는 삶의 중심이다

내가 너희 중에서 예수 그리스도와 그가 십자가에 못 박히신 것 외에는 아무것도 알지 아니하기로 작정하였음이라 고전 2:2

어떤 도시는 중심에 광장이 있고, 어떤 인생은 그 중심에 욕망이 있다. 인간은 누구나 무언가를 삶의 한가운데에 세운다. 중심은 방향을 정하고, 우선순위를 결정하며, 삶에 색깔을 입힌다. 아무리 정교하게 설계된 삶이라도 중심이 흔들리면 모든 것이 무너진다. 그리스도인의 삶도 마찬가지다. 무엇을 중심에 두는가에 따라 신앙의 본질이 결정된다.

십자가가 중심에서 밀려나면 신앙은 복음이 아니라 종교적 습관이 되고 만다. 감동은 남지만 능력은 사라지고, 제자는 되고 싶으나 통제받기 싫은 신앙이 된다. 십자가가 그저 믿음의 출발점으로 끝나서는 안 된다. 우리가 날마다 되돌아가야 할 영적 중심이 되어야 하며 신앙의 전 여정을 떠받치는 근본 토대가 되어야 한다.

십자가가 삶의 중심에 서는 순간, 복음은 우리 인생에서 소극적인 방관자의 자리에 앉지 않는다. 예배의 여운을 넘어 우리의 시간표와 감정, 취향과 계획, SNS의 게시물, 재정의 흐름, 인간관계의 방식까지 삶의 모든 영역을 예외 없이 간섭한다.

십자가는 그저 등을 토닥이며 위로하는 자리에 머물지 않는다. 그것은 삶의 주도권을 요구하는 하나님의 선포이며, 왕이신 예수 그리스도의 통치를 선언하는 깃발이다. 우리 안에 오신 그분은 부분이 아닌 전부를 원하신다. 그리스도의 십자가 앞에서 복음은 우리에게 예의가 아니라 항복을 요구한다.

이런 질문을 스스로에게 진지하게 던져보자.

'나는 정말 십자가가 내 삶을 간섭하는 것을 원하는가?'

많은 그리스도인이 십자가를 존중하지만 복종하기는 꺼린다. 존중은 십자가가 삶의 변두리에 있어도 가능하지만, 복종은 십자가가 삶의 중심에 있을 때만 일어난다. 십자가는 삶의 한구석에 놓을 수 있는 장식이 아니다. 그것은 왕좌를 요구한다.

십자가가 중심에 세워질 때 우리의 자유는 제약받는 것처럼 보일 것이다. 그러나 그 간섭은 억압이 아닌 사랑에서 비롯된다. 십자가는 우리 안의 거짓 주인들을 몰아낸다. 돈, 자녀, 평판, 사역의 성공, 심지어나 자신까지도 주인처럼 군림하려는 자리에서 끌어내린다. 그리고 그 자리를 절대 비워두지 않는다. 십자가는 이인자의 자리를 허락하지 않는다. 경쟁자도, 대체물도, 대등한 위치도 없다. 오직 주 되신 예수 그리스도만이 그 자리를 차지하실 수 있다.

돌아보자. 누가 우리의 삶을 지배하고 있는가? 예수 그리스도의 십자가가 왕좌에 앉아 있는가, 아니면 여전히 다른 주인들이 경쟁하고 있는가? 십자가를 진다는 것은 그리스도를 삶의 모든 영역에서 가장 높이 세우겠다는 결단이다.

십자가가 중심에 놓일 때만 신앙은 현실을 뚫고 살아 움직인다. 그것은 주일 예배에 머무르지 않고 월요일의 일상으로 이어지며 예배당을 넘어 회의실로, 묵상의 시간을 넘어 운전대 앞까지 스며든다. 삶의 가장 구체적인 자리에 십자가가 자리 잡을 때 우리는 비로소 제자로서의 삶을 시작하게 된다. 그러므로 십자가를 삶의 한복판에 다시 세우자. 신앙의 변두리에 밀려 있던 그 십자가를 이제 중심에 두자. 주인이신 예수 그리스도께 우리의 삶 전체를 다스릴 권리를 내어드리자. 진짜 신앙이 거기서부터 시작된다.

십자가는 부활의 영광을 알리는 서곡이다

예수는 우리가 범죄한 것 때문에 내줌이 되고 또한 우리를 의롭다 하시기 위하여 살아나셨느니라 롬 4:25

사망아 너의 승리가 어디 있느냐 사망아 네가 쏘는 것이 어디 있느냐 사망이 쏘는 것은 죄요 죄의 권능은 율법이라 우리 주 예수 그리스도로 말미암아 우리에게 승리를 주시는 하나님께 감사하노니 고전 15:55-57

십자가는 끝이 아니다. 그것은 반드시 부활로 이어진다. 하나님의 구속사는 결코 비극으로 끝나지 않는다. 십자가는 죽음의 현장이었지만 바로 거기서 영광의 부활을 알리는 서곡이 시작되었다. 인생의 시련을 지나는 성도들은 이 사실을 결코 잊어서는 안 된다.

한 흑인 목사님의 설교가 생각난다. 제목은 'It's Friday, but Sunday's coming'(오늘은 금요일, 그러나 주일은 오고 있다)이었다. 설교자는 예수님이 십자가에 달리신 금요일의 고통을 깊이 묘사하며 결론마다 힘주어서 "But Sunday's coming!"라고 외쳤다.

어둠의 크기보다 회중의 아멘 소리와 환호가 더 컸다. 그 설교 스타일을 따라 묵상하며 어떻게 십자가가 부활의 영광을 알리는 서곡이 되는지를 마음에 새겨보려 한다.

Today is Friday(오늘은 금요일이다). 예수님이 조롱당하시고, 채찍에 맞으시고, 십자가에 달리신 날이다. 피가 흐르고, 뼈가 드러났으며, 하늘은 어두워졌다. 제자들은 도망쳤고, 군중은 외면했고, 마리아는 눈물 흘렸다. **But Sunday's coming(그러나 주일은 오고 있다).**

Today is Friday. 사단은 웃고, 무덤은 입을 벌리며, 절망은 칼끝처럼 가슴을 찔렀다. 땅은 흔들렸고, 성전 휘장은 찢어졌고, 소망은 숨을 죽였다. **But Sunday's coming.**

Today is Friday. 예수님은 "다 이루었다"라고 외치셨지만, 사람들은 "다 끝났다"라고 비웃었다. 하나님의 아들은 무덤에 갇혔고, 세상은 흑암에

잠겼다.

But Sunday's coming.

Today is Friday. 모든 것이 무너진 듯 보였다. 십자가는 실패처럼 보였고, 금요일은 사단의 날처럼 느껴졌다.

But Sunday's coming.

Today is Friday. 하나님은 침묵하시고, 하늘은 닫힌 듯하며, 기도는 허공에 사라지고, 믿음은 말라간다.

But Sunday's coming.

Today is Friday. 암 진단서가 날아오고, 가족의 차가운 말들이 마음을 찌른다. 한밤중 불 꺼진 집에서 홀로 눈물을 삼키는 밤이다.

But Sunday's coming.

Today is Friday. 삶의 무게는 견디기 어렵고, 재정은 바닥나고, 관계는 부서지고, 기도해도 변화는 없고, 사랑해도 외면당하고, 믿어도 고통은 여전하다.

But Sunday's coming.

Today is Friday. 세상은 묻는다. "하나님은 어디 계시는가? 네 믿음은 무슨 의미인가?" 쉽게 대답하지 못하고 고개를 떨군다.

But Sunday's coming.

Today is Friday. 사단은 잔치를 벌인다. "예수가 죽었노라. 교회는 끝났노라. 네 삶은 여기까지"라고 속삭인다.
But Sunday's coming.

Today is Sunday(오늘은 주일이다). 주일의 새벽, 무덤은 비어 있고, 죽음을 이기신 예수 그리스도께서 말씀하신다. "두려워하지 말라. 내가 먼저 너보다 앞서가노라."
Friday is gone(금요일은 지나갔다).

Today is Sunday. 주님은 무너진 인생을 다시 일으키신다. 깨어진 가정에 화해의 바람이 불게 하시고, 병든 몸 위에 치유의 손을 얹으신다. 불안한 마음엔 다시 용기의 숨결을 불어넣으시며, 주저앉은 삶에는 일어설 이유를 주신다. 울고 있는 자의 눈물을 닦아주시고, 절망의 골짜기엔 생명의 샘을 터뜨리신다.
Friday is gone.

Today is Sunday. 갑작스러운 해고 통보 앞에 고개를 떨군 이에게, 아이의 질병 앞에 속수무책인 부모에게, 무너진 관계 속에서 홀로 버텨온 영혼에게 주님은 말씀하신다.
"보라, 내가 새 일을 행하리니 이제 나타낼 것이라."
Friday is gone.

Today is Sunday. 한밤중 주저앉아 기도조차 하지 못하던 그 자리에도 부활의 빛은 찾아온다. 아무리 닫힌 인생의 문이라 해도, 그리스도의 손에선 다시 열린다. 모든 것이 멈춘 것 같은 날에도, 하늘은 여전히 움직이고 있다.

Friday is gone.

Today is Sunday. 우리는 더 이상 패배의 이야기 속에 살지 않는다. 십자가는 끝이 아니었고, 무덤은 입을 다물었고, 예수는 살아나셨다. 그분이 살아 계시기에, 우리도 다시 살아날 수 있다.

Friday is gone.

Today is Sunday. 우리는 더 이상 두려움에 끌려다니지 않는다. 믿음으로 다시 사랑하고, 기도로 다시 싸우고, 소망으로 다시 꿈꾼다. 실패는 끝이 아니며, 아픔은 막힌 담이 아니다. 그리스도의 부활은 우리의 삶 곳곳에서 '다시'를 가능하게 한다.

Friday is gone.

오늘이 금요일처럼 느껴질 수 있다. 깊은 어둠 속에 떨어진 것처럼 느낄 수 있다. 그러나 기억해야 한다. 주일은 반드시 온다. 그래서 눈물도, 사망도, 상실도 우리의 마지막 문장이 될 수 없다. 주일은 무덤 뒤의 영광이며 십자가 이후의 승리이다.

금요일은 인간의 끝이었으나 주일은 하나님의 시작이다. 주일이 왔기에 우리는 다시 일어선다. 금요일은 지났기에 우리는 십자가에서 그 영광스러운 부활의 장엄한 서곡을 듣는다.

예수님의 부활로 돌아가자

chapter 11

믿기 힘든 이야기

예수 그리스도의 부활 사건은 오늘날 믿음을 향해 나아가려는 사람들에게 가장 큰 걸림돌이다. 많은 이가 예수님이 이 땅에 남긴 삶을 숭고하게 여기고, 그분의 가르침에 감명을 받으며, 그분의 죽음 앞에서는 숙연해진다. 그분이 성인의 삶을 살아냈으며 마땅히 존경받을 만한 인물이라는 데는 이견이 없다. 그러나 "죽은 자 가운데서 살아나셨다"라는 부활 선언 앞에서는 걸음을 멈춘다. 죽음을 이긴 자가 있다는 말, 무덤을 열고 다시 살아났다는 주장은 현대인의 이성에 대한 모욕으로 받아들인다.

만일 예수님이 단순히 위대한 성인에 불과했다면, 그분은 결코 부활하실 수 없었을 것이다. 반대로 그분이 참으로 죽음을 이기고 다시 살아나셨다면, 그것은 그분이 단지 존경받을 위인이 아니라 참 하나님이라는 증거가 된다.

예수님이 스스로 예고하신 대로 부활하지 않으셨다면, 우리는 그분의 모든 말씀을 의심해야 마땅하다. 그 말들은 더 이상 진리일 수 없고, 그분의 삶은 거짓에 불과하다. 그러나 참으로 죽음을 이기고 다시 살아나셨다면, 그분의 모든 말씀을 신뢰해야 하며, 그분이 하나님이 시며 하나님의 아들이심을 고백하고 믿어야 한다. 바로 그 이유로 부활은 기독교 신앙의 중심이며, 모든 믿음의 토대이다. 부활 없는 기독교는 뿌리 잃은 나무요, 생명 잃은 노래에 불과하다.

현대인들이 '예수 그리스도의 부활'이라는 역사적 선언 앞에서 흔히 범하는 오류 중 하나는 고대인들이 과학적 지식이 부족해서 부활을 더 쉽게 믿었을 거라는 가정이다. 하지만 이는 근거 없는 오만이며 시대에 대한 무지에 가깝다. 부활은 고대 사회에서도 결코 받아들이기 쉬운 개념이 아니었다.

헬라 문화권, 특히 플라톤주의의 영향 아래에서 영혼은 고귀한 것이고, 육체는 영혼을 가두는 감옥에 불과하다고 여겨졌다. 그들에게 죽음은 억압적 육체로부터의 해방이며, 영혼이 순수한 이상 세계로 옮겨가는 과정이었다. 그런 세계관 속에서 죽은 자의 부활은 기적이 아니라 오히려 영혼을 다시 육신에 가두는 퇴보요 비극적 역행에 불과했다. 바울이 아테네의 아레오바고에서 예수님의 부활을 설교했을 때, 사람들이 조롱으로 응답했던 이유도 바로 이 철학적 배경 때문이었다 (행 17:32).

유대 사회 또한 크게 다르지 않았다. 사두개인들은 아예 부활 자체를 부정했고, 바리새인들조차 부활은 여호와의 완전한 통치가 임하고 메시아의 나라가 온전히 실현된 후, 곧 세상의 종말에야 가능한 일로 이해했다. 그들이 꿈꾸던 부활은 어린양과 사자가 함께 풀을 뜯고 아이가 독사와 함께 놀 수 있는 평화의 시대에 일어날 최종 사건이었다. 그러므로 누군가가 이미 부활했다는 선언은 곧 "하나님나라가 지금 완성되었다"라는 주장으로 들렸기에 유대인들에게 심각한 신학적 충격이었다. 예수님의 부활이 곧 하나님의 통치가 시작되었다는 표지라면, 세상은 이미 전혀 다른 차원으로 접어들었다는 뜻이기 때문이었다. 이처럼 부활은 믿기 힘든 이야기였다.

부활을 입증하기 위해서 전제되어야 할 사실

예수 그리스도의 부활이 실제로 일어난 역사적 사건임을 입증하기 위해서는 몇 가지 전제되어야 할 사실이 존재한다.

1) 예수께서 실제로 죽으셨다는 사실

부활은 본질적으로 죽음을 전제로 한다. 따라서 예수님이 십자가 위에서 실제로 생물학적 죽음을 경험하셨는가에 대한 역사적 확증이 선행되어야 한다.

예수님은 본디오 빌라도의 판결에 따라 십자가에 못 박혀 처형되셨으며, 복음서들은 이 사건을 공통으로 기록하고 있다. 그러나 복음서의 증언만으로는 객관적인 역사로 입증되었다고 보기 어렵다고 생각하는 사람이 많다. 그들은 신뢰할 만한 역사적 사실로 확정되기 위해서는 예수님의 제자들 혹은 추종자들이 아닌 당대의 비기독교인 기록자들 역시 이 사건을 언급해야 한다고 주장한다.

이런 기준을 충족시키는 대표적 인물 중에 푸블리우스 코르넬리우스 타키투스(Publius Cornelius Tacitus, 56-117)가 있다. 그는 로마의 저명한 역사가로 기독교에 대단히 비판적이었는데도 그의 역사 기록에는 네로 황제가 로마 대화재의 책임을 그리스도인들에게 전가하며 박해를 가했다고 적었다. 타키투스는 "'그리스도'(Christus)라는 자가 티베리우스 황제 통치 시기에 본디오 빌라도의 명령에 따라 십자가 극형을 받았다"라고 기록했다. 또한 이 '미신적 신앙'이 유대에서 시작되어 로마에까지 퍼져 인기를 얻고 있다고 기록했다. 그의 관점에서는 미신이었지만, 그만큼 기독교 신앙의 확산을 부인할 수 없었음을 시사한다.

또한 유대 역사가 플라비우스 요세푸스(Flavius Josephus) 역시 예수님이 십자가에서 처형되었다는 사실을 언급했다. 놀랍게도, 자유주의 성경학자들이나 무신론자 학자들조차 예수님의 실제 죽음을 부정하지 않는다. 예를 들어, '예수 세미나'(Jesus Seminar, 역사적 예수 연구를 대중화한 자유주의 신학 모임)의 주요 인물이었던 존 도미닉 크로산은 다음과 같이 언급한다.

"예수가 본디오 빌라도에 의해 십자가에 달렸다는 것은 역사적 사실 가운데서도 가장 확실한 것이다. 만일 예수의 제자들이 100년 동안 아무 기록도 남기지 않았더라도, 우리는 예수를 따르지 않은 두 역사가(요세푸스와 타키투스)를 통해 예수의 죽음을 확인할 수 있다."

이런 중언들은 예수님의 죽음이 단순한 기절이나 의식 상실 상태에서 비롯된 오해가 아니라 실제로 숨이 끊어진 죽음이었다는 사실을 확증한다. 즉, "예수님이 십자가 형벌로 인해 잠시 기절했다가 무덤 안의 시원한 공기 속에서 깨어났다"라는 '소생설'을 정면으로 반박하는 근거다.

당시 로마제국이 집행한 태형은 인간의 고통 한계를 초월하는 극도로 잔혹한 형벌이었다. 단순한 체벌이 아니라 처형 직전에 심신을 완전히 무력화하기 위한 목적을 지닌 이 형벌은, 피고인의 몸을 해체하다시피 하는 파괴적 결과를 초래했다. 의학자들의 분석에 따르면, 로마 병사들이 휘두른 채찍은 날카로운 뼛조각이나 납덩이를 끝에 달고 있어 타격이 반복되면 피부는 물론 깊은 골격근까지 찢어지며, 살점이 피와 함께 리본처럼 흘러내리는 상태에 이른다고 한다.

4세기 교부 유세비우스(Eusebius)는 태형의 참혹함을 다음과 같이 증언했다.

"채찍에 맞은 사람의 정맥이 밖으로 드러났고, 근육, 뼈, 심지어 창자까지 보일 정도였다."

그의 이 기록은 단순한 수사적 과장이 아니라 로마식 처형이 육체를 어떤 방식으로 철저히 파괴했는지를 보여주는 역사적 단면이자, 예수 그리스도께서 겪으신 고난의 깊이를 확인시켜 주는 자료다. 이처럼 예수께서 채찍에 맞으신 고통은 상징적 희생이 아닌, 생물학적으로 돌이킬 수 없는 실질적 죽음을 향한 여정이었다. 그분의 죽음이 실제였음을 입증하는 한 증거로서 로마의 태형은 단순히 죽음의 전 단계가 아니라, 그 자체로 이미 치명적인 형벌이었음을 이해해야 한다.

태형의 극심한 고통은 종종 저혈량 쇼크(hypovolemic shock)를 유발한다. 과도한 출혈로 혈액의 양이 급감하면서 심장이 더 이상 충분한 혈류를 퍼 올릴 수 없어, 혈압이 급격히 저하되고 의식이 흐려지거나 기절에 이르는 상태를 말한다. 심각한 경우, 신장은 혈류 공급 부족으로 기능이 정지되고 체내는 탈수 증세를 보이며 극심한 갈증을 느끼게 된다.

이런 의학적 증상은 십자가 위에서 예수님이 외치셨던 말씀, "내가 목마르다"(요 19:28)의 상황과 정확히 일치한다. 이는 단순한 육체적 고통의 표현이 아니라 실제로 극심한 출혈과 탈수로 인한 생리학적 증세의 절정에서 나온 절박한 외침이었다. 예수님이 겪으신 고통은 상징이나 은유가 아니라 뼈와 살을 찢는 실제적 죽음의 과정이었다. 십자가 위에서 터져 나온 그 한마디는 그분이 진정한 인간으로서 고통을 감내하셨음을 보여주는 결정적 증거다.

안식일이 다가오자, 유대 종교 지도자들의 요청에 따라 로마 군인들은 십자가에 처형된 죄수들의 숨이 빨리 끊어지도록 다리를 꺾었다. 이는 더 이상 호흡을 지속하지 못하게 하기 위한 조치였다. 그러나 예수님은 이미 운명하신 상태였기에 다리가 꺾이지 않자, 대신 한 로마 병사가 그분의 옆구리를 창으로 찔렀다(요 19:34). 이에 대해 복음서는 "곧 피와 함께 물 같은 것이 흘러나왔다"라고 증언한다.

의학적 소견에 따르면 저혈량 쇼크가 장시간 지속되면 심박수가 비정상적으로 빠르게 유지되어 심장을 둘러싼 심낭에 체액이 고이는 심낭 삼출(pericardial effusion)과 폐를 감싸는 흉막강에 액체가 고이는 늑막 삼출(pleural effusion)이 발생할 수 있다. 이런 의학적 설명은 복음서에 기록된 '물과 피'의 분출 현상을 뒷받침하며, 예수님의 시신이 찔렸을 때 흘러나온 액체는 단순한 상징이 아니라, 극심한 고통과 생리학적 고갈의 결과로 발생한 신체적 반응으로 해석할 수 있다.

복음서의 기록뿐만 아니라 예수님을 메시아로 믿지 않았던 고대 역사가들의 기록을 통해서도 예수님이 본디오 빌라도의 명령으로 십자가형을 받아 실제로 죽임을 당하였다는 사실이 확인된다.

윌리엄 D. 에드워즈 박사는 《미국 의학협회 저널》(Journal of the American Medical Association)에 기고한 논문에 명확히 진술했다.

"역사적, 의학적 증거들을 종합적으로 검토해 볼 때, 예수는 창에 옆구리를 찔리기 전에 이미 사망한 상태였다. 따라서 예수가 십자가 위에서 죽지 않았다는 가정에 기반한 모든 해석은 현대 의학의 관점에서 볼 때 설득력을 잃는다."

그는 예수님의 죽음을 역사적이고 의학적인 차원에서 확정된 사실로 보고 있다.

2) 예수님의 시신이 무덤에 실제로 안치되었다는 사실

예수님의 부활이 역사적 사건이라면 그분의 시신이 무덤에 실제로 안치되었다는 사실 또한 역사적으로 입증할 수 있는 근거를 갖추고 있어야 한다.

이는 부활에 대한 다양한 반론들을 검토할 때, 더욱 중요하게 작용한다. 부활을 부정하는 근거로 제자들이 예수님의 시신을 훔쳐 갔다거나 부활의 첫 증인인 여인들이 무덤을 혼동하여 다른 장소에서 빈 무덤을 목격하고 부활하신 것이라 착각했다는 주장도 있는데, 이런 반론들을 반박하기 위해서라도 예수님의 시신이 실제로 무덤에 안치되었는가에 대한 확인이 선행되어야 한다.

복음서들은 예수님의 시신을 요구하여 장사한 인물로 아리마대 요셉을 언급한다. 그는 산헤드린 공회원이었으며, 함께 등장하는 니고데모 역시 공회원이었다. 둘은 단지 익명의 추종자가 아니라, 유대 사회 고위층에 속한 유력한 인물이었다. 특히 요셉은 상당한 재산과 사회적 영향력을 가졌는데 그런 위치에 있는 자가 반역죄로 십자가형을 당한 예수님의 시신을 요구하고 장례를 치른다는 건 개인의 모든 것을 걸어야 하는 행위였다. 이는 단순한 경건함이나 동정심을 넘어선 사회적 위험을 감수한 결단이었다.

역사적 사실성을 판단하는 학문적 기준 중 하나인 '당혹성의 기준'(Criterion of Embarrassment)은 만일 어떤 기록이 당사자에게 불이익이나 수치심을 안겨주는 내용이라면 그것이 창작되었을 가능성은 낮고 오히려 실제로 있었던 사실일 가능성이 높다는 원리를 따른다. 이 기준에 비추어 보면, 산헤드린 공회원이자 부유한 지도층인 요셉이 반역자의 시신을 직접 장사했다는 사실은 초대 기독교 공동체가 만들어내기에는 오히려 부담스럽고 불편한 내용이기에 역사적 신뢰성을 담보하는 자료로 평가된다.

무신론자이자 Infidels.org(무신론자들을 위한 인터넷 사이트)의 창립자인 제프리 로우더조차 "예수가 아리마대 요셉에 의해 장사되었을 가능성은 매우 높으며, 초기 기독교인들이 이 인물을 날조했을 가능성은 희박하다"라고 인정했다.

결론적으로 예수님의 죽음은 실제였으며, 그의 시신은 아리마대 요셉에 의해 장사되었다는 사실은 복음서와 비기독교적 자료 그리고 현대 역사학 관점에서도 충분히 입증할 수 있는 사실로 받아들여진다.

3) 예수님의 무덤이 실제로 비어 있었다는 사실

예수 그리스도의 부활을 설명하기 위해 반드시 짚어야 할 세 번째 역사적 사실은, 예수님의 무덤이 실제로 비어 있었다는 점이다.

사복음서 모두 공통으로 안식일이 지난 후 첫날, 즉 주일 새벽에 여인들이 향료를 가지고 예수님의 무덤을 찾았으나 무덤의 입구를 막고 있던 돌이 굴려져 있었고, 무덤이 빈 상태로 발견되었다고 증언한다.

예수님의 부활을 오랜 기간 연구해 온 기독교 변증학자 게리 하버마스는 1975년 이후 예수님의 빈 무덤에 대해 발표된 약 3,400편의 학술 문헌을 분석한 결과, 75퍼센트 이상의 학자가 예수님의 무덤이 실제로 비어 있었다는 사실이 역사적으로 신뢰할 만하다고 인정했다고 보고한 바 있다.

왜 이 '빈 무덤의 사실'이 중요한가? 마태복음의 기록에 따르면 유대 종교 지도자들은 예수님의 죽음 이후에도 그가 부활하리라고 한 말을 염두에 두고 빌라도에게 보초를 세워 무덤을 지키게 해달라고 요청했다. 제자들이 시신을 훔쳐 간 후 예수님이 부활했다고 주장할 수 있다는 우려 때문이었다. 이에 빌라도는 경비병을 파견하고 무덤 입구를 봉인하여 철저히 감시하게 했다. 이처럼 로마의 권위 아래 예수님의 무덤은 공적으로 감시되었으며, 그 시신을 지키지 못할 경우 경비병들은 목숨을 잃을 수도 있었다.

그러나 그 무덤은 빈 상태로 발견되었다. 만일 예수님의 시신이 여전히 무덤 안에 있었다면 부활의 소문이 퍼질 당시 로마 당국이나 유대 종교 지도자들은 단순히 그 시신을 꺼내 대중 앞에 제시함으로써 부활에 관한 주장을 단숨에 무력화할 수 있었을 것이다. 부활이 사기극이었다면, '예수 운동'(Jesus Movement)은 연기처럼 사라졌을 것이다. 하지만 누구도 예수님의 시신을 보여주지 못했기에 무덤이 비어 있다는 사실을 인정할 수밖에 없었다.

마태복음은 이런 상황 속에서 대제사장들과 장로들이 군인들을 돈으로 매수하여 "제자들이 밤에 와서 시체를 훔쳐 갔다"라고 증언하게 했다고 기록한다. 초대 교부들인 순교자 저스틴과 터툴리안도 이와 같은 시도에 대해 언급한 바 있다. 만약 무덤이 비어 있지 않았다면, 그러한 거짓 증언조차 필요하지 않았을 것이다. 제자들이 예수님의 시신을 훔쳐 갔다는 거짓을 꾸며내야 했다는 사실이 무덤이 실제로 비어 있었음에 대한 강력한 반증이다.

1930년 나사렛에서 발견된 '나사렛 비문'(Nazareth Inscription)에는 "돌무덤에서 시체를 훔쳐 가는 자는 사형에 처한다"라는 로마 황제의 칙령이 기록되어 있었다. 도굴범들은 일반적으로 금은보화를 노리기에 시체를 훔치는 행위에 대한 특별한 금지령은 이례적이다. 이 칙령의 시기는 예수님의 십자가 처형 시기와 겹치며, 당시 예수님의 빈 무덤이 사회적 혼란을 초래했음을 방증하는 역사적 자료로 해석할 수 있다.

고대 역사가인 폴 마이어는 다음과 같이 종합적으로 평가한다.

"유대인 비평가들도 기독교인들처럼 돌무덤이 비어 있었다는 사실에 동의한다. 다만 그들은 초자연적 부활을 인정하는 대신, 자연적인 방식으로 설명하려고 할 뿐이다."

마이어가 언급한 '자연적 설명'이란 제자들이 예수님의 시신을 몰래 훔쳐 갔다거나, 여인들이 무덤의 위치를 착각해 엉뚱한 장소를 찾았고, 그 착오가 '부활'이라는 소문을 낳았다는 주장들이다.

예수님의 무덤이 비어 있었다는 사실은 역사적으로 검토할 수 있는 실제 사건이었다. 복음서의 증언에 따르면 예수님은 본디오 빌라도에 의해 십자가형에 처했고, 아리마대 요셉에 의해 장사되었으며, 그 무덤은 주일 새벽에 여인들에 의해 빈 채로 발견되었다. 이 사실은 유대 지도자들의 대응, 고대 비문, 그리고 비기독교 역사 기록을 통해서도 확인할 수 있다.

예수님의 부활은 신화인가?

예수님의 부활을 신화로 치부하는 이들은 그것이 예수님의 죽음 이후 시간이 흐른 뒤, 그의 추종자들에 의해 점차 신격화되며 형성된 종교적 전승이라고 주장한다. 그들은 기독교의 부활을 마치 고대 문화권에서 생성된 전설이나 신화처럼 사실과는 무관한 상징적 이야기로 여긴다.

그러나 일반적으로 신화가 형성되는 과정에는 상당한 시간의 간극이 요구된다. 신화는 대개 수 세대에 걸친 구전과 문헌의 축적 그리고 반복적인 편집 과정을 통해 형성되며, 그 전제 조건으로 '대상 인물과의 역사적 거리감'이 존재해야 한다. 다시 말해, 신화의 대상 인물과 그에 관한 증언이 유통되는 시대 사이에는 필연적으로 오랜 세월의 간격이 있어야 한다.

역사적으로도 입증된 바와 같이 신화는 그 인물을 직접 목격한 증인들이 사라진 후에야 비로소 설득력이 있다. 왜냐하면 살아 있는 증인들이 존재하는 동안에는 신화적 과장이 즉시 반박될 수 있기 때문이다. 그런데 예수 그리스도의 부활에 관한 증언은 그런 신화 형성의 전

형적인 조건과는 정반대의 특성을 보인다. 예수님의 죽음과 부활을 증언한 자들은 모두 그와 동시대를 산 인물이었다.

기독교의 부활 신앙은 예수님의 죽음 직후, 수년 내에 구체적인 신앙 고백과 신경(信經, 성경의 진리를 명확하게 요약해 공동체가 함께 고백하는 신앙 규범)의 형태로 교회 안에 정착되었으며, 여전히 다수의 목격자가 생존한 시점에 공식적으로 증거되었다. 이 사실은 바울이 고린도 교회에 전한 부활 신경에 분명히 나타난다.

> 내가 받은 것을 먼저 너희에게 전하였노니 이는 성경대로 그리스도께서 우리 죄를 위하여 죽으시고 장사 지낸 바 되셨다가 성경대로 사흘 만에 다시 살아나사 게바에게 보이시고 후에 열두 제자에게와 그 후에 오백여 형제에게 일시에 보이셨나니 그중에 지금까지 대다수는 살아 있고 어떤 사람은 잠들었으며 그 후에 야고보에게 보이셨으며 그 후에 모든 사도에게와 맨 나중에 만삭되지 못하여 난 자 같은 내게도 보이셨느니라 **고전 15:3-8**

부활의 신앙 고백이 담긴 고린도전서는 일반적으로 주후 55년경, 바울이 에베소에서 기록한 것으로 간주된다. 이는 예수님의 죽음으로부터 약 20년 후며 여전히 많은 목격자가 생존해 있던 시대였다. 바울은 "지금까지 대다수는 살아 있다"라고 기록하면서 독자들이 직접 그 증인들에게 확인할 수 있음을 암시한다. 이는 예수 그리스도의 부활이 추종자들에 의해 시작된 단순한 전승이 아니라, 검증할 수 있는 역사적 사실이라는 진술이다.

바울은 이 부활 신앙을 자신이 "받았다"라고 말한다. 그렇다면 그는 누구로부터 그것을 받았는가? 갈라디아서에 그 단서가 기록되어 있다.

> 그 후 삼 년 만에 내가 게바를 방문하려고 예루살렘에 올라가서 그와 함께 십
> 오 일을 머무는 동안 주의 형제 야고보 외에 다른 사도들을 보지 못하였노라
> 갈 1:18,19

바울이 다메섹 도상에서 부활하신 주님을 만난 후 약 3년이 지난 시점에 예루살렘을 방문하여 베드로와 야고보를 만났고, 이때 그는 초대 교회가 공유하던 부활 신앙의 공적 전승, 부활에 대한 신경을 직접 접했다. 이 방문 시점이 예수님의 죽음 후 약 5-8년 사이임을 고려할 때, 교회는 이미 그 짧은 시간 안에 부활에 대해 명확한 고백을 하고 있었음을 확인할 수 있다.

만일 부활이 조작된 이야기였다면, 시간이 흘러 목격자들이 모두 사라진 후에야 성립되었어야 한다. 그러나 실상은 정반대였다. 교회는 목격자들이 여전히 살아 있는 시대, 그것도 예루살렘이라는 십자가 사건의 중심지에서 가장 위험한 환경 속에서 부활을 선포했다. 이는 조작으로는 불가능한 고백이며, 죽음조차 두려워하지 않는 신앙 고백의 증거였다.

일부 회의론자들은 바울이 언급한 오백여 명의 목격을 집단 환각 현상으로 해석한다. 그러나 현대 심리학에 따르면 환상과 환각은 본질적으로 지극히 개인적인 심리 현상이며, 동일한 시간과 공간에서 수백 명이 같은 환각을 경험한다는 건 과학적으로 설명할 수 없는 일이다. 오히려 그것을 설명하려면 부활이라는 기적보다 더 비현실적인 가정을

해야 한다. 결국 예수님의 부활은 광신도들의 상상력에서 나온 신화나 전설이 아닌, 역사 속 실제로 일어난 사건이었음을 확인할 수 있다.

첫 목격자를 기록한 정직성

예수님의 부활이 실제 역사적 사건이라는 주장을 뒷받침하는 가장 인상적인 증거 중 하나는 복음서 기자들이 그 첫 목격자를 '여인들'로 기록하고 있다는 사실이다.

사복음서 기자 모두 예수님의 부활을 가장 먼저 목격한 자들은 남성이 아니라, 막달라 마리아와 또 다른 마리아, 살로메와 같은 여인들이었다고 기록했다.

> 안식일이 지나매 막달라 마리아와 야고보의 어머니 마리아와 또 살로메가 가서 예수께 바르기 위하여 향품을 사다 두었다가 … 무덤에 들어가서 흰 옷을 입은 한 청년이 우편에 앉은 것을 보고 놀라매 청년이 이르되 놀라지 말라 너희가 십자가에 못 박히신 나사렛 예수를 찾는구나 그가 살아나셨고 여기 계시지 아니하니라 보라 그를 두었던 곳이니라 막 16:1,5,6

오늘의 시각으로 보면, 여성이 예수님의 부활을 처음 목격했다는 사실은 특별히 이상하거나 불편하지 않을 수 있다. 그러나 1세기 유대 사회에서 도저히 상상할 수 없는 서술 방식이었다.

당시 여성은 사회적으로 무시당했고 법적으로도 신뢰할 만한 증언자로 인정받지 못했다. 《탈무드》에는 여성의 증언은 범죄자의 말과 마찬가지로 신뢰할 수 없다고 기록되어 있으며, 일부 랍비들은 "율법의 말씀을 여자들에게 전하느니 차라리 그것을 불태워 버리라"라고 가르칠 정도였다. 여성은 법정에 서서 증언할 자격도 없었고, 그 말은 공적 사실을 위한 증거가 될 수 없었다.

그렇기에 복음서 기자들이 예수님의 부활이라는 엄청난 역사의 시작을 여인들의 증언에 두고 있다는 사실은 오히려 강력한 역사적 정직성의 증거로 작용한다. 누군가 부활 사건을 조작하거나 미화하려 했다면 결코 여인들을 첫 목격자로 등장시키지 않았을 것이다. 유대 사회에서 증거의 효력을 가지려면 체면 있고 신뢰받는 유대인 남성, 특히 종교 지도자들이 증인으로 등장했어야 했다.

그런데도 복음서 기자들은 하나같이 막달라 마리아를 비롯한 여인들의 입술을 통해 부활의 소식을 전한다. 교회 공동체에조차 불리하게 작용할 수 있던 구조를 바꾸지 않은 채, 그대로 기록에 남긴 건 그 사실이 조작이 아닌 그대로의 사건이었음을 말해준다.

옥스퍼드대학교의 게자 버메쉬 교수는 유대교를 가르치는 학자였지만, 이 점을 강조하며 다음과 같이 평가했다.

"모든 주장을 고려하고 평가했을 때, 전통파든 자유주의자든 비판적인 불가지론자든 역사학자들이 받아들여야 하는 유일한 결론은 우리를 당황하게 만드는 팩트(사실)이다. 그것은 예수에게 마지막 경의를 표하려던 여인들을 낙담하게 했던 것이 시체가 아니라, 빈 무덤이었다는 것이다."

이 말은 중요한 진실을 증언한다. 여인들은 예수님의 시신에 향유를 바르기 위해 갔다. 그러나 그들이 마주한 것은 무덤 안에 놓여 있던 시신이 아니라 비어 있는 무덤과 천사의 메시지였다. 빈 무덤 앞에서 그들은 두려움과 경외심 속에 서 있었고, 부활의 첫 증인이 되었다.

이 모든 사실은 부활이 신화가 아니라 실제 사건이었음을 말해준다. 부활은 문학적으로 구성되거나 후대의 교리가 만들어 낸 상징이 아니라 불편함조차 가감 없이 드러낸 역사의 기록이다. 만일 부활이 조작되었다면 결코 여인들이 이야기의 전면에 등장하지 않았을 것이다. 그러나 그들은 그 자리에 있었다. 울었고, 달려갔고, 외쳤다.

"그분이 살아나셨다!"

바로 그 여인들의 눈물과 입술을 통해 교회는 부활의 첫 노래를 들었다.

제자들의 놀라운 변화

예수 그리스도의 부활이 실재한 역사적 사건이었음을 입증하는 또 하나의 강력한 증거는 부활 전에는 예수님을 믿지 않았던 자들이 부활하신 주님을 만난 이후 헌신적인 믿음의 사람으로 철저히 변화되었다는 사실이다. 만일 부활이 누군가의 상상 속에서 기획되고 꾸며낸 이야기였다면, 그 허구는 시간이 흐를수록 무게를 잃고 무너졌을 것이다. 허구는 사람을 일으키지 못하며, 환상은 결코 순교를 이끌지 못한다.

그러나 부활 이후 사람들은 무너진 게 아니라 오히려 일어섰다. 어제까지 숨어 있던 자들이 부활의 주님을 목격한 그 순간, 두려움을 넘어 담대함으로 나아갔다. 제자들은 고난을 감수했고 죽음을 불사하며 부활의 복음을 증언했다. 예수님을 의심하던 이들이 이제 그분을 위해 피를 흘리는 증인이 되었다.

특히 제자들의 변화는 부활의 진정성을 보여주는 대표적 증거다. 베드로는 부활 이전에 예수님을 세 번이나 부인했고, 나머지 제자들도 겟세마네에서 도망쳤으며, 십자가의 자리에는 감히 함께할 용기가 없었다. 그러나 부활 이후, 그들은 더 이상 숨지 않았다.

베드로는 로마에서 거꾸로 십자가에 달려 순교했고, 도마는 인도 땅까지 가서 복음을 전하다 창에 찔려 죽었다. 야고보는 예루살렘에서 돌에 맞아 순교했고, 요한을 제외한 모든 사도가 각자의 자리에서 피의 증인이 되었다.

이 급진적인 변화가 가능했던 이유는 오직 하나, 그들이 부활하신 주님을 실제로 만났기 때문이었다. 부활이 없었다면, 그 어떤 비전과 신념도 생명을 걸 만큼 강력할 수 없었다.

이런 변화는 예수님의 육신의 가족에게도 일어났다. 요한복음은 "그 형제들까지도 예수를 믿지 아니함이러라"(요 7:5)라고 증언했다. 심지어 그들은 예수님이 미쳤다고 생각하여 그분을 붙들러 오기도 했다(막 3:21). 그러나 주님의 부활 후, 예수님의 형제 야고보는 가장 충성스러운 제자가 되었다. 예루살렘 교회의 지도자가 되었고, 야고보서를 기록했다.

이 변화는 빈 무덤을 목격한 것만으로는 충분하지 않았을 것이다. 그는 부활하신 예수 그리스도를 직접 만난 후에 변화되었다. 바울은 부활하신 주님이 야고보에게 나타나셨다고 증언했다(고전 15:7).

이 모든 사람 중에서도 가장 극적인 변화의 주인공은 사도 바울이다. 그는 복음을 핍박하던 자였다. 스데반의 죽음에 동조했고 교회를 파괴하며 그리스도인들을 잡아들이는 데 열정을 불태우던 인물이다. 그런 그가 다메섹 도상에서 부활하신 예수님을 만난 뒤, 인생의 방향을 바꿨다. 핍박자에서 순교자로, 회의론자에서 사도 중 사도로.

그는 교회를 위해 누구보다 많은 고난을 받았고, 복음을 위해 삶을 헌신했으며, 로마에서 순교의 제물이 되었다. 그는 부활이 없다면 모든 믿음은 헛된 것이 된다는 사실을 담대하게 가르쳤다.

> 만일 죽은 자가 다시 살아나는 일이 없으면 하나님이 그리스도를 다시 살리시지 아니하셨으리라 … 그리스도께서 다시 살아나신 일이 없으면 너희의 믿음도 헛되고 너희가 여전히 죄 가운데 있을 것이요 고전 15:15,17

이런 엄청난 변화의 중심은 부활하신 예수 그리스도셨다. 그들은 십자가에 달려 죽으시고 장사된 후 3일 만에 부활하신 주님을 만난 후, 흔들리지 않는 믿음의 사람으로 거듭났다.

이 점에 대해서는 회의론자들도 입을 닫을 수 없었다. 20세기 가장 영향력 있는 자유주의 신학자인 루돌프 불트만조차 "모든 역사적 비평은 첫 제자들이 부활을 믿었다는 것을 확인한다"라고 인정했다.

또한 자유주의 신약학자 E. P. 샌더스는 이렇게 증언한다.

"예수의 추종자들이 (그리고 사도 바울까지) 경험한 부활은, 내 판단에 팩트다. 무엇이 이 경험을 하도록 했는지는 알지 못하지만, 나는 이들이 고의로 거짓말을 했다는 설명을 타당하다고 인정하지 않는다. 부활을 보았다는 많은 사람은 남은 인생을 부활한 예수를 외치며 보냈고, 수많은 사람이 이로 인해 죽었다."

무신론자이자 신약 비평학자인 게르드 뤼데만도 "예수의 죽음 이후에 베드로와 제자들이 부활한 예수를 경험했다는 것은 역사적으로 분명하다고 인정되어야 한다"라고 고백했다.

부활은 단지 이론이 아니라 사람을 바꾸는 사건이었고, 공동체를 새롭게 하는 현실이었다. 그 증인들이 남긴 피의 자국은 단지 열정의 흔적이 아니라 진실이 아니면 불가능한 신앙 고백의 증거였다.

초대 교회의 폭발적인 부흥

예루살렘에서 시작된 초대 교회의 폭발적인 부흥은 예수 그리스도의 부활이 역사적 사건이었다는 또 다른 강력한 증거였다. 만일 부활이 단지 상징적 표현이거나 신화적 구성에 불과했다면 기독교는 그 자리에서 즉시 소멸하였을 것이다. 왜냐하면 예수님은 예루살렘에서 공개적으로 십자가에 처형되었고 그의 무덤 또한 그곳에 있었기 때문이다. 만일 그의 시신이 여전히 무덤 속에 남아 있고, 부활이 제자들의 주관적 환상이나 감정적 위안에 근거한 것이었다면 예루살렘 한복판에서 부활을 선포하는 일은 애초에 불가능했을 것이다.

그러나 놀랍게도 그 예루살렘에서 예수님의 부활이 힘 있게 선포되었고, 그를 통해 교회는 태동했으며 불길처럼 부흥이 번져나가기 시작했다. 그 부흥의 기원은 실제로 비어 있던 무덤과 죽음에서 부활하신 예수님의 현현이었다.

너희가 나무에 달아 죽인 예수를 우리 조상의 하나님이 살리시고 이스라엘에게 회개함과 죄 사함을 주시려고 그를 오른손으로 높이사 임금과 구주로 삼으셨느니라 우리는 이 일에 증인이요 하나님이 자기에게 순종하는 사람들에게 주신 성령도 그러하니라 하더라 행 5:30-32

예루살렘은 예수님의 죽음과 장례를 지켜본 수많은 이가 살아 있는 도시였다. 그들 앞에서 제자들이 "예수님이 부활하셨다"라고 외쳤다는 건 그 외침을 검증할 수 있었음을 의미한다. 예수님의 무덤이 그대로 있었다면, 부활 선포는 단숨에 무너졌을 것이다. 그러나 부활 선포는 예루살렘을 흔들었고, 그 도시가 교회의 출발점이 되었다.

그 시체를 나무 위에 밤새도록 두지 말고 … 나무에 달린 자는 하나님께 저주를 받았음이니라 신 21:23

이 말씀은 유대인들에게 있어 십자가형을 당한 자는 하나님의 저주를 받은 자임을 의미했다. 그렇기에 예수님을 따르던 이들조차 십자가 죽음 이후엔 완전히 절망했다. 그런데 어떻게 그런 저주의 죽임을 당한 예수님이 예루살렘에서 구주로 선포되었는가?

설명은 단 하나, 예수님이 다시 살아나셨기 때문이다. 부활이 실제로 일어났기에 그분의 죽음은 저주가 아니라 구원의 길이 되었다. 그 진실 앞에서 사람들은 마음을 돌이켰고 예수님을 믿기 시작했다. 그들은 단지 이야기를 들은 게 아니라 그분을 만난 목격자들의 증언을 듣고 믿음의 사람들이 되었다. 그렇게 기독교는 예수님을 처형한 그 땅, 그분의 무덤 곁에서 시작되었다.

신약학자 N. T. 라이트는 말한다.

"역사학자로서 나는 예수께서 실제로 무덤에서 다시 살아나지 않으셨다면, 초기 기독교의 부흥을 설명할 수 없다."

로마제국 전역으로 불처럼 번져간 기독교의 확산 또한 부활의 역사성을 뒷받침한다. 예수님은 로마가 주목하지 않았던 갈릴리 출신의 떠돌이 교사였다. 그는 나라를 세우거나 군대를 일으키지도 않았다. 심지어 로마의 가장 수치스러운 형벌인 십자가에 달려 죽은 자였다. 그러나 단 몇 세기 안에 그를 믿는 자들은 로마의 황제 앞에서도 복음을 외쳤고 박해 속에서도 믿음을 굽히지 않았다.

종교 역사학자 야로슬라프 펠리칸도 초대 교회 부흥에 대해 이렇게 결론지었다.

"만일 예수께서 부활하지 않으셨다면, 기독교는 존재하지 않았을 것이다. 그러나 부활하셨다면, 그분에 대한 모든 것은 바뀐다."

또한 역사학자 마이클 그랜트도 증언한다.

"부활이 실제로 일어나지 않았다면, 그처럼 단기간에 그토록 많은 유대인이 예수를 메시아로 따르며 새로운 공동체를 형성한 현상을 설명할 방법이 없다."

부활이 없었다면 복음은 허구에 불과하며, 교회는 신기루 같은 환상에 지나지 않는다. 그러나 부활이 실제 사건이었다면 교회의 탄생은 필연적 열매요, 그 부흥은 부활의 메아리이다. 그 메아리는 예루살렘의 골목에서 시작되어 세월을 타고 역사를 울렸고 지금도 여전히 부활하신 예수님이 필요한 이들의 심령을 향해 흐르고 있다.

　우리는 지금까지 예수님의 부활이 단순한 신화나 전설, 혹은 제자들의 집단 환상이나 창작된 신앙극이 아니라 실제로 역사 속에서 일어난 사건임을 살펴보았다. 그렇다면 그 사실이 오늘을 살아가는 우리에게는 어떤 의미가 있는가? 2천 년 전 유대 땅에서 부활하신 예수님과 21세기를 살아가는 우리 사이에 과연 무슨 상관이 있을까?

　그 질문에 대한 대답은 분명하다. 상관이 있다. 아니, 상관이 있어야 한다. 예수님의 부활이 실제로 일어난 사건이라면 그 사건은 단지 과거의 역사로 끝나지 않고, 지금 여기 우리의 삶 한가운데에서 여전히 살아 있는 진리가 되어야 하기 때문이다.

　유진 피터슨 목사도 부활의 특별한 의미를 설명했다.

　부활은 소비자 종교와 은혜로운 복음을 나누는 분기점입니다. 우리를 두 부류로 나누는 사건입니다. 하나님이 자신에게 무엇을 주기를 바라는 사람과 하나님이 자신에게 무엇을 주기를 원하시는지 아는 사람. 하나님의 심부름을 몇 개 해주고 자기 삶에 의미를 좀 얻고자 하는 사람과 하나님이 자기 안에서 구원을 이루시게 하는 사람. 자신의 삶을 개선하기 위해서 하나님께 요구하러 교회에 오는 사람과, 믿음과 소망의 삶을 살라는 하나님의 말씀을 들으러 교회에 오는 사람.

　하나님께 무언가를 원하거나, 하나님을 위해서 무언가를 하거나, 하나님께 우리의 생각을 말하는 것은 아무런 문제가 없습니다. 그러나 하나님은 우리 삶과 우리 세상에 자유롭게 살아 계시는, 우리를 위하시는 분이시며, 우리는 그저 그 하나님을 믿고 순종하고 예배하고 흠모할 뿐이라는 사실을 깨닫는 순간이 옵니다. 저는 그것을 부활의 지점, 자기 자신에게 골몰하던 시기에서 자신에게 골몰하시는 하나님께 집중하는 시기로 넘어가는 지점이라고 부릅니다. 부활절 아침과 그 뒤에 오는 우리의 모든 주일은 바로 그것을 표시하는 것입니다. 이제 사전 작업은 끝났고 경주는 시작되었습니다. 영원한 삶이 시작되었습니다. 여러분은 준비가 되셨습니까? 받아들이겠습니까? 거절하시겠습니까?

– 유진 피터슨,《물총새에 불이 붙듯》중에서

피터슨 목사의 통찰처럼 부활은 삶의 궤도를 바꾸는 분기점이며 믿음의 본질을 다시 회복하는 전환점이다. 부활이 실제라면, 예수님의 모든 말씀은 진리이며, 그에 대한 우리의 반응은 가볍지 않아야 한다. 부활을 진심으로 믿는다면, 우리 안에서는 새로운 노래가 시작되어야 한다. 바로 부활의 노래다.

예수님의 부활은 단지 종교적 교리에 머물지 않는다. 그것은 성도의 삶을 견인하고, 교회의 심장을 다시 뛰게 하며, 오늘이라는 삶의 현장에 하늘의 능력과 생명력을 불어넣는 실제적인 사건이다. 삶의 무너진 자리를 다시 일으키고, 희망이 사라진 마음에 다시 불을 지피며, 죽은 것 같은 신앙에도 생기를 불어넣는다.

이제 우리는 그 부활의 진실 앞에 선다. 머뭇거림 없이, 멈췄던 부활의 노래를 다시 부르며 예수께로 돌아가자.

부활의 노래를 들은 사람들

이제 우리는 부활의 노래를 들은 두 사람의 이야기 속으로 들어가려 한다. 이들의 이야기는 단지 과거에 머문 기록이 아니라 오늘을 살아가는 우리의 자화상이기도 하다. 실패와 의심, 눈물과 망설임의 자리에 서 있던 그들처럼 우리 또한 믿음의 길목에서 흔들릴 때가 있다. 그러나 부활하신 주님의 음성은 그들을 일으켜 세웠고, 마침내 그들의 삶을 완전히 바꿨다. 우리는 그 변화의 흔적을 따라가며, 오늘 우리에게도 여전히 울려오는 부활의 노래 안으로 깊이 들어가 보고자 한다.

실패의 끝자락에서 들려온 부활의 노래

베드로가 대답하여 이르되 모두 주를 버릴지라도 나는 결코 버리지 않겠나이다 마 26:33

베드로 안에 근거 없는 자신감이 넘쳤다. 위의 고백은 자신의 충성을 맹세한 게 아니었다. 그의 말에는 다른 제자들과 비교해서 자신의 헌신과 충성도가 월등하다는 영적 교만이 담겨 있었다. 그것이 베드로의 왜곡된 정체성이었다. 하지만 그는 예수님을 부인했고, 저주까지 했다. 예수님을 세 번이나 부인했던 그는 철저한 실패자였다. 불꽃 같던 고백은 차디찬 저주의 언어로 바뀌었고, 닭이 울자 그의 심장은 무너져 내렸다. 그 밤의 눈물은 단지 죄책감이 아니라 스스로에 대한 절망이었을 것이다.

누구나 실패한다. 그것이 인생의 변하지 않는 진실이다. 그러나 믿음의 사람에게 실패는 단순한 흑역사가 아니라, 새로운 시작을 위한 성숙의 통로가 된다. 하나님은 우리의 실패를 외면하지 않으신다. 도리어 그 속에 더 깊은 은혜를 부으시고, 다시 일으켜 세우신다. 부활은 그 은혜의 가장 강력한 증거다.

베드로는 빈 무덤을 보았고, 부활의 증인의 증언도 들었고, 부활하신 예수님도 만났지만 쉽게 복음의 자리로 돌아가지 못했다. 다시 그물로, 다시 물가로, 첫 부르심 이전의 삶으로 돌아갔다. 그는 자격이 없다고 느꼈을 것이다. 실패는 그를 무력화했고, 그의 심령은 여전히 밤이었다.

그러나 부활하신 주님이 실패자 베드로를 찾아오셨다. 그리고 아침 햇살 아래 호숫가에서, 따뜻한 숯불 앞에서 물고기를 구우시며 베드로를 바라보셨다. 그가 주님을 배반했던 곳도 불 앞이었다. 예수님이 베드로의 실패를 향해 부활의 노래를 부르시는 곳도 숯불 앞이었다.

그들이 조반 먹은 후에 예수께서 시몬 베드로에게 이르시되 요한의 아들 시몬아 네가 이 사람들보다 나를 더 사랑하느냐 하시니 이르되 주님 그러하나이다 내가 주님을 사랑하는 줄 주님께서 아시나이다 이르시되 내 어린양을 먹이라 하시고 또 두 번째 이르시되 요한의 아들 시몬아 네가 나를 사랑하느냐 하시니 이르되 주님 그러하나이다 내가 주님을 사랑하는 줄 주님께서 아시나이다 이르시되 내 양을 치라 하시고 세 번째 이르시되 요한의 아들 시몬아 네가 나를 사랑하느냐 하시니 주께서 세 번째 네가 나를 사랑하느냐 하시므로 베드로가 근심하여 이르되 주님 모든 것을 아시오매 내가 주님을 사랑하는 줄을

주님께서 아시나이다 예수께서 이르시되 내 양을 먹이라 요 21:15-17

실패자 베드로를 향해 예수님은 의외의 질문을 던지셨다.

"네가 나를 사랑하느냐?"

예수님은 "너, 왜 그랬느냐"라고 묻지 않으셨다. "왜 나를 부인했느냐"라고 따지지 않으셨다. 대신 사랑을 물으셨다. 부활의 노래는 실패한 자를 다시 부르시는 하나님의 음성이다.

세 번의 질문은 베드로의 세 번의 부인을 덮는다. 그 사랑의 질문 속에서 주님은 새로운 사명을 주신다.

"내 어린양을 먹이라."

예수님은 용서만 하시지 않았다. 사명을 회복시키셨다. 부활은 단지 과거를 지우는 사건이 아니라, 미래를 다시 쓰게 하시는 하나님의 선언이다.

1) 부활의 노래는 믿음의 사람 안에 숨겨진 교만을 부순다

팀 켈러 목사는 베드로의 내면에 자리했던 교만을 미로슬라브 볼프 교수의 언어를 빌려 '거짓 정체성'이라고 부른다. 베드로가 자신의 존재 가치를 다른 제자들과 비교하여 우위에 있다는 데서 찾았다는 것이다. 자신이 더 충성스럽고, 더 뜨겁고, 더 진실하다고 여겼던 태도는 주님을 향한 사랑이라기보다, 자기를 드러내려는 의지의 그림자였다.

우리 안에도 종종 신앙이라는 옷을 입은 '자만'이 자리한다. 자신이 가진 열심과 충성심에 대한 과신, 자신의 분별과 판단에 대한 신뢰가 마치 믿음처럼 보이지만, 사실은 교묘하게 포장된 교만일 때가 많다.

그러나 부활의 노래가 울려 퍼지는 곳에서 그런 자만은 무너지고 진실한 믿음이 다시 솟아난다.

예수님은 베드로의 거짓된 자존감을 무너뜨리실 때 언성을 높이지 않으셨다. 대신 조용히, 그러나 날카롭게 물으셨다.

"요한의 아들 시몬아, 네가 이 사람들보다 나를 더 사랑하느냐?"

이 질문은 단지 사랑의 정도를 측정하려는 게 아니었다. 베드로 내면 깊숙이 숨어 있던 비교의식과 경쟁의식 그리고 거짓된 자기 정체성을 드러내는 날카로운 빛이었다. 그러자 부활의 주님 앞에서 그 교만이 말없이 무너져 내렸다. 부활의 노래를 들은 베드로는 마침내 진실한 사랑 고백으로 응답한다.

"주님, 제가 주님을 사랑하는 줄 주님께서 아시나이다."

이 고백은 더 이상 자기 확신에서 비롯된 말이 아니었다. 형제들과 비교하며 자신을 높이던 거짓 자존감이 무너지고, 주님 앞에 머무는 겸손한 믿음이 피어난 순간이었다. 이제 그는 자기를 내세우지 않는다. 사랑을 말하면서도, 그 진위를 스스로 증명하려 하지 않는다. 대신 주님께서 아신다는 것만으로 충분하다고 고백한다.

부활의 노래는 자기를 내세우던 교만함을 꺾고, 하나님께 의지하는 겸손한 믿음이 태어나게 한다. 그 믿음은 소리 높이 외치는 확신이 아니라 무너진 심령 위에 피어나는 부드러운 사랑의 속삭임이다. 베드로는 그 자리에서 다시 태어났다. 자신을 높이려 했던 '옛 베드로'는 무너졌고, 주님의 손에 쓰임받는 '새로운 베드로'가 일어서기 시작했다.

2) 부활의 노래는 새로운 출발의 문을 열어준다

주님은 베드로의 실패를 못 본 척하지 않으셨다. 오히려 그 실패를 더 깊은 사랑과 더 뜨거운 사명을 심어주시는 기회로 삼으셨다. 실패했지만, 그 때문에 더욱 강력한 은혜가 흘러간다. 부활의 노래가 흘러가는 곳에 베드로처럼 실패한 자를 사명의 자리에 세우시는 하나님의 은혜의 역사도 흘러간다.

베드로는 다시 일어섰다. 그리고 오순절에 복음을 담대히 전하는 설교자가 되었고, 예루살렘 교회의 기둥이 되었다. 그의 실패는 사라진 게 아니라 하나님의 손에 들려 다시 쓰임받게 되었다. 부활은 우리의 실패조차 사명의 일부로 바꾸시는 하나님의 능력이다.

그러므로 예수님의 부활을 믿고, 부활의 노래를 부르는 성도는 실패 앞에서 주저앉지 않는다. 부활은 단지 무덤을 이긴 사건이 아니라 낙심과 자기혐오, 죄책감이라는 내면의 무덤에서 우리를 건져 올리시는 하나님의 승리이기 때문이다.

실패는 끝이 아니다. 부활은 실패 이후에도 여전히 길이 있다는 하나님의 선언이다. 인생의 깊은 실패의 끝자락에서 부활의 노래를 부르며 부활의 주인이신 예수께로 돌아가자.

의심의 거친 파도를 뚫고 들려오는 부활의 노래

열두 제자 중의 하나로서 디두모라 불리는 도마는 예수께서 오셨을 때에 함께 있지 아니한지라 다른 제자들이 그에게 이르되 우리가 주를 보았노라 하니 도마가 이르되 내가 그의 손의 못 자국을 보며 내 손가락을 그 못 자국에 넣으며

내 손을 그 옆구리에 넣어보지 않고는 믿지 아니하겠노라 하니라 … 도마에게
이르시되 네 손가락을 이리 내밀어 내 손을 보고 네 손을 내밀어 내 옆구리에
넣어보라 그리하여 믿음 없는 자가 되지 말고 믿는 자가 되라 도마가 대답하
여 이르되 나의 주님이시요 나의 하나님이시니이다 요 20:24,25,27,28

도마는 의심이 많은 제자였다. 예수님의 부활 소식을 도저히 믿을
수 없었다. 더 안타까운 사실은 3년을 동고동락했던 제자 공동체가
그의 의심을 해결하거나 설득할 수 있는 공동체가 아니었다는 점이다.
"그분의 상처를 손으로 만져보지 않고서는 믿을 수 없다"라는 그의 고
집 앞에서 누구도 그의 닫힌 마음을 열지 못했다. 그의 고집은 단지 불
신이 아니라, 고립된 믿음의 상처였다.

이 시대, 세속화의 물결이 거세게 밀려온다. 물론 이는 우리 세대만
의 현상은 아니나, 그 물결 앞에서 때때로 무력감을 느끼는 것은 부인
할 수 없다. 의심과 불신의 파도가 쉼 없이 덮쳐올 때, 그리스도인으로
살아간다는 게 결코 쉽지 않게 느껴진다. 믿음은 낡고 비이성적인 것
으로 치부되고, 오히려 의심과 불신은 성숙한 사고의 표지처럼 여겨지
는 시대 풍조가 우리를 움츠리게 만든다. 신앙을 '시대착오'라고 부르
고, 교회를 '구시대의 유물'이라고 조롱하는 세상의 도전이 거세게 밀려
온다.

2008년, 런던의 시내버스에 이런 포스터가 붙었다.

"신은 아마도 없을 겁니다. 이제 걱정들 그만하시고 여러분의 인생
을 즐기십시오."

한 무신론 단체가 주도한 공공 캠페인이었다. 미국 시카고에서도

대중교통을 통해 다음 구호가 광고로 실렸다.

"태초에 인간이 신을 창조했다."

2010년 크리스마스 시즌 뉴욕으로 진입하는 주요 고속도로 전광판에는 낙타를 타고 별을 따라가는 동방박사의 그림 위에 이런 문구가 걸렸다.

"여러분이 아시다시피 이것은 신화입니다."

우리 시대의 가장 영향력 있는 무신론자 중 한 명인 옥스퍼드대학교의 리처드 도킨스 교수는 《만들어진 신》에서 구약의 하나님을 공격했다.

"구약의 하나님은 가공의 이야기에 등장하는 모든 주인공 중에서 가장 역겨운 주인공이다. 질투하고, 질투를 자랑스럽게 여기고, 쩨쩨하고, 불공평하고, 용서를 모르는 냉혹한 자이고, 복수심에 불타고, 피에 굶주린 인종 살육자이고, 여성 멸시자이며, 동성애 혐오자이고, 인종차별주의자이고, 유아 살해자이며, 자식 살해자이고, 과대망상자이다."

도킨스는 종교 신앙을 철저히 비지성적이고 미개한 형태의 신념으로 규정한다. 그는 "신을 믿는 사람은 과학적 사고를 할 수 없다"라고까지 주장하며, 이를 입증하기 위해 미국 국립과학아카데미(National Academy of Sciences) 소속 학자 중 7퍼센트만이 인격적 신을 믿는다는 통계를 인용하기도 했다.

무신론 철학자 앙드레 콩트 스퐁빌은 사람들이 종교를 찾는 이유는 자신이 바라는 바를 실현하기 위한 통로로 인식하기 때문이라고 주장한다. 그리고 사람들이 바라는 가장 강렬한 소원은 다음과 같다고 말하며 기독교 신앙을 비웃었다.

"첫째, 죽지 않는 것이다. 둘째, 사별한 사랑하는 이와 다시 연합하는 것이다. 셋째, 정의와 평화가 승리하는 것이다. 마지막으로, 사랑받는 것이다. 기독교는 바로 이 모든 바람을 충족시킨다. 우리는 죽지 않고, 다시 살아나고, 사랑하는 이들과 재회하며, 정의는 승리할 것이고, 우리는 하나님의 사랑을 받는다. 대체 무엇을 더 바랄 수 있겠는가! 그리고 바로 이것이 종교를 의심스럽게 만든다. 진실이라고 하기에는 너무 좋지 않은가!"

또 다른 프랑스 무신론 작가 미셸 옹프레는 더 노골적이다. 그는 종교를 "인간이 만들어 낸 거울"이라 말하며 이렇게 설명한다.

"인간은 자신과 상반되는 형상으로 신을 창조한다. 나는 죽지만 신은 불멸이다. 나는 유한하지만 신은 무한하다. 나는 불완전하지만 신은 완전하다. 나는 아무것도 아니지만 신은 모든 것이다. 종교는 진실을 가장한 상상 세계의 창조."

이것이 바로 오늘날 우리가 세상 한복판에서 듣게 되는 노랫소리다. 믿음을 일으키는 찬양보다 믿음을 조롱하는 웃음소리가 더욱 크게 울린다. 하나님의 존재는 희화화되고, 예수 그리스도의 십자가 죽음은 부정되며, 교회의 역사 속 상처들은 끊임없이 들춰져 비난의 대상이 된다. 결국 교회의 미래는 더 이상 필요치 않은 그림자로 취급되며, 절망의 언어로 덧칠된다.

그러므로 우리는 더욱 간절한 마음으로 부활의 노래에 귀를 기울여야 한다. 이 노래는 시대의 조롱과 의심, 불신과 냉소의 파도를 뚫고 다가와 흔들리는 믿음 속에 부활하신 주님의 생명의 숨결을 다시금 불어넣는다. 부활의 노래는 의심과 불신을 넘어 여전히 살아 계신 예수 그리스도의 승리를 증언하는 하나님의 선율이다. 그리고 이 노래를 듣는 이들은 의심을 뚫고 믿음의 사람으로 서게 될 것이다.

1) 부활의 노래는 의심 속에서 믿음의 씨앗을 찾는다

어떤 이들은 의심을 '믿음의 부재'라고 생각한다. 그러나 주님은 그렇지 않으셨다. 도마가 부활하신 주님을 의심했을 때 정죄하지 않으셨다. 오히려 그 의심 속에 감춰진 것들을 알아보셨다. 그래서 그 의심을 확신을 향한 갈망, 증거를 찾는 연약한 믿음의 몸짓으로 보셨다. 그 증거는 분명하다. 예수님이 도마를 위해 다시 나타나셨다는 사실이다. "너는 믿음이 없으니 나와 함께할 수 없다"라고 물리치지 않으셨다. 대신 "네 손가락을 이리 내밀어 내 손을 보고, 네 손을 내밀어 내 옆구리에 넣어보라"라고 하셨다. 주님은 도마의 의심 속에 밀알처럼 숨어 있는 믿음의 가능성을 보셨다.

의심 없는 믿음, 불신 없는 신앙만이 참된 것이라고 여기는 생각은 위험하다. 우리 안에는 언제나 이중성이 존재하기 때문이다. 우리는 사랑할 수 있으나 동시에 미워할 수도 있다. 기도할 수 있으나 염려와 걱정에 눌릴 때도 있다. 소망을 품지만 쉽게 절망에 빠진다. 섬기지만 섬김받기를 더 원할 때도 있다. 주님을 사랑하지만, 세상의 유혹도 사랑한다. 경건을 사모하지만, 세상의 즐거움도 놓치고 싶지 않다.

그렇다. 우리 안엔 믿음이 있다. 그러나 의심의 파도도 일어난다. 신뢰가 있으나 때로 불신의 그림자도 드리운다. 이 긴장 속에 살아간다. 그러나 바로 그 자리에서, 부활하신 주님은 우리에게 다가오신다.

러시아의 대문호 도스토옙스키는 "어린 아기의 죽음 앞에서 우리는 하나님의 존재에 의문을 품게 된다"라고 고백했다. 교회를 말살하던 소비에트(소련) 시대를 지나서도 기독교 신앙이 러시아 땅에 남아 있을 수 있었던 이유 중 하나로 톨스토이와 도스토옙스키의 문학을 꼽는 이들이 있다. 그런 도스토옙스키조차 아기의 죽음 앞에서 하나님을 의심하게 된다고 말했다. 이는 신앙의 진정성은 때때로 의심의 흔들림을 통과한다는 사실을 역설적으로 증명한다.

이런 이중성과 흔들림을 향해 예수님은 오늘도 부활의 노래를 부르신다. 많은 사람이 도마가 예수님의 상처에 손가락을 넣어 만졌기 때문에 믿게 되었다고 생각한다. 그러나 성경은 도마가 실제로 손가락을 넣었다는 기록을 남기지 않았다. 도마의 믿음은 상처에 손을 넣었기 때문에 회복된 게 아니었다. 주님의 말씀으로부터 비롯되었다.

2) 부활의 노래는 말씀에 생명력을 더한다

도마는 눈으로 확인해서 믿음을 회복한 게 아니었다. 그의 믿음은 "믿음 없는 자가 되지 말고 믿는 자가 되라"라는 주님의 말씀으로부터 다시 피어올랐다. 도마는 이미 수많은 설교를 들었고, 기적을 눈앞에서 목격한 제자였다. 그런데도 그는 믿지 못했다. 그러나 부활의 노래가 들려오자, 예수님의 말씀이 그의 안에서 살아 움직였다. 죽어 있던 믿음이 말씀을 타고 다시 태어났다. 말씀은 그저 소리가 아니라, 부활의 능력 안에서 영혼을 다시 숨 쉬게 하는 생명의 노래가 되었다.

"나의 주님이시요, 나의 하나님이시니이다."

도마는 예수님의 말씀을 듣고 고백했다. 성경은 그가 어떤 자세로

이 고백을 했는지 묘사하지 않지만, 나는 믿는다. 도마는 주님의 발 앞에 무릎 꿇었을 것이다. 흐르는 눈물로 뺨을 적시고, 손으로 가슴을 치며, 입술로는 자신이 부인했던 예수님을 "나의 주님, 나의 하나님"으로 고백했을 것이다.

부활의 노래가 들려오는 곳에서는, 예수님을 향한 진정한 신앙 고백이 살아난다. "내 손가락을 그의 상처에 넣기 전까지는 절대 믿지 않겠다" 하던 고집스러운 입술에서 주님을 향한 가장 뜨거운 고백이 터져 나왔다. 이것이 부활의 노래의 능력이다. 닫힌 마음을 여는 능력, 닫힌 입술을 열게 하는 능력 그리고 우리가 스스로 시작할 수 없는 영혼의 찬양과 경배를 다시 시작하게 하는 능력이 부활의 노래를 듣는 자들에게 임한다.

우리 교회는 매년 선교사님들을 위한 힐링캠프를 진행한다. 2023년에는 중앙아시아 3개국(카자흐스탄, 우즈베키스탄, 키르기스스탄)에서 사역하시는 선교사님들을 초청해 함께하는 시간을 가졌다.

그 자리에서 한 선교사님으로부터 깊은 울림을 주는 간증문을 받았다. 그 고백 속에는 부활의 노래가 어떻게 한 사람의 굳은 마음을 흔들고 닫혀 있던 영혼을 다시 여는지에 대한 아름다운 증언이 담겨 있었다.

제가 감사했던 것 하나는 10대 두 자녀가 틴즈(teens, 청소년부)에서 웃으며 행복해하면서 또래와 함께 어울리는 모습을 본 것이었습니다. 제 아들 은후는 열정적인 아이인데, 발산할 환경이 없어서 늘 아쉬웠습니다. 그런데 이번에 그 열정을 너무나 쏟아내서, 돌아온 지금 좀 아프답니다. 딸 은솔이가 그렇게 춤을 예쁘게, 잘 추는지 몰랐습니다. 수많은 틴즈 아이 사이에서 제 눈에 들어온 제 아이들의 성장한 모습을 보는 건 행복함 자체 였습니다.

그리고 제가 변화되었다는 증거가 나타나는 시간이었습니다. 앞에서 잠 시 나누었지만, 저는 지금까지 한 번도 스스로 두 손을 높이 들고 하나님 을 찬양한 적이 없습니다. 열정이 없어서가 아닙니다. 몸으로 하는 표현 보다는 마음의 진정성이 더 중요하다고 생각했기 때문입니다.

청년 시절, 수많은 모임과 집회와 수련회에서 한 번도 두 손을 높이 들어 본 적 없는 제가 두 발로 뛰면서 찬양을 했습니다. 그것은 상상조차 할 수 없던 제 숨겨진 모습이었습니다. 팔이 아프고, 늙어서 무릎과 허리도 아팠지만 찬양하면서 몸을 가만히 놓아둘 수가 없었습니다. 저는 고백할 수 있습니다. 영혼 깊은 곳에 있던 제 새로운 모습을 다시 발견하는 시간 이었습니다. 그것은 "이전 것은 지나갔으니 보라 새 것이 되었도다" 하는 고린도후서 말씀의 증거입니다. 너무 거창한가요? 최소한 이번 힐링캠프 의 열매입니다.

멀리 떨어져 있는 큰딸과 영상통화를 했습니다. 제 얼굴을 보자마자 딸이 알아챘습니다. "아빠, 무슨 일이 있었던 거야? 아빠 얼굴이 변했어. 아빠 가 이렇게 웃는 모습은 본 적이 없는 것 같아!"

밤을 새워서라도 하나님을 찬양하고 싶었습니다. 동료 선교사님들과 함 께, 서울드림교회 성도님들과 함께 하나님 안에서 형제자매 된 모두가 계 시록 5장과 7장의 말씀처럼 하나님의 보좌 앞에서 하나님을 경배하고 찬 양하는 소리를 만방 가운데 퍼뜨리고 싶었습니다.

어디든 부활의 노래가 들려오는 곳에는 예수님을 향한 멈출 수 없는 사랑의 고백과 경배가 뒤따른다. 그것은 다시 믿음을 세워주는 토대가 된다. 도마는 상처를 만져보고서 믿음을 회복한 게 아니라 "나의 주님, 나의 하나님"이라는 고백을 통해 믿음을 다시 세울 수 있었다. 그것이 부활의 노래의 능력이다. 부활의 노래는 확신 없는 심령에 확신이 가득한 고백을 불어넣고, 닫힌 입술을 다시 열게 하며, 침묵했던 영혼에서 찬양을 일으킨다.

2023년 기준, 한국 교회 성도 중 약 29퍼센트, 무려 226만 명이 '가나안 성도'(교회를 '안 나가'는 성도들을 거꾸로 표현한 이름)로 분류된다. 믿음은 있으나 실망과 상처, 혹은 절망의 무게로 교회를 떠나 있는 사람들이다. 신앙 공동체에서 이탈한 형제들 그리고 그들을 향해 울지 못하고 중보하지 못하는 교회들도 도마가 들었던 부활의 노래를 다시 들어야 한다.

의심과 불신의 파도가 몰아칠 때, 부활의 노래는 여전히 우리 안에 꺼지지 않는 불씨를 살리는 능력이 된다. 그 노래는, 무너진 자를 다시 일으키고, 상처 입은 마음에 더 뜨거운 믿음을 불어넣는 하나님의 사랑의 멜로디다.

부활은 오래된 이야기가 아니다.
오늘도 살아 숨 쉬는 노래다.
그 노래는 교회 종소리 사이에만 머물지 않고,
눈물로 젖은 베개 위에, 깊은 한숨 사이에

고요히 그러나 분명히 들려온다.

그리스도께서 살아나셨다는 이 단순하고도 영광스러운 진실은

우리 삶의 가장 어두운 골짜기를 환히 비추는 빛이다.

그 빛은 이론이 아니라 온몸으로 느끼는 온기이며,

심장 깊은 곳에서 울리는 믿음의 맥박이다.

부활은 교리가 아니다.

그것은 신앙의 심장박동이며,

매 순간 우리를 다시 살아가게 하는 하나님의 숨결이다.

거친 세상이 버겁게 다가오고,

우리 안에 사랑이 식고, 희망이 보이지 않는 날에도

부활은 여전히 우리 곁에 있다.

부드러운 위로처럼, 담대한 외침처럼

"그분은 여기 계시지 않는다. 살아나셨다"라는

그 음성이 오늘도 우리의 가슴을 두드린다.

부활을 한 번의 축제로 여기면 안 된다.

매일의 노래가 되어야 한다.

절망을 지나는 이의 노래,

슬픔 속에서도 빛을 향해 걷는 이의 노래,

그 노래가 우리 모두의 삶에서

다시 울려 퍼지기를 간절히 소망한다.

예수님의 부활로 돌아가 부활의 노래를 부르자.

chapter **12**

예수님의 침묵으로 돌아가자

고요한 순종

세상은 점점 더 소란스러워지고 있다. 사람들은 말로 살아남으려하고, 말로 자신을 드러내며, 말로 타인을 이기려 한다. 말이 넘쳐날수록 마음은 거칠어지고, 말이 쏟아질수록 영혼은 탁해져 간다. 거짓이 진실을 덮고, 소문이 인격을 삼키며, 악한 말은 선한 행위보다 더빠르게 번져나간다. 그러나 진정한 사랑은 조용하며, 참된 순종은 말이 없고, 가장 깊은 영성은 때로 침묵 속에서 고요히 숨 쉰다. 그 중심에 바로 예수님의 침묵이 있다.

예수님은 침묵하셨다. 가장 억울할 때, 가장 외로울 때, 가장 아프고 치욕스러울 때, 그분은 입을 열지 않으셨다. 거짓 증언이 난무할 때도, 군중이 "십자가에 못 박으라"라고 외칠 때도, 침을 뱉고 채찍질하는 병사들 앞에서도 아무 말씀도 하지 않으셨다. 그 침묵은 연약함이아니라 강함에서 비롯된 고요함이었다. 약한 자는 침묵하지 못한다.

예수님의 입은 천지를 창조한 입이었다. "빛이 있으라"라는 한마디에 어둠이 갈라졌고, "나사로야 나오라"라는 외침에 죽은 자가 일어났다. 그러나 그 거룩한 입술은 고통 앞에서 침묵하셨다. 그 침묵은 비겁함이 아니라 사랑의 결단이었다. 거절과 모욕을 감당하더라도 사랑하기로 작정한 이들을 끝까지 포기하지 않겠다는 선택이었다.

예수님의 침묵은 또한 세상의 죄를 끌어안는 용서의 고요함이었다. 땅에 무언가를 쓰던 그분의 손끝 아래 정죄받을 뻔한 여인의 삶이 새롭게 시작되었다. 아무 말 없이 채찍을 맞던 어깨 위에 우리의 죄가 조용히 올려지기 시작했다. 예수님의 침묵은 도망치기 위한 회피가 아니라, 고요한 순종이었고 치열한 용기였다. 그 침묵은 겟세마네의 밤처럼 무겁고 빌라도의 법정처럼 적막하며 골고다 언덕처럼 짙은 그림자에 둘러싸여 있었다. 그러나 그 침묵은 말보다 더 깊은 말씀이었다.

예수님의 침묵을 깊이 묵상하는 기도

지금 우리 삶에 다시 그 침묵이 필요하다. 다투고 싶은 충동 앞에서, 억울함을 쏟아내고 싶은 순간 앞에서, 자신을 포장하고 싶은 유혹 앞에서 예수님의 침묵을 기억해야 한다. 이 시대에 필요한 건 더 많은 말이 아니라 예수님처럼 고개를 숙이고 침묵으로 사랑을 지켜내는 용기다. 침묵으로 오해를 품고, 침묵으로 다툼을 막으며, 침묵으로 하늘의 음성을 기다리는 믿음의 용기.

너무도 시끄러운 시대를 직시하며 우리는 다시 돌아가야 한다, 예수님의 침묵으로. 그 소리 없는 은혜의 자리, 말 없는 순종의 길로 이끄시는 그분의 침묵으로 돌아가야 한다. 부당한 비난을 조용히 껴안고 오해 속에서도 입을 다문 채 기도하시던 그분의 고요한 얼굴 앞에 머물러야 한다. 그 침묵이야말로 지금 우리가 회복해야 할 예수님의 모습이다.

이번 장은 12편의 기도문으로 구성되어 있다. 말이 넘치는 시대에 예수님의 침묵을 깊이 묵상하고, 그 안에 담긴 사랑과 순종, 용서의 영성을 기도로 배우려고 한다. 입술을 닫고 하나님만을 바라보셨던 주님의 침묵 앞에서 깊은 기도를 체험하는 시간이 되기를 소망한다.

1) 새벽의 침묵 속에 나를 부르시는 주님

새벽 아직도 밝기 전에 예수께서 일어나 나가 한적한 곳으로 가사 거기서 기도하시더니 막 1:35

주 예수님, 아직 어둠이 가시지 않은 새벽에
당신은 홀로 조용한 곳으로 걸어가셨습니다.
말하지 않으시고 드러내지 않으시고
새벽의 적막 속에서 아버지께 마음을 열어 기도하셨습니다.
그 고요는 무력함이 아니라
세상을 움직이는 진정한 능력의 근원이었다는 것을
이제야 조금씩 깨닫습니다.

주님, 저는 얼마나 많은 말로 제 삶을 채우고 있는지 모릅니다.
침묵이 불안하여 휴대전화를 쥐고
외로움이 두려워 사람을 찾고
텅 빈 시간에 기도 대신 컴퓨터를 다시 켜고

분주하고 성급한 마음으로 살아갑니다.

그러나 주님, 당신은 사람들이 몰려들고,

병든 자들이 기다리는 그 분주한 사역의 한복판에서

먼저 아버지 앞에 머무는 기도의 공간을 선택하셨습니다.

당신의 사명은 소란이 아니라 침묵에서 피어났고

당신의 능력은 군중이 아닌 고요함에서 자라났습니다.

주님, 저도 오늘 그 새벽의 침묵으로 걸어가고 싶습니다.

'기도'라는 이름의 골방으로 저를 인도해 주십시오.

말을 줄이고 조용히 앉아 당신의 숨결을 느끼고 싶습니다.

제가 쌓은 소음의 벽을 허물고

당신의 고요한 사랑이 제 영혼에 스미게 하소서.

기도란 무엇을 얻는 것이 아니라

누군가를 만나는 것임을 잊지 않게 하소서.

오늘도 새벽의 침묵 속에서 저를 기다리시는 분은

살아 계신 주님, 바로 당신임을 믿습니다. 아멘.

2) 우리의 무지를 견디신 인내의 침묵

이는 제자들을 가르치시며 또 인자가 사람들의 손에 넘겨져 죽임을 당하고
죽은 지 삼 일 만에 살아나리라는 것을 말씀하셨기 때문이더라 그러나
제자들은 이 말씀을 깨닫지 못하고 묻기도 두려워하더라 막 9:31,32

주님, 당신은 말씀하셨습니다.

그 고귀한 비밀들, 하늘나라의 영광과 십자가의 계획을

그토록 진지하게 그토록 절절히 말씀하셨습니다.

그러나 제자들은 깨닫지 못했습니다.

듣기는 들었지만, 마음에 담지 못해

말씀은 흘러가고, 그 자리는 여전히 공허했습니다.

무지를 부끄러워하지도 않았고,

당신의 눈빛에 담긴 절박함도 놓쳤습니다.

그리고 그 자리에 침묵하신 주님이 계셨습니다.

책망도, 설득도 아닌 그저 함께 머무르며 기다리신

사랑의 고요함이 주님께 있었습니다.

그 침묵은 단념이 아니라

언젠가는 알게 되리라는 인내의 확신이었음을 믿습니다.

주님, 저도 압니다.

저는 너무도 자주 말씀을 그냥 흘려보냈습니다.

주일마다 들리는 설교도, 묵상하는 말씀도

기도 중에 다가오는 성령의 속삭임조차

무심히 넘길 때가 너무도 많았습니다.

그러나 당신은 단 한 번도 저를 포기하지 않으셨습니다.

깨닫지 못한 제게 침묵으로 기다리셨습니다.

주님, 말이 아니라 사랑으로 견디신 주님의 인내 앞에서
제 무지를 내려놓습니다.
지금도 조용히 곁에 계시며 제가 알 때까지, 제가 자랄 때까지
말없이 동행하시는 그 은혜 앞에 무릎 꿇습니다.

주님의 말씀 앞에 제 마음이 열리고
주님의 말씀이 비로소 깊이 박힐 때
주님의 침묵이 제 영혼의 눈물이 되어 흐를 줄
저는 압니다.

주님, 감사합니다.
깨닫지 못한 날보다 깨닫고도 외면한 날이
더 많았던 저를 오늘도 기다려 주셔서 감사합니다. 아멘.

3) 인기의 소리를 잠재우는 침묵

그러므로 예수께서 그들이 와서 자기를 억지로 붙들어 임금으로 삼으려는 줄
아시고 다시 혼자 산으로 떠나가시니라 요 6:15

주님, 그날 무리는 당신을 왕으로 삼고자 했습니다.
병든 자를 고치시고, 굶주린 자를 먹이신 당신께
열광하며 몰려든 사람들은
기적을 보았으되 당신의 마음은 보지 못했습니다.

그들은 당신을 높이고 싶었습니다.

그러나 당신은 그 자리를 피하셨습니다.

소리 없이 산으로 물러나 홀로 계셨습니다.

주님, 그 침묵은 거절이었습니다.

세상의 환호에 대한 거룩한 침묵

인기의 함정에서 자유하신

순전한 하나님의 아들의 거부였습니다.

저는 얼마나 쉽게 환호를 갈망하며 사는지요.

누군가의 인정, 박수, 칭찬 한마디에 속사람이 흔들리고

제 삶의 방향까지 틀어질 때가 많았습니다.

무의미한 소셜 미디어에서 만나는

사람들의 반응 앞에 제 마음은 널뛰기합니다.

주님, 당신은 사람들의 갈채보다 하나님의 뜻을 더 사랑하셨습니다.

잠잠히 물러나신 그 산자락에서

홀로 계신 당신은 사람을 위해 존재한 것이 아니라

하나님의 길을 걷기 위해 존재하신 분이셨습니다.

이제 제 안의 욕망도 고요하게 하소서.

사람을 기쁘게 하려는 마음보다

하나님을 사랑하는 마음이 충만하게 하소서.

눈부신 조명보다 조용한 순종을 따르게 하시고,
소문나는 길보다 깊은 순종의 길을 걷게 하소서.

주님, 그 산 위의 침묵처럼
저도 때때로 물러나 마음의 동기를 점검하게 하시고
제 마음의 군중을 떠나게 하소서.
인기가 아니라 진실을 좇게 하시고
대중이 아니라 주님의 시선을 따르게 하소서.
임금 삼으려는 무리를 기쁘게 하려는 마음을 버리고
오직 하나님의 뜻을 이루고자 하는 한 사람으로
살아가게 하소서. 아멘.

4) 사랑과 용서를 써 내려간 침묵

모세는 율법에 이러한 여자를 돌로 치라 명하였거니와 선생은 어떻게 말하겠나
이까 그들이 이렇게 말함은 고발할 조건을 얻고자 하여 예수를 시험함이러라
예수께서 몸을 굽히사 손가락으로 땅에 쓰시니 요 8:5,6

주님은 돌을 움켜쥔 무리 앞에 계셨습니다.
사나운 정죄의 말을 쏟는 사람들 사이에서
당신은 아무 말도 하지 않으셨습니다.
대신 몸을 굽히시고 땅바닥에 손가락으로 무언가를 쓰셨습니다.
그 침묵의 시간이 진실을 가장 또렷이 말하는 순간이었습니다.

저는 종종 너무 빨리 말합니다.
잘 알지도 못하면서 판단하고, 듣기보다 먼저 정죄하며
상처 입은 자에게 정의라는 이름으로 돌을 던집니다.

주님, 당신은 정죄하지 않으셨습니다.
무리를 향해 던지신 단 한마디
"너희 중에 죄 없는 자가 먼저 돌로 치라"
그 말씀은 당신의 침묵보다 가볍지 않았습니다.
말로는 설명할 수 없는 용서와, 사람을 살리는 자비가
당신의 침묵 안에 고요히 흘러내렸습니다.

주님, 저도 말의 무게를 두렵게 여기게 하소서.
침묵이 진리의 길이 되는 순간을 알게 하시고
침묵이 용서와 사랑이 흘러가는 수로가 되는 것을 배우게 하소서.
말 대신 기도하게 하시며, 판단 대신 긍휼을 품게 하소서.

그리고 여인처럼
제 안에도 수많은 수치와 부끄러움이 있음을 기억하게 하소서.
손에 돌을 든 자가 아니라
주님의 손끝에 쓰이는 자가 되기를 원합니다.
그 누구도 아닌, 저를 향한 주님의 사랑과 용서의 침묵이
제 영혼에 진정한 자유를 가져오게 하소서.
주님의 사랑과 용서로 가득한 침묵 앞에서

죄의 자리를 떠납니다. 아멘.

5) 고요함으로 오신 말씀

말씀이 육신이 되어 우리 가운데 거하시매 우리가 그의 영광을 보니
아버지의 독생자의 영광이요 은혜와 진리가 충만하더라 요 1:14

주님, 당신은 말씀이셨습니다.
하늘의 지혜요, 영원의 소리셨습니다.
그러나 당신은 그 영광스러운 말씀을 외치지 않으시고
사람의 몸을 입고 조용히 오셨습니다.

소란스러운 세상의 중심이 아니라 작고 가난한 마구간에
소리보다 삶으로 오셨습니다.
당신은 침묵으로 말씀하셨고, 겸손으로 진리를 입으셨습니다.

주님, 저는 너무 쉽게 자신에 대해 말하려 합니다.
제 생각을 드러내고 제 의를 증명하고
제 존재를 보이려는 욕망이 제 언어를 앞서갑니다.
그러나 당신은 십자가 앞에서도 침묵하셨고
무지한 무리 앞에서도 진리를 조용히 품으셨습니다.
주님은 우리와 함께 거하심으로
고요함으로 말씀하셨습니다.

주님, 저도 그렇게 살고 싶습니다.

많이 말하기보다 깊이 사랑하고,

크게 외치기보다 함께 거하며 섬기게 하소서.

주님, 고요한 말씀 되신 당신 안에서 내면의 소음이 멈추게 하소서.

그리고 그 고요함 안에서 참된 생명의 언어를 듣게 하소서.

육신이 되어 오신 말씀, 침묵으로 말씀하신 하나님

그 고요한 영광 앞에 오늘도 무릎 꿇습니다. 아멘.

6) 광야의 침묵, 그 치열한 영적 싸움

그때에 예수께서 성령에게 이끌리어 마귀에게 시험을 받으러 광야로 가사

사십 일을 밤낮으로 금식하신 후에 주리신지라 마 4:1,2

주님, 광야는 적막했습니다.

사람도, 위로도, 대답도 없었습니다.

그곳에서 당신은 말없이 금식하셨고

사십 일을 밤낮으로 견디셨습니다.

그러나 저는

종종 침묵이 무능이라 착각하고,

광야를 방치라 오해합니다.

아무 일도 일어나지 않는 것 같은 그 자리

당신은 가장 뜨겁게 싸우고 계셨음을 저는 자주 잊습니다.
주님, 제 안의 시험도 광야처럼 고요합니다.
유혹은 속삭이듯 다가오고 의심은 조용히 번져갑니다.
그 고요한 속삭임 앞에서 저는 얼마나 자주 흔들리는지요.

그러나 당신은 말씀으로 싸우셨습니다.
침묵 속에서도 진리로 무장하셨고
말씀을 입술에 담기 전 가슴에 먼저 새기셨습니다.
그것이 승리의 비밀이었음을 오늘 다시 배우게 하소서.

주님, 저도 광야를 걷고 있습니다.
말도 사라지고, 기도조차 메마르게 느껴질 때
당신처럼 침묵으로 싸우게 하소서.
말없이 엎드려 영혼 깊은 곳에서 주의 말씀을 붙들게 하소서.

광야는 끝이 아니었습니다.
그 뒤에 복음의 시작이 있었음을 믿습니다.
이 침묵이 패배의 정적이 아니라 승리의 서곡이 되게 하소서.

주 예수님, 광야의 침묵 속에서 저를 만나주소서.
당신처럼 조용하고 담대하게 말씀으로 이기게 하소서. 아멘.

7) 침묵으로 흘리는 눈물

그는 육체에 계실 때에 자기를 죽음에서 능히 구원하실 이에게 심한 통곡과
눈물로 간구와 소원을 올렸고 그의 경건하심으로 말미암아 들으심을
얻었느니라 히 5:7

주님, 당신은 말씀의 주인이셨지만 사람들 앞에서는 침묵하셨습니다.
그러나 아버지 앞에서는 울음을 삼키지 않으셨습니다.
심한 통곡과 눈물로 죽음을 이기게 하실 분께
모든 소원을 올려드리셨습니다.

저는 반대로 살아갑니다.
사람들 앞에서는 많은 말을 쏟고
하나님 앞에서는 억지로 웃거나 아무 말 없이 서 있습니다.
울지 않으려 애쓰고 기도조차 멋지게 하려는 제 가면을 벗겨주소서.

주님, 진짜 눈물은 혼자 있는 골방에서 터지는 것이며
진짜 기도는 어떤 말보다 깊은 신음으로 당신께 드려지는 것임을
당신의 삶으로 보여주셨습니다.

지금, 이 순간 사람들의 말도, 시선도, 판단도 내려놓고
당신 앞에서 울게 하소서.
제가 감추려 한 상처와 끝내 부르짖지 못한 고통을

이제 주님께로 토해내게 하소서.

그리고 주님, 그 눈물 속에서
당신의 부드러운 위로가 들려오게 하소서.
"내가 너의 기도를 들었노라"
"내가 너의 눈물을 보았노라"
그 한마디면 오늘을 살아낼 이유가 충분합니다.

아무에게도 말할 수 없는 울음,
오직 침묵 가운데 흘리는 그 눈물
그 자리에 저보다 먼저 엎드리신 주님을 찬양합니다.
주님 앞에서 우는 이가 참으로 복된 자임을 믿으며,
이 눈물이 은혜의 강물이 되어 흐르게 하소서. 아멘.

8) 회개의 눈물을 부르는 침묵

주께서 돌이켜 베드로를 보시니 베드로가 주의 말씀 곧 오늘 닭 울기 전에
네가 세 번 나를 부인하리라 하심이 생각나서 밖에 나가서 심히 통곡하니라
눅 22:61,62

주님, 그 밤 저는 베드로였습니다.
사랑한다고 외치고도 사랑하지 못했던 자,
주님을 따르겠노라 장담하고도 세 번씩이나 부인했던 자.

그러나 그토록 모진 변절 앞에서
당신은 아무 말도 하지 않으셨습니다.
다만 저를 돌아보셨습니다.
그 침묵의 시선은 책망이 아니었고 정죄도 아니었고
슬픔을 머금은 사랑이었습니다.

그 한 번의 시선 앞에 저는 무너졌습니다.
숨기려던 죄가 드러났으며 이기심의 껍질이 부서졌습니다.
그 밤 밖으로 나가 통곡할 수밖에 없었습니다.

주님, 지금도 저는 자주 당신을 모른다고 말하지 않습니까?
사람들의 눈이 무서울 때, 제 욕망이 더 크게 속삭일 때
저는 침묵하거나 피하거나 당신을 뒤로 밀어둡니다.
그렇기에 오늘도 그날 밤처럼 저를 돌아보시는
당신의 침묵의 시선이 필요합니다.
제 거짓을 꿰뚫고, 고집을 무너뜨리는
그 사랑의 눈길이 그립습니다.

주님, 그 시선 앞에서 다시 울게 하소서.
그 울음에서부터 다시 걸음이 시작되게 하소서.
그 눈물이 회복의 강이 되어 흐르게 하소서.
말하지 않으셔도 모든 것을 말씀하시는 주님,
당신의 침묵이 연약한 저를 살립니다. 아멘.

9) 억울함을 이기는 침묵

이 말씀을 하시매 곁에 섰던 아랫사람 하나가 손으로 예수를 쳐 이르되
네가 대제사장에게 이같이 대답하느냐 하니 예수께서 대답하시되
내가 말을 잘못하였으면 그 잘못한 것을 증언하라 바른 말을 하였으면
네가 어찌하여 나를 치느냐 하시더라 요 18:22,23

주님, 억울한 자리에서 저는 쉽게 목소리를 높입니다.
제가 옳다는 것을 입증하려 험한 말을 쏟아내고
제 상처를 정당화하려 정의라는 이름으로 분노를 포장합니다.

그러나 당신은 귀를 막은 자들 앞에서 말을 삼키셨습니다.
모욕과 채찍, 거짓의 법정 한가운데서도
당신은 자신을 드러내지 않으셨습니다.
억울함을 주장하지 않으셨습니다.
단지 진실을 묻는 한마디만을 답하셨습니다.
그 한마디는 칼이 아닌 빛이었습니다.

주님, 제 안에는 말하지 않고는 견딜 수 없는
조급한 마음이 있습니다.
불의를 참지 못하고 침묵을 비겁함으로 여기는
시끄러운 정의가 있습니다.

그러나 오늘 당신의 침묵 앞에 엎드립니다.

진리를 말하되 그 말이 사람을 살리는 말이 되게 하소서.

억울함을 견디되 그 안에 숨어 있는 당신의 뜻을 찾게 하소서.

말할 수 있지만 말하지 않는 고요한 용기

그 거룩한 절제에 이르게 하소서.

주님, 침묵은 포기하는 것이 아니라 진리를 품는 것임을 믿습니다.

그 사랑의 언어를 가르쳐 주소서.

말보다 무거운 당신의 침묵처럼

저도 세상 앞에 조용히, 그러나 담대히 서게 하소서. 아멘.

10) 심판보다 깊은 자비의 침묵

헤롯이 예수를 보고 매우 기뻐하니 이는 그의 소문을 들었으므로

보고자 한 지 오래였고 또한 무엇이나 이적 행하심을 볼까 바랐던 연고러라

여러 말로 물으나 아무 말도 대답하지 아니하시니 눅 23:8,9

주님, 저는 누군가가 저를 오해할 때

그 오해를 풀기 위해 애타게 설명하고,

억울한 말을 들으면 끝까지 따지고 싶어 합니다.

저를 해치는 말 앞에서 당신처럼 침묵할 자신이 없습니다.

말로 이기려 하고, 입으로 심판하려 듭니다.

그러나 당신은 헤롯 앞에서 말하지 않으셨습니다.

심판하실 권세가 있음에도 심판하지 않으셨습니다.
침묵하셨고, 그 침묵은 참으로 강했습니다.
그 침묵은 자비였습니다.
그 자비는 칼보다 깊이 죄인을 깨우는
하나님의 숨결이었습니다.

주님, 제가 너무 쉽게 판단하고 너무 빨리 말하며
제 안에 있는 자비의 자리를 논쟁으로 채우고 있음을 고백합니다.

오늘, 당신의 침묵 앞에 고개를 숙입니다.
말해야 할 때와 말하지 말아야 할 때를 분별하게 하시고,
제가 무언가를 말하지 않음으로써
당신의 자비를 보여줄 수 있는 사람이 되게 하소서.

침묵은 때때로 가장 큰 사랑이며,
가장 깊은 설득임을 알게 하소서.
당신처럼, 심판하지 않고 사랑하기를 원합니다.
제가 느끼는 억울함보다
당신의 은혜가 더 크다는 것을 믿습니다. 아멘.

11) 고통도 멈추지 못한 침묵

예수께서 신 포도주를 받으신 후에 이르시되 다 이루었다 하시고

주님, 저는 고통을 피하려 합니다.
시작은 하되 끝까지 가지 못하고
책임지기보다 피하려 합니다.
작은 불편에도 쉽게 포기하며,
사랑보다 자기 보호를 먼저 생각합니다.

그러나 당신은 침묵으로 끝까지 견디셨습니다.
침묵으로 채찍을 견디시고,
침묵으로 조롱을 감당하셨습니다.
침묵으로 십자가에 매달리셨고,
말없이 모든 짐을 홀로 지고 가셨습니다.

그 침묵은 외면이 아니었습니다.
사랑이었고, 순종이었고,
우리를 향한 하나님의 약속을 끝까지 이루신
거룩한 책임이었습니다.

주님, 저는 말로는 사랑한다고 합니다.
그러나 책임지지 못하는 사랑을
쉽게 고백하고 마는 저를 용서하소서.
십자가의 침묵은 말보다 깊은 사랑의 증명이었음을

이제야 고백합니다.

주님, 끝까지 가는 믿음을 주소서.
묵묵히 감당하는 제자가 되게 하소서.
조용히 짊어지는 순종, 견디며 이루는 사랑,
그 침묵의 무게를 기꺼이 따르게 하소서.

주님의 침묵은 실패가 아니었습니다.
그 침묵은 사랑의 완성이었습니다.
저도 이제 말이 아니라 삶으로 당신을 따르게 하소서. 아멘.

12) 죽음의 정적보다 더 깊은 침묵

그들이 경비병과 함께 가서 돌을 인봉하고 무덤을 굳게 지키니라 마 27:66

주님, 아무 일도 일어나지 않을 것 같은 날이 있습니다.
기도는 제자리걸음이고
삶은 정지된 듯 흘러가지 않으며
하늘은 닫힌 문처럼 조용하기만 합니다.
그때 저는 불안해집니다.
당신이 정말 일하고 계신 건지
아니면 모든 것이 끝나버린 건 아닌지
속으로 묻고 또 묻습니다.

그러나 주님,

그 무덤 앞의 토요일에도 당신은 움직이고 계셨습니다.

모든 것이 멈춘 듯 보였지만

당신은 죽음을 뚫고 생명을 준비하셨습니다.

사람은 보지 못했고, 세상은 침묵했으나,

하늘은 가장 깊은 역사로 호흡하고 있었습니다.

주님, 지금 제 인생이 바로 그 토요일 같습니다.

아무 변화도 아무 응답도 없는 이 시간

그저 무덤만 바라보며

마음속 절망을 어루만지고 있습니다.

그러나 오늘 그 침묵의 무덤 속에서도

당신은 살아 계셨음을 믿습니다.

당신의 침묵은 부재가 아니라

부활을 위한 예비였고

제 침묵도 무력함이 아니라

하나님을 기다리는 믿음임을 고백합니다.

주님, 지금의 고요함을 당신의 손안에 올려드립니다.

보이지 않는 곳에서 이미 새벽을 준비하고 계시는

그 사랑의 하나님을 신뢰하게 하소서.

부활은 정적 뒤에 옵니다.

그것을 믿기에 오늘도 말없이 믿는 자로

주 앞에 조용히 엎드립니다. 아멘.

가슴 벅찬 귀향

'귀향'이라는 말은 언제나 마음을 조용히 흔든다. 그것은 단순한 지리적 이동이 아니라 영혼의 방향을 바꾸는 사건이다. 우리는 먼 길을 돌아 결국 사랑의 시작점으로 다시 걸어간다. 그 길은 때로 너무 오래 걸려 낯설고, 때로 너무 가까워 눈에 보이지 않는다. 그러나 분명한 것은 귀향은 끝이 아니라 시작이라는 것이다. 집으로 돌아간다는 건 곧 사랑을 다시 배우는 일이기 때문이다.

세상은 우리를 끊임없이 떠나게 한다. 더 멀리, 더 높이, 더 많이 소유하라고 말한다. 그러나 마음은 자주 무너지고 영혼은 점점 말라간다. 우리 안에는 언젠가부터 뚜렷하게 길을 잃은 느낌이 자리를 잡는다. 그때 들려오는 소리가 있다. 익숙하면서도 낯선 음성, 멀리서가 아니라 안쪽에서 들려오는 그분의 부드러운 부르심이다.

"돌아오라."

그 음성 앞에서 나는 기도의 자리에 머문다. 기도는 말로 시작되지만, 말로 끝나지 않는다. 때로는 말이 멈추고 나서야 진짜 기도가 시작된다. 예수님은 늘 그렇게 기도하셨다. 무리가 떠난 새벽, 아무도 찾지 않는 들판, 겟세마네의 고요한 밤. 그분의 기도는 전혀 요란하지 않았다. 다만 깊고 묵직했다. 그분의 기도에는 땀이 있었고, 순종이 있었고, 무엇보다도 아버지를 향한 철저한 사랑이 있었다. 나는 이제 그 기도에 거하고 싶다. 말이 아니라 마음으로, 침묵이 아니라 존재로 드리는 기도를 다시 배우고 싶다.

귀향의 다음 걸음은 '말씀'이다. 말이 넘쳐나는 세상 속에서 우리는 말씀을 잃어버린다. 정보는 많지만, 진리는 희미하다. 사람들의 말소리는 크지만, 하나님의 음성은 속삭임으로 들려온다. 광야에서 예수님이 하셨던 그 말씀처럼, 사람은 "떡으로만 살 것이 아니다." 나는 이 말씀을 다시 먹고 싶다. 연구하거나 인용하기 위함이 아니라, 하루하루 살아내기 위해 말씀을 먹는 자로 살고 싶다.

기도와 말씀이 내 안에서 다시 살아나기 시작할 때 세상을 향한 내 태도도 바뀌는 것을 느낀다. 예수님은 때때로 '미움'이라는 방식으로 세상에 저항하셨다. 그러나 그분의 미움은 배척이나 증오가 아니었다. 그것은 사랑에서 나온 '분별'이었다. 사단의 유혹 앞에서, 세상의 명예와 인기 앞에서, 그분은 단호히 "No"라고 말씀하셨다. 그 거절 속에는 거룩한 순결이 있었다. 나는 그분의 "No"를 배우고 싶다. 세상에 동화되지 않고 사랑의 이름으로 정결하게 저항할 수 있는 용기, 그것이 예수님의 힘이었다.

귀향의 여정에서 새로운 마음을 배운다. 주님의 '긍휼'이다. 긍휼은 단지 누군가를 불쌍히 여기는 감정이 아니다. 그것은 발걸음을 바꾸는 선택이며 고통 속으로 들어가는 결단이다. 예수님은 병든 자에게 손을 내미셨고, 정죄받은 여인을 가슴으로 감싸셨다. 그분의 긍휼은 나 같은 죄인을 밀어내지 않으셨다. 오히려 끌어안으셨고, 내가 이해를 구하기 전부터 용서하셨다. 나는 이 긍휼로 살아가고 싶다. 정답을 말하는 사람이 아니라, 옆에 앉아주는 사람으로.

예수님의 '웃음'을 묵상해 본다. 세상은 웃음을 가볍게 여기지만, 그분의 웃음은 고난을 넘어선 기쁨이었다. 아이들과 놀며 웃으셨고, 제자들의 어설픈 깨달음 앞에서 미소 지으셨고, 회개한 죄인과 함께 잔치를 열며 기쁨을 나누셨다. 그 웃음은 억지 미소가 아니라, 고통을 껴안은 부활의 노래였다. 나는 이제, 그분의 웃음을 닮고 싶다. 눈물

속에서도 웃을 수 있는 힘, 절망 속에서도 노래할 수 있는 믿음, 그것이 예수님의 기쁨이었다.

예수님의 '식탁'은 세상의 규칙을 거스르는 공간이었다. 자격 없는 자들이 초대받았고, 죄인들이 떡을 떼었고, 실패한 자들이 다시 시작할 수 있었다. 그분은 말이 아닌 떡으로 사랑을 나누셨고, 말 대신 시선으로 용서를 전하셨다. 나는 그런 식탁을 세우고 싶다. 누가 더 옳은지 가르기보다는 함께 먹으며 함께 살아내는 식탁. 복음은 고요하게 그런 따뜻함을 통해서 흘러갔다.

귀향은 몸으로도 이루어진다. 예수님은 '땀' 흘리셨다. 기도의 자리에서, 목수의 작업실에서, 병든 자를 안으실 때마다 그분의 땀이 흘렀다. 그 땀은 사랑의 무게였고, 순종의 증거였다. 나는 그 땀을 기억한다. 주님의 이마에서 흘렀던 그 진실한 증언을. 나도 그분처럼 땀 흘리며 살고 싶다. 아무도 보지 않는 골방에서, 가장 일상적인 순간에 하늘을 위하여 땅을 걷는 삶을 살고 싶다.

귀향의 근원은 '성육신'이다. 하나님께서 사람이 되셨다는 사실, 그분이 낮아지셨다는 사건, 그것이 모든 돌아감의 시작점이었다. 하나님은 멀리서 부르지 않으셨다. 가까이 오셨고, 우리와 함께 사셨다. 말씀이 사람이 되셨고, 거룩이 마구간에 눕혀지셨다. 그 낮아지심 앞에서 나는 잠잠해진다. 높아지려 애썼던 내 마음이 멈춘다. 더 가지려 했던 손이 멈춘다. 그분이 하신 것처럼, 나도 낮아지고 싶다.

'십자가'. 너무 자주 들었고, 너무 익숙해진 이름. 예수님은 실패처럼 보이는 그 자리에서 가장 위대한 승리를 이루셨다. 나는 다시 그 앞에 선다. 그분의 눈빛이 말한다. "너를 위하여 십자가를 지었노라"라고. 나는 이제 십자가를 장식이 아닌, 중심으로 삼고 살아가고 싶다. 무릎 꿇은 채 침묵하며, 눈물로 십자가를 따르는 삶을 살고 싶다.

그리고 '부활'. 무덤은 비어 있었고, 절망으로 끝나지 않았다. 부활은 설명이 아닌 만남이었다. 그날 이후, 사람들은 다시 살아났다. 베드로는 회복되었고, 도마는 고백했으며, 엠마오로 가던 발걸음은 예루살렘으로 되돌아갔다. 나도 다시 일어나고 싶다. 부활의 이름으로 살아가고 싶다, 오늘도.

마지막으로, '침묵'. 예수님은 말하지 않으셨다. 거짓 증언과 억울한 고발 앞에서 사랑으로 침묵하셨다. 그분은 설명하려 하지 않으셨고,

자신을 증명하려 애쓰지 않으셨다. 그 침묵은 사랑이었고, 순종이었고, 진실이었다. 나는 이제 말보다 조용한 사랑으로 살고 싶다.

귀향은 말이 아니라 발걸음이다. 나는 조용히 그분께로 돌아간다. 그분은 아무 말 없이 늘 그 자리에 계신다. 두 팔을 벌리고. 그분이, 나의 집이다. 함께 귀향의 길을 걸으며 돌아가자.

오직 예수께로!

예수님을 사랑하는 형제, 자매에게

이 책의 마지막에 도달하셨습니다. 정말 고생 많으셨습니다. 만만치 않은 분량을 읽어가는 긴 순례의 길을 함께 걸어와 주셨군요. 중간에 지치지는 않으셨는지요, 혹시 어떤 부분은 조금 버겁게 느껴지기도 하고, 어떤 장은 지나치게 무겁게 다가오지는 않았는지요. 그런데도 당신은 여기까지 오셨습니다. 그 자체가 이미 한 편의 고백이고, 한 걸음의 귀향입니다. 진심으로 감사드립니다.

이제 책을 덮기 전에, 목회자로서 마지막 인사를 전하고 싶습니다. 제 마음은 마치 설교를 마치고 강단 아래로 내려오며 조용히 성도 한 사람 한 사람의 눈을 바라보는 것처럼 따뜻하고 조심스럽습니다. 제게 주어진 마지막 시간이 당신의 영혼을 격려하는 시간이 되고, 당신의 신앙을 다시 일으켜 세우는 순간이 되기를 바랍니다.

사랑하는 형제, 자매여! 이제 책장을 덮을 시간입니다. 하지만 삶은 다시 시작입니다. 복음의 여정은 이제부터 다시 시작입니다. 당신의 매일이, 당신의 눈물과 땀과 침묵과 기쁨이 다시 예수께로 향하는 귀향의 걸음이 되기를 축복합니다.

여호수아 목사 드림

참고 문헌

로이스 티어베르그, 《랍비 예수》 국제제자훈련원

로이스 티어베르그, 《랍비 예수와 함께 성경 읽기》 국제제자훈련원

브래드 H. 영, 《유대 신학자 예수》 성광문화사

송봉모, 《삶의 우물가에 오신 말씀》 바오로딸

C. S. 루이스, 《순전한 기독교》 홍성사

C. S. 루이스, 《스크루테이프의 편지》 홍성사

유진 피터슨, 《물총새에 불이 붙듯》 복있는사람

유진 피터슨, 《비유로 말하라》 IVP

존 오트버그, 《존 오트버그의 예수는 누구인가?》 두란노

필립 얀시, 《내가 알지 못했던 예수》 요단

헨리 나우웬, 《긍휼》 IVP

The 리턴 : 예수께로 돌아가자

초판 1쇄 발행	2026년 1월 16일
초판 2쇄 발행	2026년 1월 21일
지은이	김여호수아

펴낸이	여진구		
책임편집	김아진 배예담		
편집	이영주 진효지 최현수 구주은 안수경 김도연		
책임디자인	마영애 노지현 | 조은혜 정은혜		
마케팅	김상순 강성민	마케팅지원	최영배 정나영
제작	조영석 허병용	경영지원	김혜경 김경희 김영하

303비전성경암송학교 유니게 과정
이슬비전도학교 / 303비전성경암송학교 / 303비전꿈나무장학회

펴낸곳	(주)규장갓피플

주소 06770 서울시 서초구 매헌로 16길 20(양재2동) 규장선교센터
전화 02)578-0003   팩스 02)578-7332
이메일 kyujang0691@gmail.com   홈페이지 www.kyujang.com
페이스북 facebook.com/kyujangbook   인스타그램 instagram.com/kyujang_com
카카오스토리 story.kakao.com/kyujangbook
등록번호 제2026-000001호
since 1978.08.14

책값   뒤표지에 있습니다.
ISBN 979-11-6504-679-8 03230

규 | 장 | 수 | 칙

1. 기도로 기획하고 기도로 제작한다.
2. 오직 그리스도의 성품을 사모하는 독자가 원하고 필요로 하는 책만을 출판한다.
3. 한 활자 한 문장에 온 정성을 쏟는다.
4. 성실과 정확을 생명으로 삼고 일한다.
5. 긍정적이며 적극적인 신앙과 신행일치에의 안내자의 사명을 다한다.
6. 충고와 조언을 항상 감사로 경청한다.
7. 지상목표는 문서선교에 있다.

하나님을 사랑하는 자 곧 그의 뜻대로 부르심을 입은 자들에게는 모든 것이 合力하여 善을 이루느니라(롬 8:28)

규장은 문서를 통해 복음전파와 신앙교육에 주력하는 국제적 출판사들의
협의체인 복음주의출판협회(E.C.P.A:Evangelical Christian Publishers
Association)의 출판정신에 동참하는 회원(Associate Member)입니다.